国家出版基金项目
NATIONAL PUBLICATION FOUNDATION

清代战争全史 ◎ 李治亭 杨东梁 主编

· 第一卷 ·

清代统一战争

衣长春 黄韶海 著

中山大学出版社
· 广州 ·

版权所有　翻印必究

图书在版编目（CIP）数据

清代统一战争/衣长春，黄韶海著. —广州：中山大学出版社，2020.12
（清代战争全史/李治亭，杨东梁主编；第一卷）
ISBN 978-7-306-07028-9

Ⅰ.①清… Ⅱ.①衣… ②黄… Ⅲ.①战争史—中国—清前期
Ⅳ.①E294.9

中国版本图书馆 CIP 数据核字（2020）第 214763 号

QINGDAI TONGYI ZHANZHENG

出 版 人：	王天琪
策划编辑：	徐　劲
项目统筹：	李　文　赵丽华
责任编辑：	罗雪梅
封面设计：	刘　犇
责任校对：	王　燕
责任技编：	何雅涛
出版发行：	中山大学出版社
电　　话：	编辑部 020-84111946，84113349，84111997，84110779
	发行部 020-84111998，84111981，84111160
地　　址：	广州市新港西路 135 号
邮　　编：	510275　传　真：020-84036565
网　　址：	http://www.zsup.com.cn　E-mail：zdcbs@mail.sysu.edu.cn
印 刷 者：	广州市友盛彩印有限公司
规　　格：	787mm×1092mm　1/16　27.5 印张　464 千字
版次印次：	2020 年 12 月第 1 版　2022 年 11 月第 2 次印刷
定　　价：	83.00 元

如发现本书因印装质量影响阅读，请与出版社发行部联系调换

总　　序

李治亭　杨东梁

2015年春夏之交，中山大学出版社策划了一个选题——清代战争史，并盛情邀请我们主持其事，组织撰写团队。

这实在是机缘巧合，我们都曾研究过清代战争史，发表过相关论著，期待将来能写出一部完整的清代战争史。多少年过去了，终因种种缘故，迟未动笔。现在，中山大学出版社有此创意，我们自然乐于玉成！于是，就设计出一套共九册的"清代战争全史"丛书，并约请了九位研究有素的中青年学者共襄此举。在本丛书的撰写接近完成之际，有必要把我们对有清一代战争的认识及本丛书撰写思路披露于众，以与各册的具体阐述相印证，也许读者会从中获得对清代战争的新认识。

一

提起战争，即使未经历过战争的人们也会懂得：战争就是杀戮、毁灭、灾难……尽管人们厌恶战争，但战争或迟或早总是不断发生。数千年来，在世界各地发生的大小战争不计其数。仅世界性规模的大战就有两次，几乎将全人类都卷入其中。即使今天，战争也仍然在地球上的某个地方进行着。可以说，战争与人类相伴相随，自从产生了私有制，形成不同利益的阶级及集团，战争便"应运"而生。人类的历史证明，战争是人类生活的一部分，在其要爆发的时候一定会爆发，实非依人们的意志为转移。

在中国数千年漫长的历史进程中，充斥着无数的战争记录，二十四史中哪一个朝代没有发生过战争？从传说中的黄帝大战蚩尤开端，到有文字记述的夏、商、周时代，战争从未间断过。史称"春秋战国"时期的四五百年间，实则是"战争年代"，从上百个诸侯国，兼并成七国，最后，秦战胜诸国，一统天下。自秦始，王朝的兴替，哪个不是通过战争来完成的(只有个别王朝通过政变或所谓禅让获得政权)！再者，几乎每一代中原王朝都面对北方及其他边疆地区的"夷""狄"政权，彼此冲突不断，战祸惨烈，又远胜过地方割据与农民起义。其历时之久长、战事之激烈、规模之庞大，为世界所仅见。例如：

西周末年，西夷"犬戎"族攻到骊山，杀死了西周最后一位国君周幽王。

匈奴与中原王朝之争，自周秦，历两汉，至魏晋，几近千年，战争不断。

隋朝西北与突厥，东北与高句丽，征战频繁，终至亡国。

唐朝与突厥、高句丽的战争也是烽火连天。

北宋先与契丹族建立的辽王朝争战数十年；以后女真族崛起，建立金王朝，先灭辽，再灭北宋；继而蒙古族崛起，先后灭西夏和金，建立元王朝，再灭南宋，一统天下。

明朝建立后，与北方蒙古族的战争持续了很久，与东北女真族的战争也时断时续。努尔哈赤统一女真各部后，又与明军在辽东地区征战了近30年，直至明亡。同时，明政权与西南土司之间的战争，也旷日持久。

以上所列，主要是中原中央王朝与边疆各民族之间的战争，不过举其大略，具体战役则不胜枚举。

贯穿中国古代史的反封建战争，是农民起义。历朝历代都发生过规模不等的农民起义。其中，陈胜、吴广起义敲响了大秦帝国的丧钟；赤眉、绿林起义导致了新莽政权的覆灭；东汉末年的黄巾起义动摇了东汉王朝的根基；唐末黄巢领导的农民起义，声势浩大，席卷全国；元末的农民大起义，历时近20年激战，终把元朝推翻；明末的农民大起义，持续17年，直至攻占首都北京，宣告明朝灭亡！

这是清朝以前历代农民战争之大略，其战役何止千百次！

还有一类战争，即统治阶级内部各政治、军事集团之间的战争。例如：西汉宗室吴王刘濞发动的"七国之乱"；东汉末年的军阀混战，进而演变成"三国鼎立"；西晋的"八王之乱"及少数民族进入中原，最后形成南北朝的对立；唐中叶后有藩镇反唐的"安史之乱"；明初则有燕王朱棣起兵夺位的"靖难之变"；等等。这些战争，都属于统治阶级内部为争夺最高统治权而引发的武装斗争。

以上各类战争中，绝大多数属于中华民族内部各阶级、阶层，各民族，各政治集团之间的战争，并不存在近代意义上的国与国之间的战争。少数例外的是中原王朝对高句丽、安南的战争以及明万历年间援朝抗倭的战争。

清朝以前的历代战争，大略如此。

下面，有必要对清代战争做一全面回顾，以扣本丛书主题。

以明万历十一年（1583）努尔哈赤起兵创业为开端，迄宣统三年（1911）清帝退位，共历328年，战争的历史贯穿了清史的全过程。若与历代战争相比，有清一代展示了各类战争的全貌，其战争次数之多、战争时间持续之久、战争规模之大，可以说，超过了以前任何一个朝代！

第一，清统一全国之战。以努尔哈赤创业为起点，以康熙二十二年（1683）收复台湾为标志，实现了国家统一，其间恰好是100年！在这一个世纪的战争中，历经女真诸部统一之战，明（包括南明政权）清之战，与李自成大顺军、张献忠大西军之战，与台湾的郑氏政权之战，还有清军与部分地区抗清武装之战，等等。在中国历史上，还没有一个王朝经历过如此之久的统一战争！

第二，清朝同西北准噶尔分离势力展开的战争。始自康熙二十九年（1690）征剿噶尔丹，经雍正朝，至乾隆二十四年（1759），历70年。先后同噶尔丹策零、达瓦齐、策旺阿拉布坦、阿睦尔撒纳等为首的分离势力展开不间断的征战；又在南疆回部，平定了大小和卓之乱，始将新疆完全纳入版图。道光时，大和卓博罗尼都之孙张格尔发动叛乱，清军反击，历三年将其平定。同光年间，又有浩罕军官阿古柏入侵，勾结国内分离势力占领天山南北，经左宗棠率兵西征，新疆才得以重归版图。

第三，雍正五年（1727），在西南少数民族地区实行"改土归流"，引起部分土司反抗，遂爆发平定土司的大规模征战。至乾隆时，战事再起，此即大、小金川之战。

第四，康熙年间，西藏动乱，清军进藏，驱逐准噶尔叛乱势力；乾隆年间，廓尔喀（今尼泊尔）入侵我国西藏，清军迎击，终将其击溃。

清代农民战争的规模也超过历代水平。先有嘉庆元年（1796）爆发的白莲教大起义，后有道光末年爆发的太平天国起义。白莲教起义使清王朝元气大伤，成了清朝由盛转衰的转折点。太平天国起义则始于广西，挺进两湖，沿长江顺流东下，奠都江宁（今南京），清王朝竭尽全力，耗时14年才将其镇压下去。同时，北方还有捻军起义，角逐于中原地区；在云贵等地，则有回民、苗民起义。在台湾岛，康熙时有朱一贵、乾隆时有林爽文先后两次起义。嘉庆时，天理教在山东、河南起义；更有部分天理教徒闯进北京皇宫，造成古今之"奇变"！

由清圣祖决策撤藩引发了"三藩之变"，平西王吴三桂率先反清，其他两个藩王（靖南王耿精忠、平南王尚之信）随即响应。战乱波及八省，持续八年，以吴三桂等失败而告终。清代统治阶级内部为争夺政权引发的战争，仅此一例。

清代还有以前历朝所不曾经历过的战争，即康熙年间的两次雅克萨抗俄之战，以及近代以来反抗西方殖民主义侵略的战争。正如人们所熟知的，诸如第一次、第二次鸦片战争，中法战争，中日甲午战争（包括台湾军民抗击日本侵略之战），八国联军侵华及义和团反帝之战，沙俄侵占东北及东北义军抗俄之战，英军入侵西藏之战，等等。自道光二十年（1840）以来，迄光绪二十六年（1900），西方列强（包括东方后起的日本军国主义）侵华与中国军民的反侵略战争，前后持续了60年。

清代战争史上的收官之战，当属革命党人发动的武昌起义。此战一打响，便敲响了清王朝的丧钟。不久，宣统皇帝退位，清朝就此灭亡！清代的战争史至此谢幕。

以远古黄帝战蚩尤的涿鹿之战为开端，至清代最后一战——辛亥革命，共历4600余年。可见，中国战争史之漫长，在世界战争史上恐怕也是独一无二的！至此，人们不禁会发出疑问：战争何以不断发生？直到当今文明高度发达的时代，世界上战争不但没有停止，规模反而更大，杀伤力更强，破坏程度更深，其原因是什么呢？这就不能不牵涉到战争的本质问题。

19世纪上半叶，普鲁士杰出的军事战略家克劳塞维茨在其不朽的《战争论》中，阐述了关于战争的一个基本思想："战争无非是政治通过另一种手段的继续。"[①] 毛泽东进一步发挥了克氏的观点，更明确地说："政治是不流血的战争，战争是流血的政治。"[②] 他在《中国革命战争的战

---

① [德]克劳塞维茨：《战争论》（中文版），第25页，陕西人民出版社，2001。
② 《毛泽东选集》第二卷，第447页，人民出版社，1966年横排本。

略问题》中,又具体指明,战争是"用以解决阶级与阶级、民族与民族、国家与国家、政治集团与政治集团之间的矛盾的一种最高的斗争形式"①。总之,战争是关系到国家、民族、阶级、政治集团命运的生死搏斗,是一种特殊的社会活动形态。远离战争,和平发展,一直是人类社会孜孜以求的梦想。但现实的世界却是残酷的。只要世界上还存在着阶级,还存在着国家,战争就不会消灭。因此,我们必须不断地了解它的来龙去脉,研究它的发展规律。

战争的实践也推动人们开展对战争的研究,总结其胜败的经验与教训,并在认识战争的过程中提出种种军事理论主张,用以指导战争,以获取战争的胜利。如同政治、经济、文化诸领域的学术研究一样,军事学、战争论也是一门特殊的学问。春秋战国之交,这门学问被称为"兵家",与儒、墨、法、名及黄老等学说并列为"诸子百家"。孙武、吴起、孙膑、尉缭等都是兵家的代表人物,他们的著作《孙子兵法》《吴子兵法》《孙膑兵法》《尉缭子》,及战国时由齐国大夫合编的《司马法》(即《司马穰苴兵法》),流传百世。其中,以《孙子兵法》最为著名,已成千古不朽之作,它所阐发的军事思想及作战原则与规划,为历朝历代所继承,用作战争攻防的指南。如今,《孙子兵法》早已走出国门,为世界各国兵家所公认,如美国西点军校便将此书列为教学的必读之书。

值得注意的是,自秦汉以后,尽管战争并未减少,也出现了一些军事家、战略家,但军事理论的研究却相对薄弱。宋代曾公亮、丁度等编辑了《武经总要》,朱服等人校订了我国古代第一部军事教科书——《武经七书》(即校订《孙子》《吴子》等七部兵书)。明代戚继光撰《纪效新书》,颇有影响;茅元仪辑《武备志》,汇集兵家之书2000余种,算是略有成效。到了文化繁盛的清代,典籍如林,著述山积,唯独兵书不足;学者之众,文艺千万,"兵家"却寥若晨星!何以至此?历来以"战"为国之"危事",视为凶险,故学者罕有论兵之人;又清代科举制度盛行,文人沉湎于八股,武人少通文墨,故兵家论述稀见。总之,不论什么原因,自秦汉以降,迄清代,有关军事、战争的研究并没有超越前代。

---

① 《毛泽东选集》第一卷,第155页,人民出版社,1966年横排本。

二

中国几千年来历朝历代之兴亡盛衰,战役、战斗无数,内容丰富而厚重,适足以构成一部系统的中国战争通史!其中,清代战争史就是中国战争通史中最精彩的篇章之一。

清朝是我国历史上最后一个封建王朝,它处在从传统社会向近代社会转型的重要历史时期,处在中西文化碰撞、交流,中国逐渐卷入世界历史漩涡的特殊时代,各类社会矛盾错综复杂,不同性质的战争此起彼伏,不但对当时而且对以后的中国社会都产生了深刻影响,留下了许多宝贵的经验教训,这些都是后人要认真研究和总结的。那么,学术界又如何对其展开研究,并取得了哪些成就呢?下面就做一简单的学术回顾。

早在20世纪初,清亡前后,国人耻于列强侵华、中国丧权辱国,刘彦的《鸦片战争史》于1911年出版。其后,又有两部鸦片战争史问世。1929年,王钟麟的《中日战争》,由商务印书馆出版;1930年文公直的《最近三十年中国军事史》,由太平洋书店出版。至40年代,谢声溢的《中国历代战争史》(1942)、黎东方的《中国战史研究》(1944)等也相继出版。

中华人民共和国成立前,有关中国战争史的探讨不过如此,已出版的这几部战争史,尚缺乏深入、全面的研究。专门研究整个清代战争史、中国近百年战争史的著作则付之阙如。正如毛泽东在《改造我们的学习》一文中指出的:中国"近百年的经济史、近百年的政治史、近百年的军事史、近百年的文化史,简直还没有认真动手去研究"[1]。该文写于1941年,距1840年鸦片战争爆发约100年。

这种状况在中华人民共和国成立后稍有改变。但有关战争史的研究,明显偏重于中国近代战争及历代农民战争。例如,1950年至1955年间,先后出版了与《鸦片战争》同名的五本通俗读物,仅有一部可算作学术著作,即姚薇元的《鸦片战争史实考》(新知识出版社1955年版)。1955年至1965年,魏建猷、方诗铭、来新夏、蒋孟引等四位学者,分别撰写出版了关于第二次鸦片战争研究的著作。此外,牟安世的《中法战争》(上

---

[1] 《毛泽东选集》第三卷,第756页,人民出版社,1966年横排本。

海人民出版社1955年版）也于此时出版。中日甲午战争是当时的一个研究热点：贾逸君的《甲午中日战争》（新知识出版社1955年版）、郑昌淦的《中日甲午战争》（中国青年出版社1957年版）、陈伟芳的《朝鲜问题与甲午战争》（生活·读书·新知三联书店1959年版）、戚其章的《中日甲午威海之战》（山东人民出版社1962年版）等，也于这一时期问世。

农民战争史研究，主要集中在太平天国运动、义和团运动以及各地农民起义几个主题。史学领域堪称"热门"的有关太平天国史的著作就有八部之多。其中，较有影响的成果，当推罗尔纲的《太平天国史稿》（中华书局1957版）、戎笙的《太平天国革命战争》（生活·读书·新知三联书店1962年版）等。史学界还关注清代中叶以后的农民起义，如白莲教、天理教、捻军、苗民以及上海小刀会、山东宋景诗等农民起义，发表的论著颇多。再有就是关于辛亥革命史的研究，成果如陈旭麓的《辛亥革命》（上海人民出版社1955年版）、章开沅的《武昌起义》（中华书局1964年版）、吴玉章的《辛亥革命》（人民出版社1961年版），但这些还算不上纯粹的战争史著作。

概括这一时期的战争史研究，著作者的本意似乎不在军事与战争本身，战争不过是外在形式，着眼点则在于阐发阶级斗争理论。故其研究远未深入。虽然这些著作不失为爱国主义教材，但终归学术含量不足。

十年"文革"动乱，极"左"思潮泛滥，学术凋零，整个历史学研究领域被"影射史学"笼罩，更何谈战争史研究？

改革开放，拨乱反正，迎来了史学研究的春天，战争史研究也呈现出空前盛况。军事科学院率先推出全三册的《中国近代战争史》（军事科学出版社1984—1985年版），这应该是第一部较为完整的中国近代战争史，具有学术开创意义。但这一时期研究成果仍然集中在鸦片战争、太平天国、中日甲午战争、辛亥革命等专题①，属于旧题新作。值得称道的是，

---

① 这些著作是：茅家琦等《太平天国兴亡史》，上海人民出版社，1980；金冲及、胡绳武《辛亥革命史稿》，上海人民出版社，1980；章开沅、林增平《辛亥革命史》，人民出版社，1981；郦纯《太平天国军事史概述》，中华书局，1982；孙克复、关捷《甲午中日海战史》，黑龙江人民出版社，1981；戚其章《甲午战争史》，人民出版社，1990；罗尔纲《太平天国史》，中华书局，1991；茅海建《天朝的崩溃：鸦片战争再研究》，生活·读书·新知三联书店，1995；萧致治《鸦片战争史》，福建人民出版社，1996；等等。

这些著作摒弃了"阶级斗争为纲"的治学理念,实事求是地表达了作者较新的学术见解。另一部较有代表性的著作,当推戴逸、杨东梁、华立的《甲午战争与东亚政治》(中国社会科学出版社1994年版)。该书不但进一步阐释了战争与政治的关系,而且把甲午战争史的研究内容扩展到整个东亚地区。该书为纪念甲午战争一百周年国际学术研讨会的推荐图书,并由日本学者翻译成日文,在日本出版。

从军事学眼光看,这些"战争史"还不是严格意义上的战争史之作,说到底,仍是政治观念的图解。从战争史的角度讲,尚没有明显的突破。

改革开放时期,战争史研究新进展的突出表现之一,是开拓新领域,研究新课题,产生新成果。例如,明、清(后金)战争持续近半个世纪,其战争史内容极为丰富,多少年来,一直无人问津。直至1986年,孙文良与李治亭的《明清战争史略》(辽宁人民出版社1986年版)问世,才弥补了该项学术空白。该书2005年江苏教育出版社再版,2012年中国人民大学出版社重版,可见此书已得到社会认可。

民国以来,清代战争史研究一直局限在鸦片战争、太平天国运动、甲午战争、辛亥革命、义和团运动等几个重大历史事件的范围内,其中鸦片战争史10余部、甲午战争史近10部。学界和读者急需一部清朝军事或战争通史。迟至1994年,杨东梁、张浩的《中国清代军事史》(人民出版社版)问世,才填补了这一重要空缺。尽管军事史与战争史还是有差异的,但该书也勾勒出清代战争的基本状况。稍晚,1998年多卷本《中国军事通史》(军事科学出版社版)出版,其第十六卷为由邱心田、孔德骐撰《清前期军事史》,第十七卷为由梁巨祥、谢建撰《清后期军事史》。同年,杨东雄、杨少波的《大清帝国三百年战争风云录》(中原农民出版社版)问世。

2000年以后,有关清代战争史、军事史的研究成果层出不穷,又形成一个不大不小的高潮。世纪之初,有郭豫明的《捻军史》(上海人民出版社2001年版)、廖宗麟的《中法战争史》(天津古籍出版社2002年版);到2015年,则有十几部鸦片战争史出版,内容大同小异,如欧阳丽的《鸦片战争》、李楠的《鸦片战争》、张建雄的《鸦片战争研究》、刘鸿亮的《中英火炮与鸦片战争》、张建雄与刘鸿亮的《鸦片战争中的中英船炮比较研究》等。中法战争史研究也推出新书,如汪衍振的《中法战争》(中国青年出版社2012年版)。甲午战争史亦有新著面世,如许华的《再见甲午》（人民出版社 2014 年版）、杨东梁的《甲午较量》（中国青年出版社 2015 年版）等。

与此同时，有两部中国战争通史出版。一部为《中国历代重大军事战争详解》，全九册，其第八册为《清代战争史》，第九册为《近代战争史》，由吉林文史出版社于 2006 年出版。另一部是武国卿与慕中岳的《中国战争史》，其中第七卷为"清朝时期"，这部多卷本中国战争通史于 2016 年由人民出版社出版。

值得注意的是，台湾地区学者也颇关注清代战争史研究。早在 1975 年，罗云的《细说清代战争》由台北祥云出版社出版。自 1956 年始，台湾又集中全岛军事专家与史学家合力编纂《中国历代战争史》，历时 16 年，至 1972 年书成，1976 年由黎明文化事业公司出版。该书出版后，复成立"修订委员会"予以审订，至 1979 年完成。全书共 18 册，近 500 万言。其中，第十五册至第十七册为清朝战争史，最后一册（第十八册）为太平天国战争史。这是一部中国战争全史的鸿篇巨制，实属空前之作。该书"修订委员会"阵容强大：由蒋经国任主任委员，聘请钱穆、王云五、陶希圣、蒋复璁、黄季陆、方豪等学术名家出任委员。其规模之庞大、内容之翔实、文笔之流畅是有目共睹的，但在史观把控、材料搜集、学术规范等方面仍有可斟酌之处。

任何一部史书都难称完美无缺，必然要受到认识水平和客观条件的限制，因此，存在一些缺陷也是不足为怪的。已经面世的战争专史或通史，必将为其后的战争史研究提供借鉴。我们撰写"清代战争全史"时，上面提到的研究成果俱有参考价值。

纵观以往百年特别是改革开放以来清代战争史研究的状况，我们觉得有三点是值得思考的。

其一，研究的着重点不平衡。从各时期战争史出版的状况看，一个明显的现象是：其内容主要集中在鸦片战争、中日甲午战争、中法战争、太平天国运动、义和团运动、辛亥革命等主题，仅鸦片战争史就多达 20 种，其他的也有四五种或七八种。相反，清兵入关前以及清朝前中期，虽然战事频发，内容丰富，却少有学者问津，研究成果不多。其中原因，一方面是自中华人民共和国成立后，近代史从清史中分离出来，成为一个独立的研究领域，并且成为显学。这固然是政治思想教育的需要，但对完整的清史研究不能不产生一定影响。另一方面，研究经费不足、研究人员缺少也限制了清代战争史研究的进展。改革开放后,清史研究突飞猛进,成果累累,琳琅满目,唯独清代前期战争史研究不显,除有关个案战役的零星论文发表外,并无一部战争史著作问世。直到1986年,始见孙文良、李治亭的《明清战争史略》出版;至今已过去了30余年,该书仍是国内唯一的一部明清战争史。清代战争史研究明显落后,是毋庸置疑的。

其二,忽略了战争本身的特色。在以往战争史研究中,一种倾向是,以政治史观为指导,把战争史写成政治史,而忽略了战争本身的特色。战争史的要求,是写战争,也就是以军事斗争为主要内容,如战争准备、战场环境、战争过程、指挥艺术、后勤保障、武器装备等。当然,国家的政治状况、经济与财力等,是孕育战争的母体和保证战争进行的物资条件,无疑也是不可或缺的重要因素。

其三,没有处理好人与武器的关系。在战争中,武器和人的因素哪一个更重要?这是一个老问题了,但时至今日,仍有一些学者过分强调武器的作用。毛泽东早就指出:"武器是战争的重要因素,但不是决定因素,决定的因素是人不是物。"[1] 这是对以往战争中人力、物力对比的科学总结。我们从清代战争史中也足以证明这一论断。仅以近代为例,在中法战争中,冯子材率领清军,面对装备精良的法军,仍取得了镇南关大捷;甲午中日战争时,北洋海军的实力与日本相比并不弱,结果却在"避战保船"的错误方针指挥下,全军覆灭。可见,武器不是战争胜败的决定性因素!

我们讲人是决定因素,但绝不否定物的重要作用,"落后就要挨打",这是我们从近代备受列强欺凌的事实中总结出来的深刻教训。在近代,中国与西方的差距是明显的。在生产方式、政治制度、科学技术、人员素质等方面,清朝统治下的中国都远远落后于世界潮流。洋务办了几十年,虽然聊胜于无,却没有取得突破性的进展,所以有人说"仅有空名而无实效"[2]。恩格斯讲,战争的胜负"取决于人和武器这两种材料,也就是取决于居民的质与量和取决于技术"[3]。无数事实证明"落后就要挨打"是一条铁律。

---

[1]《毛泽东选集》第二卷,第437页,人民出版社,1966。
[2]〔清〕王韬:《弢园文录外编》卷三。
[3]《马克思恩格斯选集》第三卷,第210页,人民出版社,1972。

三

任何学术研究，都应坚持继承与创新相结合的原则。对前人或当代学者的研究成果及科学结论，毫无疑问应予以借鉴与吸收。但学术研究的脚步是不能停滞的，更重要的是要在前人的基础上大胆创新！所谓学术创新，就是突破传统观点，放弃已不适用的成说、规则，提出新说新解，补充前人之缺失。一句话，发前人所未发、论今人所未论，纠正其谬误，开拓学术发展之路。我们这个学术团队正是遵循这一原则：在继承以往研究成果的基础上，坚持学术创新，力图写出一部富有个性特点的清代战争史。那么，本丛书有哪些特点呢？

特点之一，在于"全"，它系统地展示了有清一代战争的全过程。本丛书以努尔哈赤于明万历十一年（1583）起兵复仇为开端，终结于最后一战——辛亥革命战争（1911），历时328年。在这漫长的历史过程中，凡发生的较重要战争，均无遗漏。一般战争史著作，对具体战役的描述失之于简，本丛书则要求对每场战役战斗尽量展示其全过程，全景式地再现战争的历史场面。

特点之二，是规模大。本丛书共九册，330万字。综观已经问世的中国战争史，尚未有一部断代战争史达此规模。

特点之三，是体例上的创新。体例是对全书框架的整体设计，如同盖一座楼，设计方案好坏，直接关系到建筑物的质量、使用价值及美观程度。传统的战争史体例模式或以时间为序，从首战直写至战事结束；或按战争性质分类，将同类战争分成若干板块，组合在一起。我们则在认真研究清代战争全过程的基础上，分析与归纳其战争特点，试图打破传统的体例模式，重新设计全书的架构，从九个方面（分为九册）来构建有清一代的战争史系列。

清朝创业伊始，即以战争为开端，先战女真诸部，后战明帝国、大顺军，由辽东入关，定鼎北京；复战大顺、大西农民军，由山陕而四川；伐南明，平定江南；最后战郑氏，收台湾。至此，统一大业告成，历时一百年。故首册名曰《清代统一战争》。

国家统一不久，整个西北地区又燃战火，历经康、雍、乾三朝，血战70年，终于统一蒙古，平定西藏、青海的叛乱，此战横跨两个世纪。故名曰《西部世纪之战》。

西北分离、分裂势力再燃战火。道光年间，叛乱头目张格尔在浩罕汗国支持下，骚扰南疆，清廷出兵平叛，终于活捉张格尔，献俘京师；以后，浩罕军官阿古柏入侵，直至新疆大部分地区沦陷。左宗棠临危受命，力挽狂澜，终将新疆收复。故称《保卫新疆之战》。

当时西南地区实行土司制度，实际处于半独立状态，清朝推行大规模"改土归流"，遭到反叛土司的抗拒，战争由此而起。同时，西南邻国缅甸、越南因多种原因与清王朝发生冲突，导致清缅、清越战争。故名为《西南边疆之战》。

台湾岛孤悬海中，战略地位重要，对内、对外战争频繁，故自成一个系列。前有收复台湾之战，后有朱一贵、林爽文起义及甲申、甲午两次保卫台湾之战。故名《清代台湾战争》。

自 1840 年开始，西方列强不断发动侵华战争，其间有两次鸦片战争、中法战争、甲午中日战争、英军侵藏战争、八国联军侵华战争等，为清代战争史的重要组成部分。故名曰《近代反侵略战争》。

东北地区有其特殊性，即沙俄不断蚕食、侵吞东北领土，前有雅克萨之反击战，后有日本入侵东北，直至沙俄占领东北全境。故以《保卫东北边疆之战》为一册，叙述其全过程。

清代农民武装反清斗争频发，以清代中叶以后为盛，如川楚陕白莲教起义、太平天国运动、捻军起义等大规模农民战争，还有少数民族（以农民为主体）反清战争等，足以构成一个战争史系列。故集中编为一册，定名为《农民反清战争》。

清代最后一次大规模战争，毫无疑问，就是辛亥革命战争，此战结束后不久，大清王朝寿终正寝。故《辛亥革命战争》即为本丛书的殿后之作。

以上九个部分组成有清一代的战争全史。

我们认为，这九个部分或称九种类型的战争，基本反映了清代战争史的全貌，充分体现了其战争的特点。纵的方面，以时间为线索贯穿了清王朝的兴、盛、衰、亡；横的方面，以空间为线索，突出了发生在不同地区的战争特色。有些战争未囊括在"纵横"之中，就按战争性质分类，如农民反封建、各民族反侵略、辛亥革命反帝制等，各有特点，自成一种类型。

如此布局，是根据清代战争的不同特点做出的，反映了清代战争的真实面貌。仅以保卫新疆之战为例,从清初到清末,新疆地区战事频发,其中既有追求统一的战争,也有平定叛乱的战争,更有驱逐外来入侵势力、捍卫国家主权和领土完整的战争,在同一个地区却体现了战争的多样性、复杂性。这有利于读者更加全面地认识清代战争。

特点之四,在于观察视角上的全面性,即不就战争论战争。研究战争史、编写战争史,最忌讳孤立地看待战争,只关注战争本身,却忽略与战争有关联的其他方面,这就是单纯军事观点,把本来复杂的战争历程简单化了。

我们认为,考察每次战争,必须将战争置于时代大背景下,考察作战双方的经济状况、军资储备、精神要素(包括国家领导人的决策能力、军队统帅的指挥才能、民族的精神面貌、人民对战争的态度、参战人员的素质等)。这些都是关系战争胜负不可缺少的因素。"战争的胜负,主要地决定于作战双方的军事、政治、经济、自然诸条件,这是没有问题的。然而不仅仅如此,还决定于作战双方主观指导的能力。"① 我们需要"大局观",或称"全局观",也就是要全方位地关注与战争直接或间接相关的方方面面。以上认识是我们研究、撰写"清代战争全史"丛书的指导思想,我们将努力在实践中贯彻之。

那么,怎样才能写好战争史呢?这是我们一直关注并在不断深化认识的问题。坦率地说,对于军事或战争,本丛书的主编和全体作者基本上是"门外汉"(因为我们没有战争的经历和经验)。为克服自身的弱点,力求避免以往战争史研究中的某些缺失,我们提出,要正确处理好九个方面的关系:

其一,战争的必然性与偶然性。从理论上说,任何事情的发生都有其必然性,而必然性往往通过偶然性表现出来。历史上的重大战争的发生各有其必然性,至于哪一天爆发,却是出于某种偶然。本丛书要求,对每场战争之发生,首先要从社会诸矛盾中,以及交战双方矛盾逐渐激化的过程中,寻找战争的必然性;从战争发生的直接原因,或称导火线来确认其偶然性。只有按此思路去研究战前的种种矛盾,才能说清楚战争的由来。

---

① 《毛泽东选集》第一卷,第166页,人民出版社,1966年横排本。

其二，战略与战术。战略是指导战争全局的计划和策略，战术则是进行战斗的原则和方法。前者是全局，后者是局部，两者密不可分。战略目标是通过各个具体的战役、战斗来实现的，如果战役、战斗都失败了，战略目标也就化为乌有！本丛书要求，既要突出战争的战略指导，又要具体阐明指挥者的战术原则，两者不可偏废。

其三，在叙述战争过程时，交战双方都应兼顾，不以其为正义方或非正义方而决定详略。也就是说，要写清楚作战双方的战略、战术，如一方写得过多过细，另一方写得少而笼统，势必出现一方独战而无交战了。

其四，战役的共性与个性。凡是战争，不论大小，必然是交战双方的互动。每次战役作战的双方都有筹划、准备，调兵遣将，这就是战役的共性。所谓个性，是指每次战役、战斗并不尽相同。例如，各自的战法或谋略不同，战场地形、地貌不同，战场状况瞬息万变，经常出现意料不到的新变化，如此等等。这些就构成了各个战役、战斗的不同特点。本丛书强调，要写出每次战争、每个战役、每场战斗的特点，不雷同，力戒千篇一律，只有这样，才有可能把战争史写得更真实可信！

其五，战争与战场。这两者自然是密不可分的，试问哪场战争、战斗不是在特定的战场上对决的？但以往战争史多数战场不明，只有地名，却无具体的地形、地貌，实则是把战争的空间隐去了！在军事上，占据有利地形、控制交通线、据险而守等，是打赢一场至关重要战役的必要条件，故对战场的描述是战争史必不可少的组成部分。本丛书要求，每写一场战役特别是重大战役，要在材料许可的前提下，把战场写得具体细致些。

其六，将军与士兵。战争是人类的一种实践行为，人是这一实践过程中的主角，所以，写战争必写人！须知统帅或将领在一场战争、战役中扮演着主要角色，因此，要把他们的智慧、勇气，乃至个性、作风等逐一展示出来；而当军队投入战场，与对方捉对厮杀时，无疑士兵就成了战场的主人，他们的勇气、意志、作战技能往往是决定胜负的关键因素。不言而喻，写战争史不写统帅、将领的运筹帷幄，不写士兵在战场上的战斗表现，战争史将变得空空洞洞而索然无味。总之，战争史不写人，就不能成为名副其实的战争史！

其七，战争的阶段性。在一次历时较长的战争中，自然会形成若干个阶段。写战争全过程，重在写各阶段的衔接与异同。通过对战役不同阶段的描写，以反映战局的不断变化，反映出战争的发展规律。

其八，战役的胜与败。每次战役结束后，胜败自不难分辨，即使难分胜负，也可以看出交战双方的各自得失，这是不言自明的。问题的关键是要求对胜败做出有深度的分析。何以胜，何以败，何以不分胜负，都应有理论上的阐述，给人以启迪。有的战役，很难以胜败论，遇此情况，只需如实反映战况，不必做出结论。

其九，正义与非正义战争。这是就战争的性质而言的。对于帝国主义列强侵华，尽人皆知，是非正义的侵略战争，自无疑义。但对于国内战争，如何界定，却是一个复杂问题。总之，不能一概而论，要区分不同情况，给出不同定位。我们的标准是：不站在清王朝的立场，不以维护清政权的利益为转移，而是要坚持维护中华民族的整体利益，维护国家的主权和领土完整；凡分裂祖国、分裂中华民族、闹割据、搞独立的集团和个人，都应予以否定。如新疆噶尔丹叛乱及其后的张格尔之乱，皆属分裂、分离势力背叛祖国的活动。又如明清鼎革之际，天下大乱，已分裂成几个军事政治集团，他们之间的火拼、搏斗，意在争夺天下。这里，既有民族的冲突，也有阶级的斗争，还有权力之争。对此我们要做具体分析，不可简单地厚此薄彼，表现出明显的倾向性。

以上所列九个方面的问题，可以勾勒出我们撰写清代战争史的"路线图"。当然，肯定地说，归纳得还不够全面，只是提出了一些基本的规则，以便统一本丛书作者们的思想，以求认识上的趋同。同时，我们也鼓励各位作者勇于创新，在基本趋同的规则下，努力发挥个人的才智，使每册战争史各具特色，精彩纷呈。

最后，还要说说史料和语言。目前已出版的清代战争史，一个明显不足就是史料单薄。受史料局限，一些战役、战斗写得不够形象生动，而是干瘪平庸。本丛书强调，各位作者一定要厚集史料，除《清实录》、《清史稿》、各种官书等基本史料外，更要注重参考历史档案，以及个人文集、地方志书、国外记载等。只有史料丰富，战争史的内容才能随之而丰富。

一部书的质量如何，文字表达也是一个重要方面。我们要求作者使用精练的现代汉语书面语言，力求准确、流畅、简洁、生动。我们的语言应该有中国的做派，有时代的生命力，只有如此，读者才会欢迎！

我们期望这套330万字的"清代战争全史"丛书能成为一部爱国主义教材，因为它讴歌了无数为国家的统一、为维护国家主权、为正义的事业而勇敢战斗的仁人志士。同时，也揭露、鞭挞了那些残暴、凶恶的外国侵略者以及分裂祖国、分裂民族的历史罪人，把他们永远钉在历史的耻辱柱上！

　　这部战争史能否符合要求，能否实现我们的愿望，只有等待广大读者的鉴定和批评指正了。

2017 年 7 月 6 日

于北京神州数码大厦

内 容 简 介

本卷展示了清朝百年统一战争波澜壮阔的历史画卷。自明万历十一年（1583）建州女真领袖努尔哈赤以十三副铠甲起兵，拉开了征伐女真各部的序幕，至清康熙二十二年（1683），圣祖统一台湾，消灭明朝最后的象征郑氏集团，历经努尔哈赤、皇太极、多尔衮、福临、玄烨五位统治者的不懈努力，最终使满洲（女真）从东北一隅发展起来，取明朝而代之，成长为一个新兴的大一统政权——清王朝。

本卷共计八章，将清朝的统一战争划分为如下三个阶段：

第一章至第二章叙述了第一阶段，即清（后金）政权统一东北的战争，其时间从明万历十一年（1583）至清崇德八年（1643），计60年。建州领袖努尔哈赤在白山黑水中崛起，削平女真诸部，建立后金政权，并以"七大恨"告天，誓师反明。经天命四年（1619）萨尔浒决战的胜利，后金对明朝的态势由战略防御转为战略进攻，其势力得以迅速发展，连克城镇，最终全占辽沈平原。皇太极即位后，继承乃父事业，一方面继续蚕食明朝辽西领土，另一方面扩大战争规模，向北经略黑龙江，向西征服漠南蒙古，向南袭扰中原腹地，削弱明朝的有生力量。经崇德七年（1642）松锦大战的胜利，八旗兵基本消灭了明军的精锐主力，摧毁了坚固的宁锦防线，从而奠定了清政权入关的基础，并基本完成了统一东北的大业。

第三章至第七章叙述了第二阶段，即清朝入关统一全国的战争，其时间从顺治元年（1644）至康熙元年（1662），计18年。顺治元年（1644）三月十九日，李自成率领大顺农民军攻入北京，明思宗朱由检自缢，标志着历时276年的大明王朝灭亡。执掌清政权的摄政王多尔衮抓住中原动荡这一有利时机，积极进取，诱降明宁远总兵吴三桂，在山海关大败李自成农民军，遂挥师入关，定鼎燕京。接下来，多尔衮审时度势，采取先西进，再南下，各个击破的战略方针，向西击溃仍占据山陕的李自成大顺政权和割据川蜀的张献忠大西政权，向南接连消灭明朝遗臣建立的弘光、鲁监国、隆武、绍武等南明政权，残酷镇压当地士民组织的反清起义，平定东南一带，并挤压南明最后一个永历政权至西南一隅。顺治七年（1650）十二月，多尔衮去世，清世祖福临亲政。经过多年对峙，至十四年（1657）底，清廷利用永历政权内部分裂的有利战机，部署三路进兵，会攻云贵，擒获永历帝朱由榔，标志着南明的彻底覆灭。至此，清朝的统一全国大业基本完成。然而，由于清廷厉行薙发易服等弊政，用兵过程中又大肆屠戮，导致南方人心不服。此外，满洲统治者在统一过程中采取"以汉制汉"的策略，重用汉族降将攻略城池，甚至留镇地方，从而造成"三藩"尾大不掉之势，对中央集权造成了严重威胁。这些情况，表明顺治朝建立起来的统一基础并不稳固，其中蕴含着动乱的因素。

第八章叙述了第三阶段，即清朝完善统一的战争，其时间从康熙元年（1662）至康熙二十二年（1683），计22年。康熙初年，天下久经纷乱之后，难得进入一段承平时光。然而，至十二年（1673），清圣祖玄烨为了巩固中央集权，断然削藩，却导致屯驻昆明的平西王吴三桂以"反清复明"为号召，起兵谋反。一时之间各地群起响应，战祸波及大半个中国。值此危急时刻，年轻的清圣祖玄烨并没有自乱阵脚，他使用剿抚并用的方针，分化瓦解各支叛乱势力。经八年苦战，至康熙二十年（1681），清廷平定吴三桂之乱，成功解决了三藩割据问题。两年后，圣祖又采取"因剿寓抚"、恩威并施的策略，用武力迫使台湾的郑氏集团纳土归降，在该处设立府县，纳入垂直管理，标志着复明运动最后一面旗帜轰然倒塌，也意味着统一大业的最终完成。

目　　录

一、首战东北 …………………………………………………………… 1
  1. 满洲与后金政权的建立 ………………………………………… 3
  2. 努尔哈赤向明宣战 ……………………………………………… 14
  3. 萨尔浒决战 ……………………………………………………… 27
  4. 辽沈大战 ………………………………………………………… 42
  5. 兵败宁远城下 …………………………………………………… 54

二、皇太极扩大战争 …………………………………………………… 73
  1. 攻宁、锦失利 …………………………………………………… 75
  2. 统一黑龙江 ……………………………………………………… 91
  3. 统一漠南蒙古 …………………………………………………… 104
  4. 五次入关攻明 …………………………………………………… 121
  5. 松锦大战 ………………………………………………………… 148
  6. 攻克皮岛 ………………………………………………………… 166
  7. 统一全东北 ……………………………………………………… 176

三、清军入关之战 ……………………………………………………… 179
  1. 明朝灭亡 ………………………………………………………… 181
  2. 吴三桂请兵 ……………………………………………………… 193
  3. 山海关大败大顺军 ……………………………………………… 205
  4. 迁都定鼎北京 …………………………………………………… 215

四、攻灭大顺与大西 …………………………………………………… 223
  1. 两路清军夹击大顺 ……………………………………………… 225

2. 潼关再败大顺军 …………………………………… 231
  3. 李自成大逃亡 ……………………………………… 233
  4. 攻灭大西政权 ……………………………………… 236

五、清军南下攻南明 …………………………………… 243

  1. 多尔衮决策 ………………………………………… 245
  2. 多铎攻扬州之战 …………………………………… 255
  3. 南京不战弘光降 …………………………………… 259
  4. 取浙江，亡鲁监国 ………………………………… 265
  5. 进福建，灭隆武 …………………………………… 273
  6. 计取广州，绍武崩溃 ……………………………… 285
  7. 江南民间武装抗清 ………………………………… 288
  8. 南明与大顺军余部联合 …………………………… 298

六、清军与永历拉锯战 ………………………………… 305

  1. 清军桂林争夺战 …………………………………… 307
  2. 江西再争夺 ………………………………………… 315
  3. 清军激战湖南 ……………………………………… 322
  4. 孔、耿、尚"三王"南征 ………………………… 325

七、统一西南之战 ……………………………………… 333

  1. 清军三路攻云、贵 ………………………………… 335
  2. 永历流亡缅甸 ……………………………………… 342
  3. 吴三桂入缅擒永历 ………………………………… 346
  4. 郑成功兵败南京 …………………………………… 351
  5. 统一战争告终 ……………………………………… 358

八、清朝再统一 ………………………………………… 363

  1. 国家统一与三藩 …………………………………… 365
  2. 清圣祖决策撤藩 …………………………………… 370
  3. 吴三桂抗拒撤藩 …………………………………… 377

目 录

4. 八年平叛战争 ………………………………………… 381
5. 降郑氏，收复台湾 ……………………………………… 389
6. 百年创业大一统 ………………………………………… 396

参考文献 …………………………………………………… 401
附录 本卷涉及的战役战斗名录 …………………………… 406
后记 ………………………………………………………… 409

一、首战东北

一、首战东北

1. 满洲与后金政权的建立

清朝统一全国的战争开端于东北地区。明万历十一年（1583），努尔哈赤起兵，历30余年奋战，削平群雄，统一女真各部，建立后金政权。接着，天命二年（1618）后金向明宣战，揭开了明清（后金）战争的序幕，将战火由女真地区燃至辽东。皇太极继其后，把战争推向全东北，由关外屡进中原，并一统内蒙古各部。在农民军终结了统治中国276年的大明王朝后，清之第三代清世祖始入关，扫平农民军，灭亡南明五政权，基本完成统一大业。清之第四代清圣祖平定三藩割据势力、台湾郑氏集团，巩固了统一的成果。这正是明清易代之际的战争历程。而这一切，都得从满洲民族的崛起及努尔哈赤的创业说起。

满洲这一民族生活于我国东北的"白山黑水"之间，很早就与中原地区有密切的联系。其先世，在先秦称肃慎，汉代称挹娄，南北朝时改称勿吉，隋朝时又称靺鞨。在千余年的岁月里，他们向中原王朝派遣使者，进贡"赤玉好貂"等物，史不绝书。唐朝时，分布于松花江、辉发河一带的粟末部崛起，其首领大祚荣在开元年间被朝廷封为忽汗州都督，并册拜为左骁卫大将军、渤海郡王。于是大祚荣"去靺鞨号，专称渤海"①，即渤海国。这是满洲先世建立的第一个政权。五代时期，渤海国为新崛起的契丹国（后改国号为辽）所灭，靺鞨改称女真。辽朝十分重视对东北女真的管理，将其分为两个部分：开原以南，称为"熟女真"，按汉俗统治，设州县，编齐民，这部分女真很快加入民族融合的浪潮之中；开原以北，称

---

① 〔宋〕欧阳修、宋祁：《新唐书》卷二一九，第6180页，中华书局，1975。

为"生女真",按部落的习俗统治,这部分女真依然保留原来的生活方式,只是向辽朝进献贡物,以表臣服。

公元 12 世纪初,居住在松花江流域的生女真完颜部崛起,其首领完颜阿骨打于辽天庆四年(1114)起兵伐辽,建立大金,这是满洲先世建立的第二个政权。其后,金朝接连灭辽朝、亡北宋,入主中原,与南宋划淮河而治。金贞元元年(1153),金主完颜亮迁都燕京,进入中原的女真人用汉制、学汉语、穿汉服,逐渐与汉族融合。对于留居东北的女真人,金代在黑龙江、松花江和乌苏里江以东,分别设置蒲与路、合懒路、恤品路、胡里改路以加强管理。金泰和六年(1206),铁木真称"成吉思汗",蒙古族于草原崛起,先后灭西夏、金、南宋诸国,建立起统一的元王朝。在东北地区,元朝设立辽阳行中书省,其下所属开元路、合兰府和水达达路专管女真地面事务,采取"设官牧民,随俗而治"①的方式统治女真。

明朝驱逐元廷后,统一东北。女真人散居东北各处,逐渐形成建州、海西和"野人"女真三大部。明廷在其地分设卫、所,将部落头领分封为都督或都指挥、指挥、千百户、镇抚等职,给予印信,按其旧俗,各自统领所属部民,此即羁縻统治。各个卫所按时朝贡,并可通过在辽东特设的马市与辽东及内地汉民进行商业交易。

明代东北的女真人如何演变为满洲?关于其起源,《清太祖武皇帝实录》中曾记载了一个传奇的神话故事:

> 满洲原起于长白山之东北布库里山下一泊,名布儿湖里。初,天降三仙女浴于泊,长名恩古伦,次名正古伦,三名佛古伦。浴毕上岸,有神鹊衔一朱果置佛古伦衣上,色甚鲜妍,佛古伦爱之不忍释手,遂衔口中,甫着衣,其果入腹中,即感而成孕。告二姊曰:"吾觉腹重,不能同升,奈何?"二姊曰:"吾等曾服丹药,谅无死理,此乃天意,俟尔身轻上升未晚。"遂别去。佛古伦后生一男,生而能言,倏尔长成。母告子曰:"天生汝,实令汝为夷国主,可往彼处。"将所生缘由一一详说,乃与一舟:"顺水去即其地也。"言讫,忽不见。②

---

① 〔明〕宋濂:《元史·地理志二》卷五九,第 1400 页,中华书局,1976。
② 《清太祖武皇帝实录》卷一,见潘喆、孙方明、李鸿彬编《清入关前史料选辑》(第一辑)第 298 页,中国人民大学出版社,1984。

一、首战东北

这个孩子姓爱新觉罗,名布库里雍顺。他按照母亲的指示,乘舟顺流而下,到了长白山东南鄂谟辉斡朵里城(今黑龙江依兰县南)一带,受到众人尊崇,成立了满洲。布库里雍顺即成为建州部女真的始祖。

这只是个传说。真实的历史是:明朝统治东北,先后在建州女真地区设立了建州卫、建州左卫与建州右卫,合称建州三卫。布库里雍顺的后裔、清朝缔造者努尔哈赤的六清世祖猛哥帖木儿(或称孟特穆),尤其是

图1.1 清太祖努尔哈赤像

(选自《清史图典》第1册,北京:紫禁城出版社,2002年,第136页)

第四子，即努尔哈赤的祖父觉昌安（明人称之为叫场），颇具才略，"自五岭迤东，苏苏河迤西，二百里内，诸部尽皆宾服"①。在元末为女真斡朵里万户府的万户，入明后，他接受明廷的招抚，于永乐年间被朝廷任命为建州左卫第一任指挥。努尔哈赤的曾祖福满，史籍称为"都督福满"。他生有6个儿子，号为"宁古塔六贝勒"，为建州的发展做出了重要贡献，显示部族势力很强盛。他被明朝任命为建州左卫都指挥使。作为明廷的边臣，觉昌安可谓尽职尽责，他曾率队到抚顺马市贸易，接受朝廷抚赏，并协助明朝辽东总兵李成梁约束部众，剿除叛乱，建立殊勋。值得一提的是，万历三年（1575），觉昌安协助明军捕拿了叛明的建州右卫首领王杲。至于努尔哈赤的父亲塔克世（明人称之为他失），其人终身在觉昌安侍下，史籍中并无太多记载，但据努尔哈赤所言，其时在女真部族中颇有权势的尼堪外兰是塔克世部下之人。由此可见，努尔哈赤的父、祖作为建州左卫的领袖，均为明朝在东北边疆进行羁縻统治的重要官员与忠诚卫士，在建州乃至女真各部间有较高的地位和声望。

爱新觉罗·努尔哈赤生于明嘉靖三十八年（1559），10岁的时候失去了母亲，继母纳喇氏"抚育寡恩"②，可知其少年生活并不如意。努尔哈赤19岁时分家另过，但只分得少量财产，迫不得已走上艰苦的独立生活之路。他精通蒙、汉等多种语言文字，喜读《三国演义》《水浒传》等富有谋略的书籍。他曾经前往长白山采参，经常到抚顺马市做贸易，这些苦难的生活和难得的体验丰富了努尔哈赤的知识和阅历，磨炼了他的意志，开阔了他的视野，养成了他果敢刚毅的性格，为他日后的成功奠定了坚实的基础。

一切都在明神宗万历十一年（1583）发生了变化。这一年二月，原建州右卫都督王杲之子阿台为父报仇，坚持反明。他纠合阿海等，深入内地，震动沈阳，为明宁远伯、辽东总兵李成梁所挫败。后其纵所部在抚顺城边浑河口一带扰掠，为李所恶，认为"此逆雏在者，辽祸未息"③。在苏克苏浒部图伦城主尼堪外兰的鼓动下，李成梁从辽阳、广宁（今辽宁北

---

① 《清太祖武皇帝实录》卷一，癸未年（万历十一年）五月，见《清入关前史料选辑》（第一辑）第300页。

② 《清太祖高皇帝实录》卷一，中华书局影印本，1986。

③ 茗上愚公：《东夷考略》（建州），见《清入关前史料选辑》（第一辑）第63页。

一、首战东北

镇市）两路进兵，攻击驻守古勒城（今辽宁新宾满族自治县上夹乡古村西北）的阿台和驻守沙济城的阿海，并授尼堪外兰兵符，命他协同出击。李成梁派遣塔克世、觉昌安为向导，随军前往。沙济城很快被攻克，而古勒城依山而建，形势险峻，明军久攻不克。最终，尼堪外兰以"古勒城主"之位诱使城中之人杀死阿台，献城投降。城破之后，李成梁命令城内男女老少出城，尽数屠杀。而在混乱之中，觉昌安和塔克世两人为明兵所杀。

时年25岁的努尔哈赤听说父、祖被杀的消息，陷入刻骨悲痛之中。明廷为表歉意，归还努尔哈赤父、祖的尸体，给予敕书30道，马30匹，并且赐以都督敕书。面对人生的重大变故，明廷所做的例行公事般的处理显然不能让努尔哈赤满意。当然，此时羽翼未丰的努尔哈赤无法对明廷表示不满，他便将怒火加于构陷父、祖于死难的尼堪外兰身上。向明朝控告无果之后，努尔哈赤于万历十一年五月，以父、祖遗留下来的13副铠甲起兵，并联合苏克苏浒部中不满尼堪外兰的势力，集合了一些人马，向图伦城发动进攻。尼堪外兰预知其事，携带妻子儿女，弃城而逃，奔往嘉班城。于是，努尔哈赤以"兵不满百，甲仅三十副"① 而首战告捷，攻克图伦城而归。这一场图伦城之战，规模不大，但意义重大，它标志着努尔哈赤统一女真的战争拉开了序幕。

明万历初年的女真地区，"各部蜂起，皆称王争长，互相战杀，甚且骨肉相残，强凌弱，众暴寡"。根据清朝的官书记载，举其大部而言：建州部有苏克苏浒部、浑河部、王甲部、董鄂部、哲陈部，长白山部包括讷殷部、鸭绿江部，东海部包括渥集部、瓦尔喀部、库尔喀部，扈伦部包括乌拉部、哈达部、叶赫部、辉发部。② 部落间频繁的战争使得生灵涂炭，女真民众深受其苦，统一是大势所趋、民心所向，这一任务历史性地落到了努尔哈赤的身上。从万历十一年（1583）五月用兵图伦城，到十六年（1588）灭王甲部，杀其酋长，取其城，经过五年的艰苦奋战和以德招抚，努尔哈赤完成了建州诸部的统一，为进一步扩大统一成果和完成全部统一创造了条件。万历十九年（1591）正月，努尔哈赤攻略长白山所属的鸭绿

---

① 《清太祖武皇帝实录》卷一，癸未年（万历十一年）五月，见《清入关前史料选辑》（第一辑）第304页。

② 以上所引，详见《清太祖武皇帝实录》卷一，见《清入关前史料选辑》（第一辑）第301页。

江部,"尽克之而回"①,力量进一步壮大。

努尔哈赤异军突起,使得扈伦的叶赫、乌拉、哈达、辉发四部十分不安,尤其是对强大的图谋称雄女真的叶赫部造成了极大的威胁。万历二十一年(1593)九月,叶赫贝勒布斋、纳林布禄联合哈达贝勒孟格布禄,乌拉贝勒满泰之弟布占泰,辉发贝勒拜音达里,蒙古科尔沁贝勒翁阿岱、莽古思、明安以及锡伯部、卦勒察部,朱舍里部首领裕楞格,讷殷部首领搜稳塞克什等,各率所部,组成九部联军,计3万人,分三路向努尔哈赤进攻。他们驻扎在浑河北岸,夜晚生火做饭,其"火如星密"②,声势浩大,兵力占压倒优势。消息传来,建州上下人心惶惶,闻之色变。但努尔哈赤本人并不惊慌,从容应对。他派人按照地形在战场上设置路障,以阻绊敌方骑兵。至此,一切准备就绪。第二天,大战在古勒山展开。先前,叶赫兵攻打黑济格城,未能拿下,这一天再度攻城。这时,努尔哈赤率军到古勒山,与黑济格城相对,在险要之处布阵,令诸将分头做好准备,整兵以待。努尔哈赤麾下骁将额亦都率百人出阵挑战,叶赫见之,放弃攻城,收兵迎战,这就进入了努尔哈赤预先设下的圈套。额亦都奋而迎击,斩杀九人,敌众稍稍退却。面对这种形势,叶赫贝勒布斋、金台石和蒙古科尔沁部贝勒明安合力进攻一处。布斋一马当先,不料坐骑被建州军预先设置的滚木绊倒,布斋没来得及起身,努尔哈赤手下的一位勇士吴谈迅速扑了上去,骑在布斋身上,将其杀死。布斋的死导致联军阵脚大乱,努尔哈赤乘机督率大军掩杀。叶赫的将士为布斋之死恸哭不已,其他部落的首领惊惧万分,不顾自己的军队,四散而逃。蒙古科尔沁贝勒明安的坐骑陷于泥淖之中,慌不择路,遂放弃马鞍,骑着裸马狼狈而逃,仅以身免。努尔哈赤挥军斩杀敌军,"尸满沟渠"③。建州军深入追击,擒拿了乌拉部贝勒满泰的弟弟布占泰。努尔哈赤军队以少胜多,斩杀九部联军4000人,缴获战马3000匹,铠甲1000副,取得了起兵以来最大的胜利,奠定了统一女真

---

① 《清太祖武皇帝实录》卷一,辛卯年(万历十九年),见《清入关前史料选辑》(第一辑)第313页。

② 《清太祖武皇帝实录》卷一,癸巳年(万历二十一年)九月,见《清入关前史料选辑》(第一辑)第315页。

③ 《清太祖武皇帝实录》卷一,癸巳年(万历二十一年)九月,见《清入关前史料选辑》(第一辑)第317页。

的基础。自此以后,努尔哈赤"军威大振,远迩慑服"①。

古勒山大战后,努尔哈赤击败了朱舍里部和讷殷部,统一了长白山地区各部落。万历二十二年(1594)正月,蒙古科尔沁部贝勒明安、喀尔喀贝勒老萨与努尔哈赤遣使通好,从此以后,蒙古诸贝勒"遣使往来不绝"②。努尔哈赤的势力进一步壮大,他将统一的目光对准了强大的海西女真即扈伦四部。在20多年的时间里,努尔哈赤采取了远交近攻、各个击破、先弱后强的策略,对四部领土进行蚕食。努尔哈赤提出高明的"伐大木理论":"欲伐大木岂能骤折?必以斧斤伐之,渐至微细,然后能折。相等之国,欲一举取之,岂能尽灭乎?且将所属城郭尽削平之,独存其都城,如此则无仆何以为主,无民何以为君?"③意思是说,对于强大的势力不要急于速战,要通过不断打击消耗其有生力量,待其奄奄待毙之时再一举灭之。这一论断充分体现了努尔哈赤的军事韬略。万历二十七年(1599)九月,努尔哈赤率军征讨哈达部,克其城,大将扬古利擒获其贝勒孟格布禄,哈达成为扈伦四部中最先灭亡的一个。万历三十五年(1607)正月,努尔哈赤派遣其弟舒尔哈齐、长子褚英、次子代善等率3000人往征东海部,收服降人,在归途中遇到上万名乌拉兵的拦截。在乌碣岩(今朝鲜境内钟城附近)一带,双方展开大战。褚英、代善率领军队以迅雷不及掩耳之势大败乌拉兵,阵斩统兵贝勒博克多父子,生擒贝勒常住父子和贝勒胡里布。这场战役,总共斩杀乌拉兵3000人,获得马匹5000匹、铠甲3000副。乌碣岩之战,是努尔哈赤在古勒山大战以后取得的第二次重大胜利。从此以后,通往东海诸部的大门被打开了。同年九月,努尔哈赤率兵攻打辉发部,克其城,杀拜音达里父子,辉发部成为扈伦四部中第二个被灭亡的部落。此后,努尔哈赤把主要的攻击目标对准了乌拉部,他屡屡遣军攻击,削弱其有生力量。万历四十一年(1613)正月,努尔哈赤再度领军攻伐乌拉,一路势如破竹,终于使乌拉所属城邑全部归附,布占泰投奔叶赫而去。经过多年的攻战,乌拉这一势力强盛的部

---

① 《清太祖高皇帝实录》卷二,癸巳年(万历二十一年)九月壬子。
② 《清太祖武皇帝实录》卷一,甲午年(万历二十二年),见《清入关前史料选辑》(第一辑)第318页。
③ 《清太祖武皇帝实录》卷二,壬子年(万历四十年)十月初一日,见《清入关前史料选辑》(第一辑)第327页。

落终于为努尔哈赤所灭。此后，努尔哈赤集中力量攻打叶赫部，在努尔哈赤建立后金的第四年，即天命四年（1619），昔日烜赫一时的叶赫部终于灭亡。至此，努尔哈赤统一了海西女真。

在对扈伦四部用兵的同时，从万历二十六年（1598）安褚拉库之战开始，努尔哈赤持续派兵对东海诸部进行征抚。特别是乌碣岩大战之后，通往乌苏里江和黑龙江的道路畅通，这种军事行动更为频繁。努尔哈赤不断派子弟和麾下骁将远征，东海女真的渥集部、虎尔哈部、瓦尔喀部等部落相继归服。由于东海地区各部落分布广而分散，再加上后金建国后专注于集中对明战争，因此努尔哈赤用兵东海女真的过程较长，一直持续至其晚年。此外，努尔哈赤还积极经略黑龙江流域，为皇太极时期统一黑龙江乃至整个东北打下了坚实的基础。

在40余年的漫长岁月中，努尔哈赤横刀跃马，马不停蹄，以"恩威并用，顺者以德服，逆者以兵临"的策略、坚忍不拔的品质、勇武的气概和杰出的军事才能，"渐削平诸部而统一之"①，结束了女真各部分裂而攻伐纷争的历史，实现了民族的重新统一。据史书记载，至努尔哈赤攻灭叶赫部，基本完成女真统一，"上自是开拓疆土，东自海，西至明辽东界，北自蒙古科尔沁之嫩乌喇江，南暨朝鲜国境。凡语音相同之国，俱征讨徕服而统一之"②。

随着女真各部的统一和民族的整合，女真人正朝着建立国家的方向而迅速发展。努尔哈赤从起兵之时起所做的一切努力，都为创建国家政权准备了条件。概括地说，他做了以下几件大事：

其一，筑城、定国政。万历十五年（1587），建州诸部基本得到统一，努尔哈赤在建州的中心，呼兰哈达（汉译为"烟囱山"）东南、首里河与夹哈河之间的山坡上修筑了费阿拉城（汉译为"旧老城"，位于今辽宁新宾满族自治县永陵镇），"筑城三层，并建宫室"。城中有神殿、衙门、楼宇等建筑，努尔哈赤在这里行使权力、发号施令。从这一年开始，"上始定国政，禁悖乱，戢盗贼，法制以立"③，政权初具规模。万历三十一年

---

① 以上所引，详见《清太祖高皇帝实录》卷一。
② 《清太祖高皇帝实录》卷六，天命四年八月己巳。
③ 以上所引，详见《清太祖高皇帝实录》卷二，丁亥年（万历十五年）六月己未。

一、首战东北

（1603），他选择地形地理条件更为优越的赫图阿拉城（汉译为"老城"），背靠苏子河，河的两岸是肥沃的土地，通往辽沈的大道穿插其间，此城就成为新都城。万历三十四年（1606），蒙古喀尔喀五部贝勒遣使"进驼马来谒"，尊努尔哈赤为"昆都仑汗"，"昆都仑"汉语为"恭敬"之意，这是外人给努尔哈赤上尊号之始①。随着统一战争的不断推进，女真和蒙古诸部纷纷臣服于建州的统辖，赫图阿拉成为努尔哈赤开拓更广阔天地、建立更宏伟功业的基地，成为他的政治、经济、军事和文化中心。

其二，创建八旗制度。努尔哈赤在长期的军事政治斗争过程中，根据女真民族的游猎习性，创建了独具特色的八旗制度。据史书记载，女真部族出猎时，每人去取一箭矢，以十人为一队，设一领队管理，"属九人而行，各照方向，不许错乱"②，号为"牛录厄真"，"牛录"汉译为"大箭"，"厄真"汉译为"主"，即箭主之意。万历二十九年（1601），由于"诸国徕服人众"③，努尔哈赤规定以300人为一牛录，设牛录厄真一人，用以管理军队。后来，努尔哈赤以牛录制为基础，参照金代的猛安谋克制度，创建了旗制，初时仅设黄、红、蓝、白四色为四旗。至万历四十三年（1615），因归附日众，而分为八旗，除已有四整色旗之外，再加上四镶边旗，即黄、白、蓝旗镶红边，红旗镶白边，合起来就是我们所熟悉的正黄、正红、正蓝、正白以及镶黄、镶红、镶蓝、镶白八旗。八旗中的内部构成是：以300人为一牛录，设一牛录厄真；以五牛录为一甲喇，设一甲喇厄真；以五甲喇为一固山，设一固山厄真，即一旗之主。固山厄真的副职设两位梅勒厄真，一旗统辖7500人。八旗便形成了所谓的八固山。"行军时，若地广，则八固山并列，队伍整齐，中有节次。地狭，则八固山合一路而行，节次不乱。军士禁喧哗，行伍禁纷杂。"作战之时，八旗军分为三个部分，以披重铠执利刃的战士作为前锋，首先向敌营发起进攻，以披短甲善于骑射的军队作为第二梯队，紧随其后冲击敌阵。还有一支精兵，在远离战场的地方观战，人不下马，箭不下弓，保持备战状态，前面

---

① 《清太祖武皇帝实录》卷二，丙午年（万历三十四年）十二月，见《清入关前史料选辑》（第一辑）第323页。

② 《清太祖武皇帝实录》卷二，辛丑年（万历二十九年）正月，见《清入关前史料选辑》（第一辑）第321页。

③ 《清太祖高皇帝实录》卷三，辛丑年（万历二十九年）正月庚子。

两支军队一旦不支,立即接应。据史书记载,八旗军内号令严明,有功必赏,有过必惩。作为生活在东北冰天雪地的渔猎民族,女真人生产很不稳定,容易遭遇到各类自然灾害与饥荒的打击,因而对于他们来说,能够上阵立功,可以抢掠战利品,使生活有物质保障。在努尔哈赤八旗制度的激励下,将士们"各欲建功,一闻攻战,无不忻然,攻则争先,战则奋勇,威如雷霆,势如风发,凡遇战阵,一鼓而胜"①。这支军队终于在频繁的战争中锻造成为一支无往不胜、使对手胆寒的雄师!八旗制度与金代猛安谋克制度类似,强调"以旗统人,即以旗统兵"②,八旗壮丁战时为兵,平时则在统领的管理下参与劳动,进行生产。也就是说,八旗既是一个军事组织,又是一个生产组织和社会管理组织。据朝鲜方面史籍记载,"凡有杂物收合之用,战斗力役之事,奴酋(按:努尔哈赤)令于八将(按:八旗旗主),八将令于所属柳累(按:牛录)将,柳累将令于所属军卒,令出不少迟缓"③。努尔哈赤通过这一方式将分散的女真人组织、凝聚起来,从而形成一股强大的力量,驰骋在17世纪壮阔的中国历史舞台之上。八旗制度的建立为后金国家的诞生奠定了组织基础,同时也成为日后清朝赖以立国的基石。

其三,发展经济。原来女真各部生产发展水平很不平衡,有高有低。努尔哈赤在费阿拉和赫图阿拉当政时期,注意发展生产,采取了多项积极措施,取得了很好的效果。他大力发展农业生产,组织屯田开荒,制定保护农业的政策和法令,利用进京上贡和边境贸易的机会购买耕牛和农具,吸收汉族的先进经验,改善女真的生产方式。为了体现重视程度,努尔哈赤每年春耕时节都要亲自检查耕种的情况。在这些措施的推动下,农业生产获得了迅速发展。据记载,努尔哈赤兄弟及其部下,很多人都有"农幕",各部落都开展屯田,以其部落酋长掌管耕作收获的事务,将所得放置其处,以备需用。努尔哈赤的屯田开荒政策取得了很大的成效,野外的

---

① 《清太祖武皇帝实录》卷二,乙卯年(万历四十三年)十一月,见《清入关前史料选辑》(第一辑)第 334-335 页。

② 〔清〕嵇璜等:《清朝通典》卷六八,第 2517 页,商务印书馆万有文库本,1935。

③ 〔朝鲜〕李民寏撰,徐恒晋校释:《建州闻见录》,第 44 页,辽宁大学历史系,1978。

一、首战东北

土地被开发,就连山上能耕作的地方也多被开垦。农业生产的兴旺为其他方面经济的发展提供物资保证。如手工业方面,万历二十七年(1599)三月,建州"始炒铁,开金银矿"①,此为女真地区发展中的一件大事。这说明建州工匠掌握了开矿炼铁的技术,从此以后,女真不再依赖明朝的生铁原料进口,可以更多地制造兵器和铁制农具,这对努尔哈赤事业的发展无疑是一个助推力。努尔哈赤积极与明朝、蒙古、朝鲜方面开展交易,获取利益。尤其是对明朝,通过关口互市和执敕书入京朝贡的方式,获取中原地区的财富。女真人主要进行土产销售,如珍珠、人参、貂皮、干果、蜂蜜等,其中,人参是大宗货物。当时努尔哈赤的属民普遍将人参用水浸泡,然后以之互市,但明人"嫌湿推延",久不成交。女真人害怕水参难以长期保存,容易腐烂,于是勉强草草售出,获利甚微。努尔哈赤创造了煮熟晒干的方法,使部众能够徐徐出售,果然"得价倍常"②。通过贸易活动,建州地区"民用益饶"③。史称"满洲民殷国富"④,并非虚语。

其四,创制满文。这是努尔哈赤在文化上做的一件大事。女真人在金代创制过女真文字,但是经过元、明两代,到了明朝后期,女真文字已经失传,当时各部都是使用蒙古文字作为往来的媒介。随着统一事业的不断推进,努尔哈赤越发觉得使用蒙古文的不便。万历二十七年(1599),努尔哈赤命令额尔德尼和噶盖两人以"蒙古字合我国之语音,联缀成句",即用蒙古字头拼写女真读音的方法,制造了一种新的民族文字,并"颁行国中","满文传布自此始"⑤。新文字的创制,增强了女真民族的凝聚力,从而为国家的诞生做了思想和文化上的准备。

其五,建立议政制度。万历四十三年(1615),努尔哈赤设立了理国听讼大臣五员、都堂十员。凡有诉讼,先由都堂审理,次达五大臣鞫问,再到八旗诸贝勒处审议,最后由努尔哈赤裁断。此外,努尔哈赤还定下了

---

① 《清太祖武皇帝实录》卷二,己亥年(万历二十七年)三月,见《清入关前史料选辑》(第一辑)第320页。

② 《清太祖武皇帝实录》卷二,乙巳年(万历三十三年)三月,见《清入关前史料选辑》(第一辑)第322页。

③ 《清太祖高皇帝实录》卷三,乙巳年(万历三十三年)三月乙亥。

④ 《清太祖武皇帝实录》卷一,戊子年(万历十六年)四月,见《清入关前史料选辑》(第一辑)第312页。

⑤ 《清太祖高皇帝实录》卷三,己亥(万历二十七年)二月辛亥。

五日一朝的制度,作为经常的议政规则。这就是清初一度盛行的议政王大臣会议制度的滥觞。至此,建国称汗的时机最终成熟。

万历四十四年(1616),农历丙辰年岁首,努尔哈赤在赫图阿拉举行仪式,诸贝勒、大臣及文武官员给他上尊号为"奉天覆育列国英明汗",建国号"大金",为与11世纪的女真完颜氏建立的金朝相区别,史称"后金",年号"天命"。从此,一个新生的政权在东北"白山黑水"之间诞生,它将改变17世纪中国的历史进程。

2. 努尔哈赤向明宣战

努尔哈赤建国称汗,促使他将统一之剑由女真狭小的空间指向明朝统治下的辽东地区,正面向明朝发动进攻,展开较量。在进行较量之前,有必要回顾一下努尔哈赤与明廷方面关系的发展与变化。

努尔哈赤与明朝的关系还得从万历十一年(1583)古勒城之战说起。在这场战役中,努尔哈赤的父、祖死于明军的刀剑之下,这一事件彻底改变了努尔哈赤的命运。鉴于自身实力无法与明朝相抗衡,努尔哈赤在接受了朝廷赏赐的敕书30道、马30匹和都督敕书之后,将复仇之剑指向了挑拨离间的尼堪外兰。三年后,即万历十四年(1586),努尔哈赤攻打鹅尔浑城将下,誓要一举擒杀尼堪外兰,为父、祖报仇。尼堪外兰当时在城外,听说消息后惊惧而逃,躲进明朝的保护圈。明朝将尼堪外兰交给努尔哈赤派来的大将斋萨处置,斋萨斩杀了走投无路的尼堪外兰。事后,明朝答应每年给努尔哈赤银800两,蟒缎15匹,希望能够彻底了结努尔哈赤父、祖被杀之案,并笼络努尔哈赤为朝廷在女真地区的忠诚卫士,为大明"看边"。

此后,努尔哈赤与明朝关系一度十分友好。费阿拉理政期间,曾经向抚顺诸堡送回被女真所掠汉人,斩杀掳掠柴河堡、杀害明指挥刘斧的木扎河部女真首领克五十,并率领数十个女真部落酋长约束建州、毛怜等卫女真,履行边臣的职责。为了酬劳努尔哈赤的忠顺,明廷于万历十七年

一、首战东北

(1589)九月,升授其为建州左卫都督佥事。万历二十三年(1595),即古勒山之战后的第二年,明廷正式授予努尔哈赤正二品"龙虎将军"之职,使其成为女真地区最高级别的朝廷命官。由此看来,努尔哈赤当时确实享受着朝廷的"殊恩",同时,他也利用这个新头衔和带来的威望、权力加快统一女真诸部的进程。为了投桃报李,向朝廷表示恭顺,同时为了满足经济的需求,并借机刺探明廷内部情况,努尔哈赤频频遣使入贡,相继在万历十八年(1590)、二十年(1592)、二十一年(1593)、二十五年(1597)、二十六年(1598)、二十九年(1601)、三十六年(1608)、三十九年(1611)先后八次亲自进京朝贡。而据明朝方面史料记载,他的弟弟舒尔哈齐也至少在万历二十三年(1595)、二十五年(1597)、三十四年(1606)、三十六年(1608)四次进京朝贡。

由此可见,明朝和努尔哈赤在表面上维持着和平友好的关系,但是明朝并不希望女真中的任何一支势力过分强大而威胁朝廷在边墙外的统治。随着努尔哈赤不断地吞并周边部落,明廷对他的怀疑也在日渐增长。尤其是在努尔哈赤用兵海西之后,明朝不断地采取措施干预其发展扩张的进程。两者关系外表平和,实则暗潮涌动。

图1.2 明神宗朱翊钧像
(选自朱诚如主编《清史图典》第1册,第58页)

万历二十七年（1599），哈达部为努尔哈赤所灭，成为扈伦四部中第一个被灭亡的部落。此事震动朝廷，明神宗责问努尔哈赤兴兵破灭哈达之罪，当时哈达贝勒孟格布禄已死，明朝要求努尔哈赤让孟格布禄之子武古尔岱复国。迫于朝廷压力，努尔哈赤让武古尔岱娶了自己的女儿，带着属民恢复哈达部，但实际上自己在幕后控制。后来叶赫贝勒纠合蒙古兵数次侵略哈达，努尔哈赤上奏明廷，要求干涉，神宗不听。哈达部发生大饥荒，粮食奇缺，向明朝开原城乞求接济，明方却不给粮食。因此，在接连遭受叶赫打击，部民因饥荒而流离失所、易子相食的局面下，武古尔岱主动归附努尔哈赤，再不返回哈达，所持363道敕书和屯寨、土地，都为努尔哈赤所有，哈达部最终灭亡。

万历三十六年（1608）六月二十日，鉴于明与建州双方在边境上的冲突愈演愈烈，努尔哈赤约请明辽阳吴副将、抚顺王备御前去，宰杀白马祭天，刻立誓碑，碑文道：

  各守皇帝边境，敢有窃逾者，无论满洲与汉人，见之即杀。若见而不杀，殃及不杀之人。大明国若负此盟，广宁巡抚、总兵，辽阳道副将，开原道参将等官，必受其殃。若满洲国负此盟，满洲必受其殃。①

宣誓完毕，为此建碑立于双方沿边各处。从碑文中可以看出，它要求明朝和努尔哈赤双方不能越界留人，双方民众互不侵越，其实质是划定辽东汉民与建州女真的边界。从此以后，努尔哈赤发展的势头更甚，而明朝控制女真地区的能力却大大削弱了。

万历四十一年（1613），努尔哈赤攻灭乌拉部。至此，海西女真中仅存叶赫部。明朝眼看努尔哈赤的势力一步步壮大，竟到如此地步，感到十分惊讶，双方原本潜藏的矛盾迅速激化。当年九月初六日，努尔哈赤以叶赫部收留布占泰为由，起兵攻打叶赫城寨，焚其粮，收其民。叶赫贝勒金台石、布扬古派遣使臣往告明朝，力陈唇亡齿寒的道理："哈达、辉发、兀喇（乌拉）已被尽取矣，今复侵吾地，欲削平诸部，然后侵汝大明，取

---

  ① 《清太祖武皇帝实录》卷二，戊申年（万历三十六年），见《清入关前史料选辑》（第一辑）第325页。

一、首战东北

辽阳为都城,开原铁岭为牧地。"明神宗信其言,派人到努尔哈赤处以严厉口吻相警告:"自今汝勿侵夜黑(叶赫)国,若肯从吾言,是存我体统,若不从吾言,后必有侵我之日。"话已说得相当之重!明廷派遣游击马时楠、周大岐带领1000名枪炮手,帮助叶赫部守卫两座城池。

针对明朝使者的问责,努尔哈赤写了一封书信,其大意为:

> 吾国兴兵,原为夜黑(叶赫)、哈达、兀喇(乌拉)、辉发、蒙古、实伯(锡伯)、刮儿恰(卦勒察)九国,于癸巳年(按:1593)会兵侵我,上天罪彼,故令我胜。于时,杀夜黑(叶赫)布戒(布斋),生擒兀喇布占太。至丁酉年(按:1597),复盟,宰马歃血,互结婚姻,以通前好。后夜黑负盟,将原许之女悔亲不与,布占太乃吾所恩养者,因与我为仇,伐之,杀其兵,得其国,彼身投夜黑,又留而不发,故欲征之。吾与大国,有何故乃侵犯乎?[①]

为示郑重,努尔哈赤亲自携带书信前往抚顺。抚顺守将游击李永芳出城三里迎接,二人在马上拱手作揖,一同进入教场。努尔哈赤将书信给了李永芳,不多时便打马而回。这是李永芳与努尔哈赤第一次见面,距离他成为努尔哈赤的臣属只有不到五年的时间。这封书信,明面上讲的是攻打叶赫的原因,实际上也是对明朝而发,表达了努尔哈赤对明朝妨碍女真统一大业的不满。书信的内容,也成为后来努尔哈赤伐明告天"七大恨"中的"一恨"。通过这一事件,明朝和建州之间的矛盾升级了。

万历四十二年(1614)四月,明廷派遣守备肖伯芝至努尔哈赤处,以文告申明大义,希望努尔哈赤能够谨守臣节。哪知肖伯芝妄自尊大,诈称朝廷大臣,坐八抬大轿,擅作威福,并且强令努尔哈赤跪拜受旨,侃侃而谈古今成败兴废之理,出言多有不逊。努尔哈赤十分愤怒,说道:"吓我之书,何为下拜?善言善对,恶言恶对!"[②] 他连明朝的文书都没有看,就把肖伯芝顶了回去。万历四十三年(1615),明廷令广宁总兵张承胤巡

---

① 《清太祖武皇帝实录》卷二,癸丑年(万历四十一年)九月,见《清入关前史料选辑》(第一辑)第330-331页。

② 《清太祖武皇帝实录》卷二,甲寅年(万历四十二年)四月,见《清入关前史料选辑》(第一辑)第331页。

边,目睹努尔哈赤强大的势力,回去之后,即派遣通事董国胤前往努尔哈赤处,提出重新定立界碑,要求努尔哈赤的属民不得刈获柴河、三岔、抚安三路田地的庄稼,住于该处的居民必须迁走。也就是说,明朝欲占据这三路之地,进行直接统治。努尔哈赤当然不会答应,他指责明朝维护叶赫,对建州不公,还要侵夺建州祖居耕种之地。明朝虽然国大民众,但也不可如此仗势欺负小邦。他说:我的民众不多,很容易迁徙。但是倘若建州不服王命,双方交恶,那么我的国家虽小但受害亦小,你的国家虽大恐怕受害亦大。须知大可以化小,小可以变大,这并不是绝对的。你们虽然人多势众,但也不可能每城都屯兵上万。如果只屯驻一千军队,正好可以作为我的俘虏!努尔哈赤的这番言论可谓赤裸裸的军事威胁!董国胤万万没想到一向恭顺的建州首领竟会说出这种话,无言以对,只好说:"此言太过矣!"① 随后悻悻而归。此后,明朝单方面在边境数处立碑为界。但此时的努尔哈赤羽翼已丰,无论是以君臣大义相劝,还是以竖碑划界相遏,都无法阻止其扩张发展、建国称汗直至与明朝决裂。是年三月,努尔哈赤派人进京朝贡,这是他最后一次向明廷表示忠诚恭顺。

在努尔哈赤不断发展势力的过程中,明朝有过怀疑、有过猜忌、有过干涉,舆论也屡屡要求对建州采取断然行动,但是令人不解的是,在30余年的时间里,明朝并未真正对努尔哈赤用过兵,最终养虎遗患,一手培植了自己王朝的掘墓人!究其原因,应有以下三点:

其一,明朝内部对努尔哈赤的看法始终存在分歧。部分朝臣认为努尔哈赤在女真族中势力最强,能利用他"以夷制夷",约束部众,为大明看边。如万历四十三年(1615)七月,离努尔哈赤建国称汗不到半年时间,辽东巡抚郭光复还向朝廷报告道:"建夷近遵约束,北关(指叶赫)先起衅端。"他为努尔哈赤讨伐叶赫的行为辩护,认为朝廷不能对建州用兵,最多只能"按兵观变"。② 再如两度驻守辽东的总兵官李成梁也被努尔哈赤的恭顺迷惑,对其势力发展持宽纵态度。而有一部分有识之士却看到了努尔哈赤势力的不断壮大和他的勃勃野心,他们纷纷上奏朝廷,提醒高

---

① 《清太祖武皇帝实录》卷二,乙卯年(万历四十三年)四月,见《清入关前史料选辑》(第一辑)第332页。
② 《明神宗实录》卷五三四,万历四十三年七月癸酉,台湾"中央研究院"历史语言研究所校勘影印本,1962。

一、首战东北

层，要采取措施阻止建州的过分扩张和发展，甚至建议整饬军备，伺机征剿努尔哈赤。如万历十六年（1588），努尔哈赤统一建州各部，辽东巡抚顾养谦奏称："奴儿哈赤者，建州黠酋也。骁骑已盈数千，乃曰奄奄垂毙。倘闻者不察，谓开原之情形果尔，则辽事去矣。"① 二十九年（1601），努尔哈赤积极用兵扈伦四部之时，朝中舆论认为："奴酋自此益强，遂不可制矣。"② 万历三十六年（1608），随着努尔哈赤不断用兵乌拉、叶赫部以及东海女真，并且经略蒙古取得很大成效，蓟辽总督蹇达十分不安，因为明朝历来最为害怕的便是"东夷"与"北虏"的结合。他上奏朝廷，提到努尔哈赤已蓄养精兵三万有奇，不但对女真用兵，而且交通蒙古，还有侵扰朝鲜的迹象，对明朝渐生反侧之心。万历三十九年（1611），明朝兵部尚书李化龙上奏边疆事宜，提到建州"列帐如云，积兵如雨，日习征战，高城固垒"，他敏锐地觉察到，"中国无事，必不轻动，一旦有事，为祸首者，必此人也"③。但是在努尔哈赤与明朝正式决裂之前，对建州看法的分歧在朝廷内部始终存在，并未达成一个共识。

其二，明朝在辽东的败政，根本无法阻遏建州势力的迅速崛起，客观上为努尔哈赤的发展提供了便利。当朝皇帝明神宗为人贪财，其以开矿征税为名，向各地派遣矿监税使进行搜刮，所得钱财大都进入皇室内帑。太监高淮便奉神宗之命，来到辽东就任矿监税使，对百姓敲骨吸髓，百般刻薄，并狐假虎威，肆意干预军政事务，骚扰地方，最终导致边防废弛，变乱迭生，民众饱受其苦，怨声载道，部分百姓逃到努尔哈赤处，遂有"生于辽不如走于胡"④之说。明朝的这一败政，不仅使大量劳动力流失，而且也渐渐失去了民心，为日后丧失辽东地区埋下了伏笔。到了万历三十四年（1606），辽东总兵李成梁以"地孤悬难守"的理由放弃了万历初年由他倡议兴建，进行屯垦戍边的宽甸六堡之地。当时该处经过多年经营，已"生聚日繁，至六万四千余户"⑤，李成梁硬是逼迫这些百姓迁往边内，有些人不愿离开，就以武力相待。这块已被明朝开发的800里良田美地便被

---

① 《明神宗实录》卷一九四，万历十六年正月己酉。
② 《明神宗实录》卷三六六，万历二十九年十二月辛未。
③ 《明神宗实录》卷四八四，万历三十九年六月丁亥。
④ 〔明〕陈继儒：《建州考》，见《清入关前史料选辑》（第一辑）第137页。
⑤ 〔清〕张廷玉等：《明史·李成梁传》，第6191页，中华书局，1974。

努尔哈赤接收，大大增强了建州的实力。由此可见，努尔哈赤在明朝的政策失误中获益良多。

其三，也是最为深刻的原因，当时明朝国势日衰，政治腐败黑暗，社会危机日益严重，已无力控制努尔哈赤的发展。尤其是在万历年间，皇帝毫无责任心，20余年不理朝政，造成章奏积压，问题越积越多，积重难返！士大夫阶层交相勾结，贪污腐化，陷入党争的旋涡，根本无心关注政治的运行；边疆地区军备废弛，吃空饷、虚报军功的现象严重，再加上军队操练流于形式，因此明军数量虽多，但战斗力已十分有限。李成梁建议弃守宽甸，其中一个重要原因是明朝辽东军队的战斗力大不如前，无力驻守孤悬之地。总而言之，当时明廷暮气沉沉，朝中大多数人都抱着一种得过且过、多一事不如少一事的想法。这一切，都给努尔哈赤的发展提供了绝好的契机。只要他不侵扰辽东，不直接威胁明朝的统治，边墙以外就默许是他的天下！

不管怎样，万历四十四年（1616），努尔哈赤正式建国称汗，标志着他与明朝的臣属关系已走到尽头。而两年以后，后金与明朝的关系发生了根本性的改变。

明万历四十六年（后金天命三年，1618）正月十六日清晨，在赫图阿拉的上空出现了一个奇异的天象。据史书记载，在月亮即将隐去之时，有一道青黄两色的光芒"直贯月中"。这道光宽约二尺，长四丈有余。努尔哈赤见后认为那是上天赐予的吉兆，他对诸贝勒、大臣说："汝等勿疑，吾意已决，今岁必征讨大明国。"[①] 明清（后金）之战即将开始。

征明方针已定，各项战争准备有条不紊地进行。派兵伐木，修理云梯，整顿器械，喂肥战马……一切准备就绪，努尔哈赤开始考虑首攻的目标。明朝在辽东地区城邑堡寨众多，究竟从何处下手？努尔哈赤一时拿不定主意。直到当年的四月初八日，在他六十大寿宴会上，诸子敬酒，第八子、四贝勒皇太极向努尔哈赤积极进言，主张攻取抚顺。他说道："抚顺是我出入处，必先取之。今四月八日，闻李永芳大开马市，至二十五日止，边备必疏，宜先令五十人佯作马商，驱马五路入城为市，嗣即率兵五

---

① 《清太祖武皇帝实录》卷二，天命三年正月十六日，见《清入关前史料选辑》（第一辑）第337页。

一、首战东北

千,夜行至城下,举炮内外夹击,抚顺可得,他处不战自下矣。"① 努尔哈赤听从了皇太极的建议,后金与明朝首战之地与具体的作战方略遂定。

明万历四十六年(后金天命三年,1618)四月十三日上午十时,后金大汗努尔哈赤在赫图阿拉举行了盛大的告天仪式,誓师伐明,发布所谓"七大恨"檄文,诉说伐明的理由。"七大恨"原文已不可见,有诸多版本,现将《清太祖武皇帝实录》的版本全文摘录于下:

> 吾父、祖于大明禁边,寸土不扰,一草不折,秋毫未犯,彼无故生事于边外,杀吾父、祖,此其一也。虽有祖、父之仇,尚欲修和好,曾立石碑盟曰:大明与满洲皆勿越禁边,敢有越者,见之即杀,若见而不杀,殃及于不杀之人。如此盟言,大明背之,反令兵出边卫夜黑(叶赫),此其二也。自清河之南,江岸之北,大明人每年窃出边,入吾地侵夺,我以盟言杀其出边之人,彼负前盟,责以擅杀,拘我往谒都堂使者纲孤里、方吉纳二人,逼令吾献十人于边上杀之,此其三也。遣兵出边为夜黑防御,致使我已聘之女转嫁蒙古,此其四也。将吾世守禁边之钗哈(柴河)、山七拉(三岔)、法纳哈(抚安)三堡耕种田谷,不容收获,遣兵逐之,此其五也。边外夜黑,是获罪于天之国,乃偏听其言,遣人责备,书种种不善之语辱我,此其六也。哈达助夜黑侵我二次,吾返兵征之,哈达遂为我有,此天与之也。大明又助哈达,逼令返国,后夜黑将吾所释之哈达掳掠数次。夫天下之国互相征伐,合天心者胜而存,逆天意者败而亡。死于锋刃者使更生,既得之人畜令复返,此理果有之乎?天降大国之君,宜为天下共主,岂独吾一身之主?先因糊笼(扈伦)部会兵侵我,我始兴兵,因合天意,天遂厌糊笼而佑我也。大明助天罪之夜黑,如逆天然,以是为非,以非为是,妄为剖断,此其七也。凌辱至极,实难容忍,故以此七恨兴兵。

这篇檄文是后金对明朝的战争宣言,也是对广大即将出征的八旗将士的思想动员。他决定伐明,与明决裂,是出于对明的七宗之恨。概括地

---

① 〔清〕计六奇:《明季北略》卷一《抚顺城陷》,第8页,中华书局,1984。

说，这七宗恨主要反映了三个方面的内容：其一，明军无故杀害其父、祖，是不可磨灭的血海深仇；其二，明廷袒护扈伦诸部，压制建州，干预女真统一大业，这是明朝力图通过限制女真的发展，以达到"以夷制夷"的目的；其三，明朝不遵界约，越边取利，侵占建州之地，杀建州之人，可谓恃强凌弱，以大欺小。当然，这些控告存在小题大做、借题发挥的问题，例如叶赫老女事件。但总体来讲，它反映了努尔哈赤和广大建州民众对明朝压迫统治的强烈不满，是长久以来积怨的爆发。努尔哈赤利用女真人的民族情绪，野心勃勃地向明朝辽东的要塞施以最凌厉的攻势。以此战为开端，努尔哈赤终结了世代臣属明朝的政治隶属关系，踏上了与明朝公开抗争之路。

拜天焚表之后，努尔哈赤随即出师，他对贝勒大臣申明军纪："阵中所得之人，勿剥其衣，勿奸其妇，勿离其夫妻，拒敌者杀之，不与敌者勿妄杀。"① 这是努尔哈赤收揽辽东民心的重要举措。从这可以看出，努尔哈赤作为女真民族杰出的政治家和军事家，他与明朝作战并不是简单的复仇。起兵以来，历经33年征战，统一女真诸部，努尔哈赤有了更大的志向，他要与明朝一决高下，进而争夺辽东地区的统治权。

抚顺城位于辽东边墙东部，浑河北岸，是沈阳中卫所属的千户所，设游击一员，负责防守事宜。抚顺城于洪武十七年（1384）建成，周围仅3里，但经过200余年的经营，到此时已成为辽阳以东的边防重镇。该地历来"夷"汉杂居，民族交融，在城东20里建设有马市，是女真与汉人的重要贸易之处。而从地理位置上看，抚顺位于明朝与建州三卫往来的要冲之地，其西距沈阳80里，西南距辽阳、西北距开原均200余里，三地形成犄角之势，进可攻，退可守。因此，努尔哈赤欲进入边墙，与明朝争夺辽东统治权，必须先取抚顺。前文曾经提到，努尔哈赤青年时期为生计所迫经常去抚顺马市出售人参，贸易往来，因此，他对抚顺的山川、道路、城防等情况了如指掌。时任抚顺守将的是游击李永芳，努尔哈赤曾在5年前与他打过交道，称得上老相识。因此，抚顺重镇，努尔哈赤志在必得。

在努尔哈赤大军行进之际，皇太极的计策也在紧锣密鼓地实施之中。四月十四日后金放出风声，明日将有3000女真商人来抚顺参加集市，以

---

① 以上所引，详见《清太祖武皇帝实录》卷二，天命三年四月十三日，见《清入关前史料选辑》（第一辑）第338－339页。

一、首战东北

麻痹明军的城防守卫。同时,努尔哈赤命将军麻承塔率领扮作商队的后金兵先行潜入城内,皇太极统领5000人马随其后,至夜间赶到,埋伏于抚顺城外,双方约定以吹笳为号。十五日,努尔哈赤亲领大军围困抚顺。此时,笳声大作,划破了沉寂的夜空,城内扮作商贾的奸细纷纷行动起来,放火呐喊,导致局势乱作一团,"阖城声沸,火焰烛天"①。努尔哈赤与皇太极趁势攻城,里应外合。抚顺守将李永芳大惊,急忙赶赴城门,部署抵抗。后金兵在城外抓到一名汉人,让他带着劝降书到城里交给李永芳,信中写道:

> 因尔大明兵助夜黑,故来征之,量尔抚顺游击,战亦不胜,今欲服汝,辄深向南下,汝设不降,误我前进,若不战而降,必不抚尔所属军民,仍以原礼优之。况尔乃多识见人也,不特汝然,纵至微之人,犹超拔之,结为婚姻,岂有不超升尔职与吾大臣相齐之理乎?汝勿战,若战,则吾兵所发之矢,岂有目能识汝乎?倘中则必死矣。力既不支,虽战死亦无益,若出降,吾兵亦不入城,汝所属军民,皆得保全。假使吾兵攻入城中,老幼必致惊散,尔之禄位亦卑薄已,勿以吾言为不足信,汝一城不能拔,朕何以兴兵为,失此机会,后悔无及。城中大小官员军民等,果举城纳降,父母妻子亲族俱不使离散,是亦汝等之福也。降与不降,汝等熟思,慎勿以一朝之忿而不信,遂失此机也。②

李永芳看完信后,穿戴好官服,站在城南门垛口上,一面说要投降,一面命令军士准备防守器械,此时他尚处在犹豫之中。看到这种情况,努尔哈赤下令后金兵架云梯攻城。在激战中,明军千总王命印,把总王学道、唐钥等战死。不一会儿,后金兵便登上了城楼。至此,李永芳除了死和降之外,别无选择。他穿着官服,骑马出城,在固山厄真阿郭的指引下到努尔哈赤面前下马跪见,努尔哈赤在马上拱手答礼,李永芳正式投降后金。努尔哈赤遂下令勿杀城内百姓,妥加安抚。当天,后金另一路左侧四

---

① 〔清〕计六奇:《明季北略》卷一《抚顺城陷》,第8页。
② 《清太祖武皇帝实录》卷二,天命三年四月十五日,见《清入关前史料选辑》(第一辑)第340－341页。

旗兵攻下了东州、马根单两城。在这次行动中，八旗两路人马还取得了夺取台堡五百余座的战绩。于是，努尔哈赤下令收兵，各处军队驻扎于所占之地。当晚努尔哈赤留宿抚顺城。

四月十六日，努尔哈赤派遣4000名军士拆毁抚顺城，迁出归降百姓。大军在抚顺城东旷野处与其他各部人马会合，行至嘉班安营扎寨，论功行赏。据统计，此役后金兵得人畜30万，努尔哈赤命令依功劳大小分给将士。得到抚顺及周边地区大量降民，统编为1000户。来自山东、山西、河东、河西、苏州、杭州等地的商贾，努尔哈赤选择其中的16人，厚给路费，让他们带着"七大恨"的文告返回家乡，使明朝的老百姓明白女真起兵的正义性与合理性。至二十日，4000军士将抚顺城拆除完毕，回归本队。由于战利品太多，到此时后金官兵尚未全部分完，努尔哈赤下令班师，至赫图阿拉再行分发。

辽东巡抚李维翰听闻抚顺失陷，大为震惊，急遣总兵官张承胤与副将颇廷相、参将蒲世芳、游击梁汝贵等率领一万军队，前往抚顺追剿努尔哈赤。四月二十一日，在离边境二十里的谢哩舍地方，后金哨探发现了明军，将此消息飞报代善和皇太极。二人听说后，一面让士兵披甲上阵，一面让哨探报告努尔哈赤。努尔哈赤听从儿子们的建议，统率大军前往迎敌。在张承胤的指挥下，明军分兵三处，据守山险，挖掘壕沟，布列火器，准备与后金兵一战。八旗将士摆开阵势，向明军猛烈冲击。先是风从西来，对处在明军东边的后金兵有些不利。但是风向骤变，转向明营，明军连施火炮，不但不能杀伤敌人，反使自己的军士折损。八旗兵见此形势，士气大振，争先恐后冲入敌营，明军三营皆破。张承胤、蒲世芳战死，颇廷相、梁汝贵冲出重围，见失主将，复还，亦"陷阵死"①。此战之中，明军"死尸络绎不绝""十损七八"，可谓全军覆没。后金兵获马9000匹，甲7000副，"器械无算"②。

四月二十六日，努尔哈赤大军回到都城赫图阿拉，将1000户降民妥善安置，不使汉人流离失所，"至于六亲失散者，查给伊亲，奴仆失散者，

---

① 〔清〕谈迁：《国榷》卷八三，第5115页，中华书局，1958。
② 《清太祖武皇帝实录》卷二，天命三年四月二十一日，见《清入关前史料选辑》（第一辑）第342页。

查归本主。又与房田牛马衣食牲畜器皿等物"①。努尔哈赤依照明朝制度委任大小降官,任命李永芳为三等副将,统一管理。为示笼络,努尔哈赤还将第七子阿巴泰之长女嫁给李永芳。从此,李永芳变成了努尔哈赤的孙女婿,号称"抚顺额驸"。

闰四月二十二日,努尔哈赤把掳获的汉人张儒绅、张栋、杨希舜等人放归内地,让他们带去书信,提出要与明朝议和、罢兵并进贡,内中备述七大恨,自称"建州国汗"②。据史料记载,在抚顺贸易的商人张儒绅与东厂太监有关联。由此可见,努尔哈赤想借此在大明朝野上下产生影响,以为震慑。

抚顺之役是明朝与后金的第一战,规模不大,但其意义重大。首先,抚顺战役拉开了明清(后金)战争的序幕,正如《清史稿》所说:"太祖伐明取边城,自抚顺始;明边将降太祖,亦自永芳始。"③ 其次,里应外合的计策成为后金攻打明朝城池的重要方略,这在以后几次攻城战中,屡试不爽。最后,抚顺战役获得的巨大物质利益缓和了后金内部因灾荒引起的经济危机,大大增强了女真将士与明朝作战、抢夺更多物资的勇气和信心。

明万历四十六年(后金天命三年,1618)七月二十日,就在抚顺之战的两个月后,努尔哈赤率领贝勒大臣再度大举伐明。他们通过鸦鹘关,目标直指明朝的辽东重镇清河堡(今辽宁本溪满族自治县清河城镇)。

清河堡,在当时是辽阳副总兵下辖的边防要塞,位于赫图阿拉西南160里,周围长四里零一百八十步,有东、西、南、北4座城门。此堡四面为群山环抱,位于山谷之中,"独东隅稍平",号称"天险"④,又地处建州通向辽东的必经之路,地理位置十分重要。诚如王在晋在《三朝辽事实录》中所言:"清河三里之城,高山四拥,北控宽奠,南枕辽阳,左近沈阳,右近瑷阳,皆相去百里,中有小路,抵抚顺。"⑤ 后金欲与明朝争

---

① 《清太祖武皇帝实录》卷二,天命三年四月二十六日,见《清入关前史料选辑》(第一辑)第 342 页。
② 〔明〕王在晋:《三朝辽事实录》(2)卷一,江苏省立国学图书馆影印本,1931。
③ 赵尔巽等:《清史稿·李永芳传》,第 9327 页,中华书局,1977。
④ 〔清〕谷应泰:《明史纪事本末补遗》卷一《辽左兵端》第 1410 页,中华书局,1977。
⑤ 〔明〕王在晋:《三朝辽事实录》(2)卷一。

夺辽东地区的统治权，清河堡就是必争之地。明朝为了防范女真入侵，原先在此地设置了5250名驻军，由参将邹储贤统领。而在抚顺失陷后，新任的辽东经略杨镐认为该处战略地位重要，为加强防御，他派遣了游击张旆率领3000人去支援守城，这样，清河的防备力量就上升至8520人，其中有炮手千余名。邹储贤积极布防，厉兵秣马，在城上布列了火器、枪、铅子、铁弹子等各种守城器械，随时准备应战。七月二十日，努尔哈赤领兵入鸦鹘关，兵锋直指清河堡。当时守城的主要将领有参将邹储贤、游击张旆以及守堡官张云程3人，在敌军兵临城下的危急关头，他们在作战方略上发生了严重分歧。张旆、张云程纷纷请求主动出击，因为清河堡地处山谷之中，只有正东一条道路通向鸦鹘关，可以利用地形，趁夜设伏，击败敌军，倘若据守城池，反而会陷于绝境。但邹储贤却以敌强我弱为由，拒不发兵，决意婴城固守，等待援军。八旗兵将清河堡围得水泄不通，架起云梯，施放利箭，强行攻城。不料城上火器轰鸣，且有滚木、矢石齐下，后金士兵一时招架不住，退下阵来。八旗兵"退而复合"①，"不避锋刃"②，向清河堡发动了一轮又一轮冲锋，一时战况异常激烈。八旗兵以木板为掩护，冲到了清河城下，从下面挖墙脚，"自寅至未不退"③，经过不断的努力，城东北角终于被攻破。城上守军惊惧不已，顿时崩溃，八旗兵乘势大举进攻，"叠尸上城"④，游击张旆战死。邹储贤看到远处李永芳在招降他，不禁破口大骂，痛斥这个背国负君的叛徒。他知道大势已去，于是焚毁衙署、屋宇，杀死自己的妻子儿女，决心再与后金士兵做最后一次拼搏。于是他领着手下的敢死之士，展开巷战，最终力屈而死。经过一天的激战，清河堡失陷，但后金士兵为此也付出了代价。进城之后，他们立即报复，拆毁了清河堡，并进行惨烈的大屠杀，城中将士"唯束手待毙，为敌杀掠万计"⑤，"清河民兵万人皆没"⑥。一堵墙、碱场二城军民听闻八旗铁骑的凌厉攻势，纷纷弃城而逃。努尔哈赤又领军南下，下令焚毁

---

① 〔明〕王在晋：《三朝辽事实录》（2）卷一。
② 《清太祖武皇帝实录》卷二，天命三年七月二十日，见《清入关前史料选辑》（第一辑）第343页。
③ 〔清〕谷应泰：《明史纪事本末补遗》卷一《辽左兵端》，第1411页。
④ 〔明〕王在晋：《三朝辽事实录》（2）卷一。
⑤ 〔清〕计六奇：《明季北略》卷一《清河城陷》，第9页。
⑥ 〔清〕谷应泰：《明史纪事本末补遗》卷一《辽左兵端》，第1411页。

一、首战东北

此二城,并"将该路窖藏之粮谷,尽行运回。所种田禾,尽行秣马"①,一时"自三岔至孤山并遭焚毁,宽、叆望风遁矣"②。无论是抚顺之战抑或清河之战,努尔哈赤在克城之后都没有屯兵驻守,而是毁坏城池,夺取物资,掳掠人口而走。由此可见,后金政权的这两次军事行动目的主要是破坏明朝在辽东地区的防御能力,他们还没有足够的兵力直接占领辽东城池,与明朝争夺此地的统治权。清河失陷之时,明朝的援军还在数百里外,只有参将贺世贤从叆阳出发,率众奋击,攻克一栅,斩首 150 级。

九月二十五日,努尔哈赤又派兵掳掠抚顺城北的会安堡,"屠戮甚众",得到人畜 1000,并将其中 300 屯民斩杀于抚顺关,以震慑明朝政府。他们留下了一个人,割去双耳,令其执书信送交明廷,其信写道:

> 若以我为逆理,可约定战期,出边,或十日,或半月,攻城搦战;若以我为合理,可纳金帛,以了此事。③

然而,堂堂大明王朝岂会容忍努尔哈赤如此嚣张! 遂决定调集精兵强将,"大彰挞伐",将后金这个新生政权扼杀在摇篮之中。

3. 萨尔浒决战

抚顺、清河相继失陷后,明廷朝野十分震惊,决意对后金采取犁庭扫穴、"大彰挞伐"的军事进攻。在获悉抚顺陷落败报的 20 天后,明神宗谕兵部:"辽左失陷城堡,陨将丧师,损威殊甚。该地方官平时失于备御,

---

① 中国第一历史档案馆、中国社会科学院历史研究所译注:《满文老档》,太祖皇帝第 2 函,第 7 册,第 65 页,中华书局,1990。
② 〔明〕王在晋:《三朝辽事实录》(2) 卷一。
③ 《清太祖武皇帝实录》卷二,天命三年九月二十五日,见《清入关前史料选辑》(第一辑) 第 343 页。

临期不能拒堵，疏防玩寇，罪无所逃。尔部便行与督抚各官沿边将士殛图战守长策。各处城堡都要用心防守，遇有虏警，并力截杀，务挫狂锋。且夕经略出关，援兵四集，即合谋大彰挞伐，以振国威。事平一体升赏，如仍因循怠玩，致误军机，国宪具在，决不轻贷！"① 随即，明朝上上下下着力筹划征讨后金的诸项准备事宜。

其一，选将派兵。明廷起用废将李如柏为辽东总兵，征刘綎、柴国柱赴京候用。此外，朝廷还分蓟镇东协四路为山海关镇，以废将杜松屯驻该地，拱卫京师。而征辽战事的关键在于"经略出关"，督导诸路总兵，因此辽东经略一职的任选显得尤为重要。明万历四十六年（后金天命三年，1618）四月初二日，在首辅方从哲的举荐下，这一重任落到了杨镐身上。

杨镐，河南商丘人，万历八年（1580）进士，曾任知县、御史、参议等职。万历二十五年（1597）进为右佥都御史，经略朝鲜军务。同年十二月，杨镐会同总督邢玠、提督麻贵分兵4万，围攻蔚山。倭寇出来与明军交战，大败，遂退守岛山。杨镐为人嫉贤妒能，怕被游击陈寅抢功，在明军将要取胜之时鸣金收兵，导致明军丧失了取得胜利的最佳时机。倭寇于是闭门不出，坚守待援，明兵围攻数日而不克，陷于困境。至来年正月初二日，倭军行长率援军骤至，杨镐惊惧不已，狼狈率先逃跑，诸军不甘落后，纷纷逃离战场，倭寇援军与守军合兵一处，趁势袭击，明军"死者无算"，据《明史》记载，其数有2万之多。此次战役，明廷"谋之经年，倾海内全力，合朝鲜通国之众，委弃于一旦，举朝嗟恨"。② 但是杨镐却在首辅沈一贯的包庇下掩盖败状，讳败为胜。后来真相败露，杨镐险些被正法，赖首辅赵志皋营救，才幸免于祸，但此后一度不被重用。万历三十八年（1610），朝廷起用杨镐，复为辽东巡抚，但他不久便离职回乡。直到万历四十六年（1618），抚顺失陷，辽事危急，杨镐的宦途重现转机，因"熟谙辽事"而被朝廷任命为兵部右侍郎，经略辽东。六月，杨镐兼程驰赴山海关。七月，后金士兵由鸦鹘关克清河，参将邹储贤战死，辽东局势更为紧张。为统一事权，表达朝廷征辽的决心，神宗于八月特赐杨镐尚方剑，总兵以下不用命者得以军法从事。杨镐在辽东申明纪律，斩杀了清河逃将陈大道、高炫，征集四方兵士，意图大举。但从朝鲜之役的先例分

---

① 《明神宗实录》卷五六九，万历四十六年闰四月癸亥。
② 〔清〕张廷玉等：《明史·杨镐传》，第6686页。

一、首战东北

析,杨镐是一个志大才疏且极度胆怯之人,并无克敌制胜的才能。据史籍记载,当时的杨镐"益老且懦,识者知其必败"①。因此明廷用杨镐为帅,实属用人不当,这对后来战事的发展产生了极为不利的影响。

除了选帅调将以外,明朝也从四方云集军队,意图对后金形成泰山压顶、以石击卵之势。可惜各地驻军军备废弛,吃空饷现象十分严重,因此朝廷调兵十分困难。辽东全镇有兵 6 万,能投入作战的只有 2 万余,远远不够,于是明廷从宣大、山西、延绥、宁固、真定、四川、湖广、浙江、福建等地征兵,同时诏谕朝鲜国王和叶赫部前来助阵。朝鲜应明朝要求,派元帅姜弘立、副元帅金景瑞率三营兵马 13000 人渡过鸭绿江,而叶赫也派出 2000 名将士助攻。至明万历四十六年(后金天命三年,1618)冬,四方援军云集辽东。关于明朝作战军队总数,历来都有不同说法,清朝官书记载"杨镐以二十万兵号四十七万"②,显然失实。据孙文良和李治亭引据《三朝辽事实录》等书的考证,其兵数应在十万以下,七八万以上。③ 这个数字虽然不多,但对于刚刚诞生的后金政权而言,还是占有优势的。

其二,筹措军饷。当时辽东军饷缺乏已久,为了应对即将来临的大战,兵部提出需饷 300 万两,然而国库空虚,廷议请发内帑以解燃眉之急。神宗爱财如命,竟以内帑空虚为由不肯发饷。户部无奈,尚书李汝华请加派田亩。全国除贵州外,所定田亩总数为 700 万亩,每亩加派 3 厘 5 毫,总计加派银 2000031 两。这就是明末有名的"辽饷",后来不断增加,最后达 520 万两,成为岁额。"辽饷"作为明末的一大弊政,大大加重了百姓的负担,至清朝入关后才告废除。

其三,重金悬赏。明神宗听从经略杨镐的建议,由兵部刊印榜文,公布擒奴赏格,晓谕天下。榜文中规定:"有能擒斩奴儿哈赤者,赏银一万两,升都指挥世袭"④;对于努尔哈赤的子孙叔伯弟侄以及各级大臣头目,

---

① 〔清〕谷应泰:《明史纪事本末补遗》卷一《辽左兵端》,第 1410 页。
② 《清太祖武皇帝实录》卷三,天命四年三月,见《清入关前史料选辑》(第一辑)第 345 页。
③ 参见孙文良、李治亭《明清战争史略》第 41 页,中国人民大学出版社,2012。
④ 《明神宗实录》卷五七八,万历四十七年正月丁未。

榜文中也有相应规定,从优升赏。因此,这篇赏格是要把努尔哈赤及其建州女真株连九族,斩尽杀绝,体现了明廷誓灭后金的决心。

其四,制定方略。援辽大军云集辽东后,朝廷担心师老财匮,希望大军速战。首辅方从哲、兵科给事中赵兴邦等不顾边防实际,累发红旗催战,方从哲写信催促杨镐发兵。杨镐惶恐,计无所出,会同蓟辽总督汪可受、巡抚周永春、巡按陈王庭等商议,决定分兵四路,分进合击,围攻赫图阿拉。此方略得到朝廷的赞许。四路军队的将官配置及进军路线为:

以开原、铁岭为一路,又称北路。从靖安堡(后改为三岔儿堡)出边,以原任总兵马林为主将,以开原兵备道佥事潘宗颜为监军,以岫岩通判黄尔砺赞理军务。并有叶赫兵2000人助攻,以庆云管游击事都司窦永澄为监军。这支军队从北面进攻赫图阿拉。

以沈阳为一路,又称西路。从抚顺关出边,以山海关总兵杜松为主将,以保定总兵王宣、原任总兵赵梦麟为左右协助,以分巡兵备副使张铨为监军,以按察司经历左之似赞理军务。这支军队从西面进攻赫图阿拉。

以清河为一路,又称南路。从鸦鹘关出边,以辽东总兵李如柏为主将,以分守兵备参议阎鸣泰为监军,以推官郑之范赞理军务。这支军队从南面进攻赫图阿拉。

以宽甸为一路,又称东路。从凉马佃出边,以总兵刘綎为主将,以海盖兵备副使康应乾为监军,以同知黄宗周赞理军务。朝鲜军队与这支部队同进,以管镇江游击事都司乔一琦为监军。这支军队从东面进攻赫图阿拉。

清河之东、叆阳之西还有一路可以通往赫图阿拉,但该路山险道狭,林木深蔽,只可用奇兵设伏,出奇制胜,因此这条道路不专门安排军队,作为临时相机调度之用。各路兵马"出边之时,须合探合哨,声息相闻,脉络相通"。

此外,由于辽阳、广宁两大重镇是明朝关外的根本重地,杨镐特设原任总兵前府佥书官秉忠与辽东都司张承基驻辽阳,以新添总兵李光荣驻广宁,各领兵马,以备不虞。同时令管屯都司王绍勋总管运各路粮草。经略杨镐则坐镇沈阳,调度诸路。① 至于各路军队人数配备,据孙文良和李治

---

① 以上明军部署,详见《明神宗实录》卷五七九,万历四十七年二月乙亥。

亭的考证，杜松所率西路军和李如柏所率南路军应为主力，各有兵士在2万至3万人之间；马林所率北路军和刘綎所率东路军各有兵士在15000至2万人之间。①

至此，经过10个多月的筹划，一切准备就绪。明万历四十七年（后金天命四年，1619）二月十一日，辽东经略杨镐会同蓟辽总督汪可受、巡抚周永春、巡按陈王庭在辽阳演武场会军誓师。杨镐宣布军令十四条，违令者军法处置，取尚方剑，将抚顺逃将白云龙当场枭首示众。师行袷祭，由大将用刀宰牛，由于刀刃生锈，割了三下才将牛割断。将军刘招孙在教场驰马试槊，由于木柄朽烂，槊头堕地。由此可见明朝辽东边军平日军备废弛之严重。大会确定出师日期为二月二十一日，后由于大雪迷途，改于二十五日出师，当日东路出口，三月初一日西路、北路、南路出口，约定于初二日会师二道关，合兵前进，围攻赫图阿拉。

临战之前，明军将领内部意见不一。杜松认为，后金无机可乘，希望暂缓进兵，杨镐不听。杜松秘密上疏言缓师之事，不料使者被李如柏截下，意见未能上达。刘綎曾经与杨镐在朝鲜共过事，素来关系不好，他也认为此时进兵不利，以明军"地形未谙"为由劝说杨镐。结果杨镐大怒，说道："国家养士，正为今日，若复临机推阻，有军法从事耳。"并把一剑悬于军门。诸将遂不敢再发表不同意见。其实，诸将不知，作为主帅的杨镐也时时刻刻承受着来自北京要求速战的压力。就在内部不合的情况下，明朝大军先后出边作战。

前面说到：明朝一方定于二月二十五日出师。不料"兵未发而师期先泄"，这就给了后金宝贵的战前准备时间。努尔哈赤于十五日派遣15000名民夫前往界凡山运石筑城，派400名骑兵护卫，并在浑河上游壅沙筑堤，以此为阻挡明军进攻的前沿要地。界凡山在浑河南、苏子河东，再东有小山吉林哈达，苏子河西为萨尔浒山，地理位置十分重要。三月二十四日，努尔哈赤将各路屯寨的兵马集中于赫图阿拉城中，戒严以待明军来袭。

三月初一日，西边抚顺、南边董鄂方向均有哨探报告上月二十九日已有明军前来进攻。一场生死考验呈现在刚刚诞生不久的后金汗国的面前。

---

① 参见孙文良、李治亭《明清战争史略》第41页。

据孙文良、李治亭的考证，当时后金总兵力为五六万，与明军总兵力相比处于劣势。① 努尔哈赤冷静思考，鉴于敌强我弱的形势，提出"凭尔几路来，我只一路去"②的方略，即集中优势兵力，各个击破明朝的诸路军队。那么先攻打哪一路呢？努尔哈赤分析道："明朝先让我们看到南方董鄂来的军队，是想引诱我军南下，西来的抚顺一路必是明军主力，因此我军须先战此路军队。而南部已布置500兵力，可以阻滞董鄂一路的进攻。"于是努尔哈赤亲率子侄诸将向西进发，此时又有哨探报告：清河方向也发现了明军的踪迹。代善说："清河一路道路狭险，一时来不了，派遣200士兵去防护就可以了。"③ 于是，八旗精锐全力以赴，去攻西路来犯之敌。

西路主将为杜松，榆林人，在陕西与蒙古骑兵大小百余战，无不克捷，令敌人丧胆。他曾脱去上衣示人，"体创如疹"。他还对人说过："杜松不解书，第不若文人惜死。"④ 可见杜松的确是一名威震边陲的廉勇之将。但是由于他不读书，也导致其有勇而无谋。此次进兵，他志在必得，欲得首功。二月二十九日，杜松率军自沈阳出发，三月初一日出抚顺关，越五岭，抵达浑河，是四路大军中进展最快的一路。其时天色已晚，诸将请求停驻扎营。杜松不听，派人查看河水，水不及马腹，而且河中横列数十条小船。杜松大喜，为图头功，催促士兵渡河。众人请杜松披甲，杜松锐气正盛，轻蔑地笑道："入阵被坚，非夫也。吾发从军，今老矣，不知甲重几许！"⑤ 于是他麾军而进。不想后金提前做好了准备，在上游筑堤蓄水，至半渡之时，后金士兵决堤放水，明军多溺死，而且军队被一分为二，辎重部队渡河困难，未能过岸，由龚念遂率领屯驻于斡珲鄂漠地方。杜松率军队大部过河后，俘获女真14人，焚烧2寨，继续驱兵向前，拟于初二日至二道关。

---

① 参见孙文良、李治亭《明清战争史略》第58－59页。
② 〔清〕谷应泰：《明史纪事本末补遗》卷一《辽左兵端》，第1412页。
③ 《清太祖武皇帝实录》卷三，天命四年三月初一日，见《清入关前史料选辑》（第一辑）第346页。
④ 〔清〕谷应泰：《明史纪事本末补遗》卷一《辽左兵端》，第1413页。
⑤ 〔清〕谷应泰：《明史纪事本末补遗》卷一《辽左兵端》，第1412页。

一、首战东北

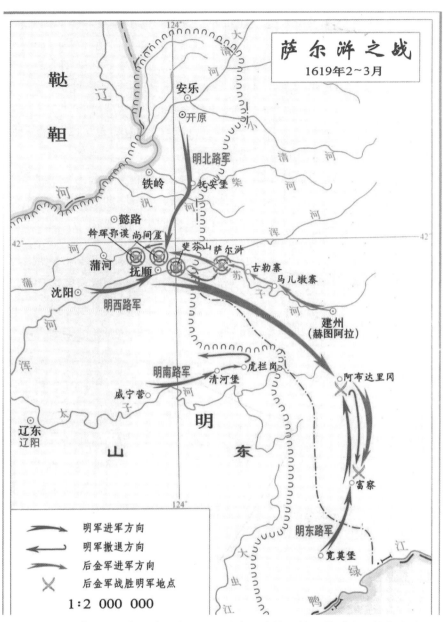

图 1.3 萨尔浒之战（选自中国人民革命军事博物馆编著《中国战争史地图集》，北京：星球地图出版社，2007，第 145 页）

杜松部很快行军至萨尔浒山。萨尔浒，汉语为"碗架"或"木橱"之意，在今辽宁省抚顺市东大伙房水库，位于浑河上游与苏子河汇流处，西距抚顺70里，东距赫图阿拉百余里，是后金与明出入的门户。此地绵亘起伏，地势险要，为兵家必争之地。就在杜松大军于萨尔浒山谷行走过半之时，突然杀声大震，早已埋伏于谷口的400名骑兵齐发进攻，这支人马正是后金用于护卫界凡运石人夫的队伍。只见他们猛冲明军队列之尾，将其杀至界凡河，后金兵会合筑城人夫，据守界凡山的吉林崖险要之地。明军被分为两部，一部于萨尔浒山上扎营，一部由杜松亲自统帅攻打吉林崖。正攻守之际，后金诸贝勒率大军赶至。诸贝勒将军队分为左右两翼迎战，并提出一个作战方案：派出甲士1000名，登山协助，会合吉林崖上的400名骑兵以及筑城人夫，往下冲杀；右翼四旗兵留驻山下，准备等山上的军队冲杀时夹攻明军。而左翼四旗兵则负责监视留在萨尔浒山的明军。在派出1000名甲士之后，努尔哈赤赶至前线，了解敌情，提出了与诸贝勒迥然不同的方略，他指出："先破撒儿湖（萨尔浒）山所立之兵，此兵一败，其界凡敌兵自丧胆矣。"努尔哈赤之意为攻破明军的大营，断其归路，使敌人陷入进退维谷的境地。于是，努尔哈赤留下右翼两旗兵监视界凡之敌，亲率六旗军队扑向萨尔浒山。明军布阵，发炮接战，后金军以绝对优势兵力，仰射冲杀，万矢齐下。明军大部分辎重未能渡过浑河，因此火炮并未起到太大的威力。后金铁骑纵横驰突，所向披靡，很快冲破了明军的防线，战斗转变成一场大屠杀，"不移时杀得尸覆成堆"。而围攻吉林崖的杜松军听说大营被攻破，士气大挫，不禁心慌。吉林崖上的后金兵趁势冲下，而右翼两旗兵也渡过界凡山南的河流，夹攻明军。明军连发火炮，奈何士气低落，而后金兵锐气正盛，全力冲杀，终于突破了明军的阵线。后金兵一路追袭，一直追到硕钦山。此战中，杜松虽左右冲杀，但矢尽力竭，与王宣、赵梦麟俱死于阵中。西路明军全军覆没，死者漫山遍野，血流成渠，"军器与尸冲于浑河者，如解冰旋转而下"[①]，损失十分惨重。这次大战在萨尔浒打得最为激烈，消灭了明军主力，奠定了后金取得最终战役胜利的基础，因此，历史上将这一战役称为"萨尔浒之战"。

西路明军被歼灭后，北路马林部被后金哨探发现。马林，蔚州人，名

---

① 以上所引，详见《清太祖武皇帝实录》卷三，天命四年三月初一日，见《清入关前史料选辑》（第一辑）第347页。

一、首战东北

将马芳之子,以父荫升总兵,为人懦弱胆怯。战前,开原道兵备佥事潘宗颜曾上书经略杨镐:"马林庸懦,不堪一面之寄,乞易别帅,而以林遥作后应。"① 可惜,杨镐未能接受这个建议。至三月初一日夜,马林部抵达尚间崖。听到杜松部败没的消息,全军哗然,马林心中不禁发慌。他急忙转攻为守,布下牛头阵:马林亲率主力扎营尚间崖;监军潘宗颜扎营斐芬山;杜松留下的辎重部队龚念遂营驻于斡珲鄂漠,三部明军形成犄角之势。马林十分谨慎,"环营三濠,火器列濠外,而骑兵继后"②,在尚间崖构筑了坚固的防御体系。正月初二日,后金军乘胜挥戈,转攻北路明军。面对三部分明军,努尔哈赤再度采取集中兵力、各个击破的战略方针,先率军攻打龚念遂的辎重部队,不一会儿,明军大败,龚念遂等死于阵中,"牛头阵"的一个犄角被砍断。努尔哈赤马不停蹄,跃马急驰马林的主力尚间崖大营。面对马林部防御严密的阵势,努尔哈赤提出了后金兵抢先占据山头,居高临下俯冲敌阵的方略。正在兵将登山之际,明军营内和壕沟外的甲士合兵一处,摆开迎战的架势。努尔哈赤果断放弃了原先的计划,传令八旗官兵不必登山,皆下马步战。大贝勒代善按照其父命令,往左翼二旗处,要求众兵下马,在只有四五十人下马时,明军已经从西面扑上来。在千钧一发之际,代善策马扬鞭直冲上去,攻入其营,诸贝勒大臣随后杀入,两军激战,混成一团。尚未参加战斗的六旗官兵,不待整旅,即飞奔明军大营,配合代善所率左翼两旗兵展开厮杀。明军纷纷发炮接战,八旗骑兵冒着炮火,奋不顾身地直冲上去。明军慑服于后金甲士如排山倒海般的气势,自觉力不能支,开始败下阵来。激战正酣之时,马林的信心和意志动摇了,他带领几个随从逃离了战场。军无主帅,群龙无首,后金趁势掩杀,明军彻底崩溃,全军覆没。副将麻岩等被斩,明军"死者遍山谷间,血流尚间崖下,河水为之尽赤"③。"牛头阵"的"牛头"被八旗军砍下。随后,努尔哈赤整合军队,以绝对优势兵力冲向"牛头阵"的另一个犄角——监军潘宗颜的斐芬山营。努尔哈赤下令一半军士下马,由下向

---

① 〔清〕谷应泰:《明史纪事本末补遗》卷一《辽左兵端》,第1413页。
② 〔清〕魏源:《圣武记》卷一《开创》《开国龙兴记二》,第16页,中华书局,1984。
③ 《清太祖高皇帝实录》卷六,天命四年三月甲申。

上仰攻。潘宗颜率领将士顽强抵抗，"奋呼冲击，胆气弥厉"①。他以战车为卫，枪炮连发，却抵挡不住后金兵如虹的气势和猛烈的进攻，最后终因寡不敌众而全军覆没，潘宗颜本人战死阵中。北路明军覆灭后，原先预计与此路合兵的2000叶赫兵由贝勒金台石、布扬古率领，刚刚进至中固城，听说明军败绩，"大惊而遁"②。

努尔哈赤收整军队，回师赫图阿拉，当晚在古尔本扎营，有哨探报告董鄂与清河方向有明军前来进攻。董鄂方向明军即刘綎所率的东路军，清河方向明军即李如柏所率的南路军。又一个重大的抉择摆在了努尔哈赤面前。经过仔细的思索，努尔哈赤于三月初四日寅时赶回赫图阿拉，制定接下来的作战方略：集中主要兵力打击刘綎所部东路军，而以少部分军士阻击李如柏的行军。他命令诸贝勒率领大军前往迎击东来之敌，努尔哈赤自领4000名士兵留守都城，防范南路明军的突然袭击。

明军东路主将刘綎，南昌人，字省吾，名将刘显之子。曾经参加过抗缅甸、平罗雄、征朝鲜、定播州等重要战役，战功显赫。他力大勇猛，手持120斤的镔铁刀，舞动如风，轮转如飞，世称"刘大刀"。他对付骑兵有一套办法：全军将士皆持鹿角，绕营如城，遇到敌人则将鹿角放置于地，立时便形成了坚固的防御工事，能够抵御骑兵的猛烈冲击。敌人无法冲破营帐，而明军则可以利用宝贵的时间布置火器，炮击敌人前队，趁势派出精锐轮番出战，重创敌军。他率领东路军于二月二十五日出宽甸，并朝鲜援军，一路之上战果颇丰，连克牛毛、马家等10余寨，与后金派来阻击的500名八旗兵遭遇，大败之，斩杀牛录厄真厄里纳、厄黑乙二人，"军声大震"。但宽甸一路道远路险，风雪大作，而刘綎所率多南方士兵，无法适应东北严酷的气候环境，因而军队行进迟缓，至三月初四日才抵达距离赫图阿拉50里的清风山，他们对杜松、马林两路的战况毫不知情。后金方面听说刘綎部节制严整，作战有方，火器精良，遂决定采用智取的方式对付这支明军。他们派出降卒，作为间谍，令其穿上杜松军的衣服，手持杜松的令箭，驰赴刘綎军营，诈称西路军已经抵达赫图阿拉城下，要求东路火速进兵会战。刘綎见到杜松的令箭，勃然大怒，认为自己受到了杜松的蔑视，说道："同为大帅，向我传令，是把我当成裨将吗？"间谍故

---

① 〔清〕张廷玉等：《明史·潘宗颜传》卷二九一，第7454页。
② 《清太祖高皇帝实录》卷六，天命四年三月甲申。

一、首战东北

意劝慰："主帅因事情紧急，不过以此取信罢了！"刘綎闻听此话，产生了怀疑："为什么不以传炮相约呢？"间谍进一步骗道："边塞之地烽堠不便，此地距离赫图阿拉五十里，三里传一炮，不如飞骑来得方便。"[1] 刘綎便信以为真。间谍还报后金诸贝勒，要他们立即传炮。刘綎以为杜松要抢功，立即加快行军步伐，甚至让部下丢弃手中鹿角。行至阿布达里冈，该地重峦叠嶂，道窄路险，刘綎下令单列急进，犯了兵家大忌。突然，杀声大作，早已埋伏的后金兵如山洪暴泻般冲下，四贝勒皇太极率右翼兵来攻，明军不停地施放火器接仗。两军酣战之际，大贝勒代善率领左翼兵从山的西面冲下，明军抵挡不住八旗官兵凌厉的攻势，开始溃走。退到瓦尔喀什山一带，刘綎所部又遭到了二贝勒阿敏和女真骁将达尔汉的伏击，此时代善又率军追了上来。两军前后夹攻，首尾齐击，明军被分割包围，陷入绝境。明军主将刘綎为流矢所中，两臂受伤，仍鏖战不已，面部被砍了一刀，半边面颊被削去之后，依然左右冲杀，"手歼数十人"[2]，力竭而死。这位威名赫赫的虎将，死得何其悲壮！刘綎养子刘招孙亦死于军中，明军东路主力就此覆没。

后金兵乘锐移师富察之野，这里驻扎了康应乾率领的东路军余部和朝鲜援军。这些明军皆手执竹矛，身披木甲或硬牛皮甲，朝鲜兵身披纸甲，头戴柳条盔，这种军队的战斗力怎能和连战连捷的八旗铁骑较量！代善让手下将士吃了炒面，让战马饮了水，休整之后，即向明军展开冲击。明军在富察之野布列枪炮，向敌军施放，后金官兵奋不顾身地向前冲。正在此时，大风骤起，所发枪炮反扑明军，而火药的浓烟使得旷野之内云雾朦胧，晦瞑莫辨。后金将士抓住这一机会，发矢突入，冲破了敌人的阵营，随之而来的便是一场惨烈的屠杀。随着火药造成的浓雾烟消云散，明东路军余部全军覆没，监军康应乾仅以身免。明朝监朝鲜军的游击乔一琦血战不敌，率残部退至朝鲜兵营。朝鲜士兵本来就是被明朝逼迫而来，内心并不愿参战，又目睹明朝大军的惨败，不免惊恐，陷入了"欲走则归入断绝，欲战则士心崩溃"[3] 的窘境，无可奈何之下，朝鲜元帅姜弘立率

---

[1] 以上所引，详见《明史纪事本末补遗》卷一《辽左兵端》，第1413页。
[2] 〔清〕谷应泰：《明史纪事本末补遗》卷一《辽左兵端》，第1414页。
[3] 〔朝鲜〕李民寏：《栅中日录》，见潘喆、孙方明、李鸿彬编《清入关前史料选辑》（第三辑）第453页，中国人民大学出版社，1991。

13000朝鲜兵于三月初五日向后金投降。在投降之前，他们要将乔一琦捉拿送给后金，走投无路之下，乔一琦留下遗书，挺身投崖而死。

坐镇沈阳的杨镐听说杜松、马林两路明军败没，大为震惊，他急令刘铤、李如柏两路大军回师。不料命令还未传到，刘铤所部已被全部歼灭。而南路李如柏所部自三月初一日从清河堡出发，行军迟缓，至是才刚出鸦鹘关不久，接到经略命令后，迟疑不前的李如柏急忙回军，一路上风声鹤唳。后金哨卒20人立于山头，鸣螺号角，虚张声势，做出后面有追兵的样子，将帽子系在弓梢之上挥舞，鼓噪而入，趁势斩杀明军40人，获马50匹。明军大惊，夺路而走，自相践踏，死伤不少。南路军主将李如柏，辽东铁岭人，字子贞，名将李成梁之子、李如松之弟。他少时从父兄征战，在伐蒙古、征朝鲜等战争中立下颇多战功，也曾是一员骁将。但此时的李如柏，经过20余年的家居养疾，起自废将，早已没有少年的英锐，更无父兄之风，成为一个"放情酒色"①的"庸懦"之人。明军三路败北，唯有李如柏一路得以保全，这引起了明廷朝野上下的猜疑。因为李如柏的小妾是努尔哈赤的侄女，朝中有人怀疑李与努尔哈赤因为这层关系心照不宣，李如柏所部南路军逗留观望，而努尔哈赤也念在两家关系放李如柏一马，出现了"女婿作镇守，辽东落谁手"②的说法。御史、给事中"交章论劾"③，李如柏大惧，自裁而死。

至此，明朝与后金之间的大决战，在短短5天之内，就以后金的大获全胜和明朝的惨败告终。杨镐遭到言官弹劾，后来又因为开原、铁岭的相继失陷，下狱论死，于崇祯二年（1629）伏法。

泱泱大明帝国何以会惨败于一个刚刚崛起不久的偏僻小邦之手？其背后的原因是极为深刻的。几百年来，有不少有识之士对此做了分析。笔者以为，这场决战历史意义重大，正如清代的魏源在《圣武记》中所言："明与我朝之兴亡肇于是战。"④因此，我们也有必要对敌对双方胜败的原因做一些探讨。

从明朝一方来说，其惨败的根本原因在于政治腐败，军备废弛。前已

---

① 〔清〕张廷玉等：《明史·李如柏传》卷二三八，第6196页。
② 〔清〕计六奇：《明季北略》卷一《刘杜二将军败绩》，第13页。
③ 〔清〕张廷玉等：《明史·李如柏传》卷二三八，第6196页。
④ 〔清〕魏源：《圣武记》卷一《开创》《开国龙兴记二》，第17页。

一、首战东北

述及，当时的明朝已经走向衰落，明神宗不问政事，沉湎酒色，将金银珠玉视作命脉。仅采办珠宝一项，就曾用银达2400万两之多，相当于当时6年国家田赋收入的总和。神宗为满足自己奢侈的生活享受，花钱如流水，而在国家大政上却极为吝啬。在萨尔浒大战前，朝中大臣曾建议用皇帝内帑银充作军费，当时神宗通过下派矿监税使等方式已经从民间聚敛了大量财富，而他竟然以内帑空虚为由不许，迫使户部不得不加派辽饷以解燃眉之急。神宗的昏庸与贪财可见一斑。在皇帝的影响下，各级官员视贪污为常事，"以远臣为近臣府库，又合远近之臣为内阁府库"，贿赂公行，以至"外帑匮乏，私藏充盈"①。朝廷大员也忙于党同伐异，培植势力，无暇顾及国事的进展。此外，万历中期以后，军备废弛，尤其是辽东地区的兵备危机尤为严重。万历中叶曾有兵部给事中侯先春奉命巡阅辽东，他"西自山海，北抵辽河，东至鸭绿江，南极于海"，足迹遍布辽地，回来后上奏朝廷极言辽东军政："今辽虏患频仍，民生涂炭，权归武弁，利饱囊中。狐假虎以噬人，狗续貂而蠹国，钱粮冒破，行伍空虚，民脂竭于科求，马力疲于私役，法令不行，将不用命，民不见德，远迩离心。"② 前文提及，在萨尔浒大战之前，二月十一日在辽阳举行的誓师大会上，师行祃祭，需要宰牛，割了三下才将牛割断，有将领驰马试槊，木柄朽烂，槊头堕地。由此可见明军边防的疲弱。明廷腐败无能，岌岌可危，有如大厦将倾，而边防又军备废弛，危机日深。这样的政权、这样的军队又何以能够战胜新兴崛起的后金和强大勇猛的八旗铁骑！在明金双方国势和军队战斗力的比拼上，明朝已经处在下风。

在战前筹备这一阶段，明朝犯下了一个又一个致命错误。

其一，将帅选派用人不当。前已述及，杨镐作为朝鲜之役的败将，为人昏庸，并非将帅之才，战前就有御史张铨力荐熊廷弼就任辽东经略，可惜朝廷未予采纳。马林和李如柏二人怯懦胆小，难当一面之任，缺乏作为主将的素质。杜松、刘綎二人为宿将，卓有功绩，作战踊跃向前，但是英勇有余而谋略不足，且有贪功心理，作为一军主将亦非十分理想。由此可见，明朝任用非人，犯下大错。

其二，明朝内部矛盾重重，意见不一。首辅方从哲等朝臣不懂军事，

---

① 〔清〕张廷玉等：《明史·钱一本传》卷二三一，第6038页。
② 〔明〕陈子龙等编：《明经世文编》卷四二八，第4674页，中华书局，1962。

唯恐师老财匮，发红旗催战，主帅杨镐迫于压力，将杜松、刘绖等请求缓师的正确意见置之不理，在气候恶劣，明军"地形未谙"① 的情况下仓促进兵。而主帅和将领、将领和将领之间，也是矛盾重重，"心怯而忌，气骄而妒"②，刘绖与杨镐曾在朝鲜共过事，素来不和，双方芥蒂很深，刘绖在行军路上曾向朝鲜元帅姜弘立抱怨经略对自己的不公，他之所以后来中了后金的计策，率兵急进，一方面是有抢功的念头，另一方面也是怕自己误了会师攻城的期限，招来杨镐的责难。李如柏为人胆怯，不愿在沙场上出力，却在战前刺激杜松抢功。他在酒席上对杜松说："吾以头功让汝。"杜松信以为真，慷慨意气，临出兵时狂妄地宣称："吾必生致之，勿令诸将分功也。"③ 最终导致了西路军的贪功先行，为后金兵所破。从此可以看出，李如柏与杜松之间也有矛盾，想借机陷害之。明军将帅不和，各怀心事，为他们后来的悲剧埋下了伏笔。

其三，明军出师时间制定失当。援辽大军多为关内征发，甚至有从南方调拨，二三月间东北尚处冰天雪地，气候条件十分恶劣，而该地丛林密布，山路崎岖，大部明军都无法适应东北的气候，又不熟悉这里的地形。而后金女真人生长于斯，对这些环境了如指掌。因此，此时进兵，对明军不利，而对后金有利，当时有很多将领提出反对意见，可惜没得到经略和朝廷的认可。

其四，四路进兵风险太大。就总体兵力而言，明朝八九万对于后金而言并未取得太大的优势，此时又分兵四路，其一路对于后金而言就毫无兵力上的优势可言，极易被后金各个击破，何况明军在士气、战斗力等方面与八旗铁骑相距甚远。如果要实行分路，就一定要实现合击，才会对后金造成重创，这对明军各路的密切配合、杨镐居中指挥调度的能力都是一种极大的考验。

其五，明朝实际上对此战并无太大把握，缺乏信心。首辅方从哲在临战前的一份题本上说："当此进兵之时，胜败安危决于一举，而前日之风变，若彼连日之阴霾，又若此天心示儆，极其昭著。臣愚欲乞皇上降救一

---

① 〔清〕谷应泰：《明史纪事本末补遗》卷一《辽左兵端》，第1412页。
② 《明神宗实录》卷五七七，万历四十六年十二月乙丑。
③ 〔清〕谷应泰：《明史纪事本末补遗》卷一《辽左兵端》，第1413页。

一、首战东北

道，令兵部传谕东征将士，用示鼓舞。"① 而据史书记载，杨镐本心也不想大战，只是"虚张挞伐"②，希望能够取得近处后金的几座屯寨，获得小捷，应付朝廷的问责就是了。各地征调的战士，也是不愿赴辽东送死，不少将领逗留关山，"哭而求调"，许多士兵"伏地哀号，不愿出关"③。如此的精神状态，可见明朝此次作战有孤注一掷的意味，怎能和富有朝气的后金八旗铁骑较量？明朝的失败在战前就已确定。

在战争进行过程当中，明朝也犯下了一系列关系全局的错误。

首先，明朝各路出兵时间与行军速度未能协调。尤其是杜松西路军的"违制"急进以及李如柏南路军的观望拖延导致了杨镐制订的整个合兵计划被打乱，明朝诸路进兵参差不齐，无法达到"合击"的效果，只能各自为战，从而给敌人各个击破的机会。另外，出兵之前"师期先泄"，也让敌人获得了宝贵的准备时间。而就是时间上的问题，直接导致了明军的惨败和后金兵的全胜。

其次，经略杨镐坐镇沈阳，远离前线，又没有设置前线总指挥，根本无法协调四路大军的行动。前文曾提到，辽阳和广宁有两支明军机动部队，杨镐作为主将手中也有一支人马，而且清河之东、叆阳之西还有一路可以通往赫图阿拉，战前策划把其作为出奇制胜的相机调度之用。然而在战争进行时，面对明军的失利，杨镐却未能利用这些因素，进行策应，而只是下令前线部队退兵。由此可见，他的确是一员庸将，而且并不是认真地打这一场决战的。作为主帅，他根本没有在战争中发挥应有的作用，有严重失职的责任。

反观后金一方，作为一个新兴的政权，其发展正处于上升时期，政治清明，号令划一，百姓拥戴，军事力量强大。再加上女真人因明朝长期压迫统治而产生怨恨，努尔哈赤善于利用这种情绪，能够集国中力量，同仇敌忾，抵御明军的进攻。作为全军统帅而言，杨镐与努尔哈赤不可同日而语，且后金统兵诸贝勒如代善、皇太极等均智勇兼备，亦非明军将领杜松、马林、刘綎、李如柏之流可比。从战场上来看，后金是在本土作战，熟悉地理、气候，占有优势，而且能够利用东北广大的山川密林与明军周

---

① 《明神宗实录》卷五八〇，万历四十七年三月甲申。
② 〔清〕谷应泰：《明史纪事本末补遗》卷一《辽左兵端》，第1414页。
③ 《明神宗实录》卷五七一，万历四十六年六月壬戌。

旋，发挥骑兵野战的优势。在具体战争进程中，努尔哈赤善于运用集中兵力、各个击破的方针策略，抓住明军各路进兵不一的时间差，将原来的兵力劣势转化为优势，给敌人以迎头痛击。而且八旗铁骑灵活机动，作战勇猛，能够及时转移兵力，持续作战，冒着炮矢向敌兵冲锋，使明军猝不及防，纷纷败没。

萨尔浒之战，对于明清交替这段历史产生了极为深远的影响，是一次历史性的转折。明朝损兵折将，遭遇到巨大挫折，朝野上下弥漫着悲观、失望的气氛，"三路丧败之后，人心不固，兵气不扬"①，从此以后，在辽东战事问题上由战略进攻转为战略防御；而后金通过此次决战不仅保卫了新生政权，而且在战后得到了迅速的发展，实力越来越强，努尔哈赤铸"天命金国汗印"，称明朝为"南朝"，从根本上改变了对明的隶属关系，后金政权在辽东战场上开始由战略防御转向战略进攻。其不断蚕食明朝领土，夺开铁，取辽沈，占广宁，直至进入山海关，建立统一的大清王朝。这一历程正如后来清高宗所言："由是一战，而明之国势益削，我之武烈益扬，遂乃克辽东，取沈阳，王基开，帝业定。"②

4. 辽沈大战

萨尔浒决战后，努尔哈赤马不停蹄，于明万历四十七年（后金天命四年，1619）六七月间连下明朝辽东重镇开原、铁岭，并将之纳入了后金的版图，一时"辽沈大震，诸城堡军民尽窜，数百里无人迹，中外谓必无辽"③。开、铁之战标志着努尔哈赤及其八旗兵不再像抚、清之战时只是破坏明朝的防御能力，而是要占城略地，逐步蚕食明朝的辽东领土，最终

---

① 《明神宗实录》卷五八三，万历四十七年六月丁丑。
② 《清高宗实录》卷九九六，乾隆四十年十一月癸未，第 323 页，中华书局，1986。
③ 〔清〕魏源：《圣武记》卷一《开创》《开国龙兴记二》，第 18 页。

一、首战东北

取代明廷在该地的统治。为此,在攻克开原之后,努尔哈赤不再返回赫图阿拉,而选在界凡筑城建都,旨在进逼辽东腹地。值此危急之时,明朝罢免杨镐,任用熟悉辽事、颇通兵略的熊廷弼为辽东经略。

熊廷弼(1569—1625),字飞白,江夏(今湖北武汉市)人,万历二十六年(1598)进士,授保定推官,擢御史。万历三十六年(1608)巡按辽东,曾弹劾时任辽东巡抚赵楫、总兵官李成梁放弃宽甸六堡,焚毁民舍,驱逐百姓入边的罪状,体现了他不畏权贵,刚直不阿的品质。在巡按辽东期间,熊廷弼兴办屯田、修缮城堡,卓有功勋。正如《明史》记载,熊廷弼"在辽数年,杜馈遗,核军实,按劾将吏,不事姑息,风纪大振"①。后来他因事受到牵连,被劾去职,回籍听勘。

熊廷弼指出:"今日制敌,曰恢复,曰进剿,曰固守。而此时语恢复,语进剿,未敢草草。不如分布险要,守正所以为战也。"这位新任经略正确认识了辽东战场明、金双方的形势和各自在战术上的优缺点。明军屡遭败绩,士气大挫,精锐尽丧,实在无法与连战连捷、所向披靡的八旗铁骑相争锋。但是,后金兵以骑兵为主,善于野战,却在攻防战上没有优势;明军以步兵为主,配有强大的火器,虽然在野战上敌不过八旗官兵的冲锋,却能够依托辽东的坚固城池,凭借大炮的威力,在守御上处于优势地位。因此,熊廷弼主张"坚守渐逼之策"②,立足于守,守中求战,削弱后金锐气,积蓄力量,等待时机,徐图恢复。然而,就在熊廷弼赴任辽阳的八月,努尔哈赤北上亲征叶赫,基本完成了统一女真的大业,清除了南下的后顾之忧,而明朝也丧失了一个能够牵制后金的重要盟友,辽东局势更加紧张。从九月起,熊廷弼决定把守御的重点放在辽东的中心城市辽阳,执行"南顾北窥"之计,即南顾辽阳,坐镇坚守,北窥沈阳。具体部署是:赞画刘国缙统辽阳城内军民固守城池,经略熊廷弼亲统大军转战辽阳城外,柴国信、李怀信、贺世贤三个总兵在虎皮驿(今辽宁沈阳市苏家屯区十里河镇)、奉集堡(今辽宁沈阳市苏家屯区陈相屯乡塔山畜牧场)和沈阳之间互为犄角,若八旗兵来袭,三总兵相互支援,通力合作,阻止后金深入辽沈腹地。如此,在辽阳城池、辽阳城外以及辽、沈之间都加以布防,构置了严密坚固的三道防线,确为抵御八旗铁骑进攻的良策。熊廷

---

① 〔清〕张廷玉等:《明史·熊廷弼传》卷二五九,第6692页。
② 以上所引,详见《明史纪事本末补遗》卷二《熊王功罪》,第1420页。

弼在督辽一年期间，严肃军纪，修缮城堡，练兵械器，招揽流民，屯田积粮，取得了很大的成效。此外，大量征兵、募兵往援辽东，其中有川兵、蓟兵、保定兵、宁夏兵、宣府兵、大同兵、固原兵、甘肃兵等军队，后来还调了淮、浙兵，辽东当地也招募了不少军队，此外还有土司的人马以及将帅的家丁等，总计军队不下13万。朝廷还向辽东征集大量马匹，而且继续加征辽饷，达520万两，定为额赋，充作军费。可以说，明朝使出了比萨尔浒大战时更大的力气来固守辽东腹地。因此，在熊廷弼的治理下，辽东边防大为改观，形势焕然一新，沈阳、奉集、宽甸、碱阳、长永、宽甸等原先军备废弛之处都得到了固守。而努尔哈赤面对这样一个对手，也放缓了进攻的步伐，除了几次试探性的骚扰抢掠以外，并无大规模进犯辽沈的动向。

明万历四十八年（后金天命五年，1620）七月二十一日，明神宗朱翊钧去世，其长子朱常洛于八月初一日继位，改元泰昌，是为明光宗。但一月以后，光宗却因吞红丸而暴死于乾清宫中。光宗长子朱由校继位，改元天启，是为明熹宗。神宗、光宗、熹宗祖孙三代皇帝之间更迭的过程诡谲异常，曲折多舛，出现了所谓"梃击""红丸""移宫"三大案。朝中各派政治势力以"三案"为题目，互相构陷，交章弹劾，自万历中叶以来的党争到此时达到了白热化的地步，朝政陷于一片混乱之中。熊廷弼为人刚直，不媚权贵，成为党争中的牺牲品，不久被免职。袁应泰取代熊廷弼为辽东经略。

袁应泰，字大来，陕西凤翔人，万历二十三年（1595）进士，曾任知县、主事、参议等官，卓有政绩。熊廷弼经略辽东期间，他以按察使身份治兵永平（今河北卢龙县），练兵缮甲，整修防御工事，源源不断地向关外提供所需的粮草兵器等物，深得熊廷弼的信赖。泰昌元年（1620）九月，袁应泰被擢升为右佥都御史，巡抚辽东，一个月以后，升任兵部右侍郎，代替熊廷弼为辽东经略。他向皇帝表达以身许辽的决心，同时也希望朝中百官能够信任自己，不要掣肘："臣愿与辽相终始，更愿文武诸臣无怀二心，与臣相终始。有托故谢事者，罪无赦。"明熹宗十分高兴，优诏褒答，特赐尚方剑。袁应泰到了辽东后，斩杀贪将何光先，裁汰大将李光荣以下10余人，树立起了自己的威信。然而，袁应泰虽然为官多年，"精敏强毅"，但是"用兵非所长，规画颇疏"。他认为熊廷弼在任时期执法

一、首战东北

过于严苛,故而"以宽矫之"①,导致明朝严整的边防重又走向松弛。此外,当时蒙古地区发生饥荒,有许多部民来到辽东乞食,袁应泰不听巡按御史张铨、分守道何廷魁、监军道崔儒秀等人的规劝,执意收留这些流民,并将他们安置在辽、沈二城,自以为得计,想依靠这些蒙古人来抵抗后金。殊不知,这群人中安插有大量的后金间谍,他们是后来导致辽、沈陷落的重要推动力量。袁应泰还一反熊廷弼的坚守之策,积极筹划进取抚顺,收复失地。然而,他还没有做好出兵的准备,努尔哈赤的八旗铁骑就浩浩荡荡地攻入辽、沈腹地。

明朝内部的皇位更迭、党争益炽、朝政混乱、经略易人给后金进兵提供了绝好的时机。努尔哈赤紧紧抓住这个机遇,先于明泰昌元年(后金天命五年,1620)十月,将临时都城从界凡迁至萨尔浒,进一步逼近辽、沈,然后于第二年三月十日,亲率诸贝勒大臣,统领倾国之兵,带着板木、云梯、战车等器械,顺浑河而下,水陆并进,来围攻沈阳。至十二日抵达目的地,大军在沈阳城东7里处用栅板做成营帐,就地驻扎。

沈阳城,在明朝为沈阳中卫的治所,洪武二十一年(1388)指挥闵忠对元朝留下来的沈阳旧城重新修筑,形成了城周围九里一十余步的规模,其下领有左、中、右、前、后五千户所,后又增设汛河、蒲河二千户所,抚顺千户所也在其管辖之内。沈阳城极具战略地位,是守卫辽阳城的重要屏障。熊廷弼在任时执行"南顾北窥"的守辽方针,在沈阳城防建设上花费了巨大的心血:沈阳城外设置了"品"字形的土坑,内插尖桩,上面盖上秫秸,用泥土虚掩。城周围设置三重壕,一道壕沟在内侧竖立栅木,近城处又设立有二道壕沟,宽5丈,深2丈,皆有尖桩,内筑拦马墙一道,间留炮眼,排列战车火器,众兵环绕城池严密守卫,城上也是如此。因此,在努尔哈赤面前,沈阳的确是一座不易攻取的坚城,骁勇善战的后金兵一时未敢进兵。

此时,沈阳城的守将是总兵贺世贤和尤世功。贺世贤,陕西榆林人,少为厮养,后从军,积功至沈阳游击,迁义州参将。在清河被围之时,驻守瑷阳的副将贺世贤从瑷阳驰赴增援,破后金一栅,斩杀百余人,升为副总兵。后来,贺世贤又作为南路主将李如柏的部下参与了萨尔浒之战,他

---

① 以上所引,详见《明史·袁应泰传》卷二五九,第6689-6690页。

曾劝说李总兵火速进军救援东路刘綎军，可惜李如柏胆怯庸懦，未能采纳。萨尔浒战后，明朝辽东局势日益严峻，贺世贤在守辽御敌的诸次战斗中立下不少功劳，因功升为总兵官。当时四方宿将鳞集辽东，但多数畏惧敌人，不敢出战，贺世贤是其中为数不多的既勇敢又有战绩的骁将之一。但是，他也是有勇而无谋。战前，他按照经略袁应泰的命令收纳了大量蒙古降人。巡按御史张铨巡视沈阳时，看到城内"降夷充塞"①，恐怕其中有奸人为内应，嘱咐守城诸将在临战之时，需将这些降人徙出城外，不过贺世贤等并未重视张铨的这个建议，再加上后金兵来势迅猛，贺世贤也来不及布置，这一疏忽，酿成了后来沈阳失陷的悲剧。三月十一日夜，明军哨探发现了后金大军的踪迹，沿边点起烽火台，并飞报总兵贺世贤、尤世功。二人大惊，立刻分兵戍守。面对坚城火炮，八旗兵倘若强攻，必然折损许多兵马，而且很难取得胜利，经过一番思考，努尔哈赤想到了一个智取的办法。三月十二日，后金兵派出数十骑兵隔壕侦探，明将尤世功的家丁前去追击，斩杀四人。贺世贤轻敌，以为努尔哈赤不过如此，可以取胜，遂不听部下规劝，决意出城与后金兵野战。贺世贤生性嗜酒，他在第二天取酒饮满，乘着锐气率领1000余家丁出城作战，并且宣称一定要"尽敌而返"。努尔哈赤派出老弱出战，佯装败退，引诱明军深入。贺世贤乘锐轻进，突然，后金来了一个"精骑四合"。1000名家丁怎能抵挡数倍于己的八旗兵的持续猛攻？但贺世贤仍然挥舞铁鞭与敌军鏖战，奈何众寡悬殊，很快招架不住，且战且退，到了沈阳西门，贺世贤已经身中四箭。此时，沈阳城内听说主将失败，奸细趁势而起，已然大乱，不可复入。有人劝说贺世贤逃往辽阳，贺世贤拒绝了这个主意，说道："吾为大将不能存城，何面目以见袁经略！"② 于是继续左冲右突，斩杀敌军数十，最终身中14箭，力竭而死。

在围攻贺世贤的同时，另一部后金兵迅速逼近沈阳，全力攻城。他们用楯车阻挡火炮前行，从东北角挖土填壕。城上明军连发火器，重创后金骑兵，然而八旗的战士们均不畏火炮，勇往直前。突然，明军由于发炮过多，炮身发热，以至于装药即喷。后金兵乘机蜂拥过壕，急攻东门。这

---

① 〔清〕谷应泰：《明史纪事本末补遗》卷二《熊王功罪》，第1424页。
② 《明熹宗实录》卷八，天启元年三月乙卯，台湾"中央研究院"历史语言研究所校勘影印本，1962。

一、首战东北

时，城内听说贺世贤失败，众心惶惶，蒙古降人乘机突然发难，呐喊、放火，制造恐怖气氛，并斩断桥绳，放下吊桥，后金兵破门而入。城内总兵尤世功率兵退至西门，意欲出城援助陷于重围的贺世贤，无奈军队溃败，士无斗志，尤世功孤军奋战，死于城下。至此，沈阳城陷。

正当努尔哈赤及诸贝勒大臣为攻下坚城沈阳而庆幸时，有哨探来报，浑河南岸发现明军的踪迹。努尔哈赤与八旗兵只好从攻城的疲乏中解脱出来，横刀跃马，奔赴新的战场。原来，总兵陈策、童仲揆听说沈阳被围，率领以川、浙兵为主的军队赶来救援，推进到浑河，欲与守城明军对后金兵形成夹击。结果沈阳城已然陷落，陈策下令回师。这时，游击周敦吉等将领坚决请战，他们激动地说道："我辈不能杀敌救沈，乃在此三年何为！"于是大军一分为二：周敦吉与石柱土司副总兵秦邦屏率领川军精锐先行渡河，与诸将在桥北立营；其余浙军3000人随主将陈策、童仲揆在桥南立营。川军渡河后，正在扎营，努尔哈赤抓住这个稍纵即逝的战机，命令右翼四旗兵取棉甲、携楯车，向明军发起进攻。这支川军作战英勇，装备精良。他们手持竹竿长枪和大刀利剑，身穿铁制盔甲，外披厚棉。面对如狼似虎的八旗铁骑，川军并不惧怕，奋起冲杀，殊死搏斗。后金兵依然没有减弱攻势，"却而复前，如是者三"①。双方酣战之际，努尔哈赤下令左翼的军队冲入助战，在众寡悬殊的情势下，川军渐渐抵挡不住，"饥疲不支"②，败下阵来。八旗铁骑趁势掩杀，一直追杀至浑河。川军大溃，大量士兵或死于刀箭之下，或溺亡于滔滔浑河之中，几乎全歼。此战中，明军将领周敦吉、秦邦屏、吴文杰、雷安民等皆战死，其余将领带着残兵归入桥南浙兵营。陈策、童仲揆等紧急布防，设置战车枪炮，掘壕安营，用秫秸为栅，外面涂上泥巴。后金兵马不停蹄，迅速渡过浑河，将明军围困数重。此时，守奉集堡总兵李秉诚和守武靖营（今辽宁沈阳市苏家屯区官立堡乡大武镇营村）总兵朱万良、姜弼率领3万援兵进至白塔铺扎营，却观望不战。直到后金军围困桥南浙兵，他们才派出1000土兵前往探察。后金将领雅松此时也带着200名士兵在探视，看到明军的队伍，胆小的雅松立马引军落荒而逃，明军随后放鸟枪追击。努尔哈赤闻报大怒，来到皇太极的营帐与他述说这一事情，并表示要亲自出战。皇太极急忙上马带领

---

① 以上所引，详见《明史纪事本末补遗》卷二《熊王功罪》，第1425页。
② 《明熹宗实录》卷八，天启元年三月乙卯。

手下精锐骑兵，愿意代父出征。在征得父亲同意后，皇太极率兵疾进，明军不敌溃败，四散而逃，皇太极一路掩杀，一直追击到白塔铺。明军的三个总兵见后金兵来势汹汹，急忙布阵御敌，皇太极不待后面的援军赶到，率领自己的亲兵杀入，三个总兵的军队无法抵御八旗铁骑的锋芒，力所不支而逃。此时，大贝勒代善与其长子岳托率领援兵赶到，追杀40余里才收兵回营。后金得以集中全部力量攻打浙兵营，他们以楯车进攻，骑兵冲杀，而明军用火器射击，死伤相枕，直到明军用尽了火药，双方短兵相接，展开了一场残酷的肉搏战，一度胜负不分。然而毕竟众寡悬殊，明军抵挡不住，阵营被冲垮，遂大败。明将陈策、童仲揆、张名世皆死于军中。不过这些来自川、浙的志士，作战勇猛，血洒北国，虽因寡不敌众而战败，却给后金兵造成了极大的损失，其事迹令人动容。正如明人所说，"自奴酋发难，我兵率望风先逃，未闻有婴其锋者，独此战以万余人当虏数万，杀数千人，虽力屈而死，至今凛凛有生气"①。连后来清人在著作中也不得不承认此为"辽左用兵以来第一血战"②。

　　战斗结束后，天色已晚，努尔哈赤收整军队，令诸贝勒各领所部在东门外的教场安营，众将率领大军屯于城内。第二天，努尔哈赤责备临阵脱逃的雅松，定其罪，削其职。努尔哈赤在沈阳屯兵五日，论功行赏，将所获人畜分赏三军，把这些战利品先行送还临时都城萨尔浒城。

　　沈阳失陷后，明朝辽东形势更加恶化，"大将裨将一时没矣"，"辽阳以北居民逃走一空，烽火断绝，胡骑充斥"，"人情惶惑，争思南徙"③。努尔哈赤决定趁热打铁，马不停蹄，进攻明朝辽东的政治中心辽阳。三月十八日，他聚集诸贝勒大臣，说道："沈阳已拔，敌兵大败，可率大兵乘势长驱，以取辽阳。"正式下达进取辽阳的命令。大军渡过浑河，一路上声势浩大，"旌旗蔽日，漫山塞野，首尾不相见"④，行至虎皮驿，发现军民皆弃城逃走，于是在此安营。

　　辽阳城在明代是其统治辽东的中心城市。洪武四年（1371），元朝辽

---

　　① 《明熹宗实录》卷八，天启元年三月乙卯。
　　② 〔清〕魏源：《圣武记》卷一《开创》《开国龙兴记二》，第19页。
　　③ 以上详见《三朝辽事实录》（3）卷四。
　　④ 以上详见《清太祖武皇帝实录》卷三，天命六年三月十八日，见《清入关前史料选辑》（第一辑）第366页。

一、首战东北

阳行省平章刘益降明,同年,明太祖设置辽东卫指挥使司,不久又改为定辽都卫指挥使司,此为明朝在辽东设治之始。洪武八年(1375),朝廷改定辽都卫为辽东都指挥使司,简称辽东都司,治所就设置在辽阳城。辽东都司总辖辽东地区25卫、138所、2州、1盟。经过200余年的发展,尤其是隆庆元年(1567)镇守辽东总兵官由广宁(今辽宁北镇)移驻辽阳后,辽阳成为明朝统治辽东乃至整个东北地区的政治、经济、军事和文化中心。其城周围十六里二百九十五步,居东北诸城之首,城内人口众多,街衢繁华,实为东北一大都会。

自辽事起,辽阳即成为明朝重点防守的城市。熊廷弼、袁应泰两任经略均驻于辽阳,总揽大局。而辽东的防务也以辽阳为重点,以周围城镇作为它的屏障。前文提到,熊廷弼提倡"南窥北顾"之策,尤其重视辽阳城防的建设。他在城周围设置了三四层壕沟,沿壕排列火器枪炮,环城四面分兵把守。然而,沈阳的陷落,标志着"南窥北顾"之策的破产,辽阳已经暴露在后金骑兵的面前。不仅如此,"辽之战将劲兵半萃于沈、奉(指奉集堡),半分应援,见今辽城兵不满万,皆真、保、山东之兵,身无介胄,器不精利,以守二十余里之城,分城布列且难,况于捍敌!"① 在这段话中,既可见当时辽东形势的严峻,亦可见袁应泰经略辽东,实行宽政以来,辽阳军备废弛之严重。因此,袁应泰听说沈阳失陷后,急忙收缩兵力,撤还奉集堡、威宁营(今辽宁本溪市高台子镇威宁营村)的全部守军,集结辽阳,并力以守,这样又集结了相当数目的兵马。此外他还命令放太子河水于城壕,意在用水防抵御后金的进攻。

三月十九日中午,努尔哈赤率大军进抵辽阳城东南角,在还没有完全渡过太子河的时候,有哨探来报:"西北武靖门外有兵。"② 听到这个消息,努尔哈赤立即亲率左翼四旗兵先往查看,发现是辽东经略袁应泰亲督李秉诚、侯世禄、梁仲善、姜弼、朱万良5个总兵统兵5万,出城5里布阵,欲与八旗兵决战。面对汹汹明军,努尔哈赤毫不畏惧,他命令将士们猛攻敌营左翼之尾。此时,四贝勒皇太极率所部健卒赶到,表示要参与战斗。努尔哈赤认为自己已经命令军队上前攻击,四贝勒就不必再领军冲

---

① 〔明〕王在晋:《三朝辽事实录》(3)卷四。
② 《清太祖武皇帝实录》卷三,天命六年三月十九日,见《清入关前史料选辑》(第一辑)第367页。

杀，可以带着右翼军队在城边瞭望。皇太极不想失去立功杀敌的机会，坚持请战，表示可以把瞭望的任务交给后到的两红旗兵。努尔哈赤又派阿济格去劝说，却依然动摇不了皇太极的决心。于是，努尔哈赤不再坚持，皇太极遂挥军上阵，努尔哈赤还让麾下两黄旗的将士去助阵，由此可见他对这个儿子的特殊宠爱。只见皇太极奋力冲杀，猛攻敌营左翼，明军发炮接战，八旗铁骑不惧炮火，勇往直前，经过一番激战，皇太极杀入明军，破其营，此时后金左翼四旗兵也趁势杀入，两相夹攻，明军大溃而逃，皇太极追杀60余里，至鞍山地区才引军而回。就在这边酣战之际，有一营明军从城西武靖门出城，遇上执行瞭望任务的两红旗兵，被迫退回，在争入城门之时人马自相践踏，"积尸不可胜计"。经过这些战斗，努尔哈赤整收兵马，当晚驻军于城南7里的地方。袁应泰带着残兵在外宿营，并未入城，决定明日再战。

三月二十日清晨，经过对辽阳布防的细致观察，努尔哈赤告知诸王大臣，已经制定了一个作战方略：查看绕城的河水，发现其西有闸门，可以让左翼四旗兵去挖掘；东有水口，可以让右翼兵去堵塞。如此就可以把城壕中的河水排出，以方便八旗大军攻城。诸贝勒大臣依计行事，努尔哈赤亲自率领右翼四旗兵于城边布列战车，用作防卫，并命众军士抬土运石，堵塞水口。此时明军方面又出动3万人马，至城东"平夷门"外安营扎寨，布列枪炮三层，连发不止，作为辽阳城的一道屏障。经略袁应泰积极督战，还派由家丁组成的"虎旅军"助阵。此时，后金左翼四旗兵派人向努尔哈赤报告：西边的闸门很难掘开，不如先行夺桥，可以成功。努尔哈赤赞同这个方案，认为桥可夺则夺之，如果拿下的话，就马上来回报，右翼兵立即进攻平夷门。过了一会儿，努尔哈赤看到城壕开始干涸，于是命令右翼四旗前队棉甲兵排列楯车车阵，进战东门明兵。明军阵营连放枪炮，后金兵直接冲出战车外，渡过壕沟，呐喊着向前冲杀，两军酣战，不分胜负。此时，有红旗红甲护军200人，两白旗兵千人俱杀入阵中，明军骑兵部队首先动摇，开始败退。诸贝勒部下白甲精锐护军又大呼而入，发矢拼杀，夹攻明军，明军遂全面崩溃。后金兵趁势追杀，明军争先恐后逃往城内，大批人马蜂拥过河，"溺水而死者满积，壕水尽赤"。袁应泰只好退守城内，与巡按张铨划疆分守，袁应泰负责守北门，张铨负责守西门。与此同时，后金的左翼四旗兵在夺占西门桥后，冲杀守壕的明军。明军躲在防御工事之内，放炮发矢，顽强抵抗，城上守军放火箭、火炮，掷火

一、首战东北

罐、砖石等，来阻挡汹涌而来的后金兵的进攻。但后金兵仍冒着刀火飞石猛冲，列楯车，竖云梯，全力前进，经过激烈的搏斗，终于登上城楼，驱杀其兵，夺取了城池的西面，占据了两个角楼。城中官员军民听闻这个消息，"皆丧胆亡魂，惊惧溃乱"①，一时之间，人心惶惶，但是明军将士仍然拼死抵抗，后金尚无法控制局面。此时努尔哈赤亲统的右翼四旗兵正下马作战，以草木填内濠，攻打辽阳城的北面城墙。突然左翼四旗兵派人来告，说他们已经冲破明军的防线，登上城楼了。努尔哈赤闻言大喜，于是下令右翼四旗撤军，转到西面与左翼军联合作战。八旗合兵一处，展现了巨大的威力。但是明军依然十分英勇，坚持作战到天明。在混战之中，明军监军道牛维曜、高出、胡嘉栋、邢慎言以及户部官员傅国等认为守城无望，带领部分军民坠城而逃，导致城内人心更加动摇。

三月二十一日黎明，袁应泰督率守军列楯大战，结果再度失败。辽阳城内的"降夷"以及后金收买的间谍开始行动，他们呐喊呼号，制造恐怖气氛。突然，小西门弹药起火，燃及城楼，明军的窝铺、草场全部化为灰烬。间谍打开小西门，后金八旗合兵一处，浩浩荡荡开进城门，沿城追杀残余明军，城内一片混乱。辽东经略袁应泰知道大势已去，仰天长叹，对身边的巡按张铨说："公无守城责，宜急去，吾死于此。"② 然后佩上天子御赐的尚方剑，带着经略辽东的官印，登上城东北的镇远楼，望阙而拜，说道："臣至辽，见人心不固，不可以守，是以有死辽、葬辽之誓。今果陷，臣力竭而死，望皇上收拾人心为恢复计。"③ 遂自缢而死，妻弟姚居秀同死，仆人唐世明伏尸大恸，纵火焚楼而死。袁应泰用他的实际行动信守了其对明熹宗许下的"与辽相终始"的承诺。此外，分守道何廷魁与妻妾奴婢等投井，同死者有九人。监军道崔儒秀也在兵溃之后自缢而死。辽东巡按张铨为后金兵所擒，努尔哈赤和皇太极原本想用高官厚禄招降他，但是他并不屈服，只求一死，引颈以待。努尔哈赤无奈，只好将他送回官署，张铨整理好衣冠，向宫阙的方向叩拜5次，并说："臣不能报皇上。"然后又向父母所居的方向叩拜4次，说道："儿不得事父母。"随后，便自

---

① 以上所引，详见《清太祖武皇帝实录》卷三，天命六年三月二十日，《清入关前史料选辑》（第一辑）第367—368页。
② 〔清〕张廷玉等：《明史·袁应泰传》卷二五九，第6690页。
③ 〔清〕计六奇：《明季北略》卷二《袁应泰传》，第30页。

缢而死。① 张铨与何廷魁以及后来广宁失守自缢的高邦佐都是山西人，明廷为他们建祠于京师宣武门外，号为"三忠祠"。而在与后金兵的搏斗中，有许多明军将士血洒疆场，如总兵梁仲善、杨宗业、参将房承勋、王豸、游击李尚义、张绳武等人。尤其是总兵朱万良，其在援救沈阳时有迟疑观望的罪过，经略袁应泰本来要将其军法从事，但是朱万良乞求戴罪立功。在辽阳城的激战中，他果然奋力拼杀，陷阵而死。上述文武官员，都是一代义士，他们为自己所忠诚的大明王朝付出了生命的代价，不仅身后得到了朝廷的抚恤和明朝百姓的怀念，而且赢得了对手后金统治者以及贝勒将官们的敬重。

战争结束，后金官兵入城，有间谍和"降夷"为其引导，辽阳城的百姓打开房门，男人剃了头发，女人穿上盛装，全城结彩焚香，用黄纸写着"万岁"的牌子，迎接八旗将士以及后金努尔哈赤的到来。到了正午时分，鼓乐齐鸣，努尔哈赤以胜利者的姿态乘坐肩舆入城，辽阳城官民俯拜，山呼万岁。努尔哈赤摆驾经略官署，临时驻于此地。至此，轰轰烈烈的辽沈大战宣告结束。

此次战役明朝的失败和后金的胜利，值得我们进行一些分析和思考。笔者以为，明朝的失败原因在于四个方面。

首先，政治动荡。辽沈之战爆发时，明朝刚刚经历了神宗、光宗、熹宗两次迅速的皇位更迭，新继位的熹宗年仅16岁，软弱无知，故而从万历中期开始的党争到此达到了白热化的状态，朝野上下都将注意力集中在宫廷"三案"的处理上，希望借此培植势力、打击异己，政局动荡不安，朝廷根本无心关注辽东战事的发展。这就给努尔哈赤大举进兵，围攻辽沈提供了一个绝好的机会。

其次，用人失当。原任辽东经略熊廷弼熟谙兵事，治军有方，令努尔哈赤不敢小觑，然而不幸的是，他由于生性耿直而在党争中被排挤下台。新任经略袁应泰志大才疏，不懂军事，他在官场上是一名称职的循吏，然而在战场上却并非"知兵之将"，在经略辽东期间，他在治军、守城、用人等方面屡屡出错，最终造成了不可挽回的失败。因此，明廷以袁应泰取代熊廷弼，在辽沈之战中绝对是一个重大的失策。另外，负责沈阳防务的

---

① 〔清〕计六奇：《明季北略》卷二《张铨殉节》，第31页。

一、首战东北

主要将领是总兵官贺世贤,他是一个有勇无谋的将领,在战争期间将敌人的奸细放入城中,对于八旗铁骑的实力又缺乏足够的估计,过于轻敌,最终中了后金的圈套,兵败身死城陷。由此可见,任用贺世贤这类人作为独当一面的大将,显然也是不合适的。

再次,扬短避长。前已述及,明朝军队以步兵为主,且配备火器,并据有坚城,其优势在于婴城据守,防御作战;后金骑兵以骑兵为主,擅使弓矢,其长处在于纵横驰突,野战争锋。然而在此战中,辽阳与沈阳的明军却都选择出城迎战,以己之短迎敌之长,在八旗铁骑的冲击之下,纷纷溃散,这就使得城内的守军心慌气馁,最终导致城池失守,战争失败。

最后,人心不固。袁应泰在临死前曾说:"臣至辽,见人心不固,不可以守,是以有死辽、葬辽之誓。今果陷,臣力竭而死,望皇上收拾人心为恢复计。"① 可见虽然经过熊廷弼近一年的大力整饬,但毕竟明军与后金兵作战,屡战屡败,丢城失地,因此明军官兵的心中普遍滋长了畏敌的心理,对战争的前景持悲观态度,故而士气不振,军心不稳。据传闻,辽阳城内有数十家汉民与李永芳私通,约期举事,作为后金的间谍与八旗兵里应外合,拿下辽阳城。在辽沈之战中,后金巧妙地用间是其最终能取得胜利的重要原因。而在这部分间谍中,就有一部分是明朝统治下的辽东民众。时任山西道御史毕佐周针对这一现象,指出明朝在辽东失去了民心,"为今之计,其急著莫如收民心"②。诚然,自万历中叶在辽东设置矿监税使以来,该处百姓就生活于水深火热之中。明金战争爆发后,各省大军云集辽东,不但不能取胜,反而屡屡丢城失地,而且一些士兵御敌无能,害民却有术!广大辽东百姓对明朝的统治丧失了信心,努尔哈赤正是利用了他们的这一心态,取代明朝成为辽东的主人。

反观后金,其一,八旗兵连克抚顺、清河、开原、铁岭等城堡,并取得了萨尔浒大捷,因此,后金上下对进军辽沈的战事充满信心,士气饱满,民心昂扬。其二,他们在作战时能够扬长避短,尤其是在沈阳城下引诱明军出城作战,从而充分发挥骑兵的优势,先败城外军队,丧敌人之胆,进而大兵攻城,取得胜利。其三,后金巧妙运用间谍,在攻城之时制造混乱,里应外合,拿下城池。这一战术从克陷抚顺开始,便成为八旗兵

---

① 以上所引,详见《明季北略》卷二《袁应泰传》,第30页。
② 《明熹宗实录》卷九,天启元年四月壬午。

攻城的一贯战术。其四，后金的战场统帅努尔哈赤，领兵大将代善、阿敏、皇太极等均身经百战，其在用兵谋略和实战经验等方面都远非袁应泰、贺世贤之流可比，他们能够发挥八旗铁骑最大的威力，取得战争的最后胜利。

战争虽已结束，但其影响却在持续发酵着。沈、辽相继失陷后，驻守辽阳以及周围地区的明军四散溃逃，向辽西乃至山海关内做战略大退却，而辽南的明军纷纷逃至沿海岛屿，乃至山东和朝鲜半岛一带。随着官军逃亡的步伐，辽东的百姓也是望风奔窜，扶抱号哭，流寓他乡。在这种情况下，明朝在辽河以东的统治全部垮台，东起镇江（今辽宁丹东），西至辽河沿岸，南起金州卫（今辽宁大连市金州区）以北，北抵开原以北大小70多个城堡的官民"俱薙发降"①。努尔哈赤审时度势，决定长久占据辽东这块宝地。经过认真思索，他看到了辽阳这座明朝重镇对于后金的重要价值。首先，这里地处辽沈平原腹地，经济发达，土壤肥沃，能为政权的进一步发展提供强大的动力。其次，辽阳处于"明及朝鲜、蒙古接壤要害之区"②，具有重要的战略意义，是后金进一步用兵明朝，以及西伐蒙古、东征朝鲜，消除南下后顾之忧的前沿阵地。因此，努尔哈赤认为此地乃上天所赐，遂力排众议，决定迁都辽阳。至此，努尔哈赤取代明朝，成为辽沈大地的主人，并进一步推动了后金政权的封建化进程。而明军却只能龟缩辽西，在那里等待着八旗铁骑下一波凌厉的进攻。

5. 兵败宁远城下

辽沈之战后，努尔哈赤迅速夺取了辽河以东的地区，迁都辽阳，后金进入汉人居住的辽沈地区，即改革女真原有的庄田制和牛录屯田制，实行"计丁授田"的法令，在女真社会中确立了封建土地占有制度，土地成为

---

① 《清太祖高皇帝实录》卷七，天命六年三月壬戌。
② 《清太祖高皇帝实录》卷七，天命六年三月癸亥。

一、首战东北

基本的生产资料,农业成为经济的主要部门,这对于女真人的社会形态来说是一个飞跃性的发展。努尔哈赤通过这些措施,适应了后金从山地到平原地区发展的新形势,巩固了政权,取代明朝成为辽沈地区的新主人。而明朝一方,在辽、沈失陷之后,人心惶惶,辽西"军民尽奔,自塔山至闾阳二百余里,烟火断绝"①,朝野认为,辽西之亡就在眼前,倘若辽西丧亡,则山海关濒危,京师或许不保。因此,经过慎重考虑,明廷以重镇广宁为关键,固守辽西。熹宗重新起用赋闲在家的熊廷弼为辽东经略,并以右参议王化贞为广宁巡抚,让他们稳定局势,守住河西,规复辽左。然而,经抚二人方略不一。

熊廷弼主张所谓"三方布置策":其一,陆上以广宁为中心,用骑兵与八旗铁骑对垒辽河,牵制全辽;其二,海上于天津、登州、莱州等处设置舟师,从南面进攻,袭扰后金所占辽东半岛沿海地区,迫使后金回师内顾,从而便可借机规复辽阳;其三,经略驻守山海关,居中节制,以一事权,坚持守定而后战的战略。

王化贞的方略与熊廷弼不同,他的主张是:正面派 2 万兵驻守 120 里长的三岔河,步骑一字摆开,每数十步搭一土窝棚,置军 6 人,划地分守;西面联络蒙古察哈尔部的林丹汗;东面与投降后金的李永芳以及身处女真贵族统治下的汉民取得联系,以为内应;然后"请兵六万,一举荡平"② 后金。

总之,两人的主张大有分歧,"化贞欲战,廷弼欲守"③,朝中大臣听闻王化贞的"豪言壮语",对其寄予了无限希望,支持他的冒进计划,而反对熊廷弼先守后战的正确方针。熊廷弼看出王化贞的夸夸其谈,指出将 2 万明军布置在长达 120 里的三岔河上,兵力分散,根本无法阻挡八旗铁骑的进攻,而且"西部(指察哈尔蒙古)不可恃,永芳不可信,广宁多间谍可虞"④,他力图纠正王化贞的错误部署,认为明朝在辽东最需要做的事情还是固守广宁。王化贞根本听不进熊廷弼的意见,反而恼羞成怒,导致"经、抚不和",甚至王化贞将自己的一切筹划都绕过熊廷弼,直接

---

① 〔清〕张廷玉等:《明史·熊廷弼传》卷二五九,第 6695 页。
② 〔清〕张廷玉等:《明史·熊廷弼传》卷二五九,第 6701 页。
③ 〔清〕谷应泰:《明史纪事本末补遗》卷二《熊王功罪》,第 1430 页。
④ 〔清〕张廷玉等:《明史·熊廷弼传》卷二五九,第 6700 页。

向欣赏他的兵部尚书张鹤鸣请示。熊廷弼逐渐被架空，只能带着5000人马在山海关顶着经略的虚名，朝廷援辽的10余万大军都由驻守广宁的王化贞一手掌握。然而，明朝大军还未进攻，明天启二年（后金天命七年，1622）正月十八日，努尔哈赤大军就乘明朝内部攻守未定之机，从辽阳起兵，渡过辽河，来取广宁了。

据《明史》记载，王化贞"为人骄而愎，素不习兵，轻视大敌，好谩语"①。面对八旗铁骑的汹汹来势，王化贞并无御敌良策，只是偏信游击孙德功之言，予以防守重任。谁知孙德功已被后金收买，成为藏在明军内部的间谍，在他的运作下，西平堡失陷，广宁城也不战而降。王化贞从城中出逃，在大凌河遇到了率5000兵前来接应的熊廷弼。王化贞提出趁努尔哈赤还未追击，迅速收集溃兵，防守宁远（今辽宁兴城市）和前屯（今辽宁绥中县前卫镇），然而熊廷弼认为大势已去，只能退守山海关。于是，正月二十六日，两人拥溃民入山海关，沿途"尽焚积聚"②，以防资敌。可怜数十万辽西百姓"携妻抱子，露宿霜眠，朝乏炊烟，暮无野火，前虞溃兵之劫掠，后忧塞房（指后金兵）之抢夺，啼哭之声，震动天地"③。一时之间，明朝在辽西地区的统治全面崩溃，广宁周围的闾阳驿（今辽宁北镇市宫阳镇）、小凌河、松山（今辽宁凌海市松山镇）、杏山（今辽宁凌海市杏山乡）、盘山驿（今辽宁北镇市盘蛇驿村）等40余城堡的明军守城将官均降附后金。熊廷弼、王化贞均因广宁之败革职入狱。二人都有罪，显而易见的是，王化贞的罪状远远大于熊廷弼，应负主要责任。然而事情的结果却让人大感意外，熊廷弼身陷党争之中，遭阉党打击，于明天启五年（后金天命十年，1625）被诛戮，传首九边。王化贞却因为与阉党相善，又因为战前得到朝中大臣的支持，此时严惩他，大臣们必然难逃干系。因此，他受到了庇护，羁押于狱中，却始终未能明正典刑。直到明崇祯五年（后金天聪六年，1632），朝廷追论广宁失事，才将王化贞斩于西市。由此可见，当时明朝党争之激烈、处事之不公！

广宁失守的消息传来，明廷举朝震骇，熹宗甚至抓住首辅的衣襟哭泣不止，广大明朝将官在屡败之后，畏敌如虎，"人情入关一步便为乐园，

---

① 〔清〕张廷玉等：《明史·熊廷弼传》卷二五九，第6698页。
② 〔清〕张廷玉等：《明史·熊廷弼传》卷二五九，第6703页。
③ 〔明〕王在晋：《三朝辽事实录》（5）卷七。

一、首战东北

出关一步便是鬼乡"①。辽西的沦陷，标志着山海关将直接面对凌厉的八旗铁蹄，而大明的京师也将岌岌可危，正如时人所说，"关门震，则内地与之俱震"②。因此，明廷上下认为，"天下之安危，仅视榆关（指山海关）一线"③，决议不惜一切代价，在山海关构筑起一道后金兵不可逾越的坚固防线。为此，明朝紧急征调各地精锐援辽作战，在很短时间内，山海关城聚集了来自秦、晋、川、湖、齐、梁、燕、赵等各地的援辽大军，"官与兵云屯猬集"④。至明天启二年（后金天命七年，1622）底，已集中兵力79869人，马12760匹。次年秋，马步兵已达10万。然而，除了兵力集结之外，守御山海关的当务之急还在于选择一个通晓军事的经略前往关门督师。明朝先后起用了兵部尚书张鹤鸣和宣府巡抚解经邦，然而张鹤鸣接任后因为内心畏惧逗留17天，才抵达山海关，一切无所筹划，只是迁延时日，最后以病为由辞职归家。解经邦更是心存畏惧，不敢去山海关，接连三次上疏，力辞重任，引得熹宗大为恼火，最终将其革职为民，永不叙用。由此可见当时明朝上下对后金惧怕到了何种地步！最终，朝廷决议由时任兵部侍郎王在晋为兵部尚书兼都察院右副都御史，经略辽东。王在晋同样不愿任职，但毕竟有解经邦的教训在先，只好硬着头皮于三月前赴山海关。

对于明金战争的局势，王在晋持悲观态度，他指出："东事一坏于清抚，再坏于开铁，三坏于辽沈，四坏于广宁。初坏为危局，再坏为败局，三坏为残局，至于四坏则弃全辽而无局。"⑤然而，当时的局面对于明朝而言尚未如此之坏。后金在进占广宁之后，面对辽西地区大量城堡的归附，努尔哈赤却鉴于国力和兵力的不足，并未迅速占领这些地方，而只是加以抢掠焚毁，就撤兵而去，因而自广宁以西，诸如大小凌河（今辽宁凌海市一带）、锦州、宁远、中前（今辽宁绥中县西）、中后（今辽宁绥中县）等地，这一条狭长的辽西走廊，成为后金与明朝之间的缓冲地带，虽然后来宁远以西五城七十二堡为蒙古喀喇沁部所占，但是明朝毕竟有收复

---

① 《明熹宗实录》卷九，天启元年四月己亥。
② 《明熹宗实录》卷三〇，天启三年正月辛亥。
③ 《明熹宗实录》卷三六，天启三年七月辛亥。
④ 《明熹宗实录》卷三六，天启三年七月己酉。
⑤ 《明熹宗实录》卷二〇，天启二年三月乙卯。

这些领地，重新建立起防御后金进攻的前哨阵地的可能性。此外，在努尔哈赤进入辽东平原后，女真人进入了一个以广大汉民为主体，以农业耕作为基本生产方式的全新的社会，努尔哈赤的当务之急也从抢夺明朝的辽东统治权转向了巩固已有的胜利成果，加速国家的封建化进程，调整女真族与汉民族之间的关系。而这些新提出的问题，正让他十分头疼。因此，在相当长一段时间内，八旗铁骑停下了他们势如破竹的攻势，后金国开始致力于内部矛盾的解决和国家的建设。在这相对和平的时期，明朝正可以利用这一难得的机会，做一些防御上的调整和巩固。但是，王在晋却坚持关外不可守的观点，主张彻底放弃辽西走廊的土地，只在山海关外的八里铺再筑一座关城，使之关外有关，墙外有墙。这一提议遭到了王在晋的属下宁前兵备佥事袁崇焕等人的反对，朝廷上也对王的方略争论不休。这时，内阁大学士管兵部事务的孙承宗自请出关考察，以定大计。

孙承宗（1563—1638），字稚绳，河北高阳人。他的相貌奇伟，"须髯戟张"，与人说话，声若洪钟，能够震撼墙壁。早年为县学生时在边关讲授经文，曾游历塞外，对各处险要隘口很感兴趣，喜欢跟一些年老将官探讨军事上的问题，因而"晓畅边事"。万历三十二年（1604）中进士，授编修，熹宗即位后，孙承宗以左庶子的身份充日讲官。承宗授课，叙事严谨，分析切当，为皇帝所喜。每次听完孙老师的课，熹宗都会高兴地说："心开！"① 由此可见孙承宗很得熹宗的信任，而且他也能够利用自己帝师的身份在军国大事上对年轻的皇帝产生影响。天启元年（后金天命六年，1621）辽沈相继失陷，当时廷臣就认为孙承宗通晓军事，举荐他为兵部侍郎，主持辽东事务。然而，熹宗不愿让老师离开自己，拒绝了朝臣们的提议。直到后金兵占领广宁，席卷辽西，威胁山海关，京师岌岌可危之际，皇帝才任命孙承宗为兵部尚书兼东阁大学士，入直办事。他在奏疏中指出："迩年兵多不练，饷多不核。以将用兵，而以文官招练。以将临阵，而以文官指发。以武略备边，而日增置文官于幕。以边任经、抚，而日问战守于朝。此极弊也。今天下当重将权。择一沉雄有气略者，授之节钺，得自辟置偏裨以下，勿使文吏用小见沾沾陵其上。边疆小胜小败，皆不足问，要使守关无阑入，而徐为恢复计。"② 孙承宗指出明朝屡战屡败的一

---

① 〔清〕张廷玉等：《明史·孙承宗传》卷二五〇，第6465页。
② 〔清〕张廷玉等：《明史·孙承宗传》卷二五〇，第6466页。

一、首战东北

个重要原因在于不重将权,用不懂军事的文官去制约武将的发挥,凌驾其上,甚至用居于庙堂之上的阁僚御史们来指挥远在千里之外的前线战场,给军队统帅造成了严重的掣肘。其实,孙承宗还有一点并未说到,那就是部分文臣是以议论辽东战事为名,行党同伐异之实。熊廷弼的败亡就是一个典型的例子。因此,孙承宗从辽事的惨败中得出了一个沉痛的教训:选将才,重将权。只有如此,辽东局势才会有所转机。在内阁入直期间,孙承宗提出了诸如招抚蒙古、抚恤辽民、精简京军、增设永平大将、修整蓟镇亭障、开辟京东地区屯田等多项巩固京师防卫的措施,得到皇帝以及朝臣的许可和认同。此时,朝廷对于王在晋的意见争论不休,孙承宗请求出关进行考察。熹宗十分高兴,特加太子太保衔,赐给蟒玉、银币。

孙承宗来到关外后,经过他的查看分析,发现距离山海关200里的宁远乃形胜之地,拱卫山海关和京师,不可弃而不守,而在宁远城东海上的觉华岛处在海中,与宁远成掎角之势,可以用来控扼敌军。孙承宗支持宁前兵备佥事袁崇焕的观点,决定守御宁远,并以觉华岛为犄角。他向经略王在晋说明了他的看法,"椎心告语凡七昼夜"①,但是固执的王在晋终究不听从孙的建议。无奈之下,孙承宗返回京师,向朝廷上达奏疏,内中写道:

> 敌未抵镇武而我自烧宁、前,此前日经、抚罪也;我弃宁、前,敌终不至,而我不敢出关一步,此今日将吏罪也。将吏匿关内,无能转其畏敌之心以畏法,化其谋利之智以谋敌,此臣与经臣罪也。与其以百万金钱浪掷于无用之版筑,曷若筑宁远要害以守。八里铺之四万人当宁远冲,与觉华相犄角。敌窥城,令岛上卒旁出三岔,断浮桥,绕其后而横击之。即无事,亦且收二百里疆土。总之,敌人之帐幕必不可近关门,杏山之难民必不可置膜外。不尽破庸人之论,辽事不可为也。②

几天后,乘着给熹宗侍讲的机会,孙承宗面奏"在晋不足任"③。皇

---

① 〔清〕张廷玉等:《明史·孙承宗传》卷二五〇,第6468页。
② 以上所引,详见《明史·孙承宗传》卷二五〇,第6468页。
③ 以上所引,详见《明史·孙承宗传》卷二五〇,第6468页。

帝听从了这位帝师的建议,于明天启二年(后金天命七年,1622)八月免去王在晋辽东经略职务,改任其为南京兵部尚书,并停止了八里铺筑城的讨论。而孙承宗于此时挺身而出,勇赴国难,自请督师。熹宗很高兴,下诏赐孙承宗关防敕书,令他以原官督山海关及蓟、辽、天津、登、莱诸处军务,并赐尚方剑,可便宜从事,熹宗还令阁臣送孙承宗至崇文门外,以示郑重。孙承宗对关外的局势有清楚的认识和周密长远的规划,他在给朝廷的奏疏中谈到守关御敌的具体方略:

  盖前屯备而关城安,宁远备而前屯益安。倘不以此为计,而以一步不出关为守关,遂以安插辽人为强迎,遂以经营宁远为冒险。夫无辽土何以护辽城,舍辽人谁与守辽土,无宁前何所置辽人,不修筑何以有宁前,而修筑之事不一劳何以贻永逸而维万世之安?①

这份奏疏重点谈到了三个问题:其一,守辽应守在何处?孙承宗的主张是守关外以护关内,其宗旨便是推进战略纵深,建立一条坚固的防线。抵御后金骑兵的进攻。而在关外具体据点的选择上,孙承宗主张守在前屯、宁远,尤其是要着力经营宁远,使之成为控扼辽西走廊的一座重镇。其二,守辽应由何人来守?孙承宗认为现在聚集关门的援辽大军多是来自秦、晋、川、湖、齐、梁、燕、赵等地方的客兵,让他们抛妻弃子,远离故乡,为关外这片陌生土地的安宁而效死疆场是很难的。要守住辽西之地,主要还是要依靠本地辽人,他们是为家乡而战,没有退路,才能真正置之死地而后生。因此,他主张安插辽人在宁远、前屯等关外城堡,屯田驻守,既巩固了边防,又能够解决自广宁溃败以来离散辽人的生计,可谓一举两得。孙承宗的这一方略可以总结为"以辽人守辽土,以辽土养辽人"。其三,守宁前的关键在于修筑城堡,以为万世之安。孙的这些规划,不仅影响了他督辽期间的逐项举措,而且对于日后宁远之战、宁锦之战的胜利也起到了积极的作用,可谓意义重大。

  孙承宗到任后,严敕辽东边防,为实现其战略采取了如下措施:其一,严肃军纪,练兵制械,招募当地精壮,裁汰逃将弱卒;其二,收复被

---

  ① 《明熹宗实录》卷四〇,天启三年闰十月丁亥。

一、首战东北

蒙古喀喇沁部所占的土地，将其尽驱边外；其三，在山海关至宁远的200里土地间修筑城堡，派军驻守，尤其要着力经营宁远和前屯二处，将山海关的守城器械移入，巩固城防；其四，招揽军民垦荒种田，并发展采煤、煮盐、海运等事业，以巩固边防，充实民力，佐助军需。一时之间，辽西边防大备，形势大为改观。而在督辽期间，孙承宗还提拔栽培了一批日后威名赫赫的战将，诸如满桂、祖大寿、赵率教等人。在这些人中，孙承宗最为器重，被视为"沉雄有气略者"的便是时任宁前道兵备佥事的袁崇焕。

袁崇焕（1584—1630），字元素，广东东莞人，万历四十七年（1619）进士，授邵武知县。他为人慷慨，颇具胆略，喜好谈论军事，遇到老军官或是退伍的士兵，就和他们谈论塞外的事情，因此了解边关的山川险要，并认为自己有能力担当边防重任。明天启二年（后金天命七年，1622）正月，袁崇焕被破格擢升为兵部职方司主事。不久，广宁失陷，廷议决定扼守山海关，袁崇焕未告知朝廷以及家人，就独自一人"单骑出阅关内外"，回来后在朝堂之上谈论关外形势，提出："予我军马钱谷，我一人足守此。"① 这一豪言壮语令满朝文武为之一震，大家似乎从他的身上看到了辽事的希望。于是，朝廷提拔袁崇焕为山东按察司佥事山海监军。到山海关赴任后，经略王在晋也很器重他，令其移驻中前所，并于七月题补他为宁前道兵备佥事。然而，袁崇焕反对王在晋丢弃辽西走廊，只在山海关外修筑"重城"的方略，并提出固守宁远的建议。他的想法得到了孙承宗的支持，并在孙承宗就任督师后付诸实施。

图1.4　袁崇焕像
（选自《清史图典》第1册，第92页）

---

① 〔清〕张廷玉等：《明史·袁崇焕传》卷二五九，第6707页。

宁远（今辽宁兴城）西据山海关200里，东距锦州200里，三面环山，东临大海。此地原本无城，明初为广宁前屯及中屯二卫所属地。宣德三年（1428）始置宁远卫，修建卫城，周长六里八步，高二丈五尺，池深一丈，宽二丈，周长七里八步。全城呈方形，有4门，东为春和门，南为迎恩门，西为永宁门，北为广威门。宁远卫下辖2所、边台155座。这座城池在初建之时并无特殊的战略意义，也未得到明朝官员们的重视。然而在广宁失守之后，宁远城的战略作用愈益凸显，因为它正处于辽西走廊中部，只要明朝守住了宁远，就扼住了这条走廊的咽喉，如此，则山海关及京师均可确保无虞。而且，宁远城外约20里的海上有一座觉华岛，二者可成掎角之势，互为拱卫。正如清代学者顾祖禹在《读史方舆纪要》一书中所说，宁远"内拱岩关，南临大海，居表里之间，屹为形胜"①。袁崇焕能够看到宁远城的战略价值，体现了他杰出的军事才能。

孙承宗到任不久，就命时为游击的祖大寿修缮宁远城防，然而祖大寿以为朝廷决策未定，并不会守宁远，因而工筑迟缓，只完成了修筑计划的十分之一。到了明天启三年（后金天命八年，1623），孙承宗又与主守关内的新任辽东巡抚张凤翼展开了一场争论。孙承宗再度出关东巡，并向熹宗奏报："若失辽左，必不能守榆关；失觉华、宁远，必不能守辽左。"②于是，朝廷决策成守宁远，孙承宗将这一任务交给了袁崇焕和满桂。袁崇焕到宁远后，手定规制，严行监督，修筑城池，于次年竣工。据《明史》记载，新城"高三丈二尺，雉高六尺，址广三丈，上二丈四尺"③，比原城更加坚固，成为关外一个重镇。袁崇焕与满桂勤勤恳恳，忠于职守，誓与宁远共存亡。而他们又善于安抚士兵，因此将士们都愿意为他们效命疆场。在他们的苦心经营之下，荒凉凋敝、动荡不安的宁远城安定了下来，并且得到了发展，"由是商旅辐辏，流转骈集，远近望为乐土"④。

明天启五年（后金天命十年，1625）夏，孙承宗与袁崇焕议定，分派将领据守锦州、松山、杏山、右屯（今辽宁凌海市右卫镇）、大小凌河等城，并修筑城防，以御后金。这样，明朝的防线又从宁远向前推进了200

---

① 〔清〕顾祖禹：《读史方舆纪要》卷三七，第1734页，中华书局，2005。
② 〔清〕谈迁：《国榷》卷八五，第5235页。
③ 〔清〕张廷玉等：《明史·袁崇焕传》卷二五九，第6708页。
④ 〔清〕张廷玉等：《明史·袁崇焕传》卷二五九，第6708页。

一、首战东北

余里,形成了以宁远为中心,锦州为前哨,山海关为后盾,南北共计400余里的关宁锦防线。这是孙承宗督辽期间最重要的一项贡献。就在他厉兵秣马,积极进取之际,来自京师的暗箭向他射来。原来,在孙承宗督辽期间,朝廷政局发生了重大变化。明熹宗沉迷声色之乐,喜好斧锯木工,怠于政事。而以司礼监秉笔太监、东厂提督魏忠贤为首的阉党乘机发展势力,排挤异己,完全掌握了朝政,一手遮天。魏忠贤更号为"九千岁",明朝的历史进入最黑暗的时期,东林党人杨涟、左光斗等都因为上书控诉魏忠贤的罪行而被阉党迫害致死。孙承宗很看不惯阉党的所作所为,但魏忠贤为长保富贵希望结交这位名满天下的帝师,不料被孙拒绝。魏忠贤由是怨恨,必欲除之而后快。明天启五年(后金天命十年,1625)九月,孙承宗属下总兵官马世龙贪功冒进,派兵渡柳河,袭耀州(今辽宁营口市一带),不料遭遇后金伏兵进攻,大败而溃,明军死400余人,副将鲁之甲、参将李承先死于阵中,损失战马670匹,以及大量甲胄等军事物资。这场战斗明军虽然失败,但规模甚小,并不影响战场全局。然而,阉党却抓住柳河事件这一题目,大做文章,在攻击马世龙的同时交章弹劾孙承宗,最终导致孙承宗不得不忍痛上疏求退,于同年十一月致仕回籍。孙承宗在督辽的四年期间,为明朝边防的巩固做出了巨大的贡献。据史书记载:

> 承宗在关四年,前后修复大城九、堡四十五,练兵十一万,立车营十二、水营五、火营二、前锋后劲营八,造甲胄、器械、弓矢、炮石、渠答、卤楯之具合数百万,拓地四百里,开屯五千顷,岁入十五万。①

努尔哈赤在广宁之战后的四年时间内集中精力巩固在辽东的统治,并为进一步南下攻明做各项准备。其中,最为重要的决策就是迁都沈阳。天命六年(1621),努尔哈赤在辽阳城东太子河畔兴筑东京城,天命八年(1623),正式定都于此。然而,天命十年(1625)三月,努尔哈赤突然召集诸贝勒大臣会议,提出迁都沈阳的主张。大臣们认为刚筑东京,再造新都,劳民伤财,不愿再迁。努尔哈赤坚持己见,认为沈阳在地理、交

---

① 〔清〕张廷玉等:《明史·孙承宗传》卷二五〇,第 6472–6473 页。

通、政治、军事上都具有重要的地位和价值，便于控制整个东北地区，遂力排众议，于天命十年（1625）三月初三，从东京迁都沈阳，这里一开始被称为"沈京"，皇太极时称"盛京"。努尔哈赤在谈到沈阳建都的优势时，特别强调了此城对后金征讨四方的重要战略价值："沈阳四通八达之处，西征大明，从都儿鼻渡辽河，路直且近，北征蒙古，二三日可至。南征朝鲜，自清河路可进。"① 由此可见，努尔哈赤并未忘记出兵征战，尤其没有忘记进一步攻略明朝的领土。然而，孙承宗的在任，导致后金始终没有找到大举进攻的时机。

因此，孙承宗的离职，打破了明金双方长达四年的对峙状态。明廷派遣高第经略辽东，这又是一个不懂军事、生性怯懦的前线统帅！到达山海关后，他就重弹"关外必不可守"② 的老调，指出朝廷应"严谕枢辅，责成抚、镇、道、将各官，各率重兵驻关，共图防守之策"③，也就是要放弃关外土地，退保山海关，朝廷竟然同意了他的主张。在高第的命令下，锦州、右屯、大小凌河、松山、杏山、塔山（今辽宁葫芦市连山区塔山乡）等处防御都被撤了下来，各地兵马、器械向关内转移。在撤离过程中，米粟十余万石被丢弃，任其遭损。可怜辽西百姓，饱经战乱，刚刚返回家园，却又被自己的军队驱赶着背井离乡。而广大驻防将士也被这突如其来的大撤退弄得士气低落。正如史书记载："死亡载途，哭声震野，民怨而军益不振。"然而高第的命令传到宁远，却被大义凛然的袁崇焕顶了回去，他对来使说："我宁前道也，官此，当死此，我必不去！"④ 袁崇焕誓与宁远共存亡。如此，宁远成了明朝在关外唯一的一座孤城。

听闻明朝边关的这些动态，努尔哈赤大喜过望，即于明天启六年（后金天命十一年，1626）正月十四日，亲率诸贝勒大臣，统领八旗铁骑，从沈阳出发，直捣宁远孤城。大军于十六日驻扎东昌堡，十七日渡过辽河，在旷野布兵，一路上声势浩大，"南至海岸，北越广宁大路，前后如流，首尾不见，旌旗剑戟如林"。由于明军已经撤退，八旗铁骑如入无人之境，

---

① 《清太祖武皇帝实录》卷四，天命十年三月，见《清入关前史料选辑》（第一辑）第 382 页。

② 〔清〕张廷玉等：《明史·袁崇焕传》卷二五九，第 6708 页。

③ 《明熹宗实录》卷六三，天启五年九月丁卯。

④ 以上所引，详见《明史·袁崇焕传》卷二五九，第 6709 页。

一、首战东北

势如破竹,拿下右屯卫、大凌河、小凌河、杏山、连山(今辽宁葫芦市连山区)、塔山等城堡,至正月二十三日,大军进抵宁远城下。由于一路之上未遇什么抵抗,努尔哈赤想不战而屈人之兵,派出一名俘获的汉人进入宁远城,捎信给袁崇焕:"吾以二十万兵攻此城,破之必矣,尔众官若降即封以高爵。"袁崇焕义正词严地加以拒绝:"汗何故遽加兵耶?宁锦二城乃汗所弃之地,吾恢复之,义当死守,岂有降理?乃谓来兵二十万,虚也,吾已知十三万,岂其以尔为寡乎?"① 后金劝降失败,于是努尔哈赤命令军中准备攻城器械,次日全力攻城。此次八旗铁骑参战总兵力,无论是后金方面说的20万还是袁崇焕说的13万,都不准确,据孙文良、李治亭考证,其数应在五六万,而在努尔哈赤晚年,后金全部兵力当在9万左右。② 由此可见,努尔哈赤此次进攻宁远,厚集兵力,志在必取。而宁远守城明军,据史书记载不满2万,处于绝对劣势地位。

但是,袁崇焕并不惧怕这一严峻的形势,在后金兵临城下之前,他已经做好了充分的准备。

其一,集中力量,婴城固守。袁崇焕命令将周围地区的驻军以及城外的西洋大炮撤入城内,至二十一日收聚完毕,集中全力守御城池。所谓西洋大炮,又称红衣大炮,是明朝在天启初年从澳门输入,为葡萄牙人铸造,是当时世界上最先进的火器,具有威力大、射程远等特性。明廷前后共得到30门,其中11门调往山海关,孙承宗督师辽东时将其布置于宁远城外。此时,袁崇焕决定将炮撤入城内,安设在城上的四面,依托城墙,以城护炮,以炮守城,用这种新式武器和新战法给后金兵以猛烈的打击。

其二,迁徙百姓,坚壁清野。袁崇焕传令住在城外的百姓携带守城工具火速入城,留下的民居、粮食、积蓄全部焚毁,不给兵临城下的后金兵补充物资的任何机会。

其三,严查间谍,消除隐患。从抚、清之战及至广宁迎降,明军屡屡失陷城池,其中一个重要原因,就是后金善于"用间",往往在攻城之前派遣谍工或者收买城内的百姓为己服务,攻城之时里应外合,令守城将领

---

① 以上所引,详见《清太祖武皇帝实录》卷四,天命十一年正月二十三日,见《清入关前史料选辑》(第一辑)第386-387页。
② 参见孙文良、李治亭《明清战争史略》第158-159页。

猝不及防。袁崇焕十分清楚后金这个屡试不爽的攻城策略,因此在开战之前,他就命令同知程维楧搜查城内的奸细,加以拷问,彻底清除这一隐患。

其四,分派任务,统一指挥。袁崇焕给守城全体文武都分派了具体的职责。就武官而言,总兵满桂负责全城防务,并分守东面城防,副将左辅负责西面城防,参将祖大寿负责南面城防,副将朱梅负责北面城防。就文官而言,通判金启倧组织编排守城民夫,供给饮食,卫官斐国珍负责采办物料。此外,都督金事彭簪古负责指挥东、北两面的红衣大炮,袁崇焕家丁罗立负责指挥西、南两面的红衣大炮,主帅袁崇焕总督全局,指挥各方。

其五,凝聚人心,共御强敌。袁崇焕偕总兵满桂等"刺血书,誓将士"[1],激励士气民心,号召全体军民积极参战,与城共存亡。官兵百姓均深受感动,迅速行动起来,有的人直接登城作战,有的人参与后勤供应,甚至连在学校读书的诸生也被动员起来,把守城内各个巷口,大家誓死捍卫自己的家园。袁崇焕为了严肃纪律,下达军令:城内有人乱行动者,立即杀死;城上有人擅自下城者,立即处决。此外,他还传话给前屯守将赵率教和山海关守将杨麒:如果有宁远守城将士逃到其防地,格杀勿论。至此,宁远全城军民都被断绝了后路,置之死地而后生,只能与来势汹汹的八旗铁骑拼死一战。到正月二十二日,宁远城防一切整顿完毕,于是众志成城,似金汤之固。

袁崇焕拒绝后金的劝降之后,就在当天给了努尔哈赤一个下马威。袁崇焕的家丁罗立熟习红衣大炮的施放方法,他在城上向扎营西北、离城5里的后金军营放了一个炮弹,八旗兵猝不及防,在硝烟与巨响之中,折损数十名将士,后金兵对这种新式武器很不了解,惧于威力,不敢再立营于此,将营地迁至城的西面。正月二十四日,努尔哈赤亲自督军,大举攻城,方向定在城的西南角,这是一种避实就虚的策略,明军认为城东南角正当锦州通向山海关的大道,因而将其作为防守重点,由总兵满桂负责。努尔哈赤偏偏不进攻东南角,抓住明军防御相对薄弱的西南角,希望在这里打开突破口,然而这次进攻却未能让努尔哈赤如愿。后金为了对付明军

---

[1] 〔清〕魏源:《圣武记》卷一《开创》《开国龙兴记二》,第21页。

一、首战东北

的炮火攻击，在实战之中总结了一套有效的阵法。他们制作了一种楯车，车前挡有厚五六寸的木板，裹上生牛皮，再装上机器，能够前后转动，后金兵就推着它躲避明军的炮火，逐渐逼近城下，这是后金进攻阵形的第一梯队。第二梯队是一股后金士兵，手里推着装满泥土的小车，当楯车推进之时，这支梯队负责填塞壕沟，直抵敌军阵前。第三梯队就是最为骁勇的骑兵，人马皆着重铠，他们紧随前面两个梯队抵达明军阵前，只等敌军发完第一轮炮，重新装填的时刻，突然奔驰而出，殊死搏斗，冲垮敌人的阵形，明军往往就此溃败，被杀得七零八落。后金进入辽东地区以来，就经常采用这种战术，屡屡得手，尤其是在野战之中颇有成效。然而，宁远城防的形势却大不一样，袁崇焕坚持"凭坚城"，不肯出城野战，使八旗铁骑的野战优势无法发挥，而且袁崇焕主张"用大炮"，宁远城头的11门红衣大炮远比以前明军采用的佛郎机、鸟铳等火器威力更大，射程更远。努尔哈赤并未充分了解明军布防的这些新特点，依然命令大军用老的方法攻城。只见后金兵士推着楯车，后边的骑兵、步兵向城楼拉弓射箭，一时万矢齐发，落到城堞和悬排之上，密密麻麻好像刺猬一般。明军连连施放红衣大炮，果然威力巨大，"周而不停，每炮所中，糜烂可数里"①，"一发决血渠数里，伤数百人"②，后金兵的楯车根本抵挡不住大炮的攻击，遭遇了巨大的损失。不过，强悍的女真人并未停止前进的步伐，他们转攻城南角，冒着炮火继续向城下冲去，有一部分士兵推着楯车，顶部以厚板遮蔽，竟然抵达城墙之下猛烈撞击，藏在厚板底下的后金兵，用手中的斧镢等工具凿城，凿出了三四处高约2丈有余的大窟窿，宁远城危在旦夕！袁崇焕紧急采取措施，一方面拿出城中府库仅存的11100余两白银，置于城上，定下赏格：有能奋勇杀敌者，赏银一锭。另一方面自己身先士卒，亲自挑着石头堵塞城墙的缺口，不意受伤，将士们劝他休息，他却撕下战袍简单包扎伤口后继续修补城防。在主帅的激励下，明将士勇气倍增，城上的将士有的脸被流矢击中，依然战斗，堵塞缺口的将士也是不顾一切地挑土搬石，很快修补好城墙，控制了局面。好在当时正值严冬，天寒地冻，

---

① 〔清〕计六奇：《明季北略》卷二《袁崇焕守宁远》，第42页。
② 〔清〕魏源：《圣武记》卷一《开创》《开国龙兴记二》，第21页。

"凿城破坏而不堕"①,由是城墙复归于安。不过后金兵依然凿城不止,甚至有更多的兵涌了上来。红衣大炮只能轰击远处的敌人,面对近在城墙之下的后金军,它无法发挥威力。通判金启倧为此想出了一种办法,他将火药均匀地筛在芦花褥子和被单上,将其卷成一捆,制造出一种专门对付近处敌军的别致的武器,命名为"万人敌",想先做一个实验,看看威力如何。只见他点燃被褥,火星突然间溅到他的胡须之上,须臾之间,火势蔓延,最终将其焚死,"万人敌着一火星即不得生,其厉害如此"!通判金启倧为了制造守城武器付出了生命的代价!袁崇焕命令全城军民如法炮制,百姓们纷纷贡献出自家的被褥,守城者将其裹上火药,卷成一捆捆并扔掷城下。攻城的后金兵看到被褥遍地,十分高兴,都跑着去争抢这些战利品。突然,城头上数不尽的火箭、硝黄等物落于被褥之上,被褥中的火药立刻燃烧起来。后金兵方知是计,然而为时已晚,他们力图扑灭身上的火苗,不料火势越扑越大,"火星所及,无不糜烂"②,大量后金兵被活活烧死。袁崇焕还将柴草捆扎,上面浇油并掺杂火药,用铁绳系到城下,再加以点燃,后金的士兵、楯车顿时陷于一片火海之中。到了晚上,战斗仍在继续,明军用红衣大炮轰击远处的后金兵,用各种火攻器械攻击城下的兵士,在茫茫黑夜之中,城上枪、炮、药罐、礌石倾泻而下,爆炸声、呐喊声连成一片。然而,即使后金兵不顾生命危险,前仆后继,踏着同伴的尸体继续向宁远城进攻,也始终突破不了这座坚固的城池。到了深夜二更,八旗军仍未取得进展,折损的人马却在不断增多,努尔哈赤只好下令撤兵,明日再战。袁崇焕乘机挑选健壮勇士50人,携带棉花、火药,缒于城下,将后金留在战场未及运走的战车尽数烧毁。

正月二十五日,努尔哈赤继续统兵攻城,与前一日一样,双方交战十分激烈,炮火声、冲杀声、呐喊声,惊天动地。然而,已经领教了明军炮火和火攻战术威力的八旗兵已经有了畏惧心理,打到下午申时,却几乎没有一个后金兵敢靠近宁远城下。据史书记载,八旗的军事长官持刀严督士兵冲杀上去,然而他们战战兢兢地刚冲到坚城之下,就立马返回,不敢再向前一步,后金兵的死伤比前一天更多,他们只是抢夺战场

---

① 《清太祖武皇帝实录》卷四,天命十一年正月二十四日,见《清入关前史料选辑》(第一辑)第387页。

② 以上所引,详见《明季北略》卷二《袁崇焕守宁远》,第41页。

一、首战东北

上同伴的尸体，运到西门外的各处砖窑，拆下民房的木头，举火焚化，一时之间黄烟蔽野。后金的军队中弥漫着沉痛、悲观的气氛。这一天晚上战斗又持续了一夜，八旗兵在宁远城下留下堆积如山的尸体，却依然无法攻破坚城。与此同时，他们的攻城器械遭到红衣大炮的不断打击，丧失殆尽。努尔哈赤无奈，只好下令撤军，退到西南方向离城5里的龙宫寺一带扎营。

正月二十六日，努尔哈赤督军再度将宁远城围住，发起猛攻。然而后金兵奋勇向前时，即被红衣大炮轰击，冲到城下时，则被城上扔下的火攻器械所伤，努尔哈赤无计可施，顿兵坚城之下，面对巍然屹立的宁远城，只好准备退兵。当然在退兵之前，他需要得到一些补偿，以挽回颜面。努尔哈赤获悉位于海中，距宁远城约20里的觉华岛是明军的屯粮之处，于是决定派遣武纳格带领八旗中的蒙古军队转攻觉华岛，努尔哈赤依然督率大部队包围城池，以防宁远守军出城救援。觉华岛作为明军的屯粮重地，有粮料82000余石，驻军7000余人。当时正值严冬，海水结冰，可以行车、走人。守岛明军在冰上结营，外面围绕战车，作为防御工事。为了阻止八旗铁骑的进攻，明军在靠岸的地方凿冰15里为壕堑，然而天气过于寒冷，冰块刚被凿破，很快又结上一层新冰。武纳格趁结冰之时，绕过壕堑，带领后金兵攻到岛上。岛上明军大惊，虽然拼死战斗，却抵挡不住八旗铁骑的猛烈冲击，战车阵营很快被冲垮，战场随之演变成一场大屠杀。据史书记载，守岛7000余名明军全部战死，参将金冠、姚与贤死于阵中。岛上还有一些商人、百姓，也死于后金的锋刃之下。明军的守岛设施、船只，以及岛上的粮秣，俱被焚毁于火海之中。

通过觉华岛之战，努尔哈赤得到攻宁远之失的某些补偿，眼看宁远始终不下，被迫于正月二十七日率领大军撤退。路经右屯卫，下令焚毁此地粮草。二月初九日，后金大军抵达沈阳。

此战之中，由于明军婴城固守，因而死伤很少，后金兵多死于炮火之下，故具体死亡数字在各类史籍中并未明确记载。但据孙文良、李治亭考证，后金兵在宁远城下伤亡在1000至2000人之间应比较接近实际，[1] 这对于努尔哈赤来说是比较重大的损失。虽然守卫觉华岛的明军全军覆没，

---

[1] 参见孙文良、李治亭《明清战争史略》第164—165页。

损失远高于后金在坚城下的伤亡,然而从全局上来说,明朝毕竟取得了自抚、清之战以来最大的一次胜利。在战前,"中外谓宁远必不守"①,战役的胜利让已经习惯于丢城失地的皇帝和百官大为震惊,二月十三日,宁远大捷的全面战报传至京师,朝野欢呼,认为这是扬眉吐气的一次大胜仗。正如兵部尚书王永光所说:"辽左发难,各城望风奔溃,八年来贼始一挫,乃知中国有人矣!"② 明朝陷入胜利的狂喜之中。

年事已高的努尔哈赤遭此败绩,在精神上受到了重大的打击。正如《清太祖武皇帝实录》中记载:"帝自二十五岁征伐以来,战无不胜,攻无不克,惟宁远一城不下,遂大怀忿恨而回。"③ 努尔哈赤想不通自己为何会攻不下一座小小的宁远孤城,自己作为一个身经百战、屡战屡胜的老帅为何会败于一个出身文官,并未有过实战经验的袁崇焕。努尔哈赤陷于苦闷之中,心情沮丧,抑郁不欢,后来背上长了一个毒疮,于天命十一年(1626)八月十一日去世,享年68岁。

宁远之战的结局,令明金双方大为震惊,也引起了他们以及后人的深入思考。笔者以为,明军之胜胜在三个方面:首先,主帅袁崇焕熟知兵事,指挥有方。他是一个有胆有识的将领,在宁远之战中,明朝在事实上已经放弃了这座关外孤城,因此,袁崇焕能够不受朝廷的任何羁绊,统一事权,充分发挥自己的军事才能,最终取得了战争的胜利。其次,宁远之战中明朝采用了新的战术,即"凭坚城,用大炮",给后金兵造成了重创。袁崇焕深知明金双方在战术上的长短之所在,扬长避短,坚持固守城池,使用火器,使八旗铁骑受尽攻坚之苦。其实,在辽事初期,明军就给援辽军队配备了大量的火器,不过它的威力并未充分发挥。明朝在此前作战时一般都出城布阵,将火器列于阵前。后金兵先用楯车阻挡明军的第一轮火炮轰击,然后在明军准备发动第二轮轰击时,铁骑冲突,如狂风骤雨般席卷而来。明军的炮弹往往落在了骑兵的后面,而八旗铁骑很快冲到了明军阵前,火炮失去了安全保障的设置,双方展开肉搏战,明军自然处于下风,最终溃败。此外,明军在宁远之战前使用的火器,主要是自制的武

---

① 〔清〕张廷玉等:《明史·袁崇焕传》卷二五九,第6710 – 6711页。
② 《明熹宗实录》卷六八,天启六年二月乙亥。
③ 《清太祖武皇帝实录》卷四,天命十一年二月初九日,见《清入关前史料选辑》(第一辑)第387页。

一、首战东北

器，或是在明中叶仿造西方制造的佛郎机、鸟铳等。这些火器，射程不远，甚至赶不上后金的弓箭。而当时的明人制炮技术粗疏，其炮往往不符合技术要求。在战场上，就会发生由于发炮过多，点燃炮药时，炮身炸裂的事故，明军不仅不能克敌，反而折损自己的将士。正基于上述原因，明军在宁远之战前的历次战役中虽使用火器，却未给敌军造成重创。天启初年，明朝从澳门输入了葡萄牙制造的30门红衣大炮，其中11门运往宁远，作为守城之用。红衣大炮射程远、威力大，是当时世界上最先进的火器。袁崇焕充分利用这种武器，并一反明军历来将火器布列城外的战术，改为安置城内。袁崇焕在营筑宁远城时专门根据西洋造法，修建炮台，其位于城之四角，三面伸出城外，一面与城相连。炮台之上火器能够三面射击，形成交叉火力，重创敌军。因此，袁崇焕采取了以城护炮，以炮守城的策略，明朝将士不必惧怕八旗铁骑的奔驰冲突，只管不断地施放红衣大炮，杀伤敌人，最终取得了战争的胜利。袁崇焕在战后向朝廷提议："辽左之坏，虽人心不固，亦缘失有形之险，无以固人心。兵不利野战，只有凭坚城用大炮一策。"① 这成为明朝日后对金作战的重要方略，影响深远。最后，袁崇焕继承了孙承宗"以辽人守辽土，以辽土养辽人"的方针，在战前激励士气民心，动员百姓参与守城，保家卫国，从而使宁远上下同仇敌忾，众志成城，成金汤之固。诚如明熹宗所言："袁崇焕血书誓众，将士协心，运筹师中，调度有法，满桂等捍御孤城，矢心奋勇"，故能"首挫凶锋"②。

与明军相反，军事实力强大的八旗铁骑顿兵坚城之下，其原因同样值得我们思考。后金汉官刘学成曾经在战后指出："汗自取广宁以来，马步之兵，三年未战，主将怠惰，兵无战心也。兼之，车梯藤牌朽坏，器械无锋及汗视宁远甚易，故天降劳苦于汗也。"③ 的确，其一，在宁远战前，后金兵已经有3年多的时间没有进行大规模的战争了，因而兵将怠惰，军备不修，不再像萨尔浒大战、席卷辽东时期那样具有勃勃生机和朝气了。努尔哈赤自起兵以来，攻无不胜，战无不克，尤其是与明朝开战以来，连

---

① 〔清〕张廷玉等：《明史·袁崇焕传》卷二五九，第6711页。
② 《明熹宗实录》卷六七，天启六年正月癸酉。
③ 中国第一历史档案馆、中国社会科学院历史研究所译注：《满文老档》，太祖皇帝第9函第71册第694页。

战连捷,攻城略地,逐渐滋长了骄傲轻敌的思想。天命十一年(1626)出兵时,明朝在关外只留下宁远一座孤城,又听说守城的主将是一个从没经历战阵的文官,努尔哈赤根本没把它放在眼里,认为顷刻即下,不想却遭遇了如此重大的失败。努尔哈赤这种骄傲轻敌的心理肯定也影响了八旗的统兵贝勒、将领、大臣以及普通士兵。所谓骄兵必败,后金兵果然失败。而哀兵必胜,明朝屡遭失败之后,袁崇焕凝聚军民人心,保卫家园,置之死地而后生,誓与宁远共存亡,可谓哀兵,明军果然取得了最后的胜利。其二,后金对明军"凭坚城,用大炮"的新战法完全不了解,仍然用原先的方式攻城,吃了大亏。而后其又未能找到破解明军战术的有效办法,并且持续不断地遭到明朝军民的顽强抵抗,因而手足无措,只攻了两天就撤军而返。其三,努尔哈赤进入辽东后,颁布"计丁授田"令,虽然对女真民族的封建化进程起到了积极的作用,但是这一政策实际上就是圈地,损害了汉民的利益,使辽东地区经济的发展出现了严重倒退。另外,努尔哈赤命令女真人与汉人杂居,又导致许多民族纠纷。总之,后金在辽东实行的是奴役汉人的民族压迫政策,导致了汉人的不断叛逃、反抗。努尔哈赤却不懂缓和矛盾,只是一味地屠杀汉人,武力镇压暴动,整个辽东地区变成了人间地狱。汉民原本不满明朝的统治,现在发现新来的女真统治者甚至连明朝都不如,统治手段更为野蛮血腥。因而,他们不惧努尔哈赤的高压政策,掀起了一浪又一浪反抗,后金政权面临严重的社会危机,陷于风雨飘摇之中,在辽东很是孤立,不得人心。军事是政治的延续,后金政权内部动荡不安,人心不固,当然很难在对外战争中取得胜利。宁远的百姓有鉴于辽沈汉民的遭遇,完全放弃了对努尔哈赤的幻想,终于在袁崇焕的团结下勠力同心,共御强敌。其四,当时后金政权的周边环境很是危险,努尔哈赤无法集中全力对付明朝。在辽、沈失陷后,明朝在登、莱一带的海域上置将官、设舟师,威胁辽南之地。朝鲜与明朝联合,支持明总兵毛文龙在皮岛一带建立军事基地,伺机侵扰后金,毛文龙在努尔哈赤晚年多次发动军事突袭,甚至一度推进到离沈阳十分接近的辽东腹地,令其苦不堪言。明朝还大力抚赏蒙古,察哈尔部林丹汗游弋于西,威胁后金,需时时提防。再加上辽东境内汉民暴动不断,需要派兵镇压。因此,当时的后金可谓四面树敌,后方不稳,局势十分危险,努尔哈赤外出作战,只可速战速决。因此,在两天攻坚失败,又无制敌之策的情况下,努尔哈赤只好放弃宁远,传令撤军。

二、皇太极扩大战争

二、皇太极扩大战争

1. 攻宁、锦失利

宁远之战后,明朝对于辽东前线的人事做了一番调整。

首先,宁远守城全体将官受到朝廷封赏,袁崇焕作为主帅升任辽东巡抚,仍驻宁远。满桂、赵率教升为右都督,左辅、朱梅授都督佥事,祖大寿授副总兵。

其次,经略高第与辽东总兵杨麒由于在宁远被围期间按兵不动,受到惩处。杨麒先被撤职,后又被罢斥为民。高第先是自请辞去辽东职事获准,又被迫革职赋闲。

再次,熹宗命王之臣总督蓟、辽、登、津军务,驻于山海关。朝廷改经略职称为督师,以重事权。

最后,设置"镇守内臣"随军参与军务。魏忠贤党羽、司礼监秉笔太监刘应坤与御马监太监纪用等出镇山海关,监督关内外军事。袁崇焕对此曾抗疏争辩,无奈朝廷不纳其言,太监监军这一弊政自此而始。总而言之,袁崇焕及其手下将领在宁远之战后受到应有的升赏,职权进一步加强。他们将在辽东这片土地施展抱负,发挥更大的作用,成为明朝在关内外倚重的力量。

后金宁远受挫之后,努尔哈赤受到了沉重打击,便放缓了对辽西地区的进攻。这对于明朝而言是绝好的机会,他们正可以利用这一时间加紧战备,以预防八旗铁骑的下一次大举进攻。袁崇焕上奏朝廷,提出一条守辽方针:"用辽人守辽土,且守且战,且筑且屯。屯种所入,可渐减海运。大要坚壁清野以为体,乘间击瑕以为用。战虽不足,守则有余;守既有余,战无不足。"① 为此,袁崇焕从两个方面将他的方略付诸实施。

第一,筑城兴屯,完善宁锦防线。袁崇焕认为:"(明)兵不利野战,只有凭坚城用大炮一策。"② 宁远之战给明军的经验就是:"凭坚城用大炮"六字。袁崇焕指出,现在明军在辽西只占有宁远、前屯、中后、中左四城。此地虽延袤关外200里,但是北靠山,南临海,地域褊狭,最窄处不及三四十里,没有充足的土地以供耕作。明朝若要在此经营,屯驻重兵,招徕商民,粮食供应方面就会产生极大的问题,如若全靠内地供应,即使关内劳苦,又会导致供不应求。因此,袁崇焕主张扩展明军的战略纵深,修筑锦州、中左所(今辽宁凌海市南)、大凌河三城以及沿途诸堡,重构宁锦防线。他向朝廷强调,"天下之安危系之,此三城不得不筑,筑而立刻当完者也。锦州三城若成,有进无退,全辽即在目中"。如此,则"战守又在关门四百里外,重障万全"③。按照袁崇焕的计划,调遣4万班军分班筑城,从明天启七年(后金天聪元年,1627)正月开始动工,于一年内全部完工。在修复锦州三城之前,袁崇焕已经在抓紧筹划宁远四城以及山海关城的加固事宜,"前屯城包而未完者完之,宁远被雨覆圮者补而永固之。中后、中左复屹若金汤"。这一工作进展顺利,到了明天启六年(后金天命十一年,1626)年底,诸城已修缮完毕,据袁崇焕所言:"山海、前屯、中后、中右,今已坚雄如前日之宁远也。"④ 除了修缮城池以外,袁崇焕还在诸城布置火器,其中,调用威力巨大的西洋大炮,以与坚城相配合,达到"以城护炮,以炮守城"的效果。经过袁崇焕的部署,关外形势焕然一新,据监军太监刘应坤给熹宗的奏疏中称:"今设备更严,城势增高,堡垒更固,著著皆实,毫无粉饰。"⑤ 此外,袁崇焕主张在筑城拓地之时,招徕兵民,兴办屯田。一可使辽西地区能够就地取粮,免内地运饷,减轻关内百姓负担;二可使兵以屯为生,客兵变为土著,从而坚定战斗的决心,通过田间劳动的方式淘汰军中游手好闲之徒,使兵员更精;三可使辽西富强,即所谓"以辽土养辽人",民力得以充实,边防更

① 〔清〕张廷玉等:《明史·袁崇焕传》卷二五九,第6710页。
② 〔清〕张廷玉等:《明史·袁崇焕传》卷二五九,第6711页。
③ 〔明〕王在晋:《三朝辽事实录》(10)卷一七。
④ 以上所引,详见《明熹宗实录》卷八四,天启七年五月庚辰。
⑤ 《明熹宗实录》卷七六,天启六年九月己亥。

二、皇太极扩大战争

为完备;四可使关外土地沟坝纵横,有利于阻遏后金的骑兵进攻。经过袁崇焕的反复建议,明熹宗同意了这一措施,于是辽西屯种得以发展起来,宁锦防线进一步得到巩固。

第二,重用辽人,即所谓"用辽人守辽土"。辽事初起之时,朝廷从各地调募军队,一时之间外省客兵云集关外,达数万甚至十数万人之多。然而,如此众多的外来兵,在实际作战中却未能发挥应有的作用,丢城失地,一败再败。甚至如袁崇焕所述,外省军队背井离乡,奔赴辽东苦寒之地,面临生命危险,往往怯懦不敢进,士气低落,裹足不前。即使勉强到了前线,大多也是御敌无方,害民有术,不仅不能援辽,反而扰害辽民。据《明熹宗实录》记载:"自有东事以来,其贻祸最烈者无如募兵。盖招募之兵率皆市井乌合,御敌则不足,鼓噪则有余,前后靡金钱数百万,曾不得一卒能用,甚者逃而为盗。"① 山西道御史毕佐周也指出:"东人最恨客兵。"② 袁崇焕说:"南兵脆弱,西兵善逃。"③ 因此,朝中有识之士逐渐认识到援辽大军的不可靠。前已述及,孙承宗出关督师时,率先提出了"舍辽人谁与守辽土"④ 的思想。他在任期间招抚辽人,将之作为巩固边防的重要依靠力量。赵率教当时驻兵前屯,积极贯彻孙的这一方针,取得了很大的成效。他曾招抚流亡辽人五六万,选择其中身强体壮者,令其从军,严加训练,其余民众拨给耕牛、种子,兴办屯田。袁崇焕就任辽东巡抚以后,总结明朝用兵的教训,继承并发展了孙承宗重用辽人的方针,他认为:"复辽地而聚辽人为守,盖远求难致之兵,何如近取回乡之众,此不肖为聚兵计也。"⑤ 熹宗十分赞成这一方案,便在袁崇焕的奏本上批道:"自有辽事以来,调发援兵无益于辽,反虚各边武备。这本说撤回客兵,即招辽人填补,诚为两利。"⑥ 于是,"以辽人守辽土"就成为明朝此后在辽西布防的一项重要方略。

在袁崇焕的着力经营之下,以宁远为中心、锦州为前哨、山海关为后

---

① 《明熹宗实录》卷九,天启元年四月癸丑。
② 《明熹宗实录》卷九,天启元年四月癸丑。
③ 《明熹宗实录》卷六八,天启六年二月戊戌。
④ 《明熹宗实录》卷四〇,天启三年闰十月丁亥。
⑤ 〔明〕王在晋:《三朝辽事实录》(10) 卷一七。
⑥ 《明熹宗实录》卷七八,天启六年十一月甲申。

盾，南北共计400余里的宁锦防线重新建立了起来。其中大小城堡形同臂指，势如联珠，屯兵驻将，布置火器，形成了一个严密的防御体系。然而，就在明军加紧战备之时，边防将官中却产生了尖锐的矛盾。袁崇焕、满桂、赵率教三人在宁远战前"深相得"①，勠力同心，共保辽西。宁远被围时，赵率教驻守前屯，他只派遣一名都司、四名守备率军东援。满桂认为赵率教不肯亲自援救，且出兵迟缓，因而怀恨在心。宁远之战后，两人的矛盾进一步发展。据《明史》记载，袁崇焕在克敌解围之后，"志渐骄"②，与宁远守城官满桂也产生了嫌隙，他向朝廷指出，满桂"意气骄矜，谩骂僚属，恐坏封疆大计"③，希望能将其调离宁远，将关外防务移交赵率教统领。由此可见，双方的关系已经闹到了不能相容的地步。督师王之臣十分赏识满桂，认为人才难得，希望将他留在山海关，以避免与袁的矛盾。没成想袁崇焕连这个条件都没法接受。于是袁、王二人分别以请辞抗议，抗金前线的两位统帅如此赌气，惊动了朝廷。熹宗亲自下谕，希望二人能够摒弃前嫌，和衷共济，一致对外。兵部会同九卿科道商讨解决方案，最后决定袁、王二人皆留任，"命之臣专督关内，以关外属崇焕画关守"④，二人分工明确，互不相扰。在皇帝的调解之下，袁、王接受了这一方案，袁崇焕还提出同意满桂留任，并愿与之交好。于是，朝廷在明天启六年（后金天命十一年，1626）六七月间，对关外的人事又做了一番调整：满桂挂"征虏将军"印，移镇山海关，兼统关外四路及燕河、建昌诸军，赐尚方剑以重事权；总兵赵率教移驻宁远；总兵左辅调往前屯卫；杨应乾调守中前所。到了明天启七年（后金天聪元年，1627）二月，朝廷为了集中指挥，将王之臣内调回京，官封兵部尚书，加太子太保衔，在朝中运筹策划，而关内外兵马则尽由袁崇焕调遣，内臣刘应坤随军，参与机务，便宜行事。

至此，关内外统兵诸将官的矛盾得以缓解，袁崇焕等人捐弃个人成见，同仇敌忾，一致对外。为了表示坚守辽西领土的决心，袁崇焕把年迈的母亲和妻子从南方迁来宁远危城，赵率教也把自己的妻子和儿子迁来此

---

① 〔清〕张廷玉等：《明史·满桂传》卷二七一，第6959页。
② 〔清〕张廷玉等：《明史·袁崇焕传》卷二五九，第6710页。
③ 〔清〕张廷玉等：《明史·满桂传》卷二七一，第6959页。
④ 〔清〕张廷玉等：《明史·袁崇焕传》卷二五九，第6710页。

二、皇太极扩大战争

地。他们对外宣称:"土地破,则家与之俱亡。既受禄于皇家,当竭尽其筋力,一念不忠,必取天厌,神明在上,君父难欺!"在统帅的鼓舞激励下,全体将士"无不共力协心,争奋恐后"。① 明朝方面严阵以待,时刻防备着后金的再一次大举进攻。

就在关内外明军厉兵秣马之际,后金政权发生了重大变故。明天启六年(后金天命十一年,1626)八月十一日,清朝的奠基人努尔哈赤怀着宁远兵败的愤恨因病去世。经过激烈的权力斗争,努尔哈赤的第八子、四贝勒爱新觉罗·皇太极脱颖而出,在众兄弟子侄的拥戴下登上后金汗位,改年号为天聪。他在位期间,进一步扩大战争的规模,完善制度建设,推进封建化改革,为日后清军入关、定鼎中原奠定了坚实的基础。

图2.1 清太宗皇太极像(选自《清史图典》第1册,第197页)

---

① 《明熹宗实录》卷七六,天启六年九月己亥。

但是，在刚登上汗位之际，皇太极面对的却是一个极为严峻的形势：其一，当时的后金受到三方包围，面临"四境逼处"①的窘境。除了明朝在东北与后金对峙之外，蒙古的一些部落被明廷拉拢，经常威胁后金的侧翼。朝鲜作为明朝的属国，虽然在萨尔浒之战后不敢再派军直接参战，但是一直在道义和物资上支持明朝的战争，并且允许明朝总兵毛文龙在皮岛一带建立军事基地，伺机侵扰辽东腹地，已经构成后金的心腹之患。因此，后金需要时刻防备来自这两个方面的威胁，无法集中精力对明朝用兵。其二，由于努尔哈赤晚年实行民族歧视政策，"诛戮汉人，抚养满洲"②，造成了辽东地区严重的社会危机，新生的后金政权陷于动荡之中，急需改变策略，巩固内政。其三，宁远之战的失败让后金看到了自身与明朝的差距。后金不仅是在武器装备上落后于明朝，在攻坚战上不占优势，而且由于其仅占有辽河以东的疆土，地窄人稀，财用和兵力均严重不足。明朝虽然陷于衰败，但其具有中原广阔的腹地，"以天下之全力毕注于一隅之间，盖犹裕如也"③。因此，明非速亡之国，后金亦非速胜之邦。虽然在辽事初期后金依靠八旗铁骑凌厉的攻势取得了一系列胜利，但是战争最后的结局却是无法预料的，宁远之战后金的失败便是一个明证。

针对上述三大问题，皇太极在汉官的辅助下，决定从三个方面加以解决：第一，首先用兵朝鲜、蒙古，解决内顾之忧，使后金得以全力同明争战；第二，采取新的民族政策，安抚汉人，重用汉官，缓和汉族与女真族之间的矛盾；第三，修明内政，采取滋生人口、发展生产、举贤重才等措施，使国家富强，同时进行社会改革，推动后金的封建化进程，为其最终入主中原准备必要的条件。而要实现这些目标，后金必须缓和同明朝的关系，暂时放弃进攻的策略，采取和谈的方式稳住明朝，为自己推行新政留出必要的时间。

明朝方面，袁崇焕同样需要一个和谈的机会，他主张"守为正著，战

---

① 〔清〕王先谦：《正续东华录》天聪六，天聪五年六月辛丑，第7页，撷华书局，光绪丁亥年（1887）。

② 《清太宗实录》卷六四，崇德八年正月辛酉，中华书局影印本1985年版。

③ 《明清史料》甲编第一本《天聪二年奏本》，第48页，"国立中央研究院"历史语言研究所，1930。

二、皇太极扩大战争

为奇著,和为旁著"①,以议和的手段拖延后金进攻的步伐,从而使明军能够抓紧时间修缮城池,巩固宁锦防线。在听闻努尔哈赤去世与皇太极继位的消息后,袁崇焕于当年十月派出都司傅有爵、田成及李喇嘛为首的34人使团,前往沈阳为努尔哈赤吊丧,并祝贺新汗皇太极继位。这一举动在当时十分反常,因为明金双方一直处于交战状态,在官方层面几乎没有往来。袁崇焕是想借此机会探听后金内部的虚实,并试探新汗是否有议和的意向。皇太极很快清楚了明朝使团的真实来意,热情款待宁远的来客,让他们在沈阳住了1个月才走。新汗王表示愿意与明朝和谈,十一月,派遣方吉纳、温塔石等携带他致袁巡抚的书信以及貂皮、人参、银两等礼物,随同明使回访宁远。至此,双方拉开了和谈的序幕。然而,谈判并不顺利,在明确政治规格、认定战争责任、划分边疆地界、赔付战争损失等方面,双方产生不可调和的矛盾,根本无法达成一致。因此,和谈完全变成了一种缓兵之计,双方只不过是在讨价还价而已,并无实际的进展。明天启七年(后金天聪元年,1627)正月,皇太极一方面继续与袁崇焕保持联络,以稳住明军,另一方面派遣二贝勒阿敏率领大军进攻朝鲜。明廷获此消息,命辽西边防军发兵援救。袁崇焕派遣水师支援毛文龙,并令左辅、赵率教、朱梅等9位将领率精兵进逼三岔河,作为牵制后金的力量。然而,八旗兵入朝之后,进展迅速,先取毛文龙驻守的铁山,后又攻陷平壤,进逼汉城(今韩国首尔市)。朝鲜国王李倧不得已逃往江华岛,并遣使求和。三月,双方在江华岛上会盟,双方约为兄弟之国,后金暂时解除了东南的后顾之忧。明朝的援军见后金取胜如此迅速,便无功而返。征朝战争结束后,皇太极对明金议和的事宜也就不那么热心了。四月初八日,皇太极要求遣送居住在沈阳的明使杜明忠等返回宁远,并向袁崇焕、李喇嘛二人致书一封,内中对明朝的议和条件严加驳斥,表示欲要和平共处,首先必须划定疆界。按照皇太极的主张,山海关以内归明管辖,辽河以东土地归后金统治,而宁、锦作为双方的缓冲地带。皇太极的意思,就是要明朝承认后金对于辽东的实际占领。当然,袁崇焕是绝对不可能同意这一条件的。

就在此时,明朝内部对于袁崇焕的议和活动也发出了不同的意见,朝

---

① 〔清〕张廷玉等:《明史·袁崇焕传》卷二五九,第6713页。

野上下深表疑虑。据《明史》记载,袁崇焕一开始与后金议和,是秘密进行的,朝廷并不知晓具体情况。后来经过几轮与皇太极的书信往来,袁崇焕奏报熹宗,得到认可,然而朝廷臣工以历史上宋金议和为鉴,认为和谈非良计。熹宗也慢慢改变看法,屡屡下诏告诫袁崇焕,认为"边疆以防御为正,款事不可轻议"①。就在袁与皇太极通过书信和使者往来接触之际,后金进兵朝鲜,解除了明朝的一个臂膀,并且把毛文龙驻东江之军赶下了海。举朝为之震动,言官纷纷弹劾袁崇焕,认为后金敢于用兵朝鲜,正是和议所致。四月,袁崇焕上疏自辩,强调和议对于明朝巩固宁锦防线的意义所在:"锦州、中左、大凌三城,修筑必不可已。业移商民,广开屯种。倘城不完而敌至,势必撤还,是弃垂成功也。故乘敌有事江东,姑以和之说缓之。敌知,则三城已完,战守又在关门四百里外,金汤益固矣。"②熹宗阅后表示理解,颁旨嘉奖。然而,由于明金双方和谈并无诚意,各怀心事,他们都不希望对方利用停战的时间发展壮大。因此,和平只是暂时的,双方还是会重新走上战场,为争夺天下而展开厮杀。袁崇焕在收到皇太极要求划分疆域的来书后,便不再回复,议和宣告破产。

朝鲜战事结束后,皇太极听闻袁崇焕正在加紧筹划战备,在锦州、大凌河、小凌河等地筑城兴屯。他敏锐地意识到,明军此举在于建立一个稳固的军事基地,进可直取辽东腹地,恢复旧疆,退可控扼辽西走廊,阻止八旗铁骑的继续推进。倘若袁崇焕的这一计划得以实现,将对后金的发展产生极为不利的影响。因此,皇太极当机立断,做出决策,乘明朝的防线尚未巩固之际,派遣大军攻略宁、锦,彻底打乱袁崇焕的部署。明天启七年(后金天聪元年,1627)五月初六日,皇太极命贝勒杜度、阿巴泰留守沈阳,即自率大军向锦州方向袭来。据孙文良、李治亭的考证,此战后金出动兵力五六万人,而且这支队伍是从征朝的部队中"换班"2万精锐,再从原来留守沈阳的八旗中抽调三四万将士组成的。相关资料显示,当时后金的总兵力不过10万左右。③ 皇太极几乎是以倾朝之兵证明,并且不顾"劳师"的兵家大忌,令精锐部队持续作战,由此可见他对这次用兵的高度重视。

---

① 《明熹宗实录》卷七九,天启六年十二月丙辰。
② 〔清〕张廷玉等:《明史·袁崇焕传》卷二五九,第6711页。
③ 参见孙文良、李治亭《明清战争史略》第199-200页。

二、皇太极扩大战争

明朝方面，也在时刻注视着后金的动向。朝鲜战事后，明廷就着手调整辽西的部署，增定大帅，加强戒备：令宁夏总兵杜文焕移驻宁远（因路途遥远，尚未就任，而宁锦战事已起），尤世禄驻于锦州，侯世禄驻于前屯，左辅驻于大凌河，满桂照旧驻于关内，并节制关外四镇及燕、建四路。当后金军渡过辽河的警报传来，先前的部署已经无法实现，明朝于是再度下令，调整各将防地：命满桂移驻前屯，孙祖寿移驻山海，黑云龙移驻一片石，蓟辽总督阎鸣泰移驻关门。① 此时，总兵赵率教在锦州负责筑城事宜，已经基本完工，朝廷便命赵率教负责锦州的防卫，左辅、朱梅以及监军太监纪用辅佐之，婴城固守，拒八旗铁骑于坚城之下。赵率教实行坚壁清野的策略，将河西粮食搬运至锦州，烧毁长草之处，使后金军野无可掠。袁崇焕作为前线统帅，驻守宁远，居中调度。除了部署将领外，朝廷还调发 12 万兵马，其中以 4 万守山海关，8 万守关外。② 在这 8 万人之中，有 6 万人分守前屯、宁远、中后、中右四城。③ 而在这四城中，宁远作为辽西走廊的中坚，显得最为重要，驻有 35000 人马，直接归属巡抚袁崇焕调用。④ 后来，兵部尚书王之臣指出山海关城及附近隘口只有 4 万守军，兵力甚为不足，提请朝廷从邻近各镇抽调兵马增援山海关。截至五月二十九日，各镇援辽大军已达 3 万余，云集关门。⑤ 如此，则关内外总兵力达到 15 万之多，而宁锦防线的前哨所驻官军加上筑城的班军，亦有 3 万人之众。另外，朝廷严催武器、马匹、火药以及粮食等物迅速发往前线。经过一番布置，"关门城池金汤，一切防御之具堤备周悉"⑥。总之，明朝做好了充分的准备，严阵以待，迎战后金新汗的进攻。

前文已述，五月初六日，皇太极离开沈阳，挥师伐明，九日至广宁旧边，选精锐为前哨，探听明军虚实，然后将军队分为三队：命贝勒德格类、济尔哈朗、阿济格、岳托、萨哈廉、豪格率领护军精锐为前队；皇太极与大贝勒代善、二贝勒阿敏、三贝勒莽古尔泰、贝勒硕托等统帅大军为

---

① 〔明〕王在晋：《三朝辽事实录》（10）卷一七。
② 〔明〕王在晋：《三朝辽事实录》（10）卷一七。
③ 《明熹宗实录》卷八四，天启七年五月庚辰。
④ 《明熹宗实录》卷八四，天启七年五月辛卯。
⑤ 〔明〕王在晋：《三朝辽事实录》（10）卷一七。
⑥ 《明熹宗实录》卷八四，天启七年五月戊子。

中队;"攻城诸将率棉甲军及厮卒等,携云梯、挨牌等物为后队"。① 八旗铁骑浩浩荡荡,目标直指锦州城。

由于大凌河、右屯等城修筑尚未完工,面对后金兵的凌厉攻势,明军无险可守,纷纷弃城而逃。八旗铁骑进展迅速,于五月十一日抵达锦州城下,距城一里,四面扎营,遂围其城。据《清实录》记载,当时明堡台有2000余人前来投降后金,皇太极将他们放归山海关,听其所往,后又令400余人奔赴锦州,然而赵率教鉴于辽沈之战的教训,怕有奸细流入,坚决不纳。不得已,这400人再度奔赴后金营帐投降,皇太极无奈,只好令其俱赴山海关。② 此外,大凌河、右屯等地败落下来的许多溃卒,锦州守城将官同样不肯接纳他们,紧闭城门,丝毫不敢松懈。赵率教见后金兵来势凶猛,便与监军太监纪用商量,在五月十二日派遣一员守备和一员千总,坠城而下,来到后金营帐讲和,借此拖延时间,等待援兵。皇太极见到锦州城的来使,十分生气,说道:"尔欲降则降,欲战则战。"他令使者带去一封信,信中指责明朝先前和谈没有诚意,不仅在政治上将后金置于明朝臣属的地位,而且不肯划分疆界,无理地要求后金退还"天赐"的辽东土地和人民,因此他才率大军前来征讨。皇太极表示,锦州守将"或以城降,或以礼议和",他都可以接受。然而,信送回去之后,却迟迟不见回复。于是,皇太极命令八旗将士整理器械,于午刻发起进攻③。后金兵分两路,抬拽车梯挨牌,马步兵轮番攻城池的西、北两面。赵率教会同左辅、朱梅以及监军太监纪用,身披甲胄,亲冒矢石,力督各营官兵齐力射打。一时之间,"炮火矢石交下如雨",战况十分激烈。④ 八旗将士猛力冲击,眼看就要将城西角攻克,值此危急关头,锦州城三面守军来援,又将气势汹汹的后金军击退。后金兵发动了一次又一次进攻,却丝毫未能撼动坚城。随着时间的流逝,八旗兵的伤亡越来越重。据明朝方面的史籍记载,到了夜里,敌人的尸体已然"填塞满道"⑤。至亥时(晚9点至11点),后金兵纷纷冲到战场上拖拉同伴的尸体,运到明朝筑城班军的烧砖

---

① 《清太宗实录》卷三,天聪元年五月甲戌。
② 《清太宗实录》卷三,天聪元年五月丙子。
③ 以上所见,详见《清太宗实录》卷三,天聪元年五月丁丑。
④ 〔清〕计六奇:《明季北略》卷二《赵率教守锦州》,第43页。
⑤ 〔明〕王在晋:《三朝辽事实录》(10)卷一七。

二、皇太极扩大战争

窑内,举火焚化。皇太极见锦州城一时无法攻克,只好下令退兵,距城5里扎营。十三日,八旗铁骑重整旗鼓,将城池团团围住。然而,由于他们已经领教了明军炮火的威力,因此骑兵只得环城而行,却不敢靠近城垣。十四日,眼看战争陷入僵局,皇太极派遣官员携带书信,返回沈阳调取援兵。十五日,皇太极表示要与明军议和,使者往来多次。赵率教、纪假意与后金会晤,实际上却以各种理由不让后金使者入城面议。甚至在十六日,赵率教站在城头对后金使者说道:"胜败岂有常乎?总之听天而已。汝若退兵,我国自有赏赉。"由此可见,赵、纪二人依然是想用和谈作为幌子,施缓兵之计,等待明朝援军的到来。皇太极听说赵率教口出"矜夸之言",十分恼怒,他遣回明军的使者,令其带去书信一封,致赵、纪二人,内中言辞十分强硬,颇具挑衅意味,希望刺激明军出城野战,赵率教并未上当中计。当天,后金兵截获袁崇焕给纪用的信,内中声称:明朝的援军即将赶到。五月十七日,皇太极传令移军逼近锦州,在城西2里外驻营,意图给守城明军造成压力。十八日,他拟定劝降书,将其系于箭矢之

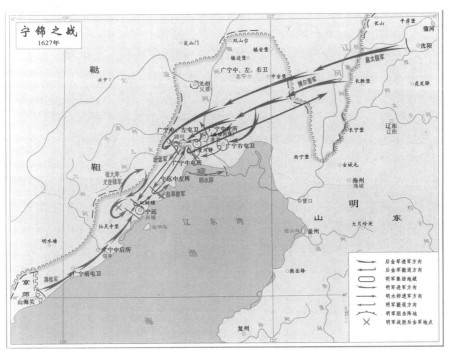

图 2.2 宁锦之战(选自《中国战争史地图集》,第 146 页)

上，射入城中，意图动摇明方人心。不料，锦州城内毫无反应，皇太极的这一策略再告失败。于是，明金双方就在锦州城内外僵持着，对峙了整整14天。在这14天里，后金方面是攻城与议和、军事手段与政治手段交替运用，结果却是死伤累累，一无所获。

　　后金尽全力围攻锦州，除了要取得这个战略要地外，更希望能够吸引明朝关外的精锐前来增援，从而发挥八旗铁骑野战的优势，在城外歼灭明之援军，挫败其锐气，进而克取锦州乃至宁远。正如皇太极在给赵、纪二人的信中所说："我今驻军于此，岂仅为围此一城？正欲俟尔国救援兵众齐集，我可聚而歼之，不烦再举耳。"① 令皇太极没有料到的是，他的对手并非等闲之辈，袁崇焕早已看透后金的意图，他认为鉴于敌强我弱的形势，明朝现在能做的唯有固守城池，倘若动用宁远等地守军援锦，"正堕其计"②。他给朝廷上言："夷以累胜之势，而我积弱之余，十年以来站立不定者，今仅能办一守字，责之赴敌，力所未能。且宁远四城为山海藩篱，若宁远不固，则山海必震，此天下安危所系，故不敢撤四城之守卒而远救，只发奇兵逼之。"兵部尚书王之臣赞同他的观点，下令"关外四城各当坚壁，断不可越信（地）而远援"③。但是毕竟锦州的存亡直接关乎关、宁的安危，不容不救。兵部经过研究，认为："为今之计，急以解围为主，而解围之计专以责成大帅为主。"④ 朝廷令满桂、尤世禄、祖大寿三将负责，统帅驻关精锐，前赴援锦。五月十六日，大军出动，行至笊篱山，正遇上后金贝勒莽古尔泰、济尔哈郎、阿济格、岳托、豪格率领的军队，这虽然是一支往塔山护送运粮士卒的偏师，但是由5名贝勒统帅，可见其战斗力决然不差。明军不知对方情况，不敢进攻，徐徐而退，后金兵也不敢贸然出击，跟踪而行。等到后续部队赶到，八旗军即分作两翼，将明军困于中心。总兵满桂、尤世禄等奋勇而前，歼灭后金军甚多，而明军自身也死伤将士不少，战斗十分惨烈。但双方均不敢恋战，纷纷撤离战场。后金兵退至塔山，而明军退入宁远驻扎。袁崇焕提议遣舟师东出海上牵制后金，并再调蓟镇、宣府兵于山海关待援。据《三朝辽事实录》记

---

① 以上所引，详见《清太宗实录》卷三，天聪元年五月辛巳。
② 〔明〕王在晋：《三朝辽事实录》(10) 卷一七。
③ 以上所引，详见《明熹宗实录》卷八四，天启七年五月甲申。
④ 《明熹宗实录》卷八四，天启七年五月癸巳。

二、皇太极扩大战争

载,满桂先后曾两次发兵剿杀,奈何后金前哨势众,不得深入,① 于是他将军队屯于宁远,与袁崇焕共筹宁城守御事宜。

五月二十五日,后金兵围攻锦州的第 14 天,沈阳调来的援军终于抵达了前线。皇太极眼见锦州城无法拿下,遂改变战法,留下部分人继续监视锦州,自率大军进攻明朝在辽西的中坚宁远。二十七日,经过一天的休整,皇太极与代善、阿敏、莽古尔泰三大贝勒,诸贝勒大臣等正式启程,至第二天黎明,抵达宁远城北冈。后金兵声势浩大,"灰尘蔽天",执五色标旗,于灰山、窟窿山、首山、连山、南海等地,分 9 处扎营,对宁远形成合围之势。② 袁崇焕早已做好充分的部署,他命游击二员率领 1200 余人在城外掘壕,以车为营。总兵孙祖寿、副将许定国在西门扎营。满桂、祖大寿等统帅援军驻于宁远城东 2 里,副将尤世威率部配合,列阵于南,沿城环列枪炮。袁崇焕自己与监军太监刘应坤、副使毕自肃登上城楼,督军作战。全军严整以待,誓死卫城。皇太极来到阵前,发现明军的阵营过于逼近城垣,后金骑兵难以尽力纵击,于是他令军队稍稍后退,"逾山冈环视",希望能够诱使明军离开阵地,前来追击。然而,明军并未中计,按兵不动。不得已,皇太极只好率军全力攻城,贝勒阿济格愿意随同汗王作战,但三大贝勒均站出来劝阻,认为敌人的阵地离城池太近,不可贸然进攻。皇太极听了这番话十分生气,令近御诸将与侍卫都穿戴好甲胄,准备冲锋。他对三大贝勒说道:"昔皇考太祖攻宁远不克,今我攻锦州又未克,似此野战之兵,尚不能胜,其何以张我国威耶?"③说完,皇太极亲率贝勒阿济格与诸将、侍卫、护军等急驰进击,诸贝勒都感到十分羞愧,来不及戴胄,便全力冲击。在城下,明车营都司李春华率领将士用红衣、木龙虎、灭虏等火器齐力射击,打死后金兵甚多。满桂执红旗,与尤世威、祖大寿督率城外援军,与敌军展开短兵相接。战况激烈,满桂身中数矢,而他和尤世威的坐骑也被射伤。后金方面,贝勒济尔哈朗、萨哈廉及瓦克达俱负伤。两军死伤均十分惨重,据史书记载,双方"杀伤相当,尸满壕堑"④。但是明军战斗英勇,后金兵始终难以靠近城墙。袁崇焕在城上见

---

① 详见〔明〕王在晋《三朝辽事实录》(10) 卷一七。
② 〔明〕王在晋:《三朝辽事实录》(10) 卷一七。
③ 以上所引,详见《清太宗实录》卷三,天聪元年五月癸巳。
④ 〔清〕魏源:《圣武记》卷一《开创》《开国龙兴记三》,第 24 页。

此情形,"凭堞大呼"①,激励将士,并放射西洋火器助战。其中参将彭簪古用红衣大炮击碎了八旗军营的大帐房1座②,又有火炮将"东山坡上奴贼大营打开"③,打击了后金军的锐气。战斗从清晨开始,持续到中午,皇太极见宁远难以攻下,而军士的伤亡越来越多,只好下令撤军,退至双树铺驻营,士兵也纷纷将战死者的尸体拖拉到此地焚烧。不久,皇太极收到了来自锦州的战报。锦州守将趁后金主力西进、围城兵马单薄之机,于二十八日突然打开城门冲杀,与八旗兵展开一番混战。在激战中,双方互有伤亡,而后金的觉罗拜山、备御巴希等死于阵中,明军获得一些战果后,迅速回撤锦州城内。皇太极获悉这一消息后,感受到腹背受敌的压力,鉴于宁远难以攻克,他下令撤军,于二十九日启程,再度移师锦州。明宁远守城战取得了最终的胜利。明朝守军敢于出城野战,与凶悍的八旗铁骑刀枪相搏,并且斩获颇多,未落下风,这在辽事以来的历次战争中实属首次。巡抚袁崇焕十分高兴,他向朝廷奏报:"十年来,尽天下之兵,未尝敢与奴战,合马交锋。今始一刀一枪拼命,不知有夷之凶狠骠悍。职复凭堞大呼,分路进追,诸军忿恨此贼,一战挫之,满镇之力居多。"④事实正是如此,明朝关外军队经过严格的训练,战斗力有了明显的提高,此次野战的胜利,极大地鼓舞了明军保疆卫土,与后金兵搏杀的决心。

五月三十日,皇太极率领八旗军主力抵达锦州。他命令将士向城池举炮、鸣角、跃马而前。此外,后金兵大噪三次,才进入营帐。皇太极此举意在虚张声势,对明朝守军施加压力。六月初三日,八旗兵整理云梯、挨牌等器械,并相度战地形势,准备明日激战。六月初四日,皇太极率领后金将士大举进攻,以城南为主攻方向。他亲自出战于校场,着黄衣督兵攻城,希望能够通过锦州的胜利挽回一些颜面。明军依凭坚城,不停地施放西洋巨炮、火炮、火弹、矢石等物,歼灭、击伤后金兵无数,据史书记载,城下"积尸布地"⑤。八旗将士持续向前冲锋,或被明兵的利器击中,或淹死于深阔的城壕之中,一批又一批地倒下了,却始终不能接近城墙。

---

① 〔明〕王在晋:《三朝辽事实录》(10)卷一七。
② 〔清〕谷应泰:《明史纪事本末补遗》卷五《锦宁战守》,第1475页。
③ 〔明〕王在晋:《三朝辽事实录》(10)卷一七。
④ 〔明〕王在晋:《三朝辽事实录》(10)卷一七。
⑤ 〔清〕谷应泰:《明史纪事本末补遗》卷五《锦宁战守》,第1475页。

二、皇太极扩大战争

到了晚上，后金兵死伤更重。皇太极眼见取胜无望，只好下令撤军。八旗兵败回营帐，沉痛地焚烧已死士卒的尸体。到了五鼓时分，考虑到锦州"难以骤拔"①，"士卒损伤甚多"②，再加上天气炎热，不利作战等因素，皇太极决定引军东归，锦州城在被困24天后终于解围。六月初五、初六日，后金兵先后在小凌河、大凌河扎营，拆毁两城城墙。据《三朝辽事实录》记载，当时有女真人前来投降明朝，据他们声称："奴恨锦州杀伤夷众大半，若留下城墙，汉人又如锦城据战。"③ 因此，后金摧毁明朝的一切防御工事。由此可见，这次战役确实折损了后金很多人马，令八旗将士胆战心惊。六月十二日，皇太极率军抵达沈阳城。至此，宁锦之战以明军大获全胜、后金兵劳师无功而告终。

此战明朝的胜利，主要原因有三：首先，明朝战前经营宁锦防线一年有余，筑城、屯田、运粮、调兵，做了充分的战备工作，因此在应对后金兵的进攻时严阵以待，发挥出巨大的能量。其次，明军在袁崇焕的指挥下实行了正确的战略方针，即以守为主，以战为奇，凭坚城，用大炮。此外，袁、赵二人配合默契，令八旗将士进退失据，疲于奔命，宁锦守军遂以逸待劳，取得胜利。更为难得的是，此战中明军不但用西洋炮的威力使后金军顿兵坚城之下，而且满桂的机动部队在炮火的掩护下，大战八旗铁骑于宁远城外，未落下风，这在抚、清以来的历次战役中是不曾有过的，由此可见，明军经过一年多的认真训练，战斗力有了显著提高。最后，明朝守军上下同仇敌忾，斗志昂扬，誓以保家卫国为己任。战前，袁崇焕、王之臣、满桂、赵率教等将领间发生了尖锐的矛盾，但在大敌当前之际，他们能够相忍为国，精诚协作，密切配合，最终打赢了战役。而明朝廷在这一过程中努力调和这几员大将的矛盾，举措得宜，安定了军心、民心，实现了前线指挥系统的正常运转。另外，袁崇焕实行"用辽人守辽土"的方略取得了显著的成效。关辽志士们为保卫家园而战，冲锋陷阵，奋勇拼搏，尤其是辽将祖大寿具有万夫不当之勇，为战役的胜利做出了重要的贡献。

后金失败的原因，主要也集中在以下三点：首先，八旗将士长期生活

---

① 《清太宗实录》卷三，天聪元年六月己亥。
② 〔清〕王先谦《正续东华录》天聪二，天聪元年六月己亥，第16页。
③ 〔明〕王在晋：《三朝辽事实录》（10）卷一七。

在白山黑水之间，对于炎热的天气并不适应。皇太极选择在五月的盛夏进兵，时机不当。其次，皇太极的出兵决定是在征朝鲜归来后仓促做出的，后金军的准备并不充分；更有甚者，攻宁、锦士卒中有两万是从朝鲜战场刚刚归来的精锐。因此，这一战役后金可谓劳师袭远，以无准备之军攻有准备之军，其战败的结局也就不足为奇了。最后，后金兵在遭遇宁远之战惨败后，攻城战术并未有任何改进，对于坚城利炮依然毫无办法，最终只能解围而去。在战前，明朝的兵部尚书王之臣就曾指出明、金双方的优劣态势："（后金）溽暑行兵已犯兵家之忌，我惟明烽远哨，坚壁清野，以逸待劳，以饱待饥，如向年宁远婴城固守故事，且河西粮食俱已搬运锦州，千里而来，野无所掠，不数日必狼狈而回。"① 其说甚为确论。

　　宁锦大战的首功，非袁崇焕莫属。然而，最终却是魏忠贤为首的阉党受到了封赏晋爵，袁崇焕却因党争遭到排挤，因主款议和与不救锦州的罪名被交章弹劾，阉党分子在这一过程中扮演了重要角色。无奈之下，袁崇焕只得辞官返乡，离开了这一片他挚爱的辽西土地。同年八月，风云突变，年仅 23 岁的熹宗病逝，其弟信王朱由检继位，是为明思宗，改年号为崇祯。新皇帝即位后，立志中兴大明，颇有一番作为。十月，他以雷霆手段惩治了阉党这个祸乱朝纲的毒瘤，魏忠贤畏罪自杀，其党羽被整肃，纷纷伏诛或戍边，凡是受到阉党迫害的东林党人则得到平反起复，一时间正人君子云集朝廷。② 第二年，即明崇祯元年（后金天聪二年，1628）四月，明思宗召袁崇焕来京，大加重用，授予其兵部尚书兼蓟辽督师的官职，令他全权负责关外的防务。这样，袁崇焕回到了阔别一年的辽西土地，整军经武，为"五年复辽"③ 的大计而努力。

---

① 《明熹宗实录》卷八四，天启七年五月己卯。
② 后来阉党分子复起，是造成崇祯一朝党争激烈的重要原因之一。
③ 参见〔清〕张廷玉等《明史·袁崇焕传》卷二五九，第 6713 页。

二、皇太极扩大战争

2. 统一黑龙江

努尔哈赤、皇太极在持续与明朝作战的同时,着力经营后方,用了长达20余年的时间完成了统一黑龙江流域的大业,为实现整个东北地区的统一奠定了坚实的基础。

当时居住于黑龙江流域的民族主要分为两个部分:其一是居住于黑龙江下游及沿海和库页岛等地的东海女真,包括瓦尔喀、虎尔哈、渥集三大部以及使犬、使鹿、库页等小部落;其二是居住于黑龙江中上游地区的土著居民,包括索伦、锡伯、达斡尔、鄂伦春、卦勒察等部。① 此地部民英勇凶悍,善于战斗,尤以索伦"骑射闻天下",因此,这些部落被时人统称为"索伦诸部"②。自明万历二十一年(1593)"古勒山之战"后,努尔哈赤军威大振,他在积极用兵扈伦四部的同时,也持续进攻东海诸部,广为征抚。随着努尔哈赤在军事上的不断胜利,东海女真领袖相继归附建州,而努尔哈赤的兵锋,也从松花江和乌苏里江流域,推进到了黑龙江地区。天命元年(1616)七月,努尔哈赤遣扈尔汉、安费扬古率2000军士,征讨萨哈连部,行至乌勒简河,造船200艘,水陆并进,"取河南河北诸寨,凡三十有六"③。至八月,趁着黑龙江提前结冰的机会,后金兵过江,夺得萨哈连部内的11座屯寨。此后,大军继续前行,一路上招抚了使犬路、诺洛部、石拉忻路三处路长40人,遂凯旋。此外,后金还积极向散居于黑龙江口及库页岛一带的使鹿部等部落用兵,"其岛居负险不服者,乘小舟尽取之"④。在强大的军事压力下,该处部落纷纷归附,努尔哈赤以村屯或氏族为单位,设置姓长、乡长,令其子弟继承,从而确立了后金

---

① 〔清〕魏源:《圣武记》卷一《开创》《开国龙兴记一》,第5页。
② 〔清〕魏源:《圣武记》卷一《开创》《开国龙兴记一》,第9页。
③ 《清太祖高皇帝实录》卷五,天命元年七月丁亥。
④ 《清太祖高皇帝实录》卷五,天命二年二月丙申。

在这一地区的统治地位。经过努尔哈赤的苦心经营,后金基本控制了黑龙江下游与乌苏里江以东的滨海地区,但是尚未能够对"索伦诸部"进行大规模的征伐。天命十一年(1626)八月,努尔哈赤去世,其子皇太极继位。于是,统一黑龙江流域的大业,便历史性地落到了这位新汗王的身上。

皇太极经营黑龙江的方略,概括地说,便是"征抚并用,以抚为主"。对于归附来投的少数民族首领,后金政权加以联姻、封官、恩赏,对其部民不加骚扰,予以安抚。在皇太极招抚政策的感召和后金强大军事实力的威慑下,前来归附的黑龙江部落,络绎不绝,《清太宗实录》中详细记载了各部频繁朝贡的盛况。天命十一年(1626)十二月,皇太极继位不久,即有黑龙江人来朝,"贡名犬及黑狐、元狐、红狐皮、白猞猁狲、黑貂皮、水獭皮、青鼠皮等物"[1]。天聪元年(1627)十一月,"萨哈尔察部落六十人来朝,贡貂、狐、猞猁狲皮"[2]。同年十二月,"长白山迤东滨海虎尔哈部落三人来朝,贡黑貂皮"[3]。二年(1628)正月,"东方格伊克里部落四头目,率四十人来朝"[4]。四年(1630)五月,"虎尔哈部落二十一人来朝,贡貂皮"[5]。五年(1631)六月,"黑龙江地方伊扎纳、萨克提、伽期纳、俄力喀、康柱等五头目来朝"[6]。同年七月,"黑龙江地方虎尔哈部落托思科、羌图礼、恰克莫、捶球四头目来朝,贡貂、狐、猞猁狲等皮"[7]。此外,"闹雷地方虎尔哈部落萨达兰、宜扣、札济喇、瓦尔禅四头目来朝,贡貂、狐、猞猁狲、水獭皮。又有头目厄克星格,携家来归"[8]。七年(1633)六月,"东海使犬部落额驸僧格携其妻,率五十二人来朝,贡方物"[9]。同年十一月,"萨哈尔察部落之头目费扬古、满代率四十六人来朝,献貂皮千七百六十九张"。皇太极热情迎接了他们,不仅回赠"布二

---

[1] 《清太宗实录》卷一,天命十一年十二月壬戌。
[2] 《清太宗实录》卷三,天聪元年十一月辛巳。
[3] 《清太宗实录》卷三,天聪元年十二月庚申。
[4] 《清太宗实录》卷四,天聪二年正月戊子。
[5] 《清太宗实录》卷七,天聪四年五月戊申。
[6] 《清太宗实录》卷九,天聪五年六月癸亥。
[7] 《清太宗实录》卷九,天聪五年七月甲戌。
[8] 《清太宗实录》卷九,天聪五年七月甲申。
[9] 《清太宗实录》卷一四,天聪七年六月甲申。

二、皇太极扩大战争

千六百三十匹"①，而且举行筵宴款待，在宴会上赐以"鞍马、撒袋、蟒衣、帽、靴、银器、缎布等物有差"②。八年（1634）正月，"黑龙江地方羌图里、嘛尔干率六姓六十七人来朝，贡貂皮六百六十八张"③。

以上摘录了《清太宗实录》中关于天聪年间黑龙江地区部落朝贡情况的记载。从这些文字中可以窥知，皇太极的招抚之策取得了显著的效果，后金政权在黑龙江地区的号召力不断增强，其影响的地域范围也在不断扩大。天聪八年（1634）五月，黑龙江索伦部的领袖巴尔达齐"率四十四人来朝，贡貂皮一千八百一十八张"④。巴尔达齐在黑龙江中上游地区素有威望，他的归附，促使索伦各部首领纷纷来沈阳朝贡，表示臣服后金。在当年的十月，就有京古齐、哈拜、孔恰泰、吴都汉、讷赫彻、特白哈尔塔等索伦头领与巴尔达齐一道，"率三十五人来朝，贡貂狐皮"⑤。为了嘉奖巴尔达齐的功劳，皇太极将宗室女下嫁与他，巴尔达齐遂成为后金的额驸。他对后金始终忠心耿耿，在后金（清）统一黑龙江的过程中发挥了重要作用。

据史籍记载，巴尔达齐居住在精奇里江畔的多科屯，以精奇里江的江名为姓，称作"精奇里·巴尔达齐"。他在成为额驸后，与后金（清）的关系更为密切，据记载，自天聪八年（1634）至崇德八年（1643）间，巴尔达齐先后11次到沈阳朝贡，几乎年年都来，而后金政权也均以盛情款待额驸一行。例如天聪九年（1635），巴尔达齐来朝，在其未到沈阳之前，皇太极下谕："昔巴尔达齐为我婿，照旧礼杀牛迎接，吃食亦照旧供给。"⑥ 再如崇德八年七月（1643），巴尔达齐第11次到沈阳朝贡，皇太极为他的额驸、公主以及随从举行宴会6次，并按等级赐给鞍马、蟒服、缎衣、帽、靴、缎、布、银器等物。⑦ 由此可见，巴尔达齐所部与后金（清）之间往来十分融洽。崇德四年（1639），索伦部领袖博穆博果尔举

---

① 《清太宗实录》卷一六，天聪七年十一月壬辰。
② 《清太宗实录》卷一六，天聪七年十一月丙申。
③ 《清太宗实录》卷一七，天聪八年正月庚寅。
④ 《清太宗实录》卷一八，天聪八年五月丙戌。
⑤ 《清太宗实录》卷二〇，天聪八年十月壬辰。
⑥ 关嘉录、佟永功、关照宏译：《天聪九年档》第47页，天津古籍出版社，1987。
⑦ 《清太宗实录》卷六五，崇德八年七月辛酉。

兵叛清，当时黑龙江南、北两岸的部落纷纷响应，局面一度十分混乱。值此关键时刻，额驸巴尔达齐坚定地站在清朝一边，"坚壁待王师"①，并且在清军取胜后帮助朝廷善后，收服逃人，稳定局势，做出了卓越的贡献。清军入关后，顺治六年（1649），巴尔达齐与其兄弟内迁北京，隶正白旗。清廷将其封为"三等阿思哈尼哈番"，后经两次升迁，封至"一等阿思哈尼哈番"。顺治十一年（1654）巴尔达齐去世，葬于德胜门外祁家豁子。朝廷遣官致祭，并为巴尔达齐镌石竖碑，用以表彰他对清朝的忠心以及在黑龙江统一过程中所做的贡献。碑文写道：

> 尔巴尔达奇原系京奇里兀喇人，倾心内附，岁贡方物，及同党相残，又能率尔兄弟协力纳款，真识时保身者矣。方期后效，忽尔奄终，应志真珉，以贲泉壤。②

巴尔达齐是皇太极招抚政策成功的典型，像他这样的民族领袖纷纷归附朝贡，极大地推动了后金（清）统一黑龙江的进程。但是，仍有部分首领不明大势所趋，处在观望、犹豫之中，甚至举兵与后金（清）对抗。因此，皇太极在必要的时候果断采取军事手段，打击不驯服的势力，慑之以兵威。这正如努尔哈赤统一女真诸部时采用的策略，对于"顺者"，可以"以德服"；对于"逆者"，必须"以兵临"，"恩威并用"，剿抚兼施。③在皇太极执政的17年中，后金（清）多次对黑龙江流域用兵，其中规模重大者计有4次。

第一次征伐是在天聪八年（1634）至九年（1635）间。天聪八年（1634）二月，皇太极召见黑龙江来归的部落头领嘛尔干、羌图里二人，对他们说："虎尔哈慢不朝贡，将发大兵往征。"在传统时代，朝贡是表示政治上隶属关系的重要标志。虎尔哈部"慢不朝贡"，是对后金不驯服的表现，是对汗王权威的挑战。因此，皇太极下定决心，发兵教训这个异己

---

① 张伯英总纂，崔重庆等整理：《黑龙江志稿》卷五四，第2357页，黑龙江人民出版社，1992。

② 《一等阿思哈尼哈番巴尔达奇（齐）碑》，转引自赵展、吴梦龄《巴尔达奇墓碑的发现和碑文略释》，《中央民族学院学报》1977年第3期。

③ 《清太祖高皇帝实录》卷一。

二、皇太极扩大战争

部落。他特别强调,"此次出师,不似从前兵少,必集大众以行也"。在声明虎尔哈部罪行并提出征剿主张的同时,皇太极还警告嘛尔干、羌图里两位领袖:"尔等勿混与往来,恐致误杀。"① 意思是要求两人切莫站错队,一定要全力支持后金的军事行动。

同年十二月,皇太极正式将征剿计划付诸实施。他命管步兵梅勒章京霸奇兰、甲喇章京萨穆什喀,率章京41员,兵2500人,往征位于黑龙江地方的虎尔哈部。皇太极十分重视这次远征,他给两位主帅下谕曰:

> 尔等此行,道路遥远,务奋力直前,慎毋惮劳而稍怠也。俘获之人,须用善言抚慰,饮食甘苦,一体共之,则人无疑畏,归附必众。且此地人民,语音与我国同,携之而来,皆可以为我用。攻略时,宜语之曰:"尔之先世,本皆我一国之人,载籍甚明。尔等向未之知,是以甘于自外。我皇上久欲遣人详为开示,特时有未暇耳。今日之来,盖为尔等计也。"如此谕之,彼有不翻然来归者乎?尔等其勉体朕意。②

皇太极的这道谕旨传达了两层意思:首先,激励将士们勤勉任事,不畏艰险,奋力直前,圆满完成这次远征任务。其次,皇太极在诏谕中指出这次征战依然要贯彻招抚的政策。他强调女真同黑龙江流域诸民族的渊源关系,所谓"此地人民,语音与我国同",各民族的先世"本皆我一国之人,载籍甚明"。皇太极要求远征将士向当地部众宣扬这一理念,希望用文化和族群的认同来感化他们,使之归附。此外,皇太极还要求官兵善待俘获之人,"须用善言抚慰,饮食甘苦,一体共之"。他希望在战场上依然做到以德服人,从而吸纳各处部落。

谕毕,皇太极赐两位主帅食物,以示恩宠。然后,皇太极再度下谕,指授具体用兵方略:

> 入略之后,或报捷、或送俘,必令由席北绰尔门地方经过为便。将来遣人往迎,及运送军粮,亦必于此处相待。其应略地方,须问向

---

① 《清太宗实录》卷一七,天聪八年二月己巳。
② 《清太宗实录》卷二一,天聪八年十二月壬辰。

导人。有夏姓武因屯长喀拜,从役二人,库鲁木图屯长郭尔敦,从役三人,及纳屯一人,适已偕至。今俱令其从军矣,尔等可率之以往。经行道路,询彼自知。若彼处已经略定,此归附三屯,不可稍有侵扰,宜令留于本处,仍谕以因尔等输诚来归,故使复还故土,自后宜益修恭顺。倘往来稍间,必谴责立至矣。若所略不获如愿,则不必留此三屯,当尽携来。凡器用之属,有资军实者,亦无使遗弃。军还,务令结队而行,不可分散。尔等其凛遵焉。①

在这段话中,皇太极谈到了五个问题:其一,规定前线与沈阳联系的交通枢纽设在科尔沁所属锡伯族的居地席北绰尔门地方。其二,规定行军向导,为黑龙江来投的民族首领喀拜、郭尔敦和他们的属人以及纳屯前来的归附人员。皇太极指示此次行军路线须问向导,以免迷途。其三,针对归附的夏姓武因屯、库鲁木图屯以及纳屯,皇太极指出大军"不可稍有侵扰",只要远征如愿以偿,获得足够的战利品,就可以保留三屯于原地。这体现了皇太极对归附屯寨、部落的态度,只要是"输诚来归",对皇太极恭顺驯服,保持与后金在政治上的隶属关系,就可以令其"复还故土","留于本处"。倘若稍有异心,与朝廷的敌对势力往来勾结,则"谴责立至",必将大兵征讨。其四,倘若此次行军未能如愿,则可携三屯民众,并获取"有资军实"的器用之属。这反映了皇太极决策远征黑龙江的一个重要目的,即掳掠有生力量,借以增加后金人口,扩大八旗兵源,充实军队的物资保障。其五,皇太极指示在大军回师途中,战士务必结队而行,不可分散,以防不测。

当日,皇太极召屯长喀拜、郭尔敦及其从人进宫、赐食,然后令沙尔虎达、穆成格传谕喀拜等:

尔地方僻陋鄙野,不知年岁,何如率众,来居我国,共沾声教。朕久欲遣人往谕尔部,但国务殷繁,未得暇耳。人君各统其属,理也。尔等本我国所属,载在往籍,惜尔等未之知耳。今尔诸人率先归附。若不遣尔还,留居于此,亦惟朕意。朕知尔等贤,故遣归。此行

---

① 《清太宗实录》卷二一,天聪八年十二月壬辰。

二、皇太极扩大战争

可引我军前往，凡各屯寨，其善指示之。①

皇太极在这道谕旨中向归附的部落头领再度强调了女真与黑龙江流域诸民族在历史上的渊源关系。皇太极允许他们留居故地，从而表达了自己推行招抚政策的诚意。他要求喀拜、郭尔敦此次随后金大军远征，做好向导工作，为八旗官兵攻略屯寨立功。

从上述三段谕旨可知，皇太极决策用兵黑龙江，其目的有三：其一，惩戒不驯服的虎尔哈部，以武力震慑诸部；其二，扩大后金在黑龙江流域的影响，在行军途中贯彻招抚政策，以德服人，吸纳更多的部落屯寨归附；其三，掠取有生力量，增强后金实力。

一切准备就绪，皇太极命贝勒萨哈廉、杜度以下诸官，送远征官兵于沈阳城2里外，以昭郑重。大军起行，贯彻皇太极"征抚并用，以抚为主"的方针，一路之上进展迅速，至天聪九年（1635）四月十四日，霸奇兰、萨穆什喀遣人来报战果：现收服编户壮丁2483人，总计共有人口7302人；掠取大量牲畜，有马856匹、牛543头、驴8头。此外，又掳获妇女幼稚116人，马24匹，牛17头，以及貂皮、狼皮、狐皮、猞猁狲皮，以及水獭、骚鼠、青鼠、白兔等皮3140余张，皮裘15领。② 皇太极十分高兴，派遣贝勒阿巴泰率众官于蒲河之冈迎接凯旋之师，并举行盛大宴会。五月初六日，出征诸臣以所招降头目人等朝见。皇太极感于将帅出征劳苦，与霸奇兰、萨穆什喀行抱见礼，以表其功。然后，皇太极又召见了归降的2000人以及前来朝贡的黑龙江部落头领。会见完毕，皇太极命招降军士较射，并举行盛宴。皇太极赐霸奇兰、萨穆什喀以金卮酌酒，并先后赐饮各旗出征署旗务大臣、诸大臣、归降头目等人。于是，此次宴会在祥和的气氛中结束。通过这一举动，皇太极既嘉奖了有功之臣，又安抚了归降的少数民族领袖，可谓一举两得。

在五月初六、初七日两天，皇太极大加封赏有功之臣，除了分赐战利品和财富外，霸奇兰由三等梅勒章京升为一等梅勒章京，萨穆什喀由一等甲喇章京升为三等梅勒章京，其余诸将，赏赉有差。对于归服的7302人，

---

① 以上见《清太宗实录》卷二一，天聪八年十二月壬辰。
② 《清太宗实录》卷二三，天聪九年四月癸巳。

皇太极"俱赐房屋、田地、衣食、器皿等物"①，加以妥善安置。

此次远征，后金既展示了强大的军事实力，又宣扬了皇太极招抚为主的基本方略，尤其是作战期间劝导以及战后的一系列优待投降部众的政策，对黑龙江诸部起到了很好的感召作用。因此，不久之后，索伦诸部的首领纷纷来朝，请求归附，其中就有塞布奇屯、噶尔达苏屯、戈博尔屯、额苏里屯、阿里岱屯、克殷屯等屯寨。尤为值得一提的是，额苏里屯首领俄伦扎尔固齐等率9人于崇德二年（1637）至沈阳朝贡，他向皇太极报告："额苏里屯东，约六日程，有从未通我国者三十九屯，今欲来贡，不知纳贡礼仪，求我等同皇上使臣一人至彼，即备方物，随使臣入贡。为此特遣人来，其所献之物，貂、狐皮二百有六，貂、狐衣服七领。"②由此可见，清朝（后金）的声望，远播边疆。

天聪九年（1635）十月，皇太极改族名"诸申"（与"女真"同音）为"满洲"。十年（1636年）四月，举行登基大典，后金汗王正式践皇帝位，改国号为"大清"，改年号曰"崇德"。至此，一个新兴的王朝诞生，声势日隆。在这种情况下，索伦部领袖博穆博果尔也顺应历史潮流，表示归附。崇德二年（1637），博穆博果尔率8人来朝，进贡马匹、貂皮等物。皇太极十分高兴，下令热情款待，留住博穆博果尔一行于沈阳近两月之久。临行时，皇太极赏赐鞍马、蟒衣、凉帽、玲珑鞓带、撒袋、弓矢、甲胄等物，以示恩宠。第二年十月，博穆博果尔与另外两位黑龙江地区的民族首领瓦代、噶凌阿一道，再度来朝，贡献貂皮、猞猁狲等物。据史书记载，博穆博果尔是索伦部乌鲁苏穆丹屯的屯长，他为人勇武，才华出众，深得各部人心，势力发展迅速，"（黑龙）江南北各城、屯俱附之"。博穆博果尔并非真心臣服清廷，其两次朝贡，不过是顾忌黑龙江流域部众纷纷归顺大清的形势不得不做出的姿态罢了。随着实力的不断增长，自崇德三年（1638）朝贡以后，博穆博果尔便与清廷断绝来往，自行其是。皇太极看到这一强大的部落势力如此桀骜不驯，且恐迁延日久，"虑其势盛不可制"③，遂决定先发制人，派兵征剿。

崇德四年（1639）十一月，皇太极遣萨穆什喀、索海、伊孙、叶克书

---

① 《清太宗实录》卷二三，天聪九年五月丙辰。
② 《清太宗实录》卷三四，崇德二年二月丁亥。
③ 张伯英总纂，崔重庆等整理：《黑龙江志稿》卷五四，第2354页。

二、皇太极扩大战争

等人,率大军前往黑龙江征讨索伦部博穆博果尔。临行前,他命管兵部贝勒多铎以及固山额真、额驸英俄尔岱传谕出征将帅,讲授用兵方略:

> 尔等师行所经屯内,有已经归附纳贡之屯,此屯内又有博穆博果尔取米之屯,恐尔等不知,误行侵扰,特开列屯名数目付尔,毋得违命骚扰侵害。行军之际,宜遣人哨探于前,防护于后,加意慎重,勿喧哗,勿参差散乱,勿忘纪律。尔等此行,或十八牛录新满洲,或添补缺额牛录之新满洲,各固山额真、梅勒章京、甲喇章京、牛录章京,详加查阅,视其有兄弟及殷实者,令从征,尔等亦应亲加审验,左翼主将萨穆什喀、副将伊孙,右翼主将索海、副将叶克书,或两翼分行,则各听该翼将令,或同行,则总听两翼将令,凡事俱公同酌议行之。①

在这道诏谕中,皇太极谈到了四个问题:其一,告诫统兵将帅必须区别对待大军所到的部落、屯寨。对于博穆博果尔所属屯寨,当然要严加痛剿,但是对于那些"归附纳贡"以及其中的所谓"博穆博果尔取米之屯",皇太极严令不得"侵扰"。为此,皇太极还特意开列一份屯名数目,交付统兵将帅,要求大军"毋得违命骚扰侵害"。此举一方面意在争取倾向清朝的力量,孤立博穆博果尔叛军,而另一方面也说明皇太极在决策用兵的同时,依然没有忘记贯彻招抚政策的重要性。他力图通过以兵树威、以德树恩的两种手段,在统一黑龙江的广大地域的同时,收服各民族部众的人心。其二,皇太极认为八旗官兵远离后方,深入索伦腹地,大军行进必须要严守纪律,不可喧哗,毋得"参差散乱"。皇太极提醒统兵将帅务必"加意谨慎",以防不测。其三,此次远征大军,主要是起用清军的新生力量——"新满洲",皇太极令各旗将官挑选其中有兄弟并家道殷实者从征。所谓"新满洲",其主要力量就是由天聪、崇德年间从黑龙江流域被后金(清)招抚而来,并编入旗籍的壮丁组成的。皇太极起用这些人,一方面是由于他们骁勇善战,骑射娴熟,另一方面是他们熟悉黑龙江地区的军事情况,有利于清朝取得最终的胜利。其四,皇太极明确指挥,并分

---

① 《清太宗实录》卷四九,崇德四年十一月辛酉。

大军为左右两翼。若两翼同行,则由两翼主、副将共同指挥,若两翼分行时,则由各翼主将指挥,凡有重大事宜,公同酌商议行。

于是,八旗将士正式出征。大军行至呼玛尔河,分兵两路,进取屯寨。当时战争形势对清军并不利,据史书记载,俄尔吞、奇勒里、精奇里、兀赖布丁屯以东,兀木讷克、巴哈纳以西,黑龙江额尔图屯以东,阿里阐以西的屯寨均响应了博穆博果尔,反叛清朝。清朝的额驸巴尔达齐也在事后提及,"其小兀喇各处兵皆往助博穆博果尔"①。而其中,铎陈、阿撒津、雅克萨、多金四木城以及周围屯寨是博穆博果尔一方的主要据点,其驻守军民拒不投降,清军两翼官兵协力作战,在这一带与叛军展开了激烈的攻坚拉锯战。大军首攻雅克萨城,八旗兵用火攻取得了胜利。其次,大军进攻兀库尔城,此城聚集了博穆博果尔一方七屯之人,守城军民奋力抵抗,清军发起猛攻,自昼至夜,用一天时间才将此城拿下。接着,大军进围铎陈,力攻一日,未能取胜,至第二天准备再度发起攻击。就在这时,博穆博果尔率领6000名军士前来增援,锐气正盛。清军主帅为避敌锋芒,决定后撤,由萨穆什喀护卫辎重殿后,将领伊孙与牛录额真郎图、骑都尉阿尔休率所属军士埋伏于喇里阐、铎陈之间。博穆博果尔孤军深入,陷于伏中,两军冲杀,博穆博果尔一方伤70人,死400人,而清军也折损了许多人马,郎图战死沙场。经过激战,清军终于占据上风,遂乘势攻破敌军大营,博穆博果尔被迫逃遁。行前,他令其将领杜俄臣督率铎陈、阿萨津二城之众阻截清军。两军相搏,又是一场激战。面对英武的索伦勇士,八旗兵纷纷倒下,死伤惨重,清将阿尔休、穆怙、穆奈、和托等俱死于阵中。但毕竟清军装备精良,训练有素,经过苦战,取得了胜利,并乘势攻下铎陈、阿萨津、多金、掛喇尔屯等堡垒屯寨,进军至额苏里屯以西、额尔土屯以东一带。

崇德五年(1640)三月,清军主帅萨穆什喀、索海遣人上报战果——此次远征,清军共俘获人口男子3154人,妇女2713人,幼小1089人,共计6956人;获得牲畜马424匹,牛704头;获得皮类含貂、猞猁狲、狐、狼、青鼠、水獭等皮,共计5400余张;获得裘类含貂、猞猁狲、狐、狼等裘,共计20领。② 四月,大军凯旋。

---

① 《清太宗实录》卷四九,崇德五年三月乙丑。
② 《清太宗实录》卷五一,崇德五年三月乙巳。

二、皇太极扩大战争

战后,清廷将归顺和俘获的人口分别进行了妥善安置。对于主动投附之人,皇太极优加赏赐蟒缎、素缎、梭布等物,并且允许他们与归顺清朝的蒙古郭尔罗斯部一道,在吴库马尔、格伦额勒苏、昂阿插喀地方,驻扎耕种,安居乐业。朝廷将他们分编为8个牛录,并将其中能约束部众者授予牛录章京一职,作为首领。皇太极的这一措施,是将此战中归顺的索伦人南迁到嫩江中下游一带,同外藩蒙古一样以整体的形式,归属理藩院统辖。而对于俘获的索伦人口,清廷则将他们直接纳入满洲社会之中。皇太极下谕将索海、萨穆什喀俘获的男女幼稚编入八旗,并赏给衣服、布匹等物。为了感化人心,皇太极组织索伦壮丁较射,分别等第,授予甲喇章京、牛录章京、半个牛录章京等官,并赐朝服袍褂。

此次战役,清军虽然获得了很大的战果,并且极大地打击了博穆博果尔势力,但是据《清太宗实录》记载,在战斗中,清军统帅指挥不利,将官配合失当,最终导致人马折损严重,博穆博果尔也远遁而走,未能实现战役的预定目标。因此,七月初四日,皇太极下谕,给予相关人员以惩处。①

清朝的额驸巴尔达齐在这一事件中发挥了重要的作用。当黑龙江南北两岸诸屯寨纷纷随博穆博果尔叛清之际,巴尔达齐及多科屯人不为所动,"坚壁待王师"②,坚决站在清朝的一边。在清军获捷后,他又帮助朝廷善后,收服博穆博果尔所属七屯之人,并承担起招揽逃人的重任。巴尔达齐忠心不二,为皇太极统一黑龙江的大业立下殊勋,故而受到了日后清廷的表彰。

对于第二次远征的结果,皇太极并不满意,他决定再度用兵黑龙江。不过这次,他采取了智取的方式,意图彻底解决博穆博果尔的叛乱势力。

第三次远征就发生在崇德五年(1640)下半年。七月,清廷派遣梅勒章京席特库、济库哈等率领护军,并征调蒙古官属兵丁,讨伐索伦部落。皇太极为此次用兵做了周密的安排。首先,他命内大臣巴图鲁詹、理藩院参政尼堪、副理事官纽黑,传谕蒙古诸部,令其在官属兵丁中展开较射,选出健壮勇猛者,由席特库率领,征讨索伦。最终,共挑选出蒙古将士240人,配合满洲护军,组成一支人数不多但战斗力颇强的精锐之师。其

---

① 《清太宗实录》卷五二,崇德五年七月癸未。
② 张伯英总纂,崔重庆等整理:《黑龙江志稿》卷五四,第2357页。

次,朝廷任用益尔公固、图哈纳、绰隆为向导,随军参战。最后,皇太极谕令有关部门做好后勤,例如驼、马、甲胄、器械、糇粮等战略物资,均需认真准备,细加检查。至此,一切准备就绪,军队改变以往的出征路线,绕道蒙古往征索伦。皇太极采取声东击西之计,对外宣称"我军将于黑龙江地方牧马,必擒博穆博果尔"①,似乎清军依旧是从辽东直线远征。皇太极的意图,是希望博穆博果尔听闻公开消息后,做出错误判断,向北逃遁,而清军由蒙古北边进攻,正好将其一举擒获。这一计划在秘密进行之中,甚至连郑亲王济尔哈朗、睿亲王多尔衮、肃亲王豪格、武英郡王阿济格等亲贵重臣均未事先与闻。果然,不出皇太极所料,博穆博果尔听说清朝大军将要出征的消息,惊慌失措,向北逃去。席特库率军经过2个月零13天,抵达甘地,俘获博穆博果尔的弟弟及其家属,并掳取大量人口牲畜。再经过14天,清军抵达齐洛台地方,正好与博穆博果尔相遇。博穆博果尔见状,大为吃惊,猝不及防,只好与妻子家属一道,束手就擒。十二月中旬,席特库、济席哈遣使至京,汇报战果:

> (我军)于甘地获男子一百七十四名,斩十一人,死者七人,逃一人,于齐洛台地方获博穆博果尔及男子八十人,斩二人,死者二人,共计见存二百三十一人;见在妇女幼稚共七百二十五名口;二处共得马七百一十七匹,今止存六百五十四,牛一百二十七头。②

这次远征,彻底解决了博穆博果尔势力,意义重大,它标志着清朝基本完成了黑龙江中上游地区的统一。

皇太极收到黑龙江传来的捷报,十分高兴,于是将自己的"声东击西"之计公之于众。大军凯旋后,崇德六年(1641)正月,皇太极为出征将帅、护军以及随征的蒙古首领举行宴会,并优加擢升,赏赐蟒缎朝衣、貂裘、帽带、甲胄、腰刀等物。

第四次远征发生在崇德八年(1643)。这一次远征,皇太极的目的有二:其一,以武力威慑各个部落,进一步巩固清朝在黑龙江流域的统治;其二,掳掠壮丁,补充八旗兵源。三月,皇太极命护军统领阿尔津、哈宁

---

① 《清太宗实录》卷五三,崇德五年十二月庚申。
② 《清太宗实录》卷五三,崇德五年十二月己未。

二、皇太极扩大战争

噶率将士往征黑龙江虎尔哈部。一路之上,清军进展迅速,攻克三屯,招降四屯,并俘获大量人畜物资。同年五月,阿尔津、哈宁噶遣使汇报战况:

> 臣等军至彼地,所向克捷。其波和里、诺尔噶尔、都里三处,俘获男子七百二十五名,小噶尔达苏、大噶尔达苏、绰库禅、能吉尔四处投顺来归男子三百二十四名,妇人二十九口,又俘获妇女幼稚一百九十九口,获马共三百十有七,牛共四百有二,貂、狐、猞猁狲等裘共四领,貂、狐、水獭、青鼠等皮,共一千五百有奇。①

七月,阿尔津、哈宁噶率军胜利回京。这次远征,清军携来归顺的男女幼稚2568人,马、牛、驴450余头。此外,官兵又俘获妇女幼稚249人,牛8头,猎犬16条,貂皮、貂尾、貂蹄共1600件,貂尾护领2条,貂狐、猞猁狲、青鼠等裘13领,狐、水獭、狼、青鼠等皮共650余张。皇太极谕令将携来的归附男子,"按丁披甲,编补各旗缺额者"②。至于其余俘获人畜、物资,则分别赏给出征将领。一个月后,皇太极猝死,这次远征也作为他人生中最后一次用兵黑龙江而被载入史册。

经过努尔哈赤、皇太极两代人的努力,整个黑龙江地区终于被完全纳入大清的版图。崇德七年(1642),皇太极以自豪的口吻总结自己的业绩:

> 予缵承皇考太祖皇帝之业,嗣位以来,蒙天眷佑,自东北海滨(鄂霍次克海),迄西北海滨(贝加尔湖),其间使犬、使鹿之邦,及产黑狐、黑貂之地,不事耕种,渔猎为生之俗,厄鲁特部落,以至斡难河源,远迩诸国,在在臣服。③

皇太极完成统一黑龙江的大业,意义重大。首先,清朝确立了在黑龙江的统治,巩固了后方,扩大了疆域,壮大了实力,有助于其一意南下对

---

① 《清太宗实录》卷六四,崇德八年五月丁巳。
② 《清太宗实录》卷六五,崇德八年七月戊戌。
③ 《清太宗实录》卷六一,崇德七年六月辛丑。

明用兵。其次，索伦部"挽强命中，洞熊兕，迹奔兽，雄于诸部"①，皇太极与其化敌为友，极大地增强了清军的军事实力。从此以后，索伦兵成为清军中的一支精锐，为清朝的统一事业乃至入关后的诸项武功立下了汗马功劳。再次，诚如皇太极所言，黑龙江诸民族与女真在历史上具有渊源关系，后金统一黑龙江流域，将大批分散的边疆民族纳入满洲社会之中，从而极大地推动了满洲共同体的形成，使之逐渐凝聚成一个统一的整体，为了共同的目标——消灭明朝，入主中原而战斗。正如魏源所引古语有云，"女真兵满万不可敌"。清朝是在两代君主的不懈努力下凝聚了东北诸民族的力量，共同奋斗，如此则天下无敌。②最后，努尔哈赤、皇太极父子经略黑龙江的举措基本确立了有清一代的东北版图。而他们的贡献，将在以后沙俄入侵、列强欺凌中国的时代得到进一步的凸显，其影响以至于今日。

3. 统一漠南蒙古

清太宗统一黑龙江流域，是继其父夺取辽东后获得的又一块更为广大的领地，清（后金）在统一东北的历程中又向前迈进了一步！在经营黑龙江流域的同时，从努尔哈赤到皇太极，清（后金）又与另一个劲敌——漠南蒙古展开争战，胜败与否，对明、清（后金）双方的兴亡关系极大。战争的缘起，以及与蒙古的角逐，还需从头说起。

明朝建立后，元室北遁。随着明军对大漠地区的几次征伐，蒙古草原重新陷于分裂，各部之间互争雄长，战乱不已，并时常掳掠中原，活跃于长城以北，东起黑龙江、西抵阿尔泰山的辽阔土地。到了明中叶以后，以沙漠瀚海（即戈壁大沙漠）为限，蒙古逐渐分为三大部分：南部为漠南蒙古；北部称漠北蒙古（或称喀尔喀蒙古）；西部称漠西蒙古（或称厄鲁特

---

① 〔清〕魏源：《圣武记》卷一《开创》《开国龙兴记一》，第9页。
② 〔清〕魏源：《圣武记》卷一《开创》《开国龙兴记一》，第8页。

二、皇太极扩大战争

蒙古)。由于漠南蒙古与明、后金两大政权接壤,因此它的向背对于战争全局的影响至关重要。自辽事起,明与后金双方就在竭力拉拢这一势力,希望与其结盟,共同对付另一个敌人。就当时情况而言,漠南蒙古主要分布有科尔沁①、郭尔罗斯、杜尔伯特、扎赉特、喀尔喀五部②(即扎鲁特、巴林、翁吉剌特、巴岳特、乌齐叶特)和奈曼、敖汉、翁牛特、阿鲁科尔沁、巴林、克西克腾、土默特、喀喇沁、乌珠穆沁、浩齐特、阿巴哈纳尔、阿巴噶、苏尼特、察哈尔、四子、茂明安、乌喇特、鄂尔多斯等部落,其中以察哈尔部势力最为强大,"士马强盛,横行漠南"③,成为明朝争取的重点对象。

在明与后金征战之际,察哈尔部的领袖是林丹汗,为成吉思汗的嫡系子孙,于万历三十二年(1604)继承汗位,号称"库图克图汗"。林丹汗少有大志,他眼见蒙古各部互相攻伐,衰落不堪,决意厉兵秣马,统一各部,恢复祖上的荣光。在他的经营下,察哈尔部一度强盛,"东起辽西,西尽洮河,皆受插(指察哈尔)要约,威行河套以西矣"④,林丹汗自称"四十万蒙古主"⑤,扬言"南朝止一大明皇帝,北边止我一人"⑥,俨然以蒙古共主自居。然而,在林丹汗的事业蓬勃发展的同时,他也为察哈尔部最终的失败埋下了祸根。据史籍记载,林丹汗为人残忍贪婪,穷奢极欲,有"宋康武乙之暴"⑦。他在兴兵攻略各部之时,大肆屠杀抢夺,迫使民众四散奔逃。对于一些归附的部落,林丹汗也是采取残暴的统治,甚至无端以低价掠取其他首领的财物,可谓予取予求,随心所欲。在这种情况下,漠南蒙古各部与察哈尔部离心离德,林丹汗的统治基础逐渐动摇。

自辽东战事起,明朝便注意到漠南蒙古这支不可小觑的力量,尤其是

---

① 驻牧于嫩江流域,为与阿鲁科尔沁部区分,又称嫩科尔沁部。
② 为与驻牧漠北的喀尔喀蒙古区分,又称"内喀尔喀五部"。
③ 〔清〕魏源:《圣武记》卷三《外藩》,《国朝绥服蒙古记一》,第96页。
④ 〔清〕彭孙贻:《山中闻见录》卷八《西人志》,见《清入关前史料选辑》(第三辑)第134页。
⑤ 《清太祖武皇帝实录》卷三,天命五年正月十七日,见《清入关前史料选辑》(第一辑)第360页。
⑥ 《崇祯长编》卷一一,崇祯元年七月己巳,台湾"中央研究院"历史语言研究所校勘影印本1962年版。
⑦ 〔清〕魏源:《圣武记》卷三《外藩》《国朝绥服蒙古记一》,第96页。

林丹汗麾下精锐的蒙古铁骑。当时,林丹汗驻营广宁以北,曾经屡次抄掠明朝边界,希望与中原互市。明朝为了拉拢林丹汗,改变了对察哈尔部的经济封锁政策,恢复与林丹汗的互市,并且不断增强赏赐的力度。万历四十七年(1619),朝廷给察哈尔部赏银为4000两,泰昌元年(1620)加赏至40000两,至崇祯二年(1629)又加赏至81000两。①除此以外,还有其他各种名目的赏赐。同时,明人也认识到,"西房(指蒙古)以憨(指察哈尔部)为主,憨之顺逆西房所视为向背,亦东夷(指后金)所视为重轻,故讲赏惟憨之费钜"②,即重点笼络察哈尔部。明朝采取"以西房制东夷"之策,意图通过林丹汗联合蒙古,制衡后金。林丹汗一方面需要明朝的抚赏发展经济,另一方面也考虑到后金的发展于己不利,因此表示愿意与明朝合作,双方结成了军事联盟。但在实际情况中,林丹汗与其他蒙古首领对于出兵协同明朝作战的事宜并不热心,反而经常以助兵之说,往边关胁赏,需索无度,由此可见,明、蒙之间的联盟是十分松散的,明廷的所谓"以西房制东夷"之策并未起到多大作用。

就后金而言,与努尔哈赤最先发生联系的是与建州女真毗邻、游牧于嫩江流域的漠南蒙古科尔沁部。万历二十一年(1593),叶赫贝勒布斋、纳林布禄联合九部,出兵征伐建州,其中科尔沁贝勒翁阿岱、莽古思、明安也率兵参与了这次军事行动。最终,建州军于古勒山一战大败九部联军,明安贝勒狼狈逃窜。自此以后,努尔哈赤"军威大振,远迩慑服"③。第二年,明安便派人与建州通好,进献驼马等物。不过在万历三十六年(1608)建州军围攻乌拉部的宜罕阿林城之时,科尔沁贝勒翁果岱率兵援助乌拉,但慑于努尔哈赤的兵威,不敢战而还。随着扈伦四部的覆灭,建州女真的日益强大,科尔沁部重新与努尔哈赤结好。努尔哈赤不计前嫌,并在万历四十年(1612)与科尔沁部联姻,迎娶明安贝勒之女。这一事件拉开了此后满蒙联姻的序幕,而建州与科尔沁部往来不绝,关系日益密切。

除了科尔沁部外,努尔哈赤还积极拉拢喀尔喀五部。喀尔喀五部游牧于黄水(西拉木伦河)流域,其势力在漠南蒙古草原上仅次于察哈尔部。

---

① 〔清〕张廷玉等:《明史·鞑靼传》卷三二七,第8492—8493页。
② 〔明〕王在晋:《三朝辽事实录》(8)卷一一。
③ 《清太祖高皇帝实录》卷二,癸巳年(万历二十一年)九月壬子。

二、皇太极扩大战争

天命四年（1619），后金攻打明朝辽东重镇铁岭，喀尔喀诸部受明朝抚赏，在翁吉喇特贝勒斋赛、扎鲁特贝勒巴克、台吉色本等率领下，引大军来解铁岭之围。当蒙古军抵达前线之际，后金已然攻克了铁岭。于是双方在辽河一带展开激战，喀尔喀军大败，斋赛及其二子、巴克、色本等都被擒获。喀尔喀诸部贝勒闻讯大惊，遣使来告，双方举行盟誓，表示勠力同心，共同伐明。通过辽河之战，后金极大地挫伤了喀尔喀诸部的锐气。自此以后，喀尔喀部内不满明朝和林丹汗统治的领袖纷纷主动归顺后金。例如天命六年（1621），喀尔喀部台吉古尔布什、莽果尔率领600民户及大量牲畜投附后金。努尔哈赤十分高兴，将女儿嫁给古尔布什，赐其号为"青卓礼克图"，并赏给满洲、蒙古牛录各一。此外，他还将族弟济伯哩之女嫁给莽果尔，并授其总兵官之职。通过这一系列笼络的措施，喀尔喀部走向分裂，而林丹汗作为蒙古共主的权威也被大大削弱。

随着后金势力的逐渐强大，其与林丹汗之间不可避免地发生了正面冲突。自天命四年（1619）铁岭之战后，林丹汗致书努尔哈赤，内中自称"蒙古国统四十万众英主青吉汗"，而称努尔哈赤为"水滨三万人英主"，其骄横狂妄不可一世。① 林丹汗在信中要求努尔哈赤放缓对明朝的进攻，尤其不能袭取广宁，因为那一带是林丹汗的势力范围，广宁是他与明朝互市的重镇，倘若努尔哈赤占领广宁，将直接触犯察哈尔部的利益。努尔哈赤看到来信后，于次年正月十七日回复，严词拒绝了林丹汗的无理要求。他一方面从元顺帝被赶出大都的历史谈起，指出蒙古业已衰落，四分五裂，所谓"四十万"徒为虚言，而另一方面，努尔哈赤谈到他的军队自平灭扈伦四部，乃至与明朝作战以来所取得的赫赫武功，指出后金正处于勃兴崛起的阶段，因此，后金并不惧怕蒙古的军事威胁。努尔哈赤在回信中还提到，蒙古与明朝有灭国的不共戴天之仇，与女真却是"服发相类"，在民族认同上具有共性，明朝目前只不过是迫于后金兵威所临，才着力羁縻蒙古，给予大量抚赏银以相利诱。他希望林丹汗能够认清形势，不要受明廷利用，而与后金结盟，"同心协力共图有隙之大明"②。林丹汗收到回

---

① 《清太祖武皇帝实录》卷三，天命四年十月二十二日，见《清入关前史料选辑》（第一辑）第358页。

② 以上所引，见《清太祖武皇帝实录》卷三，天命五年正月十七日，见《清入关前史料选辑》（第一辑）第360－361页。

信后大怒，扣留了后金派来的使者，但是他也认识到了努尔哈赤势力的强大，并不愿与八旗铁骑发生武力交锋。三年后，即天命七年（1622），努尔哈赤挥师进攻广宁，明朝广宁巡抚王化贞在战前曾与察哈尔部联络，林丹汗同意届时出兵支援明军。但是当战事真正来临之际，他却慑于努尔哈赤的军威，未敢与后金兵交战。广宁失守后，漠南蒙古直接受到后金的渗透，部民纷纷归附，而林丹汗在蒙古各部中的威信进一步下降，其势力由盛转衰。

天命九年（1624），科尔沁部首领奥巴上书努尔哈赤，表示归顺，并希望得到后金的保护："奥巴哄台吉等致书于明掩众光威震列国睿主陛下，吾嫩江台吉等闻汗谕莫不欣服，然主持其大事，裁之自汗，吾等莫有敢违命者。但查哈儿汗（察哈尔汗）及胯儿胯部（喀尔喀部）知吾等与异国同谋，必来征伐，将何以为我谋也？惟汗筹之而已。"① 努尔哈赤接信后，派出使者，与科尔沁部诸贝勒、台吉宰白马乌牛盟誓，双方建立起了针对察哈尔部的军事同盟。

林丹汗获悉奥巴与后金结盟，恼羞成怒，于天命十年（1625）统率大军进攻科尔沁部。奥巴一面组织兵力抵抗察哈尔大军，一面派遣使臣至后金告急求援。努尔哈赤履行盟誓，亲自到开原镇北关阅兵，挑选精骑5000，令三贝勒莽古尔泰、四贝勒皇太极以及阿巴泰、济尔哈朗等统率前往救援。此时，林丹汗已经围困奥巴所居格勒珠尔根城数日，未能攻克，两军陷于苦战之中。当他听到八旗铁骑前来救援的消息后，大惊失色，乘夜仓皇而遁，格勒珠尔根之围遂解。天命十一年（1626）五月，奥巴至沈阳朝见，努尔哈赤以高规格的礼仪接待他，举行宴会，赏赐馈赠无数。奥巴请求联姻，努尔哈赤当即应允，将舒尔哈齐的孙女许配给他。奥巴十分感动，发誓道："世不敢忘德，若渝盟永罹灾害！"努尔哈赤认为奥巴诚心可嘉，特赐其"土谢图汗"的汗号，奥巴的兄弟图美、布达齐、和尔和岱也分别被赐号为"岱达尔汗""札萨克图杜棱""青卓哩克图"。② 通过这次朝见，努尔哈赤彻底收服了科尔沁部上层人心。自此以后，科尔沁部成

---

① 《清太祖武皇帝实录》卷四，天命九年二月十六日，见《清入关前史料选辑》（第一辑）第 379－380 页。

② 〔清〕祁韵士撰，包文汉整理：《清朝藩部要略稿本》卷一，第 5 页，黑龙江教育出版社，1997。

二、皇太极扩大战争

为后金（清）用兵蒙古、征伐明朝、平定叛乱的重要同盟军，为清朝的统一事业建立了卓越的功勋。

与科尔沁不同，喀尔喀虽然也与后金立有盟誓，却徘徊不定，阳奉阴违，经常截杀后金"斥候"，往明朝请求重金抚赏。于是，努尔哈赤决定对其展开一次大规模的军事打击。天命十一年（1626）四月，以喀尔喀"背盟，私与大明和"①为名，统大军渡辽河，分兵八路疾驰进击，攻打喀尔喀所属巴林部，杀其贝勒囊弩克，取其环城七寨。莽古尔泰率所部进军至西拉木伦一带，获取牲畜无数。巴林部属下一个头领拉班慑于八旗兵威，与其弟牙得勒格尔率百人归降。同年八月，努尔哈赤因病去世。十月，新继承汗位的皇太极命大贝勒代善率精锐万人进攻喀尔喀所属的扎鲁特部。与此同时，又遣副将楞格哩率兵600袭击巴林部，使其二者无法相顾。此次用兵，战果颇丰：代善获扎鲁特部贝勒巴克及其二子，以及拉什希布等14人，斩杀贝勒鄂尔齐图，尽俘所属人户。楞格哩进入巴林后，获人口270，驼30，马牛1000余，羊2000余。喀尔喀部在此役中遭到重创。值此危急时刻，作为蒙古共主的林丹汗不但不加以支持，反而趁乱出兵，疯狂兼并喀尔喀诸部。经过后金与察哈尔先后两次征战，喀尔喀遭受了灭顶之灾，分崩离析。其部民有的被察哈尔兼并，有的投降明朝或后金，而扎鲁特及巴林部则举部依附科尔沁，并最终归顺后金。自此以后，喀尔喀五部中除了扎鲁特与巴林部外，其余部落均已消失，不复存在，后金经过不懈的努力，成功剪除了蒙古草原上的这一劲敌。在这一事件中，林丹汗乘人之危的做法令蒙古各部领袖十分不满，他们纷纷脱离察哈尔部的统治。林丹汗陷于孤家寡人的境地，而后金在草原上的威信则与日俱增。

由上可知，在天命年间，后金将主攻目标定为明朝，为了避免陷入两线作战的境地，八旗军始终未与林丹汗发生军事冲突。但是努尔哈赤通过采取拉打结合、恩威并施的策略，分化、瓦解漠南蒙古诸部，孤立林丹汗势力，取得了很大成效。他的努力为天聪年间皇太极彻底解决察哈尔部问题，进而统一整个漠南蒙古打下了坚实的基础。

皇太极即位后，积极进攻明朝，却受挫于宁、锦坚城之下。面对军事

---

① 《清太祖武皇帝实录》卷四，天命十一年四月初四日，见《清入关前史料选辑》（第一辑）第388页。

上的失利，他及时调整用兵的锋芒，决定先解决朝鲜和蒙古问题，摆脱后金面临的"四境逼处"① 的险境，然后再集中全部精力，与明朝争衡天下。后金天聪元年（1627），皇太极得知林丹汗攻略喀尔喀致使蒙古群情激愤的消息，决定利用这一机会，争取与各部结成反对察哈尔部的军事同盟。是年二月，皇太极致书奈曼部落首领衮出斯巴图鲁：

> 闻尔曾与乌木萨忒绰尔济喇嘛言，欲与我国和好。果尔，尔衮出斯巴图鲁可与敖汉部落杜棱、塞臣卓礼克图定议，遣一晓事人来，以便计议。我素秉直道而行，善者不欺，恶者不惧。……尔等诚欲和好，同除强暴，各保疆围，正在此时。彼察哈尔汗攻掠喀尔喀，以异姓之臣为达鲁花，居诸贝勒之上矣。又离析诸贝勒之妻，强娶诸贝勒之女，以妻摆牙喇之奴矣。尔等岂无见闻乎！若以我言为然，可将此书与两克西克腾诸贝勒观之。②

在书信中，皇太极揭露了林丹汗暴虐统治漠南蒙古的种种罪行，他希望奈曼、敖汉等部落能够与后金建立友好关系，双方齐心协力，共同肃清察哈尔部的势力。这封信取得了良好的效果。同年七月，奈曼、敖汉两部领袖率众来归，他们对皇太极说，"吾等因察哈尔汗不道，来求圣主福庇"，即表示向后金臣服。皇太极十分高兴，给予他们极高的礼遇，并赐宴、赐物颇丰。利用这一机会，皇太极率众告天，其誓文曰：

> 察哈尔汗败弃典常，罔恤兄弟，致敖汉、奈曼部诸贝勒与之交恶，来归于我。我若不加轸念，视如编氓，勒迁内地者，上天鉴谴！若加之爱养，仍令各安疆土，而诸贝勒听察哈尔离间之言，背我而怀贰心者，天亦鉴谴！惟无相违弃，天佑我等福祚延长，子孙繁盛，千秋万世，永享安乐！③

---

① 〔清〕王先谦：《正续东华录》天聪六，天聪五年六月辛丑，第 7 页，撷华书局，光绪丁亥（1887）年印。

② 《清太宗实录》卷二，天聪元年二月己亥。

③ 〔清〕阿桂：《清朝开国方略》卷一一，第 255-256 页，台北：文海出版社有限公司，1967。

二、皇太极扩大战争

通过这篇誓词,皇太极表明了后金政权对待来归部落的态度:只要蒙古各部诚心归顺,忠贞不贰,后金不但会安养民众,而且允许部落留驻原地,不强行逼令他们迁到辽东居住。这一宽大的政策,与林丹汗的暴虐统治形成了鲜明对比。在这种情况下,原来徘徊观望的蒙古领袖纷纷打消顾虑,前来投附后金的部落络绎不绝。同年十一月,察哈尔部贝勒昂坤杜棱率众归顺,向皇太极控诉林丹汗"蔑弃兄弟,败坏伦理"①的罪行。由此可见,林丹汗已是众叛亲离,后金大举进攻察哈尔部的时机逐渐成熟。

天聪二年(1628)初,喀喇沁部不满林丹汗欺凌,与土默特、鄂尔多斯、阿巴噶以及喀尔喀诸部②,组成一支联军,在土默特部落的赵城地方与察哈尔大军展开激战,最终取得胜利。在回师途中,联军又遇到林丹汗赴明朝张家口请赏的队伍,一并将其歼灭。由此可见,反对林丹汗统治的蒙古各部已经开始走向联合。二月,喀喇沁部贝勒苏布地、杜棱古英、朵内衮济、诺干达喇、万旦万征、吴尔赫以及塔布囊等致书皇太极,请求归附,并详细汇报了战况,他们在信中指出,"察哈尔汗根本摇动"③,只需厉兵秣马,草青时节就是大举进兵察哈尔部的最佳时机。喀喇沁部的领袖们希望后金能够与蒙古部合力兴师,共同讨伐林丹汗。皇太极见信后,经过与贝勒、大臣等商议,同意联合出兵的请求,并先后派遣两批使者前往联系,不料他们均为察哈尔部所属的多罗特部所杀。皇太极听到这一消息怒不可遏,他召集诸贝勒大臣,决定亲自领军,以精锐之师奇袭多罗特部。他先遣诸贝勒率领小股人马前行侦查,得知多罗特部首领及其部民俱在敖木伦一带,即统率大军,疾驰前进,直捣敌巢。面对突如其来的后金兵,多罗特部领袖措手不及,慌忙整军迎战。在战斗中,多罗特部的一个首领多尔济哈谈巴图鲁受伤逃走,后金兵获其妻子,杀其台吉古鲁,俘获人口达到11200人之多。皇太极命令将其中的1400名蒙古人以及汉人编为民户,其余都贬为奴仆。此战是后金第一次对察哈尔属部发起进攻,取得了首战告捷的胜利。在攻灭多罗特部后,皇太极再度遣使赍书,谕喀喇沁部贝勒吴尔赫及塔布囊等,希望他们能够倡率诸部,并派人到沈阳与皇太极面谈归附以及出兵事宜。八月,喀喇沁遣使来朝,与后金官员盟誓,

---

① 〔清〕阿桂:《清朝开国方略》卷一一,第260页。
② 即扎鲁特、巴林二部。
③ 《清太宗实录》卷四,天聪二年二月癸巳。

双方建立了军事联盟。面对蒙古诸部的叛离和后金势力的威逼，林丹汗被迫西迁，举部迁到宣府（今辽宁张家口市宣化区）、大同边外。

天聪二年（1628）九月，皇太极下定决心，亲征察哈尔部林丹汗。他以盟主的身份，遣使向蒙古各部贝勒宣谕："西北降附外藩蒙古科尔沁国诸贝勒，喀喇沁部落塔布囊等，敖汉、奈曼及喀尔喀部落诸贝勒，令各率所部兵，会于所约之地"。① 初六日，皇太极率诸贝勒、大臣统军西征。至十八日，蒙古敖汉部、奈曼部、喀尔喀诸部、扎鲁特部、喀喇沁部等部落首领各率兵马，到指定地点，先后与八旗军会合，只有科尔沁部诸贝勒没有赶来。土谢图额驸奥巴、哈谈巴图鲁、满珠习礼等虽已统兵起行，但"自行侵掠"②，因而延误了会兵的日期。皇太极闻讯大怒，再派人往邀奥巴，严令他迅速率众来会。奥巴在掳掠察哈尔边境后，自行回兵，最后是由台吉满珠习礼、巴敦率领一部分科尔沁军队，并携所获人畜财富，前来会师。至此，皇太极集齐一支满蒙联军，向察哈尔进发。二十日黎明，皇太极命令大军乘夜突袭，"驰击席尔哈、席伯图、英、汤图诸处"，大获全胜，打了林丹汗所部一个措手不及。次日，皇太极派遣精锐骑兵追捕败军，一直追到兴安岭。十月，大军返回沈阳。在此次军事行动中，科尔沁部的领袖满珠习礼、巴敦率众前来会师，并能够奋勇力战，受到了皇太极的嘉奖，分别被赐号为"达尔汉巴图鲁"和"达尔汉卓礼克图"。针对土谢图额驸奥巴背约的行为，皇太极遣使至科尔沁部历数其罪，严加斥责。奥巴接谕后，惊惧不已，决定亲自前往沈阳谢罪。最终，皇太极赦免了奥巴的罪过，双方重归于好。总之，天聪二年的这次远征，满蒙联军取得重大战果，"获人畜无算"③，而皇太极则巩固了他的"盟主"地位，并进一步确立了归附蒙古诸部对后金的臣属关系。

天聪六年（1632），皇太极决定再次亲征察哈尔部。他志在必得，意欲直捣敌巢，俘获林丹汗，进而统一整个漠南蒙古。当年三月，皇太极派遣使臣到归附蒙古诸部，告知大军启行日期，令各贝勒率所属兵士，与大军会合。临出征之际，皇太极向八旗将士下谕，严肃军纪，命令他们在行军途中不可惊扰蒙古各部。

---

① 《清太宗实录》卷四，天聪二年九月庚申。
② 《清太宗实录》卷四，天聪二年九月甲戌。
③ 《清太宗实录》卷四，天聪二年九月丁丑。

二、皇太极扩大战争

四月初一日，皇太极命贝勒阿巴泰、杜度等留守沈阳，亲率大军西行，攻打察哈尔部。大军至辽河，正逢水涨，皇太极与诸贝勒乘船以渡，并渡辎重，其余人马皆涉水而过，"凡两昼夜始尽"①。后金兵行经都尔鼻（今辽宁彰武县）、西拉木伦河等地，沿途的蒙古领袖纷纷率所部前来会兵。至十二日，皇太极大军抵达昭乌达（今内蒙古赤峰市），会师的蒙古部落已有喀喇沁部、土默特部、喀喇车里克部、伊苏武部、扎鲁特部、敖汉部、奈曼部、阿禄部、巴林部、科尔沁部等。皇太极举行了盛大的宴会，招待各部统兵贝勒，并且给予诸多赏赐。此次满蒙合兵，共有10万之众，其规模比第一次征讨察哈尔时更为盛大。但是，皇太极对这一情况并不满意，他认为蒙古诸部"所率兵多寡不齐，迟速亦异"。为此，他对各首领分别给予批评和表扬，其中科尔沁土谢图额驸奥巴吸取往日教训，"率来军士甚多，又不惜所畜马匹，散给部众，疾驰来会"，受到了皇太极的特别嘉许。众首领聆听皇太极谕旨，"皆叩首受命"②。由此可见，皇太极在漠南蒙古草原上已经占据无可争辩的至高权威。

大军继续前行，长途跋涉，准备给林丹汗以出其不意的致命一击。四月二十二日，满蒙联军跨越兴安岭，至大儿湖附近的公古里河驻营，此地据沈阳已有1350里。第二天，从察哈尔部逃来一人，归附后金大营。经过讯问，皇太极才了解到联军中早有两个蒙古人逃往察哈尔，向林丹汗透露了后金的军事行动。林丹汗经过天聪二年（1628）的打击，已成惊弓之鸟，他听说皇太极"举大兵无数来征"，惊惧不已，带领部众"弃本土西奔，遣人赴归化城（今内蒙呼和浩特市），驱富民及牲畜，尽渡黄河"③，逃往库黑得勒酥，距大儿湖一带约有1个月的路程，皇太极出其不意的策略落空了。面对新的形势，皇太极虽心有不甘，但还是向诸贝勒指出："察哈尔知我整旅而来，必不敢撄我军锋，追愈急，则彼愈远。我马疲粮竭，不如且赴归化城暂住。"④ 于是，满蒙大军调整行军路线，中止对林丹汗的追击，前往归化城休整，伺机而动。两天后，后金前哨捕获察哈尔部一人，得知其部众尚在喀喇莽鼐的左界一带。经过皇太极与诸贝勒、大

---

① 《清太宗实录》卷一一，天聪六年四月己巳。
② 以上所引，见《清太宗实录》卷一一，天聪六年四月癸未。
③ 以上所引，见《清太宗实录》卷一一，天聪六年四月乙酉。
④ 《清太宗实录》卷一一，天聪六年四月己丑。

臣商议，决定再度调整行军路线，深入敌境，擒拿林丹汗。不过后金的这一军事计划最终还是失败了，大军行至布龙图，便有哨探前来汇报："观敌人大队踪迹逃去已久，恐我兵追之无及。"① 皇太极只好放弃进取察哈尔，回师至枯索驻营，并召集满、蒙、汉诸贝勒、大臣商议对策。由于这时满蒙联军已接近明朝边境，经过一番讨论，皇太极定议，大军开往明边，获取林丹汗遗留下来的蒙古部众，并伺机进攻明朝。

此时已是农历五月，经过一个多月的长途跋涉，由于远离后方，军中粮草不济。行军途中，又多是荒无人烟之地，士兵只好靠猎取野兽充饥。据《清太宗实录》记载，大军行至朱儿格土地方，只见黄羊遍地，不计其数，士兵们分成左右两翼，围猎黄羊，一天之内便捕杀了数万只。皇太极也参加了这一活动，只见他拉弓搭箭，连发两矢，每矢贯两只黄羊，一共射杀了58只。除了粮食问题以外，缺水问题也十分严峻。时值盛夏，天气炎热，高温无雨，附近又没有水源。将士们口渴难忍，以至于昏倒在路上，只好在夜里行军，导致许多人掉队。大军行至和尔果，好不容易遇到了人家。有的士兵第二天才赶到，用一只黄羊换一碗水喝。皇太极发现还有一些士兵未能归队，命令各牛录派人带着水去寻找他们。② 后金此次远征真可谓历尽艰辛！

五月二十三日，大军行至木鲁哈喇克沁。皇太极命令分兵两翼，左翼以阿济格为帅，统领科尔沁部、巴林部、扎鲁特部、喀喇沁部、土默特部、阿禄部等部兵1万，往掠宣府、大同边外的察哈尔部民；右翼命济尔哈朗、岳托、德格类、萨哈廉、多尔衮、多铎、豪格等率兵2万，往掠归化城、河套一带的察哈尔部民。皇太极与代善、莽古尔泰一道统大军前行。二十七日，皇太极进驻归化城，受到城内诸喇嘛、蒙古领袖的归顺朝见。同日，两翼兵进入博多克隘口，日行700里，"西至黄河木纳汉山，东至宣府，自归化城南及明国边境，所在居民逃匿者，悉俘之。归附者，编为户口"③。据记载，黄河一带蒙古民众本已随林丹汗西逃，但迟迟未见后金兵的踪迹，故而一些部民重又渡河，返归故土。不想此时大军突至，他们措手不及，遂为右翼兵俘获，其数以千计。

---

① 《清太宗实录》卷一一，天聪六年五月丁未。
② 《清太宗实录》卷一一，天聪六年五月丙辰。
③ 《清太宗实录》卷一一，天聪六年五月甲子。

二、皇太极扩大战争

六月,科尔沁部奏报皇太极,称邻近明朝边界的察哈尔部众均逃入沙河堡内。于是,皇太极遣使致书明朝边吏,要求其献出蒙古民众。沙河堡官员览信大惊,慑于后金兵威,将逃入堡内的蒙古人以及原先馈赏察哈尔部的财物尽数送出。经统计,有男妇 320 人,牲畜 1440 口,绸缎布帛 6490 缎匹。八日,皇太极出归化城,沿着明朝边境行军,分别致信大同、阳和、宣府等处官员,以军事恫吓的方式要求与明朝议和。最终,后金大军与明朝在张家口展开互市,并与宣府巡抚沈棨等官员订立盟约。至此,皇太极认为此次远征的目的基本达到,遂下令班师东返。七月二十四日,大军顺利回到沈阳。

这次长途远征,历时三月有余。后金虽然没有擒拿林丹汗,实现预定的战略目标,但是依然取得了巨大的胜利:一方面,后金在此役中收拢大量察哈尔部众,并从明朝边境获得了许多财物,战果颇丰;另一方面,更重要的是,察哈尔部被迫举部远徙,陷于崩溃瓦解的绝境,林丹汗在漠南草原上的影响从此消失殆尽。

据记载,面对满蒙联军的汹汹来势,林丹汗率残部昼夜不停地西奔,向图白忒部(西藏)方向逃窜。他的部众"素苦其暴虐,抗违不往",途中逗留逃散者有十之七八,再加上病死许多人,林丹汗属下的民众已经所剩无几。他们的生活越发困难,很快部内就没有了粮草,出现了"杀人以食"的惨象①。曾经称雄漠南蒙古的察哈尔部竟沦落到了如此地步!天聪八年(1634)正月,皇太极听说察哈尔部众流散于席尔哈、席伯图一带,遂命大臣巴思翰、巴海率领蒙古兵前往征抚,收获颇丰。是年,林丹汗因患天花死于大草滩(今甘肃民乐县永固镇一带)②,察哈尔部分崩离析,大小头目纷纷东归投附后金。六月,皇太极亲征宣、大,在攻略明朝的同时,八旗军妥善招抚前来归顺的察哈尔部众。同时,汗王还命令大臣额尔德尼囊苏、哈尔松阿会同八旗前锋将官,率领一支数百人的精兵侦查林丹汗之子额尔克孔果尔额哲的行踪,最终未能得到准确消息。皇太极遂于九月班师,返回沈阳,结束了这次军事行动。

天聪九年(1635)二月,皇太极命令多尔衮、岳托、萨哈廉、豪格统

---

① 〔清〕阿桂:《清朝开国方略》卷一九,第 461 页。
② 达力扎布:《察哈尔林丹汗病逝之"大草滩"考》,《民族研究》2018 年第 5 期。

兵1万，寻找额哲等人的踪迹。一个月后，大军进至西喇珠尔格，居于此地的林丹汗遗孀囊囊福晋率1500户归降，并告知多尔衮额哲的驻地所在。于是多尔衮一面命温泰等人将他们护送回沈阳，一面继续统领军队渡过黄河。八旗大军沿路招抚河套地区的察哈尔残部，并于四月二十八日抵达鄂尔多斯托里图。驻于此地的额哲以及其母苏泰太后听到后金兵突至的消息，率领属下1000余户部民投降，并献出元顺帝当年逃归大漠所携带的传国玉玺。多尔衮将他们妥善安置于归化城，随后继续统军攻略明朝山西一带，俘获大量人口、牲畜。至九月，方才回师，携带着察哈尔部众、传国玉玺以及从明朝掠得的战利品返抵沈阳。皇太极十分高兴，亲率贝勒、大臣远迎，给予凯旋之师以极高的礼遇。察哈尔的部民被后金编旗，并妥善安置于义州（今辽宁义县），其首领额哲得到了颇多赏赐，皇太极还将自己的女儿固伦公主许配给他。此次用兵，八旗军意外收获了传国玉玺，极大地鼓舞了朝野上下的士气民心，人们普遍认为这是"一统万年之瑞"①。天聪十年（1636），皇太极便以此为名，践皇帝位，改国号为大清，改年号为崇德，建立起了一个新兴的大清王朝。

林丹汗的败亡和额哲的归顺，标志着经过两代人的努力，皇太极终于完成了整个漠南蒙古的统一。远在大漠以北的喀尔喀蒙古也感受到了来自后金的压力，纷纷前往沈阳朝贡。崇德三年（1638），喀尔喀蒙古的札萨克图汗部、车臣汗部、土谢图汗部三大部遣使来朝。由于漠北地区物资匮乏，皇太极只令他们贡献白马8匹、白驼1头，号称"九白之贡"②，遂为定制。这一事件标志着漠北蒙古开始臣服于清朝的统治。明朝"联西虏制东夷"的策略彻底破产，而且北面屏障洞开，清（后金）军得以屡次绕道蒙古，进入中原，攻城略地，俘虏人畜，极大地消耗了明朝的国力。正如《明史·鞑靼传》所说："明未亡，而插先毙，诸部皆折入于大清。国计愈困，边事愈棘，朝议愈纷，明亦遂不可为矣。"③

皇太极统一漠南蒙古过程中，除了武力征剿外，他还采取了诸多措施，也是战后的善后处理，不断巩固后金（清）对这一广大地区的统治。

其一，笼络蒙古上层贵族。皇太极曾与大臣谈到，林丹汗失败的原因

---

① 〔清〕阿桂：《清朝开国方略》卷二〇，第490页。
② 〔清〕魏源：《圣武记》卷三《外藩》，《国朝绥服蒙古记二》，第102页。
③ 〔清〕张廷玉等：《明史·鞑靼传》卷三二七，第8494页。

二、皇太极扩大战争

在于暴虐无道,贪财好利,强取豪夺,最终导致各部首领与其离心离德。他充分吸取了这一教训,提出"以力服人不如令人中心悦服之为贵也"①的论断,继承努尔哈赤以来的政策,积极笼络归顺的蒙古上层贵族,以礼相待,厚加赏赐,封以高官显爵。天聪六年(1632)九月,科尔沁部土谢图额驸奥巴病卒,皇太极十分伤感,为之"素服垂涕",向侍臣说道:"凡人无益于国家,虽属姻戚,朕未尝痛惜。若喀喇沁塔布囊苏布地,与土谢图额驸皆最优之才,临阵每独当一面,长于谋议,如此良臣,何可再得!"②给予奥巴极高的评价,并遣宗室篇古、额驸杨古利等致祭。他还授奥巴之子巴达礼为济农,令其承袭土谢图的封号。皇太极如此厚待科尔沁部的首领,与林丹汗的残暴统治形成鲜明对比,使蒙古诸部感怀于心。崇德元年(1636),皇太极称帝建国,即分赏外藩蒙古诸贝勒,授予其亲王、郡王、贝勒等封号。其中科尔沁的巴达礼、吴克善以及察哈尔的额哲均被封为和硕亲王,而额哲地位最尊,"位冠四十九旗贝勒之上"③。除了上述封赏外,皇太极还延续了努尔哈赤时期的做法,积极与蒙古各部联姻,借以巩固满蒙联盟。据学者统计,在努尔哈赤执政时期,后金与科尔沁等4个部落结亲达23次,皇太极继承汗位后,满蒙联姻更为频繁,多达16个部落的73次。④ 在皇太极的后宫中,有所谓一后四妃,其中清宁宫皇后、关雎宫宸妃、永福宫庄妃都是科尔沁贝勒的女儿,而衍庆宫淑妃和麟趾宫贵妃则是察哈尔林丹汗的遗孀,分别是窦土门福晋和囊囊福晋。由此可见,天聪、崇德年间,满蒙联姻之盛。

其二,安养降人。前已述及,皇太极秉承其父政策,积极招降纳叛,对于前来归顺的蒙古民众妥善安置。天聪八九年间(1634—1635),由于林丹汗病亡于大草滩,察哈尔部分崩离析,其首领、民众纷纷归附后金。皇太极下谕将他们分隶八旗,加以赡养。再如崇德三年(1638),有6个蒙古人从锦州前来投附后金,皇太极命令:"以巴郎、博地赐与正黄旗养之,海山代、寨桑赐与和硕睿亲王养之,巴达克、门都赐与多罗武英郡王

---

① 〔清〕祁韵士撰,包文汉整理:《清朝藩部要略稿本》卷一,第18页。
② 〔清〕祁韵士撰,包文汉整理:《清朝藩部要略稿本》卷一,第10页。
③ 〔清〕魏源:《圣武记》卷三《外藩》《国朝绥服蒙古记一》,第96页。
④ 参见白洪希《皇太极绥服漠南蒙古及其作用》,《社会科学辑刊》1997年第4期。

养之,并赐巴郎、博地各奴仆五对、马两匹、牛二头、驴一头、缎二匹、佛头青布及白布各二十匹,海山代、寨桑、巴达克、门都四人各奴仆四对、马二匹、牛二头、驴一头、缎一匹、佛头青布及白布各二十匹。"①通过这些安养优惠的政策,皇太极收揽了蒙古普通民众的人心,进而巩固了他在漠南蒙古草原上的统治。

其三,划分牧地疆界,分定人口。皇太极清楚地认识到,漠南蒙古长期以来内乱不已,一个基本原因,就是各部落之间相互争夺牧场、居民和财富。为了稳定漠南蒙古,巩固后金的权威,皇太极决定严格划分牧地疆界,分定人口,消弭纷争。天聪八年(1634)十月,皇太极派遣大臣阿什达尔汉、达雅齐前往蒙古,在硕翁科尔地方会同蒙古各部贝勒,"定蒙古牧地疆界",分定以后,要求各部勿得兼并、争夺,越界者"坐侵犯罪,往来驻牧,务会齐移动,毋少参差"②。之后,在阿什达尔汉和达雅齐的主持下,蒙古各部又分定户口。通过这一举措,蒙古地区走向了稳定,并为各部休养生息,发展畜牧业和开垦荒地提供了条件,同时也加强了后金(清)对蒙古的有效管理。

其四,编设八旗蒙古,推行盟旗制。早在天命年间,就有不少蒙古民众投奔后金政权,他们分别被编入牛录,隶属八旗满洲。皇太极执政后,情况有了很大的变化,归附后金的蒙古人大大增加,蒙古牛录逐渐扩大,在天聪三年(1629)被扩编为蒙古二旗,称为"蒙古右营"和"蒙古左营"。天聪九年(1635),额哲率部归顺后金,林丹汗势力彻底覆灭后,皇太极下令编审内外喀喇沁蒙古壮丁,得16953名,仿照满洲八旗的制度编设,共十一旗,其中三旗分别为喀喇沁的古鲁思辖布所辖一旗、土默特右翼的俄木布楚虎尔所辖一旗以及土默特左翼耿格尔与单把共管的一旗,这三旗隶属于外藩蒙古,其余八旗的旗色与建制则与八旗满洲一致,是为"八旗蒙古"。通过这一做法,后金直接控制的兵员与人口得以增加,八旗组织中注入了新鲜血液,其战斗力也进一步提升。除此之外,皇太极还把旗的组织推广到了整个漠南蒙古地区,始设二十七旗,后世逐渐发展为四十九旗,每旗置札萨克一人,统管旗务,札萨克既是蒙古的世袭贵族,又

---

① 中国第一历史档案馆编:《清初内国史院满文档案译编》(上)第398页,光明日报出版社,1989。

② 〔清〕祁韵士撰,包文汉整理:《清朝藩部要略稿本》卷一,第13页。

二、皇太极扩大战争

是后金（清）任命的官员，具有双重身份，接受朝廷号令。① 此外，皇太极还要求各旗以会盟的方式处理重要事务，后世漠南蒙古地区逐渐形成哲里木、卓索图、昭乌达、锡林郭勒、乌兰察布、伊克昭六盟，盟上则设盟长和副盟长各一员，共同理事，成为扎萨克旗的一级组织。② 后金（清）政权通过设立盟旗制的方式，将蒙古分而治之，将民众牢固地限制在固定地域内，受到层层监督和统治，从而使得清政权成功地在曾经纷乱不定的漠南蒙古地区建立了稳定的统治秩序。

其五，严格推行法律制度。鉴于漠南蒙古长期以来法制未备，陋习不除，皇太极决心严加约束，以改变这种松懈局面。他十分重视法制建设的工作，提出："朕承皇考创业垂统嗣位以来，统一蒙古，收服朝鲜，自今以后宜思所以宣布法纪，修明典常。当国运茂隆之时，若不立纲陈纪，次第振兴，后人将何所法守！"③ 因此，在天聪初年，皇太极就将后金的法制陆续向归附的蒙古部落推行，到了天聪八年（1634）正月，借蒙古贝勒来沈阳朝贺元旦之机，皇太极申明外藩禁令："凡夺人妇配他人者，罚驼马五十，其纳妇者，罚七九之数与原夫；凡奸诱人妇逃者，男妇俱论死，其家产尽给原夫。如部长不察治，亦罚驼五、马五十。至盔甲无号带，马匹无印牌，及盔缨、纛缨、纛幅不如制者，俱论罪。"④ 同年六月，他又向蒙古诸贝勒颁布军令："行军时勿离纛，勿喧哗，勿私出劫掠。抗拒者诛之，归顺者宥之。勿毁庙宇，勿杀行人，勿夺人衣服，勿离人夫妇，勿淫人妇女，违者治罪。"⑤ 崇德元年（1636）十月，刚登上帝位的皇太极命内弘文院大学士希福、蒙古承政尼堪、塔布囊达雅齐偕同都察院承政阿什达尔汉前往察哈尔、喀尔喀、科尔沁等地，"稽户口，编牛录，谳庶狱，颁法律，禁奸宄"⑥。通过这些措施，皇太极用法制管理蒙古，卓有成效，同时也为后来清廷制定《蒙古律例》和《理藩院则例》奠定了基础。

其六，设立理藩院。皇太极称帝后，创设"蒙古衙门"，其中有承政、

---

① 达力扎布：《清初内扎萨克旗的建立问题》，《历史研究》1998 年第 1 期。
② 达力扎布：《清代内扎萨克元盟和蒙古衙门的设立时间蠡测》，《黑龙江民族丛刊》1996 年第 2 期。
③ 〔清〕阿桂：《清朝开国方略》卷二四，第 567 页。
④ 〔清〕祁韵士撰，包文汉整理：《清朝藩部要略稿本》卷一，第 11 页。
⑤ 赵尔巽等：《清史稿·太宗本纪一》卷二，第 46 页。
⑥ 〔清〕祁韵士撰，包文汉整理：《清朝藩部要略稿本》卷一，第 19 页。

参政等官。后来，由于各部归附日众，蒙古事务增多，崇德三年（1638）诏改"蒙古衙门"为"理藩院"，蒙古地区诸如封爵、设旗、编佐、审丁、会盟等事皆由其统管。到了清军入关后，理藩院几经发展，其职权大大增加，除了负责处理蒙古事务外，还管理国内其他少数民族的事务以及一部分外交事宜，在清朝部院衙门中占据重要地位。正如《大清会典》所言，理藩院"掌外藩之政令，制其爵禄，定其朝会，正其刑罚"①，而这一切，便滥觞于皇太极治理漠南蒙古的政治实践中。

其七，尊崇黄教。藏传佛教是中国佛教的一支，7世纪开始在藏区流传。到了15世纪初，宗喀巴进行改革，创立格鲁派（即黄教）。16世纪后期，黄教在蒙古地区广泛传播，得到了各部民众的普遍信仰，逐渐发展成为蒙古族占统治地位的宗教。努尔哈赤、皇太极父子尊重蒙古族的信仰，并通过宗教的方式加以笼络。明万历四十三年（1615），尚未称汗的努尔哈赤便下令在赫图阿拉城东修建了7座喇嘛庙，皇太极执政后，后金（清）推崇黄教的力度更大。天聪八年（1634），墨尔根喇嘛载护法"嘛哈噶喇佛"归顺后金，皇太极便于崇德元年（1636）在沈阳城西3里外建立一座寺庙来供奉此佛，庙名为"莲花净土实胜寺"。待寺庙落成后，皇太极率诸王贝勒大臣在寺外行三跪九叩大礼，以表虔诚。这对信仰黄教的蒙古首领及其部众无疑是一种精神上的鼓舞，从而加强了他们对清政权的认同感和归属感。到了崇德五年（1640），沈阳又建了东、南、西、北四塔，以方便朝会的蒙古首领诵经礼佛。崇德八年（1643），又在塔下建4座寺庙，分别为东塔永光寺、西塔延寿寺、南塔广慈寺、北塔法轮寺，这些佛教建筑于顺治二年（1645）全部竣工。由此可见皇太极对黄教的尊崇和大力扶持。这一做法为后世清帝所继承，成为清朝怀柔边疆、处理民族关系的重要方略之一。正如清世宗所说："广布黄教，宣讲经典，使番夷僧俗崇法慕义，亿万斯年，永跻仁寿之域，则以佐助王化，实有裨益。"② 高宗说得更为明确："兴黄教，即所以安众蒙古，所系非小，故不可不保护之。"③ 避暑山庄的外八庙便是这一政策传承的见证。

---

① 〔清〕昆岗等：《钦定大清会典》（光绪朝）卷六三，第1页，商务印书馆石印本，1908。

② 清世宗：《惠远庙碑文》。

③ 《清高宗实录》卷一四二七，乾隆五十八年四月辛巳。

二、皇太极扩大战争

通过上述措施，皇太极牢牢地将漠南蒙古控制在后金（清）的统治之下，化敌为友，不仅解决了八旗铁骑与明作战的后顾之忧，而且通过建立满蒙联盟，使清政权在争衡天下的过程中获得了一个有力的助手，漠南蒙古地区也成为八旗军绕道入关袭扰中原的重要通道。明朝被置于包围和孤立之中，而蒙古军队则在此后清朝统一全国的战争中浴血沙场，立下汗马功劳。此外，皇太极经略蒙古的政治实践，也为入关后清朝推行其成功的怀柔边疆的民族政策奠定了坚实的基础。

天聪八年（1634），经过八年的努力，皇太极东征朝鲜，双方订立兄弟之盟，又西征林丹汗，统一漠南蒙古，彻底结束了继位初后金政权"四境逼处"的局面，可以集中力量对付唯一的劲敌明朝。十月，皇太极便在其父努尔哈赤的灵前告祭道：

> 臣于诸国，慑之以兵，怀之以德，四境敌国，归附甚众。……乃者，朝鲜素未输诚，今已称弟纳贡；喀尔喀五部举国来归；喀喇沁、土默特以及阿禄诸部落，无不臣服。察哈尔兄弟，其先归附者半。后察哈尔汗携其余众，避我西奔，未至汤古忒部落（指西藏），殂于西喇卫古尔部落打草滩地（即大草滩），其执政大臣率所属尽来归附。今为敌者，惟有明国耳。①

4. 五次入关攻明

皇太极在经营黑龙江、漠南蒙古，扩大后金（清）疆域的同时，始终坚持向明朝发动战争。宁远、锦州城下的两次失利让他认识到："彼山海关、锦州防守甚坚，徒劳我师，攻之何益！"他不愿与明军在辽西走廊僵持，决定开辟新的战场，提出："惟当深入内地，取其无备城邑可也。"②

---

① 《清太宗实录》卷二〇，天聪八年十月庚戌。
② 《清太宗实录》卷六，天聪四年二月甲寅。

就当时的形势而言，明朝在边境的主要力量都集中于山海关及宁、锦一线，而"山海关以西塞垣颓落，军伍废弛"①，易于攻取。因此，皇太极的新战略便是避实击虚、千里纵兵、迂回作战，绕道今内蒙古，从长城薄弱处进攻中原。基于此，后金（清）军先后于天聪三年（明崇祯二年，1629）、天聪八年（明崇祯七年，1634）、崇德元年（明崇祯九年，1636）、崇德三年（明崇祯十一年，1638）、崇德七年（明崇祯十五年，1642）五次入关袭扰，在清朝统一战争史上写下了浓墨重彩的一笔。

这里，就从第一次入关袭明写起。

明崇祯二年（后金天聪三年，1629）二月十一日，汉官高鸿中上奏皇太极，提出长驱直入、突袭明朝京师的方略：

> 若此时他来讲和，查其真伪何如，若果真心讲和，我以诚心许之，就比朝鲜事例，请封王位，从正朔，此事可讲。若说彼此称帝，他以名份为重，定是要人要地，此和不必说。他既无讲和意，我无别策，直抵京城，相其情形，或攻或困，再作方略。他若因其攻困之急，差人说和，是求和，非讲和，我以和许之，只讲彼此称帝，以黄河为界。②

皇太极在这份奏本上批道："劝朕进兵勿迟，甚为确论。"③ 对于后金这种军事政治集团而言，不停地发动战争，取得新的胜利，是其能够生存、发展、兴盛的唯一途径。正如努尔哈赤所言："既征大明，岂容中止！"④ 尤其是在兵败宁、锦的阴霾下，后金急需一场胜利来稳定民心、军心，增强内部的凝聚力，因此，皇太极赞成高鸿中的主张，决定兴师伐明。但此时尚为农忙时节，不能马上出征，"稍迟时日，俟地锄完即行"⑤。

---

① 〔清〕谷应泰：《明史纪事本末补遗》卷六《东兵入口》，第1487页。
② 《明清史料》丙编第1本第45页，《高鸿中奏本》，"国立中央研究院"历史语言研究所，1930。
③ 《明清史料》丙编第1本第15页，《敕谕副将高鸿中稿》。
④ 《清太祖武皇帝实录》卷四，天命七年三月，见《清入关前史料选辑》（第一辑）第375页。
⑤ 《明清史料》丙编第1本第15页，《敕谕副将高鸿中稿》。

二、皇太极扩大战争

同年十月初二日,刚刚忙完秋收,皇太极便亲自统率大军伐明。由于在上一年满蒙联军已经沉重打击了察哈尔部林丹汗势力,这次出兵,他得以绕过宁、锦,假道蒙古,毫无阻滞,由北向南,进入中原,意在给北京一个突然袭击。

此次攻打明朝,皇太极除了动员八旗将士外,还命令归顺的外藩蒙古军队参战。一路上,先后有扎鲁特、奈曼、敖汉、喀喇沁、巴林、科尔沁等部来会。这次用兵总人数,据李治亭考证,应在 5 万左右。① 大军行进时,由曾受明朝抚赏,熟悉路径的喀喇沁部台吉布尔哈图为向导。十月初二日,大军从沈阳出发,向西北行,经过都尔鼻转向西行,进入科尔沁部属地,初五日驻营阳石木河,十一日抵达辽河西岸。在那里,皇太极召集诸贝勒大臣和外藩蒙古领袖,举行军事会议,提出:"明国屡背盟誓,蒙古察哈尔国残虐不道,皆当征讨。今大兵既集,所向宜何先?尔等其共议之。"贝勒大臣们众说纷纭,有的提出退兵,有的提出征明,莫衷一是。皇太极早已成竹在胸,举行军事会议只是为了统一思想罢了,因此,他最终表明了态度:"以征明之议为是"②,于是大军向明朝边境进发。

平心而论,皇太极做出的绕道蒙古、突袭北京的决策是极具风险性的。二十日,大军抵达喀喇沁部所在的青城后,大贝勒代善、三贝勒莽古尔泰便向皇太极建言,反对冒险伐明,他们认为:"我兵深入敌境,劳师袭远,若不获入明边,则粮匮马疲,何以为归计。纵得入边,而明人会各路兵环攻,则众寡不敌。且我等既入边口,倘明兵自后堵截,恐无归路。"③ 其论不无道理,但是他们在大军业已出发之际提出这种看法,势必会动摇军心,而且会使皇太极陷入进退维谷的窘境。因此,皇太极十分不高兴,他最后在岳托、济尔哈朗的支持下,坚持伐明的决策,并且让他们说服代善、莽古尔泰改变态度。就在当晚,皇太极发布征明谕旨,申明军纪,人心始定。

深夜,大军开拔。二十四日抵达老河(即老哈河),皇太极召集诸贝勒大臣,部署进攻方略:贝勒济尔哈朗、岳托率右翼四旗兵及右翼诸部蒙

---

① 参见李治亭《论清(后金)五次入关及其战略思想》,《松辽学刊(社会科学版)》1983 年增刊第 1 期。
② 《清太宗实录》卷五,天聪三年十月丙寅。
③ 《清太宗实录》卷五,天聪三年十月辛未。

古兵攻大安口；贝勒阿巴泰、阿济格率左翼四旗兵及左翼诸部蒙古兵攻龙井关；皇太极与大贝勒代善、三贝勒莽古尔泰及众贝勒率大军向洪山口进发。后金大军进展迅速，明朝边军薄弱，纷纷溃败，三路人马均顺利入口，克城败援，于三十日会师遵化城下，在距城5里处扎营。

皇太极采用先礼后兵的策略，写了一封信意欲劝降遵化巡抚王元雅。不料王元雅拒不投降，他决心坚守，与城共存亡。于是皇太极绕城环视地形，召集诸贝勒商议，决定于十一月初三日攻城，其作战方略为：正黄旗攻北面之西；镶黄旗攻北面之东；正红旗攻西面之北；镶红旗攻西面之南；镶蓝旗攻南面之西；正蓝旗攻南面之东；镶白旗攻东面之南；正白旗攻东面之北。① 初三日黎明，后金军全面攻城，将士们把云梯等攻城器械运至城下，正白旗士兵萨木哈图率先登城，大军一拥而上。此时城中后金内应纵火，于是明军布防彻底崩溃，死伤惨重，巡抚王元雅悬梁自尽。城内凡是抵抗的官兵军民，皆被屠杀。

袁崇焕听说后金军入关袭扰的消息后，立即派遣骁将山海关总兵赵率教入援。十一月初一日，赵率教统领4000精兵，三昼夜疾驰350里，到了三屯营，总兵朱国彦不许进入，于是又向西策马奔驰，赶到遵化。皇太极闻讯后，命令阿济格率左翼四旗兵及蒙古兵前去迎击。双方于初四日在城外展开大战，明军遇到埋伏，赵率教被斩于马下，其所属副将、参将、游击等全部战死，一军尽没。初六日，后金兵又转攻位于遵化东面的三屯营，副总兵朱来等慑于敌军声威，乘夜逃遁。总兵朱国彦悲愤不已，把逃跑将官的姓名在街市上张榜公示，他自知无法与敌军抗衡，只好散尽家财，尽给部卒，让他们自寻出路，然后穿戴好朝服冠帽，向西望阙叩拜，与妻子一道悬梁自尽。

皇太极听说萨木哈图在攻打遵化城一战中立下大功，十分高兴，亲自为他赐酒慰劳。皇太极非常重视这次攻坚战的胜利，他向统兵诸将传谕曰："我军年来皆怯于攻城，况此城较前所攻之城更坚。萨木哈图奋勇先登，殊可嘉也，宜优录之。"② 萨木哈图由白身破格升授备御职务，赐号"巴图鲁"，并赏给大量牲畜财物。由此可见，皇太极认为此役的胜利为后金军攻坚作战能力的提高积累了宝贵的经验。十一月十一日，皇太极命令

---

① 《清太宗实录》卷五，天聪三年十一月壬午。
② 《清太宗实录》卷五，天聪三年十一月甲申。

二、皇太极扩大战争

参将英俄尔岱、游击李思忠、文馆范文程率备御8员及兵800人留守遵化,他统领大军继续向北京进发。

后金军势如破竹,一路上攻城略地,连下玉田、三河、香河、顺义等城,绕过明军设置的重重阻碍,很快便抵达距离北京仅20里的牧马厂。从厂南的一个牧马圈中获得马骡235匹,骆驼6头,管马太监2名及300余人投降。十一月二十日,大军起行,到达北京城下,皇太极驻于城北土城关之东,两翼兵扎营于东北。北京城这座明朝的首都危在旦夕。

明朝上下万万没有想到后金敢于千里行军,兵临城下,满朝文武惊慌失措,乱成一团。明思宗宣布京师戒严,一方面起用赋闲在家的孙承宗为中极殿大学士兼兵部尚书,驻守通州,督理兵马钱粮,另一方面号召地方将领勤王入援,并传谕蓟辽督师袁崇焕,令其"调度各镇援兵,相机进止"①,希望他能够"多方筹画,计出万全,速建奇功,以膺懋赏"②。袁崇焕急忙与祖大寿、何可纲等骁将率领大军昼夜兼程,入卫京师,沿途经过抚宁、永平(今河北卢龙县)、迁安、丰润诸城,凡是险要之处皆派兵扼守,到了十一月初九日,大军赶到蓟州,按照袁崇焕的构想,是企图在蓟州阻遏后金军前进。然而,皇太极无意与袁崇焕的军队纠缠,统兵迅速离开蓟州,绕过袁军西进。袁崇焕得知阻遏的战术扑了空,立即率军追赶。十五日,后金兵进至通州,袁崇焕则抵达运河要镇河西务,距通州不过半日路程。他召开军事会议,提出直接进京防卫,以固国家根本的主张。副总兵周文郁劝阻道:"大兵宜趋敌,不宜入都,且敌在通州,我屯张家湾,相距十五里,就食河西务,敌易则战,敌坚则乘,此全策也。"③其论不无道理。但是袁崇焕有自己的看法,他认为皇太极很有可能故伎重演,"不与我战",径直向北京进发,那么国都就很危险了。所以,袁崇焕提出当务之急是抢在后金军前面赶到京师,安定军心、民心,"背障神京,面迎劲虏,方是完策"。经过多日奔波,袁军已是"士马疲敝,恐难野战",只有依托一座坚固的城池,才有望取得最终的胜利。北京作为国都所在地,城高池深,防御工事完备,自然是最佳的选择。听完督师的一番

---

① 〔清〕周文郁:《边事小记》,《辽师入卫纪事》,见阎崇年、俞三乐编《袁崇焕资料集录》(下)第10页,广西民族出版社,1984。

② 《崇祯长编》卷二八,崇祯二年十一月乙未。

③ 〔清〕谷应泰:《明史纪事本末补遗》卷六《东兵入口》,第1488页。

分析，周文郁又提出一个很有分量的问题："外镇之兵，未奉明旨而径至城下，可乎？"诚然，在皇权时代边将无旨入京是大忌。不料袁崇焕却答道："君父有急，何遑他恤？苟得济事，虽死无憾！"① 遂决意进京入卫。可见，袁崇焕已经把生死置之度外，而他的这一行动，也为其最终的悲剧命运埋下了伏笔。

原来，周文郁所言并非杞人忧天，袁崇焕还在蓟州的时候，朝廷上就传言他有引导后金兵入内地的嫌疑，下令其不得过蓟州一步，然而袁崇焕并未在意。到了河西务后，他又没能与后金兵交战，这更使人们疑窦丛生。十一月十六日，袁崇焕为了加快速度，仅率精锐骑兵9000人，士不传餐，马不再秣，两昼夜日行300里，于十九日间道抵达京师左安门外。次日，后金兵也行军至北京城下。袁军与后金军一前一后进抵北京，更增添了朝野上下的疑云，三人成虎，以至于"都人竞谓崇焕召敌"②，明思宗对袁崇焕的信任开始动摇。不过，当务之急还是要抵御强敌，明思宗只能够暂时放下心中的疑问，集中精力组织好北京保卫战。

十一月二十日，大战先在位于京城北面的德胜门外打响。驻守此地的明军统帅是勤王赴援、刚在顺义战场败退下来的大同总兵满桂和宣府总兵侯世禄。皇太极亲率大贝勒代善和贝勒济尔哈朗、岳托、杜度、萨哈廉等，统领右翼四旗兵和右翼蒙古兵向满桂和侯世禄军发动进攻。后金兵先用火器轰击，发炮毕，蒙古兵与正红旗护军从西面突袭，正黄旗护军则从旁冲入。侯世禄所部率先不支，败下阵来，避战不前，满桂于是独自统领所部厮杀。城上发大炮助战，不料误伤满桂兵，死伤惨重。满桂负伤退至关帝庙，此战遂告中止。第二天，京城守军打开德胜门，允许满桂所部的残兵进入瓮城修养。

就在德胜门激战正酣的时候，袁崇焕选择位于京师东面的广渠门作为战场，排兵布阵，迎接后金兵的进攻。他令祖大寿阵于南，王承允阵于西北，自己的部队则阵于西，成掎角之势，互为应援。皇太极传谕三贝勒莽古尔泰，贝勒阿巴泰、阿济格、多尔衮、多铎、豪格等率左翼四旗兵及左翼蒙古兵前去迎击。后金兵先向祖大寿部发动猛攻，遭到挫折，值此关键

---

① 以上所引，见〔清〕周文郁《边事小记》《辽师入卫纪事》，见《袁崇焕资料集录》（下）第11页。

② 〔清〕谷应泰：《明史纪事本末补遗》卷六《东兵入口》，第1488页。

二、皇太极扩大战争

时刻，王承允的阵营稍稍向南后退，后金兵遂抓住机会，折而向西，朝袁崇焕所部发动进攻。袁崇焕躬环甲胄，督军力战，后金兵的一把刀向他砍来，多亏小将袁升拼死相救，这才幸免于难。仗打得异常激烈，阿济格的战马受创而死，蒙古额驸恩格德尔的进攻受挫，而满蒙骑兵的弓矢则如骤雨一般向明军飞去，袁崇焕左右驰突，中箭很多，"两肋如猬，赖有重甲不透"①，两军相持不下。就在此时，祖大寿所部与袁军合兵一处，京城守军也参加了战斗，共同对敌。在明军的猛攻之下，后金兵渐渐不支，开始退却。明游击刘应国、罗景荣、千总窦浚等乘胜追击，一直将后金兵追到护城河边，满蒙将士们蜂拥渡河，河上的冰破裂，人马陷于河中无数。此战后金损失惨重，被迫于二十二日移营南海子，而明军也为此付出了伤亡数百人的代价。广渠门之战的胜利，使北京的防卫形势大为改观，同时也反映了袁崇焕督率的辽兵战斗力有了很大的提高，能够背依坚城，在野战中与后金兵纵横驰突，马颈相交，取得胜利。正如朝鲜人所言："袁军门、祖总兵等自午至酉，鏖战十数合，至于中箭，幸而得捷。贼退奔三十余里。贼之不得攻陷京城者，盖因两将力战之功也。"②

广渠门之战的胜利并未能够打消明思宗心中的疑虑。在战后，他虽然也召见袁崇焕，对其体恤慰问，并赏赐御馔、貂裘、银甲等物。但是，当袁崇焕提出希望像满桂一样率所部军队进城休整时，却遭到了明思宗的断然拒绝。袁崇焕无奈，只好不顾长途奔袭，士马疲惫，依然风餐露宿，驻于左安门外，竖立木栅，背城列阵，做好一切防御准备。听闻这一消息后，皇太极与诸贝勒率轻骑巡视左安门形势，说道："路隘且险，若伤我军士，虽胜不足多也。"③ 这是皇太极给自己找一个台阶下，他确实没有战胜袁崇焕的把握。后来，袁崇焕采纳了向导任守忠的计策，派遣500名火炮手偷袭南海子，搅得后金兵不得安宁。

战场上的接连失败令皇太极十分恼火，他决心除掉袁崇焕这个强劲的对手。既然用军事的手段无法取胜，皇太极想到了用计，也就是三十六计

---

① 〔清〕周文郁：《边事小记》，《辽师入卫纪事》，见《袁崇焕资料集录》（下）第12页。

② 朝鲜《李朝实录》仁祖八年四月癸丑，见吴晗辑《朝鲜李朝实录中的中国史料》第3435页，中华书局，1980。

③ 《清太宗实录》卷五，天聪三年十一月戊申。

中著名的反间计。关于这一事件,在《清太宗实录》等史籍中有详细记载。先前曾提到过,后金兵在牧马厂曾俘虏明朝的两个管马太监,他们分别是杨春和王成德,皇太极指派副将高鸿中,参将鲍承先、宁完我、巴克什达海负责监守。一日,高鸿中、鲍承先奉皇太极所授之计,夜里回营,坐在两个太监睡觉的地方,故作耳语状,说道:"今日撤兵,乃上计也。顷见上单骑向敌,敌有二人来见上,语良久乃去。意袁巡抚有密约,此事可立就矣。"① 概括而言,他们的意思是说袁崇焕与皇太极已经暗中联合,达成密约,攻取北京很快就会成功。太监杨春听到这个消息,十分震惊,他假装睡觉,把所有的话都记在了心里。二十九日,高鸿中、鲍承先故意放跑杨太监,杨太监回到明廷后,把这一重要情况向明思宗报告。明思宗中了后金的反间计,大怒,于是决定惩处袁崇焕。

十二月初一日,明思宗以讨论军饷事宜为名,召袁崇焕、满桂、祖大寿、黑云龙等人于平台奏对,这几位大将刚来到御前,明思宗劈头盖脸地当场质问袁崇焕以前擅杀大帅和现在进京逗留不战这两件事情。袁崇焕一时不知如何回答,明思宗也不等他的解释,立即将其逮捕,押赴锦衣卫诏狱。袁崇焕从堂堂督师沦为阶下囚。朝中阉党分子乘机交章弹劾,袁崇焕于第二年因为"通虏谋叛""擅主和议""专戮大帅"②"失误封疆"等罪名,被判以残酷的磔刑,年仅47岁,其家产被抄没入官,兄弟、妻子流放3000里。袁崇焕被诛,对明朝而言无疑是一个巨大损失,正如清人所修的《明史》评论道:"自崇焕死,边事益无人,明亡征决矣。"③

袁崇焕的突然被捕,令一旁的祖大寿战战兢兢,他与辽东全军将士都为督师的遭遇愤愤不平,而当时京城中流言四起,对关外援军多有污蔑之词。在悲愤和恐惧的复杂心态下,祖大寿出城后,就率领军队擅自东返,"远近大震"。明思宗得袁崇焕从狱中手书,命孙承宗派人追回祖大寿。但祖大寿已回到锦州,在孙承宗的努力和劝慰下,祖大寿为了"立功赎督师",最终重返山海关,敛兵待命。④ 明思宗命孙承宗移镇关门,并起用威望素著的罪将马世龙,令他们安抚辽兵,人心始定。

---

① 《清太宗实录》卷五,天聪三年十一月戊申。
② 指擅杀毛文龙,详见本章第六节《攻克皮岛》。
③ 〔清〕张廷玉等:《明史·袁崇焕传》卷二五九,第6719页。
④ 以上所引,详见〔清〕张廷玉等《明史·孙承宗传》卷二五〇,第6474页。

二、皇太极扩大战争

袁崇焕下狱后,明廷重新做了部署,以兵部尚书梁廷栋为文经略,满桂为武经略,各赐尚方剑,分别屯驻西直、安定二门,总督勤王的各路援兵,并要求满桂率师出战。满桂说:"敌劲援寡,未可战。"然而朝廷并不听他的主张,催促愈急。在强大的压力下,满桂不得已,"挥涕而出"①,于十二月十五日统领黑云龙、麻登云、孙祖寿诸总兵,合军4万,移营永定门外二里处,结树栅,四面布列枪炮十重,做好迎战的准备。

与此同时,十二月初一日以后的满蒙大军,在经历广渠门之败后,改变了进攻方向,避明军锋芒,在京畿地区活动,克良乡,屠固安,连败明军。十六日,当得知明思宗中计逮捕袁崇焕后,皇太极认为这是天赐良机,遂统领大军回师北京。在卢沟桥遇到了明副将申甫所部7000人的抵抗,后金以右翼四旗兵及右翼蒙古兵迎战,很快将其全歼。大军继续前进,在距京20里的地方,又击败一营明兵,并从俘虏处得知满桂所属4万大军在永定门外布防,皇太极遂命将士们以三鼓进兵列阵。十七日黎明,后金全军出动,精骑四面围合,"毁栅而入"②,明军抵挡不住,败下阵来。满桂不愧是一员骁将,他带领所部左右驰突,杀敌众多,战况十分激烈,"自辰至酉十余战,清兵屡易"③。然而,最终还是不敌,满桂与孙祖寿以及副将、参将、游击等将官30余人均死于阵中,黑云龙、麻登云等被俘,遂投降后金。京师大震。

此时,形势对后金一片大好,诸贝勒大臣争请进攻北京城。皇太极有自己的看法,他意味深长地说道:"城中痴儿,取之易如反掌耳。但其疆圉尚强,非旦夕可溃者,得之易,守之难,不若简兵练旅,以待天命可也。"④他派人将写给明思宗的信分别置于德胜门与安定门外,重申后金议和的意愿,然后调转行军方向,在京畿一带攻略。从明崇祯二年(后金天聪三年,1629)十二月末至次年二月,后金大军势如破竹,凯歌频奏,除了在昌黎、抚宁等地遭到明朝守军的坚决抵抗,稍有损失外,连下永平、滦州、迁安三座大城,以及周围的一些小城。三月初二日,皇太极从

---

① 以上所引,见〔清〕谷应泰《明史纪事本末补遗》卷六《东兵入口》,第1490页。
② 《清太宗实录》卷五,天聪三年十二月丁卯。
③ 〔清〕计六奇:《明季北略》卷五《满桂战死》,第120页。
④ 〔清〕昭梿:《啸亭杂录》卷一《太宗伐明》,第1页,中华书局,1980。

冷口率大军凯旋，行前在遵化、永平、滦州、迁安四城留兵固守，作为插在关内的楔子：贝勒阿巴泰、济尔哈朗、萨哈廉偕文臣索尼、宁完我、喀木图率正白、镶红、正蓝三旗兵守永平；文臣鲍承先、白格率镶黄、镶蓝二旗兵守迁安；固山额真图尔格、纳穆泰偕文臣库尔缠、高鸿中率正黄、正红、镶白三旗兵守滦州；察哈喇偕文臣范文程率蒙古兵守遵化。皇太极返回沈阳后不久，又派遣二贝勒阿敏、贝勒硕托率军与阿巴泰、济尔哈朗所部换防，屯驻永平，统管四城守御事宜。他十分重视经营这一进攻中原的前沿阵地，特意给阿敏下谕，要其善待汉民："永平、遵化、滦州、迁安等处归顺之民，耕种田禾，宜严禁扰害，此四处降民为汉人未降者所瞩目，岂可令其失望？"① 然而，阿敏狂妄自傲，仗着显赫的军功和四大贝勒的身份，根本不把皇太极的话放在心上，自行其是，在永平城放任兵将抢掠，驱汉人为奴，又以查办奸细为名，大搞株连，闹得人心惶惶，民怨沸腾。

后金所占中原四城，如同汪洋大海中的孤岛，明朝岂能容其存在！明大学士、兵部尚书孙承宗督师蓟辽后，练兵制械，积蓄力量，等待时机挥师反攻，收复失地。他在二月至四月间，派兵驻守位于山海关和四城之间的抚宁、昌黎、乐亭、石门、台头、燕河、开平和建昌等城，使声援连成一气，构筑一条进退自如的坚固战线。五月初九日，孙承宗正式誓师，进关作战。在他的指挥下，山西总兵马世龙、锦州总兵祖大寿、山东总兵杨绍基，副将祖大乐、祖可法、张宏谟、刘天禄等率兵攻打滦州，另外还有不满后金暴行的各乡百姓组成3万人的队伍，自筹粮草，参与攻城。滦州的后金守将纳穆泰、图尔格、汤古岱等分地固守，与明军交战，双方陷入胶着状态。二贝勒阿敏听说滦州被围的消息，惊慌不已，他虽然坐拥重兵，却只派遣区区数百人增援滦州，并擅自将迁安军民撤出，入永平城。明军用红衣大炮攻城，击坏城垛，焚毁城楼，士兵一拥而上。纳穆泰、图尔格、汤古岱等将领感到力不能支，遂于十二日率军突围，奔往永平。此时正赶上天下大雨，后金兵以20人或30人结队而行，秩序混乱，士气低落，遭到明军的不断截击，损失惨重。

驻守永平的阿敏和硕托得到滦州陷落的消息，既不迎接败兵，也不等

---

① 〔清〕阿桂：《清朝开国方略》卷一三，第318页。

二、皇太极扩大战争

待沈阳的援兵到来,他们将永平城内的归降汉官巡抚白养粹、知府张养初、太仆寺卿陈王庭、主事白养元、知县白珩、掌印官陈清华等人处死,并下令屠城,残忍杀害城中百姓,收拾掳掠得来的金银缎帛,于当夜弃永平,出冷口逃归沈阳。与此同时,阿敏还命令遵化守将察哈喇等弃城而走。此时,皇太极已派出贝勒杜度率精兵往永平换防,奈何大势已去,只好撤回。至此,后金军所占四座大城以及周围小城在数日之内全部丢失。阿敏率部返回沈阳后,举国上下无不痛恨。皇太极严厉惩办了相关人员,并以永平兵败为由,定二贝勒阿敏 16 条大罪,夺其所属人口、奴仆、财产、牲畜,处以幽禁。皇太极打击阿敏的势力,更多的还是政治上的考量。以这一事件为开端,他开始不断削弱其余三位大贝勒的权力,加强君权,推进后金的封建化进程。

从明崇祯二年(后金天聪三年,1629)十月入塞,至明崇祯三年(后金天聪四年,1630)五月拔营东归,后金兵迂回突袭,在明朝腹地纵横驰骋,转战达 7 个月之久。由于天聪三年为农历己巳年,故而这次战役史称"己巳之役"。此役为后金兵初次入塞,虽然最终未能在内地立稳脚跟,但是一度兵临北京城下,训练了满蒙铁骑长途行军、攻城战守的能力,沉重打击了明朝的统治,除掉了劲敌袁崇焕,并且掳获大量人口、牲畜,可谓战果丰硕。更为重要的是,此役是后金在战略上的突破,从此以后,假道蒙古,入关奔袭成为后金(清)军与明作战的重要方略,中原与关外成为明清(后金)战争的两大主战场。

明崇祯四年(后金天聪五年,1631),皇太极在辽西用兵,夺取了大凌河城。次年,后金军出征察哈尔部,逼使林丹汗向西藏逃窜。因此,到了明崇祯七年(后金天聪八年,1634),皇太极打算对明朝展开新的大规模进攻。这一年的五月十一日,皇太极向众官询问道:"征明当由何路进兵?"诸贝勒大臣答道:"宜从山海关大路而入。"皇太极不同意这一观点,提出:"今我大军,宜直抵宣、大。蒙古察哈尔国,先为我兵所败,心胆皆裂,举国骚然。彼贝勒大臣将来归我,我往,必遇诸途,尔众贝勒可多备衣服,以赏彼贝勒大臣之来降者。我师往征大同,兼可收纳察哈尔来归贝勒官民,计莫有善于此者。"[①] 皇太极主张出征宣、大,其原因除

---

① 《清太宗实录》卷一八,天聪八年五月丙申。

了方便收纳林丹汗残部之外，还有其他方面的考量。首先，明朝山海关一带经过袁崇焕、孙承宗等督师的建设，防守严密，后金兵很难通过，相对而言，宣府、大同一带的边防松懈得多，后金在此处展开军事行动，容易取胜。其次，宣府离京师只有300余里，奔袭宣府、大同，必然会对北京的军事造成威胁，从而起到震慑明廷、进一步削弱其统治基础的作用。

宣府、大同均位于农耕文明与游牧文明的接驳地带，与辽东互为唇齿，可谓兵家必争之地。为了抵御北方蒙古兵的南下，历代明帝极为重视这两处军镇的经营，营建工事，屯驻重兵，号称固若金汤。然而到了明末，一方面由于蒙古骑兵的长期骚扰破坏，另一方面由于明朝不断抽掉其余边镇的力量增援辽东，因此，宣府、大同塞垣空虚，形单力弱，已失昔日之盛。此外，这一年山西发生严重饥荒，"自去秋八月不雨至于是月，大饥，人相食"①。在这种情况下，皇太极选择宣府、大同作为军事行动的突破口，避实就虚，攻其不备，容易取得成功。

是年五月初，皇太极调集各路军队于沈阳，命贝勒济尔哈朗，大臣孟阿图、萨璧翰、霸奇兰、舒赛等留守后方。大军于五月二十日、二十二日分两批出师，于三十日会合于都尔鼻。外藩蒙古诸部兵相继来会，抵达纳里特河，所立营寨绵亘山野，蔚为壮观。此次用兵，后金可谓精锐尽出，其中既有女真、蒙古铁骑，也有新归附不久的汉将孔有德、耿仲明、尚可喜所辖"天佑军""天助军"②，据孙文良、李治亭考证，总兵力在10万人以上。③ 在漠南蒙古境内，察哈尔残部与后金大军纷纷遇于途，有的携牲畜来归，受到妥善安置，有的拒绝投降，则被残酷屠杀。

一个月后，大军行至长城沿线一带，皇太极将部队分成四路前进：

六月二十日，命贝勒德格类率正蓝旗固山额真觉罗色勒、镶蓝旗固山额真宗室篇古、左翼固山额真吴讷格所部以及巴林、扎鲁特、土默特等蒙古诸部兵，组成东路军，规取独石口，会兵于朔州。

六月三十日，命大贝勒代善，贝勒萨哈廉、硕托率正红旗固山额真梅勒章京叶克书、镶红旗固山额真昂邦章京叶臣、右翼固山额真甲喇章京阿代所部以及敖汉、奈曼、乌喇特、喀喇沁等蒙古诸部兵，组成西路军，自

---

① 〔清〕吴乘权等辑：《纲鉴易知录》卷八，第2923页，中华书局，1960。
② 详见本章第六节《攻克皮岛》。
③ 参见孙文良、李治亭《明清战争史略》第242页。

二、皇太极扩大战争

喀喇俄保地方入得胜堡,进征大同,西过黄河,会兵于朔州。

七月初五日,命贝勒阿济格、多尔衮、多铎率正白旗固山额真昂邦章京阿山、镶白旗固山额真梅勒章京伊尔登所部以及翁牛特、察哈尔新附土巴济农等蒙古诸部兵,组成中路军,自巴颜珠尔格地方入龙门口,会兵于宣府。

皇太极亲率贝勒阿巴泰、豪格,超品公扬古利,正黄旗固山额真纳穆泰,镶黄旗固山额真梅勒章京达尔哈,汉军固山额真昂帮章京石廷柱、马光远、王世选,"天佑兵"都元帅孔有德、总兵官耿仲明,"天助兵"总兵官尚可喜所部以及科尔沁等蒙古诸部兵,入尚方堡,由宣府攻略朔州一带。

四路大军于七月初八日先后入边,打了明军一个措手不及。皇太极此次用兵的目的不在于夺取城池、土地,而是掳掠财富,消耗明朝的有生力量。因此,在行军途中,后金兵并不在意一城一地的得失,能攻者即取之,掠其财富、毁其城防而去,久攻不克者则弃,转攻易取之地。据史书记载,四路大军在怀仁县、井坪城、龙门口、赤城等地受到了明军的有力抵抗,但是后金兵能够及时调整行军路线,转攻应州(今山西应县)、代州(今山西代县)、保安州(今河北涿鹿县)等防卫薄弱之处,从而所向披靡,擒斩甚众。东路军、中路军与皇太极所部会于应州,西路军与皇太极所部会于大同。明思宗眼看宣府、大同之兵无法抵挡后金军的进攻,一方面宣布京师戒严,并命保定巡抚丁魁楚、山西巡抚戴君恩、总兵陈洪范分别移驻紫荆关、雁门关、居庸关,以防后金军威胁都城,另一方面急调宁远总兵吴襄、山海关总兵尤世威率兵2万分道驰援大同。吴襄所部与后金兵交战,失败,尤世威部将祖宽以700骑冲入战阵,斩30余级,稍得利。后金兵从八月十三日开始围攻大同5日,未能取胜,遂往略西安堡(今山西怀仁县西安堡村、阳和)等地,八月三十日,大军进驻万全左卫(今河北怀安县左卫镇)。闰八月初四日,八旗合力修整武器,冒着炮火进攻,穴隳其城。正红旗将士竖梯,亲军褚库、布丹先登,大军一拥而上,斩明守备常汝忠,歼守军千人。闰八月初七日,皇太极率军回返,从尚方堡出塞,于九月十九日回到沈阳。

皇太极此次入关伐明,历时3个月,"东路至繁峙,中路至八角,西路至三岔"①，往来穿梭，任意出入，以宣府、大同为中心，纵掠范围涵盖今河北省西北部、山西省北部，几达山西省中部，围攻大小城镇台堡50余座。大军所到之处，"禾稼尽蹂躏，庐舍尽焚毁，台堡之人，俘斩甚众，遇哨卒辄击败之，军威丕振"，明朝北部边疆的军事和经济实力遭到严重削弱，而满蒙铁骑则又一次展现了能征善战的威力。面对后金兵的汹汹来势，"明之边吏震恐，未尝敢以大兵撄我锋者"②。在大同城下，皇太极曾试图与大同总兵曹文绍、阳和总督张宗衡等人议和，遭到拒绝后，便写了一封信讽刺道："予入境来，几两月矣，蹂躏禾稼，攻克城池，曾无一人出而对垒，敢发一矢者。"③ 由此可见明朝边防之薄弱、将士之无能到了何等地步！

明崇祯九年（清崇德元年，1636）五月，皇太极刚称帝一个月，正加紧准备亲征朝鲜的事宜。在入朝作战前，他决定派兵进关掳掠，再挫明朝锐气，使之不敢在八旗军东征时袭扰后方。五月三十日，皇太极亲自为行军统帅、武英郡王阿济格及出征大军送行。六月二十七日，阿济格率麾下将士10万余人，分三路入独石口，其中两黄旗自巴颜德木入，两白旗、正蓝旗自坤都入，两红旗、镶蓝旗自大巴颜入，七月初五日会师于延庆州（今北京延庆县）。大军先攻取雕鹗堡、长安岭两处，败明军7次，俘获人口牲畜共15230，于七月初七日正式入居庸关，在行军途中遭遇大同总兵王朴所率援兵，稍有折损，但仍然向昌平挺进。皇太极为了减轻阿济格所部的压力，于八月十二日命睿亲王多尔衮、豫亲王多铎率军向山海关进发，多尔衮率右翼兵由中后所入，多铎率左翼兵由锦州入，这两支人马有效地牵制了山海关外的明军，使阿济格所部免去后顾之忧，他们于十月班师，返回沈阳。

明思宗得知清军入边的消息，惊慌失措，于七月初三日宣布京师戒严，急令宦官李国辅、许进忠、张元亨、崔良用守卫紫荆关、倒马关、龙泉关、固关四个关口，并以张元佐为兵部右侍郎，镇守昌平，派司礼监太监魏国征守天寿山。接到命令后，魏国征当天启程，张元佐迁延不出，明思宗对内阁大臣们讽刺道："内臣即日就到，而侍郎三日未出，何怪朕之

---

① 〔清〕谷应泰：《明史纪事本末补遗》卷六《东兵入口》，第1494页。
② 《清太宗实录》卷二〇，天聪八年闰八月庚寅。
③ 《清太宗实录》卷一九，天聪八年八月己卯。

二、皇太极扩大战争

用内臣耶!"① 在进攻昌平之前,阿济格将投降的 2000 人释放,使其诈称逃归。明朝巡关御史王肇坤不知是计,将他们收纳入城。七月初七日,清军间道从天寿山后至昌平,合 20 固山攻城,炮矢齐发,毁其城楼,城中 2000 降人做内应,昌平城遂克。守城总兵巢丕昌投降,户部主事王桂、赵悦,判官王禹佐、胡惟宏,提督内监王希忠等皆被杀,王肇坤亦死于此战,位于天寿山的明熹宗德陵也被清军焚毁。

第二天,后金兵攻打巩华城(位于今北京昌平区沙河镇内),明守将姜瑄发炮击却之。当时清军谋划南下,行反间计,故意写信给明副总兵黑云龙②,约他与清军配合,并有意让明朝方面知道。不过这次反间计未能成功,明思宗相信黑云龙的忠勇,没有上当,他令黑云龙设伏于西山之北隅,诱清军深入,斩获颇众。清军见反间计失效,遂南趋良乡。两天后,清军移屯沙河、清河(今河北清河县),昌平明降兵深入西直门一带,京师形势危急。

面对清军的汹汹来势,明思宗一方面命文武大臣分守京城各门,另一方面征调山东总兵刘泽清 5000 人,山西总兵王忠、猛如虎 4000 人,大同总兵王朴 5000 人,保定总兵董用文 1000 人,山永总兵祖大寿 15000 人,关宁蓟密各总兵祖大乐、李重镇、马如龙共 17000 人入援京师。时任兵部尚书张凤翼因为清军掳掠京畿、破坏陵寝而遭到朝臣"坐视不救"③ 的参劾。不得已,张凤翼自请督师,得到明思宗的批准,并获赐尚方剑。此外,明思宗还任命宁锦太监高起潜为总监,监视诸路人马。

然而清军根本无意攻打北京,很快离开沙河、清河,"遍蹂畿内,攻略城堡"④,攻宝坻,克定兴,陷房山,战涿州,然后克文安、永清,分兵攻漷县(今北京通州区漷县镇)、遂安、雄县,趋郑州口,明总兵刘泽清击却之,于是西向转攻香河,还涿州,克顺义,趋东北至怀柔、大安,克西和,复掠雄县以北。清军战绩卓著,据阿济格所奏,此役"克十二

---

① 〔清〕计六奇:《明季北略》卷一二《清兵入塞》,第 198–199 页。
② 黑云龙在天聪三年(1629)"己巳之役"中被后金兵俘虏,后在天聪五年(1631)"大凌河之役"中逃归明朝。
③ 〔清〕张廷玉等:《明史·张凤翼传》卷二五七,第 6635 页。
④ 〔清〕谷应泰:《明史纪事本末补遗》卷六《东兵入口》,第 1496 页。

城，凡五十六战皆捷，共俘获人口、牲畜十七万九千八百二十"①。

八月三十日，阿济格率军奔冷口东归，明朝的督师张凤翼、总督梁廷栋得到消息后，只是在背后尾随清军，却不敢接战。九月初一日，清军携带大量战利品出建昌冷口，命所掠子女"皆艳装乘骑，奏乐凯归"。此外，他们还砍下木头，写上"各官免送"四字，以此嘲讽明朝将吏的不作为。当时张凤翼屯兵于迁安之五重安，固垒自守，经旬不出，守将崔秉德请求率兵阻遏清军的归路，总监高起潜不敢进，扬言"当半渡击之"，实际上就是纵虎归山。②清军走了4日，才尽数出边，高起潜接到消息后，始进石门山，向朝廷报告斩敌三级。明朝诸将中只有永平监军刘景耀愤愤不平，率兵独自出战，在迁安之枣村河夜袭杀一二百人，稍有斩获。最终，清军于九月二十八日返抵沈阳。

明朝的督师张凤翼、宣大总督梁廷栋负统兵御敌责任，却"悾怯不敢战"，导致"近畿地多残破"③，遭到了言官的交章弹劾。两人自知罪责难逃，便日服大黄药求死。九月初二日，张凤翼死于军营；十二日，梁廷栋亦死。这时，明廷给二人定罪，张凤翼罢官，梁廷栋处死，因为他们都已身亡，故不再追究。

清军此次伐明，自五月三十日起行，八月三十日奔冷口东归，至九月二十八日返回沈阳，历时4个月，长驱直入，纵兵于明朝的京畿腹地，甚至推进到历代明帝陵寝所在地昌平，焚毁了明熹宗的德陵，造成了极大破坏，给中原人士带来了巨大的震荡。此时的明朝，指挥系统陷入了混乱，各路将官按兵不动，为清军凌厉的攻势所震吓，只采取守势而不敢出击，战斗意志已然瓦解，任由清军四处蹂躏，明朝"亡无日矣"④。

明崇祯十一年（清崇德三年，1638），皇太极再次派兵入关伐明。此时的明朝，面临李自成、张献忠领导的农民起义军和关外的清军两大劲敌，内外交困，江山陷于风雨飘摇之中。在这种情况下，明朝的部分官员试图与清朝议和，从而能够腾出手来全力扑灭农民军的战火。当年四月，镇守山海关的太监高起潜派了一个叫周元忠的算命瞎子率领6个人的使团

---

① 《清太宗实录》卷三一，崇德元年九月己酉。
② 以上所引，见〔清〕计六奇《明季北略》卷一二《清兵入塞》，第199页。
③ 〔清〕张廷玉等：《明史·梁廷栋传》卷二五七，第6628页。
④ 〔清〕谈迁：《国榷》卷九五，第5757页。

二、皇太极扩大战争

前往沈阳与清议和,其时皇太极在外,留守诸王、贝勒遣内弘文院大学士希福、礼部启心郎额尔格图、詹霸盛情款待了他。五月初,周元忠返回宁远,带回清朝的一封信,内中敦促两政权开展和议。此时,朝中兵部尚书杨嗣昌主和,借助天象和儒家经典中的相关言论来影响明思宗。种种迹象反映,明思宗内心深处是倾向议和的,但是他作为最高统治者,碍于自己的面子,不肯承担责任,表面上并未允准杨嗣昌的提议,态度不甚明朗。宣大总督卢象升、侍读学士黄道周与杨嗣昌的意见恰恰相反,坚持"建州必不可款"①,一意主战。两派争执不下,与清议和遂不了了之。在这种情况下,是年八月,皇太极派遣大军第四次征明。

此次用兵,皇太极以睿亲王多尔衮为奉命大将军,贝勒豪格、饶余贝勒阿巴泰为副,统率左翼军;以贝勒岳托为扬威大将军,安平贝勒杜度为副,统率右翼军,分两路伐明。为了免去入关清军的后顾之忧,皇太极于九月亲统大军在锦州一带袭扰,至十一月班师。明崇祯十二年(清崇德四年,1639)正月,皇太极再度出师,亲征明朝关外重镇松山,直到四月才回到沈阳。他的这两次军事行动,有效地牵制了辽西明兵,使其不能入援,为两路清军从容直捣中原创造了条件。

八月二十七日,扬威大将军岳托率右翼军启行。九月二十二日,大军在密云县东北墙子岭破明边墙,顺利入口。墙子岭位于燕山脚下,险隘难攻,坚不易拔。清军通过询问擒获的哨卒,得知岭东、西两旁高处可以越入。于是大军出其不意,分为4队,蚁附而上,走了三天三夜才进入内地,一路上没有遇到任何袭击。原来,这一天正是监视内监邓希诏的生日,负责墙子岭防卫的总兵吴国俊和蓟辽总督吴阿衡都忙着给邓希诏做寿宴,根本没有戒备。两人听说清军入口的消息,大惊失色,在酒醉未醒的情况下仓促而回,结果调度失当,兵败身死。

九月初四日,奉命大将军多尔衮率左翼军启行。九月二十八日,大军自董家口东20里,青山关西2里许,步登山冈,由边墙缺口处率兵前进。青山关亦位于燕山脚下,岭峻墙坚,易守难攻。然而此地明军听闻清右翼兵攻打墙子岭的消息,已于二十五日赶往增援,故多尔衮所部如入无人之境,百姓弃城而逃,莫敢撄锋。

---

① 〔清〕谷应泰:《明史纪事本末补遗》卷六《东兵入口》,第1497页。

两军会合于通州河西，绕过北京，抵达涿州，然后分兵八路攻掠：一路顺太行山，一路沿运河，其他六路布列在太行山与运河之间，由北向南，长驱并进。八旗铁骑驰骋在华北平原之上，所向披靡，沿途所过皆遭攻掠。

十月，京师戒严，朝廷诏令各路兵马勤王：调征辽前锋总兵祖大寿入援，① 留宁抚方一藻、关抚朱国栋、蓟抚陈祖苞分守。命宣大总督卢象升率总兵杨国柱、虎大威进易州出其左，移青、登、莱、天津之兵出其右，檄总兵刘泽清以山东兵遏其前，高起潜为应援。即以卢象升为督师，统率诸路援军。

卢象升（1600—1639），字建斗，江苏宜兴人，明天启二年（1622）进士，授户部主事，历任员外郎，迁大名知府。崇祯二年（1629），皇太极第一次入关伐明，北京戒严，卢象升招募万人入卫。第二年升任右参政兼副使一职，整饬大名、广平、顺德（今河北邢台市）三府兵备，号为"天雄军"。卢象升虽是一介文官，但善于骑射，"娴将略，能治军"，遂被明廷派去镇压农民起义。② 在连年争战中，卢象升屡立功勋，至崇祯八年（1635），官升总理江北、河南、山东、湖广、四川军务，兼湖广巡抚，寻进兵部侍郎，加督山西、陕西军务，权势显赫，威震中原。次年，调卢象升总督宣府、大同、山西军务。崇祯十一年（1638），清军第四次入关袭扰，朝廷对卢象升寄予厚望，赐尚方剑，命其总督天下援兵。当时卢象升的父亲刚刚去世，但他舍家为国，穿戴麻衣草履，奉诏督师，令人动容。

明思宗在平台召见卢象升，问其方略，卢象升答道："陛下命臣督师，臣知有战而已。"明思宗闻之色变，内心十分不快，过了很久才说道："朝廷原未云抚，抚乃外议耳。"卢象升滔滔不绝，提出了三个"可虑"："敌之所忌，事事宜防。逼陵寝以震人心，可虑也。趋神京以撼根本，可虑也。分出畿南，剽掠旁郡，扼我粮道，可虑也。厚集兵备之，则寡发而多失。分兵四应，又散出而无功。兵少则不备，食少则生乱，此御之难也。"明思宗表示赞同，命他与已经升为东阁大学士，仍掌兵部事务的杨嗣昌共

---

① 因皇太极率军袭扰关外，故祖大寿未能入援，参见王钟翰点校《清史列传·祖大寿传》卷七八，第6474页，中华书局，1987。

② 以上所引，见〔清〕张廷玉等《明史·卢象升传》卷二六一，第6759页。

二、皇太极扩大战争

同商议对策。卢象升主战,杨嗣昌主和,两人交谈,不欢而散。第二天,明思宗发万金犒军,卢象升出征,杨嗣昌相送,劝其"勿浪战"①。大军驻扎昌平,卢象升决定袭击清军营地,然而遭到杨嗣昌、高起潜的横加阻挠,无法实现,卢象升有一套各路兵马互相策应的作战方案,也因为杨、高二人从中作梗而成为泡影。卢象升深感自己处处受到掣肘,无奈之下提出分兵统辖的主张,杨嗣昌定议,以宣府、大同、山西兵属卢象升,关宁诸路兵属高起潜。卢象升名为"督天下兵",实际上麾下兵力不及2万。由此,卢、杨二人的矛盾日深。有一次,杨嗣昌来到卢象升军中,卢象升当面斥责其一意主和,甚至不惜贻误战机的行径:"子不闻城下盟春秋耻之,而日为媾。长安口舌如锋,袁崇焕之祸其能免乎?"② 杨嗣昌辩称自己从未言抚,卢象升便指出:"周元忠赴彼讲款,数数往来,其事始蓟镇督监(指高起潜),受成于公,通国共闻,谁可讳也?"③ 在事实面前,杨嗣昌语塞而去,内心对卢象升更加嫉恨。后来,兵部侍郎陈新甲受命协御,又从卢象升处分得一部分人马,这样,卢象升掌握的军队就更少了,其无法施展自己的抱负,只能整顿营伍,扼守要地,拱卫京师。

此时,高起潜的部下刘伯禄兵败于卢沟桥,明思宗再下诏谕:一方面命诸大臣分守都门,一方面调派延、宁、甘、固镇压农民起义的军队北援。孙传庭派遣降将白广恩等领万人,总督洪承畴率总兵左光先、贺人龙等合兵15万,俱出潼关,奔赴抗清前线。

十一月初,清军掠良乡、涿州,初九日围高阳城,当时已致仕的原兵部尚书、东阁大学士孙承宗正在家中养老。面对清军的攻势,孙承宗不顾年高体衰,率家人上城守卫,3天以后,城被攻破,孙承宗被俘,拒不降清,望阙叩头,自缢而死,享年76岁,他的子孙19人也都力战而死。

接着,清军陷衡水、武邑、枣强、鸡泽、文安、霸州、阜城、威县,攻内丘,不克而退。十二月,清军又连下平乡、南和、沙河、元氏、赞皇、临城、高邑、献县诸城,然后分道进兵:一路由涞水攻易州;一路由新城(今河北高碑店市)攻雄县;一路由定兴攻安肃(今河北保定市徐

---

① 以上所引,见〔清〕谷应泰《明史纪事本末补遗》卷六《东兵入口》,第1498—1499页。
② 〔清〕张廷玉等:《明史·卢象升传》卷二六一,第6763页。
③ 〔清〕谷应泰:《明史纪事本末补遗》卷六《东兵入口》,第1499页。

水区）。兵锋所至，势不可当。明思宗眼看卢象升无法统领诸路，抵御清军，便想用孙传庭来替代他，大学士薛国观、杨嗣昌面奏："临敌易帅，恐缓师期，不若留象升责其后效。"于是，明思宗命大学士刘宇亮督察各镇兵马，夺卢象升的尚书衔，令其以侍郎督师。卢象升率所部战于庆都（今河北望都县），斩百余级，总兵杨国柱、虎大威又战，杀伤相当。卢象升锐志合兵，主张伺隙夹击清军，却未得到明思宗的同意。无奈之下，他只好分兵援真定（今河北正定县），率师至保定决战。十二月十一日，卢象升率部进至巨鹿贾庄，此时他手中的军队只有区区5000人，兵单力弱，粮饷匮乏，遂派遣兵部赞画主事杨廷麟到相距仅50里的鸡泽向拥关、宁兵的高起潜求援，高起潜却置之不理。卢象升无奈，只能对将士们说道："吾与尔辈并受国恩，患不得死，勿患不得生。"当时军队外无援兵，内无粮饷，"哀呼莫之应"，已经陷入绝境。① 听到主帅的这番话，将士们尽皆失声涕泣。卢象升率部继续前行，至蒿水桥，与清军相遇。卢象升自将中军，虎大威率左翼，杨国柱率右翼，与清军展开战斗。到了第二天，数万八旗铁骑将明军连困三重。卢象升持刀冲锋，以寡击众，经过6个小时的鏖战，击杀数十人，身中四矢三刃，炮矢皆尽，犹呼声不止，他说道："关羽断头，马援裹革，在此时矣！"② 战斗中马蹶而阵亡，年仅40岁。明军全军覆没，虎大威、杨国柱溃围而出。据传，在虎大威突围时，卢象升向他厉声说道："吾不死疆场，死西市耶？"③ 然后继续独身搏斗。由此可见，卢象升对明朝政治腐败、君昏臣奸、党争日炽的局面极度不满，他对自己所效忠的政权十分失望，这无疑是一个英雄的不幸，时代的悲哀！卢象升死后，杨嗣昌仍怀私心，对其奋勇作战、死于疆场的事迹隐匿不报，甚至要给他加上逗留、退却的罪名，有一些将士、官员为卢象升叫屈，遭到了杨嗣昌的残酷迫害。直到顺德知府于颖从定州城外得到卢象升的遗体，只见"杂中刀矢，血渍麻衣"④，卢象升壮烈殉国的真相才大白于天下。明思宗在北京设坛哭祭，军民莫不泣下如雨。

高起潜听闻卢象升所部全军覆没，惊慌失措，本欲向西逃遁，仓促之

---

① 〔清〕谷应泰：《明史纪事本末补遗》卷六《东兵入口》，第1501页。
② 〔清〕计六奇：《明季北略》卷一四《卢象升战死》，第246页。
③ 锁绿山人：《明亡述略》卷一，第9页，台湾大通书局，1987。
④ 〔清〕谷应泰：《明史纪事本末补遗》卷六《东兵入口》，第1502页。

二、皇太极扩大战争

间却东行20里,遭遇清军的伏兵,大败而溃,高起潜仅以身免。刘宇亮在安平也大惊失色,急往晋州避难,遭到知州陈弘绪的严词拒绝。明勤王之师聚集,却观望不敢战,清军得以驰骋京畿,连陷昌平、宝坻、平谷、清河、良乡、玉田、蓟、霸、景、赵等城。

转年,即明崇祯十二年(清崇德四年,1639)正月,清军把进攻的矛头指向了山东。先前,明朝廷估计清军攻略山东必经德州,故而命山东巡抚颜继祖移师德州。不料八旗兵采取避实就虚的策略,绕过德州,从临清州(今山东临清市)、东昌等处渡过运河,分兵两路,一趋高唐,一趋济宁,会合于中原重镇济南城下。济南城此时防卫空虚,见清军猝至,竖梯攻城,明吏卒皆惊骇溃逃,这座大城遂一日而陷。巡按御史宋学朱,布政使张秉文,副使邓谦济、周之训,运使唐世熊,知府苟好善等明朝官员以及宗室诸郡王皆被杀,德王朱由枢被俘后押送沈阳。祖大寿的养子副总兵祖宽以300骑驰援济南,全军败没,力战而死。济南遭到清军屠戮,城内外积尸达13万具①,财物被抢掠一空。

此时,孙传庭已经取代卢象升总督天下援兵,但是他与杨嗣昌、高起潜的关系也不和,因而处处受制,无法统兵御敌。督察大学士刘宇亮、兵部侍郎陈新甲皆苟且从事,不敢出战。于是清军继续长驱直入,自济南出发,取东平,下莘县,复至济宁、临清、固城,分兵克营丘、馆陶,再取庆云、东光、海丰(今山东无棣县),东行入冠县,掠阳谷、寿张至章丘、东平,入汶上,焚康庄驿(今山东汶上县康驿乡),攻兖州、沧州、青州等城邑。就在清军凯歌频传之际,扬威大将军岳托与其弟马瞻病死在济南。岳托乃礼亲王代善长子,皇太极之侄,是一员能征惯战的猛将,他的死对于清朝而言无疑是一个重大损失。三月,清军经迁安县,出青山关班师,四月回到沈阳。

清军第四次入关,历时5个月,"转掠二千里"②,活动范围深入河北、山东,"所至之地,纵横无敌"③,取得重大战果:两路共败明57阵,克山东济南府并3州、55县、2关,杀明宗室、两名总督及守备以上官共百余人,生擒德王朱由枢、奉国将军朱慈䒮、监军太监冯允升等人。据统

---

① 〔清〕谷应泰:《明史纪事本末补遗》卷六《东兵入口》,第1503页。
② 〔清〕谷应泰:《明史纪事本末补遗》卷六《东兵入口》,第1504页。
③ 《清太宗实录》卷四六,崇德四年四月辛丑。

计，此役俘获人口达 462300 多人，掠得黄金 4039 两，白银 977000 余两。① 清军回师后，明思宗追究责任，诛保定巡抚张其平、山东巡抚颜继祖、总兵倪宠、陈国威、内监邓希诏、孙茂霖等 32 人，顺天巡抚陈祖苞被逮下狱，后饮药死，督察大学士刘宇亮罢官，总督孙传庭降一级。② 由此可见，明的损失可谓创巨痛深。

此役明朝的失败，大学士杨嗣昌、总监高起潜负有重要责任。首先，杨嗣昌身任枢辅之职，又管理兵部，却调度无方，造成清军长驱直入，而高起潜作为总监，掌握关宁重兵，却观望不敢战，任由清军蹂躏中原；其次，他们二人怀挟私心，对卢象升的军事行动多方掣肘，对其人百般构陷，最终导致卢象升所部全军覆没，抗清形势糜烂不可收拾。正如史学家谈迁所言："未有权臣在内而大将能立功于外者。武陵（指杨嗣昌，因嗣昌为武陵人，故称）当国，卢总督不战死即当狱死。"③ 计六奇也在《明季北略》一书中分析道："象升所以死有六：一与嗣昌相左，二与起潜不协，三以弱当强，四以寡击众，五无饷，六无援。然后五者皆嗣昌奸谋所致。"④ 但是，这两人在战后却未受到应得的惩处，高起潜仅降三级，杨嗣昌先是被夺秩，仍视事，后来又恢复大学士的职位，相当于未受任何处分。因此，朝中大臣愤愤不平，巡按御史郭景昌上言，指出杨嗣昌罪过甚大，但"仍混辱朝班，议人之功罪，则功罪愈为不明，何以惩前警后乎？"⑤ 此论本是一番赤忱，却被明思宗当作党同伐异，将郭景昌罢官下狱，后又遣戍代州。可见，明思宗刑赏不公、用人无术、颠倒黑白到了何等地步！我们还需要注意的是，杨、高二人固然误国，但是问题的根源还在明思宗那儿。明思宗对战、和举棋不定，一方面委派主和派杨嗣昌掌管兵部，另一方面又起用主战派卢象升为督师，却不给他相应的兵力和权力，致使和、战两派斗争日炽，文臣武将无所适从，造成明军在战场上一败再败。工科给事中范淑泰就曾向明思宗问道："今敌已临城，尚无定议，

---

① 《清太宗实录》卷四五，崇德四年三月丙寅。
② 〔清〕谷应泰：《明史纪事本末补遗》卷六《东兵入口》，第 1503—1504 页。
③ 〔清〕谈迁：《国榷》卷九六，第 5826 页。
④ 〔清〕计六奇：《明季北略》卷一四《卢象升战死》，第 247 页。
⑤ 〔清〕谷应泰：《明史纪事本末补遗》卷六《东兵入口》，第 1504 页。

二、皇太极扩大战争

不知战乎？款乎？"明思宗询问谁言议和，范淑泰答道："外间皆有此议。"① 这番对话反映了当时明朝官员茫然不知所措的心态。

明崇祯十四年（清崇德六年，1641）至十五年（清崇德七年，1642）间，明、清两政权在关外的松山、锦州一带展开决战，清军获得重大胜利，攻克松山、锦州、塔山、杏山四城，败明朝13万援军，擒获蓟辽总督洪承畴，逼降辽东总兵祖大寿，坚固的宁锦防线走向崩溃，明朝的军事实力遭到沉重打击。此外，农民起义军在中原征战，势如破竹，不断削弱明朝的统治基础。为了从腹背受敌的困境中解脱出来，明思宗委派兵部尚书陈新甲，希望与清朝展开谈判。和议初开不久，由于明朝内部党争，加之明思宗不肯承担讲和的责任，陈新甲被斩，和议遂告流产。

明崇祯十五年（清崇德七年，1642）十月十四日，皇太极便以和谈破裂为借口，命贝勒阿巴泰为奉命大将军，内大臣图尔格为副将军，统率大军第五次入关伐明，分两翼进兵。这次出征的成员有八旗满洲、八旗蒙古、八旗汉军以及外藩蒙古兵，总兵力10万余人。② 皇太极特意向阿巴泰等将帅指示道："如遇流寇，宜云尔等见明政紊乱，激而成变，我国来征，亦正为此。以善言抚谕之，申戒士卒，勿误杀彼一二人，致与交恶。如彼欲遣使见朕，即携其使来，或有奏朕之书，尔等即许转达，齐书来奏。"③ 这是皇太极首次提出与农民军联合，共同伐明的主张。不过，这一构想最终未能实现。

在阿巴泰部出发不久，皇太极命豫郡王多铎等率兵赴宁远边外立营袭扰，一方面又命祖大寿写信招降宁远总兵吴三桂，以此牵制明朝的关外援军。

此时的明朝，鉴于清军屡次入边的教训，在长城沿线做了周密部署：山海关内外设立二总督，又设昌平、保定二总督，形成了"千里之内有督臣四"的局面。另外，朝廷还设立宁远、永平、顺天、密云、天津、保定六巡抚，宁远、山海、中协、西协、昌平、通州、天津、保定八总兵，可谓星罗棋布，无地不防。④ 然而，等到战事来临之际，各路人马事权不一，

---

① 〔清〕谷应泰：《明史纪事本末补遗》卷六《东兵入口》，第1500页。
② 参见孙文良、李治亭《明清战争史略》第305页。
③ 《清太宗实录》卷六三，崇德七年十月壬子。
④ 〔清〕魏源：《圣武记》卷一《开创》《开国龙兴记三》，第31页。

又有监督太监手握重兵进行牵制,加之明军将官普遍胆怯,观望不战,因此这种布防并不能真正抵御清军的南下。再者清军每次入关选择的突破口皆不同,因此明军在战争中总是疲于奔命,处于被动的窘境。

左翼军所经之处,地阔路平,便于行军,两旗并进,沿途擒杀明哨卒73人,获马33匹,十一月初五日,从界岭口毁边墙而入,明大同兵2500人奉命往守山海关,此时驻于台头营,遇上将要进入长城的清军,遂展开战斗,清军以护军和骑兵两路夹击,将其打败,获马433匹。

右翼军所经之处,地隘路险,俱单骑而行。在行军路上擒获明朝哨卒,问其关隘情况,得知距黄崖口44里处有一石城关,十分险隘,有木栅3层,两层用石围砌,内有大炮4位,步兵50人,三处伏藏地雷,又距20里有雁门关,用石筑砌,内有大炮4位,步兵100人,两处伏藏地雷。于是,清前锋兵与汉军每旗兵5名、骁骑校1名、护军40名,乘夜毁关取其地雷,守关明军来不及施放火炮,俱被诛戮。十一月初八日,清军从雁门关的黄崖口攻入长城,经过一场战斗,明守兵溃走。

清右翼军继续前行,围攻蓟州,败明蓟州总兵白腾蛟、马兰峪总兵白广恩两路人马,克其城,生擒1名参将,阵斩3名游击,获马636匹。左翼军一路克城败援,两路大军会师于蓟州。很快,清军乘胜往掠真定、河间、香河等地。

明思宗听闻清军再度入关,一方面宣布京师戒严,命勋戚大臣分守九门,另一方面令兵部传檄各省勤王入援。明朝援兵云集,然畏敌如虎,怯懦不敢战,辽东总督范志完入援,无所作为,蓟州总督赵光抃有心御敌,无力回天,近畿州县多失陷,局势糜烂不堪。

清军继续前行,闰十一月初六日,入河间,然后连下霸州、文安、长芦、临清、阜城、景州等地。二十二日,攻打山东东昌时,遭到了总兵刘泽清的顽强抵抗,未能攻克,遂西向转攻冠县。二十五日,清军自临清分五路进兵,孔有德、巢丕昌、祖洪基等分掠莘县、馆陶、高唐诸州县,在馆陶遭到了军民抵抗,未能攻取。接着,清军连克海丰、章丘、沭阳、沂州(今山东临沂市)、丰县、蒙阴、泗水、邹县(今山东邹城市)等城。

十二月初二日,清军自长垣趋曹、濮,另遣骑兵抵青州,入临淄,知县文昌时与全家自焚而死。八旗兵连破阳信、滨州,杀阳信知县张予乡。在攻打济宁时,明守军拒却之。初八日,清军围攻兖州,明知府邓藩锡向城内的鲁王朱以派进言道:"王能出金以犒死士,城犹可存,命犹可保。

二、皇太极扩大战争

不然,大事一去,玉石皆烬矣。"①鲁王不听。于是邓锡藩拿出自己的积蓄组织死士,在夜晚缒城而下,袭击清营,颇有斩获。然而,毕竟强弱悬殊,兖州城最终被攻克,邓锡藩与兵备王维新、副总兵丁文明、滋阳兵科都给事中范淑泰皆死,鲁王朱以派被俘,清兵索取他的全部财产,朱以派最终自尽。接着,清军分兵连下泰安、青州、鱼台、武城、金乡、单县,围海州(今江苏连云港市海州区),破滕县(今山东腾州市)、峄县、郯城。

明崇祯十六年(清崇德八年,1643)正月,清军攻开州(今河南濮阳县),自滑县趋东昌。二月,克寿光、德州、武定、乐陵、莱阳等城,攻安丘,山东总兵刘泽清拒却之。二十八日,清军攻登、莱,在此会师。三月,下顺德、南宫,取道彰德(今河南安阳市)、顺德北向,至易县之杨村。明廷命真定、保定一带严加守备。

四月,清军北归,折道京畿,明思宗忧愁不已。这时,中极殿大学士周延儒自请督师,明思宗大悦,降旨勉励,赏赐丰厚。然而,周延儒怯懦不敢战,他驻于通州,只是和幕下宾客饮酒娱乐,每天写章奏报捷,明思宗不知情,赐玺书褒奖。当然,清军北退时还是遭到了明朝组织的抵抗。在密云螺山,明将赵光抃、唐通、白广恩率8镇兵与清军交战,皆败走,"御史蒋拱宸饰功报捷"。五月初一日,清军破墙子岭出边,至六月回到沈阳。其时,"边城既隳,子女玉帛捆载出入如织,卒无一矢加遗也。"在这种情况下,周延儒竟然上奏朝廷,内中称:"臣中夜冒警,自顺义抵密云,趋各督抚逐战。东骑今俱出塞。"②明思宗被蒙在鼓里,温旨慰劳。战后,真相败露,明思宗震怒,将赵光抃和范志完同斩于西市,并勒令周延儒自尽。此外,巡抚马成名、潘永图,总兵薛敏忠,副将柏永镇都因抵御不力而被诛杀。

清军的这一次入关袭扰,历时8个月,击败明军39处,攻克兖州、顺德、河间3府,18州,67县,共计88座城,归顺的有6座城,擒斩明鲁王朱以派与乐陵、阳信、东原、安邱、滋阳5位郡王,以及宗室文武等官凡数千人,获黄金12250两,白银2205270两有余,珍珠4440两,缎

---

① 〔清〕计六奇:《明季北略》卷一四《邓藩锡不屈》,第248页。
② 以上所引,详见〔清〕谷应泰《明史纪事本末补遗》卷六《东兵入口》,第1506页。

52230 匹，缎衣、裘衣 13840 领，貂、狐、豹、虎等皮 500 多张，等等。此外，清军俘获人口达 369000 人，驼、马、骡、牛、驴、羊等牲畜共 321000 多头。①

纵观天聪、崇德年间清（后金）军五次绕道蒙古，袭扰中原，其规模不断扩大，战果不断增加，最终实现了皇太极的战略目标，这就削弱了明朝的有生力量，为清军入主中原打下了坚实的基础。据史籍记载，崇德年间，随着清朝趋于强盛，不断有官员向皇太极进献直取北京的计策，尤其是松锦之战以后，这种呼声更高。以佟图赖、祖泽润、祖可法、张存仁等汉官为代表，联名奏请"因天时，顺人事，大军直取北京，控断山海关"②。然而，皇太极坚持时机未到，否决了他们的意见，并且说出了自己的战略主张："取燕京如伐大树，须先从两旁斫削，则大树自扑。朕今不取关外四城③，岂能即克山海？今明国精兵已尽，我兵四围纵略，彼国势日衰，我兵力日强，从此燕京可得矣。"④ 这便是"伐大树"的战略思想，与努尔哈赤在攻打乌拉部时的言论可谓一脉相承。皇太极将明朝这样一个基础牢固，绵延 200 余年的政权比作一棵枝繁叶茂的参天大树，清朝作为伐树人，是无法一斧子将其砍倒的。可行的办法，便是从大树的两旁斫削，到了一定程度，大树便会自行扑倒。这一战略的中心思想便是清朝在与明争战的过程中，不能操之过急，必须耐得住性子，稳扎稳打，徐图渐进，不断削弱敌人的有生力量，同时加强自身建设，待到时间成熟，便可取得成功。

从天聪三年（1629）到崇德八年（1643），经过十余年的不懈努力，皇太极削弱明朝实力的战略目标基本得到了实现，具体表现在以下四个方面：

其一，明朝的京畿及冀鲁地区遭到清（后金）兵的反复洗劫，损失惨重，城郭残破，满目疮痍，民生凋敝，百姓饱受征战之苦。这一地区作为中原的核心区域，生产力遭到了巨大的破坏，明朝国势则日渐衰微。反之，清军却通过屡次袭扰，掠夺了大量的人口、牲畜、财富，从而促进了

---

① 《清太宗实录》卷六四，崇德八年五月癸卯。
② 〔清〕阿桂：《清朝开国方略》卷三一，709 页。
③ 指锦州、杏山、松山、塔山四城，在松锦之战中为清军克取。
④ 《清太宗实录》卷六二，崇德七年九月壬申。

二、皇太极扩大战争

自身发展的日益兴隆。更有甚者，清朝的军事行动还为后来李自成农民军进取北京，灭亡大明扫清了障碍，创造了条件。因此，我们认为，清军与农民军虽未能正面接触，但的确是他们一东一西，共同努力，最终葬送了明朝江山。

其二，清（后金）军的屡次袭扰，使明朝损兵折将，防卫力量大大削弱。通过本节内容可知，在抵御清（后金）军的战争中，明朝折损了一大批重要将领，例如赵率教、袁崇焕、满桂、卢象升等，他们都是在明末风雨飘摇的时代背景下，通过显赫的军功成长起来的一批令敌人胆寒的将星。他们的陨落，对于大厦将倾的明王朝来说，无疑是沉重的打击和巨大的损失。

其三，随着八旗铁骑的不断南下，明统治集团内部的矛盾日益尖锐，党争日炽，直接导致这个政权的最终败亡。在抗清（后金）战场上，袁崇焕、卢象升先后死于党派倾轧和朝臣构陷。对于这一点，明思宗难辞其咎。在袁崇焕的问题上，他雄猜多疑，中了皇太极的反间计，在阉党分子的鼓动下自毁长城；在卢象升的问题上，他在和、战之间举棋不定，未能全力支持前线的军事行动，导致卢象升遭到杨、高二人的蓄意构陷，无奈之下饮恨惨死沙场。明朝的党争并未就此终止，主和、主战两派长期内斗不已，明思宗又不肯承担妥协的责任，态度晦暗不明，致使明朝错过了一次又一次喘息的机会，陷入两线作战而不能自拔，直至政权破灭、朝代更迭。在这期间，清军的不断入关袭扰，无疑起到了催化剂的作用。

其四，在八旗铁骑的凌厉攻势下，明朝的军心、民心已然涣散，士气低落，全无战意。每当清军大举入关，明朝方面往往是勤王之师云集，却只作壁上观，畏敌如虎，不敢出战，致使八旗军纵横驰骋，如入无人之境。张凤翼、梁廷栋、高起潜、刘宇亮、周延儒、范志完等人的行迹充分体现了当时明朝将官的普遍精神面貌。据史籍记载，当后金军第二次入关，在宣、大一带活动时，明朝的边吏发现敌人的目的只在抢掠，便不行出击，任其自便。大学士王应熊向明思宗陈奏道："山西崞敌止二千骑，掠子女千余人。过代州，望城上戚属，相向悲啼，城上不发一矢，任其飏去。"① 明思宗听后，为之顿足叹息。百姓眼见官军如此不中用，对明朝

---

① 〔清〕谷应泰：《明史纪事本末补遗》卷六《东兵入口》，第1495页。

十分失望,每当听到清军入关的警报传来,民众便扶老携幼躲入深山,或远走他乡,致使中原一带城郭空虚,便利了清军的长驱直入。当然,在这种时代大背景下,依然涌现出不少以身许国的仁人志士,王元雅、赵率教、袁崇焕、满桂、卢象升、孙承宗的忠烈事迹便是显例。除了这些声名显赫的英雄外,鹿善继的故事同样可歌可泣。在清军第三次入关,攻打定兴的时候,辞官家居的前光禄寺卿鹿善继不惧危险,毅然从乡间进入县城,参与防卫事宜,6 天后,城破,鹿善继拒不妥协,被清军连砍 3 刀,又射 1 箭,悲壮而死,享年 62 岁。然而,大事已不可为,这些人的行为不过是"捧一篑以塞溃川,挽杯水以浇烈焰"①,注定无法挽狂澜于既倒,日益崩溃的明王朝必然走向灭亡。

5. 松锦大战

宁锦之战后,明与后金在辽西战场进入相持阶段。除了明崇祯四年(后金天聪五年,1631),八旗兵掌握了自制西洋大炮的技术②,运用围城打援的战术攻取了大凌河城,后金(清)始终未能突破坚固的宁锦防线。但与此同时,皇太极四面出击,在各条战线上都取得了巨大的成就:在北部,后金(清)统一了整个黑龙江流域;在东南,八旗兵降服了朝鲜,攻克了皮岛,解除了后顾之忧;在西部,后金(清)三征林丹汗,将漠南蒙古全境纳入版图,使蒙古成为八旗兵进取中原的得力助手;在西南,八旗兵屡次绕道蒙古,突破长城防守薄弱处,进攻明朝,掳掠中原,甚至兵临京畿,使明朝元气大伤。而与此同时,后金(清)持续推动封建化进程,完善政治体制,发展经济,繁衍人口,国势日盛。尤其是明崇祯九年(后金天聪十年,1636),皇太极改国号为"大清",正式称帝,标志着这个

---

① 〔清〕计六奇:《明季北略》卷一二《鹿善继定兴被杀》,第 200 页。

② 文中所述西洋炮,主要是指明人从葡萄牙引进的"红夷大炮",清人因避讳"夷"字,改称其名为"红衣大炮"。

二、皇太极扩大战争

政权的发展进入新的阶段。因此,崇德年间便不断有臣工上疏要求进攻宁锦防线,皇太极也感到打破僵局的时机日益成熟。在这一时代背景下,决定明清两政权前途命运的松锦大战在辽西爆发。

明崇祯十三年(清崇德五年,1640)正月,都察院参政祖可法、张存仁,理事官马国柱、雷兴等人联名上奏,提出"进取"之计。他们给皇太极提出了三条建议:其一为直捣北京,即所谓"刺心"之术;其二为攻克山海关,即所谓"断喉"之策;其三为袭取宁锦,即所谓"剪重枝伐美树"之著。皇太极经过慎重考虑,认为目下实行前两条建议时机并不成熟,对付明朝这样的强大势力,只有在关外稳扎稳打,徐图渐进,从根本上突破宁锦防线,清朝才能最终进入山海关,夺取全国政权。因此,他决定采纳祖可法等臣工提出的攻取宁锦之策:"如欲不加攻克而先得宁锦,莫如我兵屯驻广宁,逼临宁锦门户,使彼耕种自废,难以图存,锦州必撤守而回宁远,宁远必撤守而回山海。"[①] 皇太极十分赞赏汉官们提出的这一方略,但在具体实践中,他显然更具眼光,做得更为大胆。皇太极将清军的屯驻地点设置在义州,此地较广宁离锦州更近,仅90里之遥,从而给守锦州的明朝军民以更大的威慑。

锦州是整条宁锦防线的前哨阵地,战略位置极为重要。在它的正南面18里是松山城,松山城偏西南18里是杏山城,杏山西南约20里即为塔山城,这三城如羽翼般护卫着锦州。而在锦州西南120里处,便是辽西走廊的中坚宁远城。由此可见,锦州城是明清争战的关键所在。正如魏源在《圣武记》中所言:"欲取(山海)关,非先取关外四城不可。"[②] 所谓四城,即锦州、杏山、松山、塔山。锦州首当其冲,只要锦州一破,明朝精心构筑的宁锦防线将土崩瓦解,山海关便唾手可得。此时,驻守锦州的明朝将领是祖大寿,他曾在大凌河之战中被迫投降后金,却谎称妻小尚在锦州,且愿做内应,被皇太极放归,不料一去不返,继续坚守锦州,对抗后金(清)。皇太极对此愤愤不平,他也希望能通过战争再次擒获祖大寿这员明朝骁将,劝其投降,为己所用。因此,经过反复权衡,皇太极将兵锋指向了锦州城。

这年三月,皇太极任命郑亲王济尔哈朗为右翼主帅,贝勒多铎为左翼

---

① 《清太宗实录》卷五〇,崇德五年正月壬申。
② 〔清〕魏源:《圣武记》卷一《开创》《开国龙兴记三》,第29页。

主帅，统领将士，奔赴义州，屯田驻城，并伺机袭扰明朝的锦州守军。在将士们的努力下，仅一月有余，"修城筑室，俱已完备，义州东西四十里田地，皆已开垦"①，清军于此地站稳了脚跟。在官兵屯驻义州期间，皇太极将大量战略物资源源不断地运到这里储存，包括粮食、红衣大炮、攻城器械等物。此外，大量清军也到义州换防修整。据次年三月明朝方面获得的情报：义州"所来马步夷兵甚多，每歇宿有三十余处，大营小营，更难细数"。此外，明朝官兵还"亲见车载大红夷三位，小炮亦难细数，又随带锹镢等项甚多"，在总兵官石廷柱的带领下，尽数运入义州城内。②在皇太极的苦心经营下，义州成了清军进取锦州的战略基地。而清朝后方也在加紧战备工作，造了60门红衣大炮，招收善于做梯的工匠1000人，并从蒙古购买优质战马1万匹，③全力动员支持义州前线。

在屯驻之所业已巩固的情况下，明崇祯十三年（清崇德五年，1640）四月，都察院参政张存仁再向皇太极上疏，进献取锦州之策：

> 臣观今日情势，围困锦州之计，实出万全。但略地易以得利，而围城难以见功，必须旷日持久，将士不无苦难懈怠之心，愿皇上鼓励三军之气，坚持围困之策，截彼（指明朝）侦探，禁我逃亡，远不过一岁，近不过数月，自有可乘机会。……伏愿皇上以屯种为本，时率精锐，直抵锦城，布命令于蒙古，以为间谍之计，再多擒土人兵卒，广布招抚敕谕，探祖帅（即祖大寿）心事以招之，体文士性情以安之……此攻心之策，得人得地之术也。④

这道上疏反映了三层意思：其一，攻取锦州，重在坚持围困之计。从明、清（后金）两政权的历次交战中可知，清军长于野战而拙于攻坚战。八旗兵在辽西战场上宁远之役、宁锦之役的两次失利，都是顿兵坚城之下，而明军采用"凭坚城，用大炮"的方略，取得了守城战的胜利。此次

---

① 《清太宗实录》卷五一，崇德五年四月丙寅。
② 《辽东巡抚邱民仰塘报》（崇祯十四年三月十六日），转引自李光涛《洪承畴背明始末》，《国立中央研究院历史语言研究所集刊》第十七册，1948。
③ 〔清〕谷应泰：《明史纪事本末补遗》卷五《锦宁战守》，第1479页。
④ 《清太宗实录》卷五一，崇德五年四月壬戌。

二、皇太极扩大战争

再度兴师攻略锦州，虽说清军的战斗力更为强劲，而且配备了红衣大炮，但是唯恐士卒损失，将士们依然不敢贸然进攻锦州城。因此，张存仁提出了"围城"的万全之策，他希望皇太极能够坚持长期"围而不攻"的主张，并激励三军将士，在围困之余断绝明军的兵援与粮饷，使其不战自溃。其二，坚持屯种，以为根本。清军将士在锦、义一带以屯养战，解决粮食供应，才能保证军队长期围困坚城而不松懈，最终取得战役的胜利。其三，攻心之策，得人得地。张存仁建议一方面招抚锦州城内的蒙古将士，以为间谍，另一方面广为擒拿锦州的民众士卒，使之广布清朝的诏谕，收揽人心，瓦解其抵抗意志。另外，张存仁主张时刻观察祖大寿的"心事"，借机再度招降他。而对于明朝的缙绅和儒士，张存仁认为应当加以安抚，给予优待，感化他们前来归顺。皇太极在此前遣兵屯驻义州，并着力经营，其目的就是要为长期围困锦州提供一个稳固的后方基地。因此，当皇太极看到张存仁的奏疏后，十分赞同他对战场局势的分析，更加坚定了围城取胜的信心，于是命令济尔哈朗、多铎除了要继续屯驻义州外，还要率军到锦州地区围城，抢占战略要地。四月二十九日，皇太极亲自离开沈阳，来到前线视察。他先于五月十五日至义州察看军队屯驻情况，然后于二十二日亲率八旗护军、骑兵、汉军并携带红衣大炮，进抵锦州。此时，济尔哈朗已经派遣军队拔除了位于锦州城北的明军重要据点蔡家楼，清军得以在锦、义两地之间驻军，皇太极率部通行，一路顺畅。到了目的地后，皇太极于锦州城外5里安营，带领侍卫与亲军查看锦州城的形势，他自城东到城南仔细观察，到天黑才返回营地。五月三十日，皇太极结束巡视，东归沈阳。

此次攻略锦州，清军采取的是稳扎稳打，"由远渐近，围逼锦州以困之"①的策略。为了将围困长期坚持下去，皇太极采取了三项措施：其一，命汉军携大炮击破锦州城外的明军哨所，孤立城内守军，为清军进一步围城扫清障碍；其二，令将士抢收城东、城北、城西的庄稼，断绝城内军民的粮食；其三，为避免将士长久过于劳苦而滋生懈怠之心，皇太极下令采取轮班更戍之制，以3个月为一期，使将士们能够得到及时的休息，从而保持围城的锐气。

---

① 《清太宗实录》卷五五，崇德六年三月丁酉。

图 2.3 洪承畴像
(选自《清史图典》第 1 册，第 126 页)

清军在义州屯田及进逼锦州的行动，令明廷上下惶恐不安。明思宗调遣各镇军队，转运粮饷，救援锦州，并命蓟辽总督洪承畴、辽东巡抚丘民仰、宁远总兵吴三桂等商讨战守事宜。洪承畴（1593—1665），字亨九，福建南安人，万历四十四年（1616）进士，曾任浙江提学道、布政使参议、陕西督粮参政等官。崇祯年间，陕北爆发农民起义，洪承畴与农民军周旋多年，屡立战功，累官至陕西三边总督，在西北威名赫赫。据史籍记载，此人善于用兵，"每逐贼，奔驰往还数千里。母在官舍，过门不入，士卒感其义，争为效死"①。他统率的军队被时人称为"洪兵"，"贼闻其至，辄他徙"②。明崇祯十一年（清崇德三年，1638），清军第四次袭扰中原，京师戒严，朝廷调洪承畴率陕西兵入卫。由于此时农民起义进入低潮，辽东局势却日渐吃紧，因此久经沙场的洪承畴被明思宗委以新的重

---

① 〔清〕计六奇：《明季北略》卷一一《曹文诏自刎》，第 169 页。
② 〔清〕计六奇：《明季北略》卷一二《常自裕论流寇》，第 202 页。

二、皇太极扩大战争

任，于明崇祯十二年（清崇德四年，1639）总督蓟辽，并在次年五月出关驻宁远，援救锦州。

在多方调度之下，明朝在锦州、松山一带集结了强大的军事力量，明、清两军在这一地区频繁发生冲突，互有胜负，杀伤相当，战斗日趋激烈。清军虽然在几个月的时间内连续攻克了锦州城西9个哨所、小凌河西岸2个哨所，控制了锦州周围之地，却未能将锦州城完全围住。尤其是替换济尔哈朗等围困锦州城的睿亲王多尔衮、肃亲王豪格等围城不严，擅自移军，退到离锦州30里的国王碑以东地方扎营。此外，他们还允许甲兵轮流回家，从而导致军心涣散，部队减员。在这种情况下，锦州城的围困松懈下来，明军甚至能够在新年过节时护送3400余辆大车，装载15000石粮食安然入城！① 皇太极得此前线的情况，十分生气，于明崇祯十四年（清崇德六年，1641）三月，命令换下多尔衮等人，派遣济尔哈朗、阿济格、多铎、阿达礼、罗洛宏等率军前赴锦州。他们近城下营，在锦州四面分设八座大营，绕营挖一道深壕，沿壕筑垛口，每两旗之间再挖长壕，近城一侧设逻卒哨探，时刻监视城内明军的动向。在这番精心布置之下，锦州城陷于清军的严密包围中，"声援断绝"②。锦州外城的蒙古兵见状，大为惊讶，他们向城下的清军逻卒呼喊道："尔等围困何益？我城中积粟可支二三年，纵围之，岂可得耶？"逻卒应答道："无论二三年，纵有四年之粮，至五年后复何所食？"③ 这番对话体现了一方久围与一方固守的决心。

蒙古兵知道清军志在必得，恐慌不已，又因为他们与明军存在矛盾，故而首先动摇，与清军联络约降。三月二十四日，守城的蒙古兵与清军相互策应，里应外合，一举占领锦州外城，明军被迫败退内城。蒙古将士自都司、守备、把总等官员86人，男女小孩共6211人全部投降。④ 他们携带器械等物出城，暂到义州安置。攻占锦州外城，标志着清军围城战术取得了重大成果，皇太极收到捷报后，十分高兴，向沈阳文武官员宣告了这一胜利的消息。

夺取外城后，皇太极进一步加紧了对锦州的攻势，不断派遣八旗精锐

---

① 《明清史料》甲编第一本《镇守辽东等处总兵祖大寿题本》，第27页。
② 〔清〕谷应泰：《明史纪事本末补遗》卷五《锦宁战守》，第1481页。
③ 《清太宗实录》卷五五，崇德六年三月辛丑。
④ 《清太宗实录》卷五五，崇德六年三月壬寅。

以及孔有德、耿仲明、尚可喜"三顺王"麾下的汉军,增援济尔哈朗。值此危急关头,蓟辽总督洪承畴在获得明朝宣府、大同、山海关、密云等镇总兵的增援和一年军粮保障后,挥师援锦。在四月至八月间,明援军屡进,与清军在松、杏之间多次激战。明军此时锐气正盛,在战斗中小有胜利,而锦州守军也不时出城呼应援兵,形成内外夹击之势,清军渐处不利地位。正如辽东巡抚邱民仰在一份奏疏中所说:"乃锦围三月未解,盖以二十年来,未能与逆奴扑砍一阵,所以数月间,多方鼓舞,先作其气,先壮其胆,今有此几番战胜,军声已振,解围有望,目下惟候机缘一凑耳。"① 然而由于清朝实行掘壕久困之计,因此,明援兵也迟迟不能接近锦州。

七月二十三日,汉军固山额真石廷柱献上取锦州、破援兵之策:其一,锦州围困已达三月,明朝视祖大寿为"保障",必然会在八九月天气转凉之时与清军决战。因此,现在正围城的官兵不必撤回,应挑选精壮,安排到各旗屯田之处,厉兵秣马,伺机而动。其二,清军应先绕过锦州城,攻击明朝屯驻在松山、杏山之处的援兵,锦州失去依靠,则不能固守,必将失陷。锦州一破,"关外八城闻风震动",则辽西全境可得。其三,明援兵从宁远赶到松山,带的行粮不过可供六七天之用,只要稍稍挫其兵锋,其军必定溃退,或者数日犹豫徘徊,或者托言取行粮而返。清军只要在明军撤退的时候,切断明军的粮道,一方面派遣军队追击于后,另一方面布置兵马于高桥设伏,截击于前,则明军进退无路,或者被歼,或者投降。其四,对付明军拥有火器的步兵营,可以先探明地形,若其驻扎于离城远处或地势高阜无水源之地,则可以兵马四面远围,夜里凿壕固守,白天以火炮轰击。如此,则明军欲战无路,欲退无门,不到一两个月,将自生变乱,清军便可不战而胜。其五,面对洪承畴等明军诸将,石廷柱认为他们不足为惧。他指出明朝的总督、总兵都是被皇帝逼迫,才来到锦州这片危亡之地,内心并不情愿,他们并不是"踊跃赴义"之人。明廷法网严密,倘若他们战败,即使侥幸逃回,也不免一死。相反,皇太极历来善待汉降官,为人所知。因此,石廷柱认为,他们很有可能会归顺清朝。此外,石廷柱还在奏疏中详细分析了明清战局,他指出此战是明清两

———————

① 《明清史料》乙编第四本《辽东巡抚残件》,第362页。

二、皇太极扩大战争

政权在辽西战场上的关键一战,只要清军击破援军,攻克锦州,则"各处援辽之局破矣",明朝将元气大伤,很难在短时间内组织起力量在辽西与清军抗衡。如今明朝内部旱涝灾害频仍,民变四起,江河日下,清朝经过多年经营,而且屡次掳掠中原,国势日隆,战争的胜利必将属于清朝。因此,石廷柱在奏疏结尾处呼吁:"我皇上乘运奋兴,王贝勒同心协助,定鼎之谟,在此一举。时不容缓,机不可失!"①

石廷柱不愧是一个极富军事才能的汉官,精确地点明了这场战役对明清两政权的重要影响,并且条分缕析,为清军克敌制胜提出了战略性方案,得到了皇太极的赞赏。其后战事的发展,大体印证了石廷柱的判断,而皇太极也是基本上按照他的建议来部署的。但是,皇太极依然不动声色,在继续向锦州增兵的同时,密切关注明朝方面的动态。

果然,到了七月末,明朝集合大军,迫不及待地寻求与清军决战。据史籍记载,蓟辽总督洪承畴原先采取的方略是"步步立营,以守为战"②的持重之计,正如他所言:"久持松、杏,转饷锦州,守御颇坚,未易撼动。若彼再越今秋,师老财匮,即朝鲜亦穷矣。此可守而后可战之说也……不若稍待,使彼自困之为得。"因此,洪承畴并不急于和清军决战,而是不断派兵骚扰、打击,挫伤清军的锐气,使其不战自退。明思宗起初认同这一方案。而被困于锦州城内的祖大寿也派人向明援军通报消息:"城内粟足支半年,第乏薪耳",要求洪承畴"毋轻战",可以"车营逼之"。③ 可见祖、洪二人的战略不谋而合。然而,远在京师的兵部尚书陈新甲却不认同此议,他以"师久饷匮"④为由,要求速战。他一方面给洪承畴写信,刺激他出战,另一方面屡屡给明思宗进言,要求朝廷批准他的主张。此外,他还派遣亲信张若麒、马绍愉为兵部职方主事,前往援锦大军中赞画军务,实际上是催促洪承畴出兵。张若麒为人急功近利,看到明军屡屡获胜,便骄傲轻敌,声称"围可立解",屡上密奏支持陈新甲的观

---

① 《清太宗实录》卷五六,崇德六年七月丁酉。
② 〔清〕魏源:《圣武记》卷一《开创》《开国龙兴记三》,第29页。
③ 以上所引,详见〔清〕谷应泰《明史纪事本末补遗》卷五《锦宁战守》,第1481—1482页。
④ 〔清〕魏源:《圣武记》卷一《开创》《开国龙兴记三》,第30页。

点。在这些人的怂恿之下，明思宗改变了主意，下令洪承畴"刻期进兵"①。洪承畴在多方压力下，不敢怠慢，遂于七月二十六日集合各路人马，正式誓师，向锦州地区进发。此时他的麾下集合了宣府总兵杨国柱、大同总兵王朴、密云总兵唐通、蓟镇总兵白广恩、玉田总兵曹变蛟、山海关总兵马科、前屯卫总兵王廷臣、宁远总兵吴三桂，共 8 镇 13 万军队，其中骑兵 4 万，步兵 9 万，这可以说是明朝各地的精锐所在。洪承畴把粮饷留在宁远、杏山和锦州 70 里外的海中笔架山，自率 6 万兵马先进，余军继进，于第二日抵达松山。

　　松山是辽西走廊的一个军事要地，位于锦州与杏山之间，牵动宁锦防线全局，具有重要的战略价值。之前，皇太极曾屡次进兵松山，却未能取得成功，此次用兵，据明人分析，"势虽困锦，实乃伺松"②。双方都重视松山小城，这是决定锦州危亡的关键所在。因此，明清两军的决战，便在松山爆发。

　　洪承畴统军到达松山后的半夜时分，发现清军驻扎在松、锦之间的乳峰山东侧，此地距锦州仅五六里，地理位置极为重要，于是他命令明军迅速抢占乳峰山的西侧。该处相对于清军的营地可谓居高临下，发炮火、投滚石均极为便利。此外，洪承畴又命将士驻扎于松山城附近的东、西石门，以分清军之势。明朝的大部军队环绕松山城驻营：步兵在乳峰山与松山城之间挖掘长壕，构筑防御工事，扎营 7 座；骑兵则在松山城的东、西、北三面扎营。这一部署使清军陷入腹背受敌的境地，将士们不免大为惊骇。在接下来的几天战斗中，清军在乳峰山、石门一带与明军周旋，屡屡受挫，甚至在八月初二日祖大寿率领步兵从被围已久的锦州城内杀出，与乳峰山的明援军呼应，几乎突破了清军的围困。当然，明军在厮杀中也付出了惨重的代价，宣府总兵杨国柱阵亡，于是由山西总兵李辅明代统其兵。

　　接替济尔哈朗等人围攻松、锦的清军统帅多尔衮、豪格感受到了明军的强大压力，他们不再出战，命人赶赴沈阳，望皇太极再派济尔哈朗率兵增援。皇太极得知清军在松山战场的不利局面，十分焦虑，决定御驾亲

---

　　① 以上所引，详见〔清〕谷应泰《明史纪事本末补遗》卷五《锦宁战守》，第 1482 页。

　　② 《明清史料》乙编第三本《请兵救援松锦残禀》，第 296 页。

二、皇太极扩大战争

征。他"传檄各部军马,星集京师"①,此外还征调蒙古诸部人马,胁迫朝鲜出兵助战,几乎是出动倾国之兵,于八月十四日赶赴前线,行前令郑亲王济尔哈朗留守沈阳。皇太极当时正患鼻衄,鼻子流血不止,但他已经顾不得这么多,一手拿着碗接鼻血,一手策马扬鞭疾驰而进。经过6天的昼夜兼程,于八月十九日抵达松山附近的戚家堡,并遣人与多尔衮、豪格联系,商讨用兵方略。双方议定后,皇太极继续进军,在松山与杏山之间驻营。清军营寨从乌欣河南山绵亘到海滨,横截大道,蔚为壮观。关于此役清军的总兵力,据孙文良、李治亭考证,应稍多于明军兵数13万。② 总之,明、清双方精锐尽出,投入到松、锦这块方寸之地,为他们两个政权未来的命运展开殊死搏斗。

皇太极登上山岗观察敌情,发现明军布阵严整,不禁感叹道:"人言承畴善用兵,信然,宜我诸将惮之也!"他观望良久,猛然发现明军的一个巨大破绽,其精锐集中于前锋,而后队颇弱,首尾不相顾,"此阵有前权而无后守,可破也"③。因此,皇太极制定出了断粮道、掘壕堑、困明军的方略。二十日黎明,明朝8员总兵各率所属兵丁向清军前锋发动进攻,双方激战,各有损伤。皇太极命武英郡王阿济格、固山贝子博洛、内大臣图尔格率领一支偏师进攻塔山,获取了明军在笔架山储备的粮食十二堆,并留下军士护卫。这一天,皇太极命令清军抓紧挖掘壕堑,他们从锦州西面往南一直到海口,挖掘了三道长壕,深8尺,宽丈余,长30里,人马不得过,十分险要,以兵守之,横断了松山、杏山之间的通道。这道壕沟的南面是大海,东面是清朝疆域,明军被困于清军的包围之中,声援、粮草断绝。夜里,明军撤去了部署在乳峰山与松山之间的7座步兵营寨,近松山城驻守,反映出明朝将领已然萌生退意。

二十一日,洪承畴亲率骑、步兵与车营,向清军展开全面进攻,意欲突破重围。明军战斗力极强,左右拼杀,斩获甚多。皇太极见状,不禁感叹道:"南兵殊异他时。"④ 于是他统领大军御敌,张黄色伞盖,指挥若

---

① 《清太宗实录》卷五七,崇德六年八月丁巳。
② 参见孙文良、李治亭《明清战争史略》第336页。
③ 以上所引,详见〔清〕计六奇《明季北略》卷一八《洪承畴降清》,第330页。
④ 〔清〕谷应泰:《明史纪事本末补遗》卷五《锦宁战守》,第1483页。

定。清军官兵看到皇帝亲自出战，士气大振，全力拼杀，明军终不能突破壕堑，只好撤退回营。经过这次战斗，皇太极意识到："今夜敌兵必遁！"① 明清两军决战的时机终于到来了！

果然，此次明军为了求得速战，仅携带了3天的口粮，如今遭受围困，粮草殆尽，与后方也失去联系，可谓陷入绝境。因此，明军上下人心惶惶，士气低落。当晚，洪承畴召开军事会议，商讨对策。他向诸将指出："彼兵新旧迭为攻守，我兵既出，亦利速战，当各敕厉本部，与之力斗，余身执枹鼓以从事，解围制胜，在此一举矣。"洪承畴的意思是，明日再度整合军队，与清军决战闯围。但是领兵诸将却没有了战心，纷纷主张撤回宁远就食，实际上便是撤退。到了傍晚，原先一味主战的张若麒向洪承畴写了一封信，内中言道："我兵屡胜，今日进师非难。但松山之粮仅给三日，且今不但锦州困，松山又困，各帅既欲暂回宁远，以图再战，似可允也。"在如此紧要的关头，张若麒再度与洪承畴不协调，竟然纵容将士们临阵撤退！监军的意见很快便传开，进一步动摇了全军士气。洪承畴依然坚持原先的主张，决心置之死地而后生，他向诸将说道："往时诸君俱矢报效，今正当其会，虽粮尽被围，宜明告吏卒，战亦死，不战亦死，若战，或可冀幸万一。不佞（洪承畴自谦）决意孤注，明日望诸君悉力。"然而，明军将领却不再听从这位主帅的命令。当洪承畴送走诸将后，怯懦的大同总兵王朴率先乘黑夜逃跑，他的行动，导致明军的斗志彻底崩溃。各路总兵争相逃跑，顿时步骑大乱，人马自相践踏，弓矢、甲胄等军械丢弃遍野。在这种情况下，洪承畴无奈只好留1/3的兵力退入松山城婴城据守，命令其余2/3的军队全部"决围冲阵"②。玉田总兵曹变蛟、前屯卫总兵王廷臣与辽东巡抚邱民仰留了下来，誓与洪承畴共守松山城。

皇太极早就料到了明军的动向，事先已做好了充分的准备。当王朴、吴三桂等六镇兵马溃逃之际，严整以待的清军迅速出动，乘机掩杀，明军猝不及防，沿海岸向杏山、塔山逃遁。张若麒、马绍愉于深夜逃出重围，赶往小凌河逃命。除了追兵以外，皇太极还在明军逃离战场的必经之路埋伏了几支堵截的军队：

---

① 《清太宗实录》卷五七，崇德六年八月甲子。
② 以上所引，详见〔清〕谷应泰《明史纪事本末补遗》卷五《锦宁战守》，第1483－1484页。

二、皇太极扩大战争

在杏山一带,命令蒙古固山额真库鲁克达尔汉阿赖、察哈尔毛海各率所部兵马在此埋伏,专等明朝溃兵经过。

在锦州至塔山大路,命令睿郡王多尔衮,贝子罗讬、公屯齐等率领四旗护军以及科尔沁部土谢图亲王兵横截经过的明军。

在塔山一带,命令正黄旗骑兵镇国将军宗室巴布海、护军统领图赖各率所部在此拦截,另外还派遣武英郡王阿济格领兵助阵。凡是从塔山溃逃的明兵尽歼之,若有越过塔山者,也要追击至宁远乃至连山。

在桑噶尔寨堡,命令固山贝子博洛率兵截击明军。

在小凌河口,命镶黄旗蒙古梅勒章京赖护、察哈尔部琐诺木卫寨桑旗下巴特玛率兵追击逃跑的张若麒。另外,派遣正黄旗固山额真谭泰率骑兵往小凌河西直到海滨的地方巡守,断绝从此地溃逃的明军归路。

在笔架山,增派达齐堪、辛达里、纳林等率领枪炮手前往护卫此处粮秣,以防明军掠夺。

除了上述调遣外,皇太极还派遣正白旗蒙古固山额真伊拜、镶白旗梅勒章京谭拜、正红旗蒙古固山额真恩格图前锋统领吴拜等前往增援堵截军队,并命国舅阿什达尔汉、多尔济达尔汉诺颜察视清军营地、斩获情况。

皇太极坐镇御帐,运筹帷幄,考虑到明军逃跑的速度前后不一,为了达到阻截所有明溃兵的目的,他并未在一夜之间让各支军队全部出动,而是"相敌情形,陆续遣发",到了二十二日黎明,所有部队进入各自的指定地点,遇到明兵便邀击截杀。果然,明兵四散逃窜,"弥山遍野,自杏山迤南,沿海至塔山一路,赴海死者,不可胜计"①。张若麒与马绍愉十分幸运,逃过清军的追击,乘船从海上逃往宁远。六镇将士拼死闯过层层堵截,损失惨重,只剩下残兵败将,溃逃至杏山城中。然而,他们的厄运并未就此终结。

在清军四处堵截明溃兵之际,皇太极的大军向松山城移动,到距城三四里大炮射不到的地方安营。他的战法还是四面掘壕,长久围困,伺机而动。当天夜里,明总兵曹变蛟率众分两路突围,先后发动5次冲锋,均被清军挡住。后来他又率领一队人马突袭皇太极的御营,侍卫们大惊,奋力搏斗,将其击败。在激战中,曹变蛟受创,退回松山,他所遗弃的红衣

---

① 以上所引,详见《清太宗实录》卷五七,崇德六年八月甲子。

炮、将军炮、鸟枪等器械为清军缴获。这时，皇太极已经获悉明军溃兵退入杏山的消息，他知道吴三桂等人无法久持，必然离开杏山奔往宁远。因此，他派遣两路精兵，一路伏于高桥，一路伏于桑噶尔寨堡，专等明溃兵出杏山城时截杀。另外，还派遣甲喇章京隋苏、格尔泰、朗球等率三旗精锐护军赶去助阵。后来，皇太极也来到高桥亲自部署，命贝勒多铎全权负责截击事宜。二十六日，明总兵吴三桂、王朴带着残兵从杏山出奔，欲退至宁远。驻守此地的清军前锋看到这种情况，奋力追击。吴、王率军溃退至高桥，只见伏兵四起，多铎所部截断了明军的去路。如此，明军前有堵截，后有追兵，手足无措，陷入绝境。明军四散溃窜，"自海至桑噶尔寨堡"一带遭到了清军各支人马的合力进攻，伤亡甚多。据《清太宗实录》记载，吴三桂、王朴仅以身免，逃往宁远。① 这种说法有夸张的成分，但明军损失惨重却是不可否认的。据朝鲜人所作《沈阳状启》一书所述：明溃兵逃回宁远的尚有2万人左右，除留守松山的曹变蛟、王廷臣外，各总兵皆生还。② 这一记载较为符合史实。

　　从二十一日夜到二十六日，仅四五天时间，明朝援辽大军几乎全军覆没。尤为讽刺的是，明军的失败不是在进攻的路上，而是在溃退的途中。据《清太宗实录》记载：此役清军斩杀明兵53783人，获马7444匹、骆驼66头、甲胄9346副。"明兵自杏山南至塔山，赴海死者甚众，所弃马匹甲胄以数万计，海中浮尸漂荡，多如雁鹜。"③

　　以上可称决战的第一阶段，紧接着进入第二阶段——克取松山、锦州二城。前已述及，在洪承畴退入松山后，皇太极便挥军移营，缩小包围圈，绕城掘壕，意欲长久围困。松山城的地形是四周高，中间偏低，其状如大锅，城就建立在锅底部的一块台地上，长宽各300余米。此城系旧城，城墙并不高厚，较易攻取。但是，皇太极鉴于城内尚存1万多明军精锐，且为熟知兵略的洪承畴统辖，其麾下还有曹变蛟、王廷臣等猛将。为了尽可能地减少己方的伤亡，他仍然采取围而不攻的战术，增派蒙古精锐，调运红衣大炮四面布列，厚集兵力，静候城内生变。九月，宸妃病重，皇太极心急如焚，离开松山，返回沈阳。行前，他将围困松、锦的军

---

① 《清太宗实录》卷五七，崇德六年八月己巳。
② ［朝鲜］昭显世子李㴭：《沈阳状启》第300页，辽宁大学历史系，1983。
③ 《清太宗实录》卷五七，崇德六年八月庚午。

二、皇太极扩大战争

务委托给杜度、阿巴泰、多铎、阿济格等诸王贝勒和统兵大将,后来又令郑亲王济尔哈朗赶赴增援。在围困中,松山城内粮草不支,仰赖明侍郎沈廷扬通过海运从天津运送粮饷到松山济师,守军才得以迁延数月。到了第二年(明崇祯十五年,清崇德七年,1642)正月,城内粮食越来越少,而守军与外界也完全断绝了联系。洪承畴组织了几次突围,却始终没有成功。明朝廷没有再战的决心,早就将困于孤城中的总督、巡抚以及1万大军弃之不理,新任命的总督范志完也裹足不前。此时的情形,正如《清史列传》中所言,"承畴欲战,则力不支;欲守,则粮已竭;欲遁,不敢成队而出"①,陷于绝境。洪承畴及麾下诸将也和士兵一样,一天只吃一顿饭,勉力支撑,竭力死守。在绝望中,城内终于出现了变乱。二月,松山副将夏承德以其子夏舒为人质,秘密降清,约定于二月十八日夜接应清军登城。第二天清晨,清军入城,生擒总督洪承畴,巡抚邱民仰,总兵王廷臣、曹变蛟等明军统兵将官。洪承畴被押送到沈阳,后降清。邱民仰、曹变蛟、王廷臣就地处决,其余将领自兵道、副将以下百余员,乃至3063名士兵,都被残忍地杀害,只有夏承德所属将卒家属被别置一处,幸免于难。此役清军收获颇丰,除了掳获人口外,还缴获了大量军事器械和战略物资,尤其是获得明军大、小红衣炮以及鸟枪3273位。②

松山失陷后,被围一年的锦州终于支撑不住,守城明军的信念土崩瓦解,"明援兵尽绝,城内粮尽,饥民相食,祖大寿战守计穷"③。在万般无奈之下,祖大寿于三月率众约7000明军出城向济尔哈朗、多尔衮投降。清军进入锦州城后,皇太极下令将祖大寿所部加以保全,其余人等尽皆诛戮,百姓财物也被掳掠一空。在锦州城内有数千蒙古兵,不屈服清朝的统治的,亦被残忍地杀害。

松锦之战的最后一个阶段是攻取塔山、杏山两城。占领锦州后,皇太极调集重兵移驻塔山、杏山两城,尤其是派遣孔、耿、尚"三顺王"以及续顺公沈志祥所部汉军,在四周布列火炮,将二城围得水泄不通。皇太极屡下诏谕劝降,但两城明军矢志不渝,坚守孤危之地。四月初八日,济尔哈朗、多尔衮、豪格等移军塔山,用红衣大炮攻城,次日,城墙被轰塌20

---

① 王钟翰点校:《清史列传·洪承畴传》卷七八,第6445页。
② 以上见《清太宗实录》卷五九,崇德七年二月辛酉。
③ 《清太宗实录》卷五九,崇德七年三月己卯。

余丈,清军一拥而入,全歼守城明军 7000 余人。① 二十一日凌晨,清军全力克取杏山城外台地,并于第二日用红衣大炮攻打杏山城,击毁城垣 25 丈。清军正要登城,明副将吕品奇、粮厅朱廷树等开门投降,这才免遭屠戮。据统计,清军收降男女幼小 6800 余人。② 济尔哈朗、多尔衮班师回朝,行前奉皇太极命令将松山、杏山、塔山三城全部毁弃。至此,经过两年的苦战,清军终于取得了松锦决战的最终胜利,打破了十几年来的辽西僵局,重新在关外转入战略进攻,而明朝则丧失了关外八城中的四城,损失惨重,坚固的宁锦防线正在走向崩溃。此战之后,明朝灭亡、清朝入主中原已成必然之势,所谓"式廓皇图,永定帝业"③。

松锦之战是一场战略性的大决战,其与 23 年前的萨尔浒之战并列,是清朝入关前最重要的战役,对明、清(后金)两政权的兴亡产生了深远影响,意义显著。诚如清仁宗所言:"太祖一战而王基开,太宗一战而帝业定。"④ 因此,分析两场战役双方成败利钝的原因,有其突出的学术价值。

就松锦之战而言,明朝"重臣宿将,选卒骁骑,十万之众,覆灭殆尽"⑤,"九塞之精锐,中国之粮刍,尽付一掷"⑥。其惨败之由,概括起来大体有以下四点。

其一,明思宗任人不专,造成决策失误,盲目催战。明思宗起先信任蓟辽总督洪承畴。洪承畴提出了"步步立营,以守为战"⑦ 的持重之策,得到了他的认可,清军在战场上已渐露疲态。然而,明思宗最后还是听信了他人的怂恿,要求承畴"刻期进兵"⑧,不许迁延。朝令夕改,致使"轻进顿师,进不能突围,退不能善后,形见势绌"⑨。

其二,文官指责军务,严重干扰主帅指挥。陈新甲、张若麒、马绍愉

---

① 〔清〕王先谦:《正续东华录》崇德七,崇德七年四月辛亥,第 4 页。
② 〔清〕王先谦:《正续东华录》崇德七,崇德七年四月甲子,第 4 - 5 页。
③ 清仁宗:《太宗大破明师于松山之战书事》第 2 页,清武英殿刻本。
④ 清仁宗:《太宗大破明师于松山之战书事》第 14 页。
⑤ 〔清〕谈迁:《国榷》卷九七,第 5904 页。
⑥ 〔清〕谈迁:《国榷》卷九七,第 5905 页。
⑦ 〔清〕魏源:《圣武记》卷一《开创》《开国龙兴记三》,第 29 页。
⑧ 〔清〕谷应泰:《明史纪事本末补遗》卷五《锦宁战守》,第 1482 页。
⑨ 〔清〕谈迁:《国榷》卷九七,第 5904 页。

二、皇太极扩大战争

不懂军事,昧于明军初战时的几次小胜,鼓吹"师久饷匮"①,声称"围可立解"②,一味催促洪承畴速战。待到明军陷于包围,粮秣断绝之时,张若麒又鼓动军队撤退就粮,致使人心涣散,各路不战自溃。据史书记载,张若麒依仗朝廷的支持,"攘臂奋袂,挟兵曹之势,收督臣之权,纵心指挥",军中"但知有张兵部,……而督臣始无可为矣"③。这一说法虽有夸大成分,却反映了张若麒等人严重影响了洪承畴用兵,产生了极大的负面影响。战后,张若麒还上疏称"承畴失计"④,把责任全部推给洪承畴,冀以自免,却逃脱不了被劾下狱的命运。谈迁在《国榷》中评论道:此战之败,"张若麒一人误之也"⑤,"陈新甲、张若麒辈,其肉岂足食乎!"⑥ 诚然,张若麒、陈新甲对于明军松山之败负有不可推卸的责任,但这一现象反映了明朝实行文官监军制度导致的"武弱文强"⑦,事权不一的弊端。

其三,洪承畴指挥不当,将明军置于孤危险境。洪承畴犯了两个致命错误,一个是孤军深入,却只携带3日口粮,大有"灭此朝食"之慨。结果被清军断了粮草供应,战局急转直下。另一个是把注意力只放在松锦之间,忽略了大军与后方杏山、塔山的联络,布阵之中,精锐集于前锋而后队颇弱,"首尾全无顾应"⑧,给了清军可乘之机。

其四,将官怯懦无能,使得败局不可收拾。明军被包围断粮后,洪承畴谋划突围,诸将却无战心,皆欲撤退。结果大同总兵王朴擅自逃遁,五镇总兵继后。正是在逃亡的路上,明军遭到清兵的围追堵截,全军覆没。松锦之战的第二阶段,清军围困松山长达5个月之久,明思宗命朝中大臣商议救援方略,却都束手无策,又派新任蓟辽总督范志完率师援松,他亦惧于清军兵威,裹足不前。正是这些将官的怯懦无能,导致明朝丧失了亡

---

① 〔清〕魏源:《圣武记》卷一《开创》《开国龙兴记三》,第30页。
② 〔清〕谷应泰:《明史纪事本末补遗》卷五《锦宁战守》,第1482页。
③ 以上所引,见《明清史料》乙编第四本《兵科抄出南京山西道御史米寿图题本》,第397页。
④ 〔清〕谷应泰:《明史纪事本末补遗》卷五《锦宁战守》,第1484页。
⑤ 〔清〕谈迁:《国榷》卷九七,第5904页。
⑥ 〔清〕谈迁:《国榷》卷九七,第5905页。
⑦ 《明清史料》甲编第一本《天聪二年奏本》,第48页。
⑧ 〔清〕谈迁:《国榷》卷九七,第5908页。

羊补牢的机会。

反观清军，夺取关外四城，"大破明师十三万，擒洪承畴"①，可谓全胜。此亦是由三点原因促成。

其一，"围城打援"战术运用得当，使清军扬长避短。宁远、宁锦两次顿兵坚城的经历，让皇太极充分意识到攻城绝非八旗兵的长处。因此，他在仔细分析明、清（后金）两军的优劣势之后，决定实行围城打援的战术。皇太极曾说过："攻城恐士卒被伤，不若掘壕筑墙以困之，彼兵若出，我则与战，外援若至，我则迎击。"② 一方面，清（后金）军改强攻战术为持久围困，阻断宁锦战线城堡间的联络，使城内粮饷告罄，人心浮动，则城可不攻自破；另一方面，面对明朝派来的援兵，八旗兵可充分发挥弓矢骑射、野战冲锋的长技，在平原上将其歼灭。明崇祯四年（后金天聪五年，1631），八旗兵围困大凌河城近3个月之久，其间击败包括孙承宗统率在内的几路明朝援军，最终迫使大凌河军民陷于人相食的惨境。在走投无路之下，明将祖大寿投降，大凌河城就此陷落。这一军事行动的成功为清军运用"围城打援"战术积累下宝贵的实战经验。松锦大战，皇太极故技重演，获得了更大的胜利。

其二，皇太极具有卓越的军事指挥才能，成功扭转了战时清军遭遇的不利局面。在松锦之战中，清军曾两度面临困境。第一次是明崇祯十四年（清崇德六年，1641）三月，八旗兵围困锦州不严，致使战局难以进展。皇太极果断撤下思想懈怠的前线主帅多尔衮、豪格，换上济尔哈朗，很快便取得了克取锦州外城的胜利。第二次是在同年八月，洪承畴大军援锦，与八旗兵在松山激战，清军一度受挫，情况十分危急。皇太极不顾病患，率劲旅亲临战场。经过观察，他敏锐地发现了洪承畴布阵的破绽，采取据险要、掘长壕、断粮道的策略，终于击败明军。可见，皇太极作为清军的最高统帅，在松锦大战中发挥了关键性作用，而此战的胜利，也是其杰出军事才能的集中体现。

其三，红衣大炮的大量使用，对于突破明朝坚城发挥了重要作用。在与明军的几次交手之后，皇太极充分认识到红衣大炮这种先进武器的威力。因此，他在明崇祯二年（后金天聪三年，1629）"己巳之役"中，特

---

① 清仁宗：《太宗大破明师于松山之战书事》第2页。
② 《清太宗实录》卷九，天聪五年八月戊申。

二、皇太极扩大战争

意俘虏了明朝方面熟悉制炮、用炮技术的工匠和官员,让他们为后金铸造火炮。明崇祯四年(后金天聪五年,1631)正月,佟养性、丁启明等铸成"天佑助威大将军"炮,标志着后金初步掌握了造炮技术。在同年围困大凌河的战役中,八旗兵将红衣大炮投入使用,轰击城外台堡,威力巨大。从此以后,红衣大炮成为后金(清)军作战必定携带的重器。皇太极执政期间,后金(清)除了自行铸造和战场掳获以外,还从明朝降将手中得到了大量的红衣大炮。明崇祯六年(后金天聪七年,1633),登、莱守将孔有德、耿仲明统率曾受葡萄牙军事顾问完整西式火炮训练的3600名军士投降后金,他们不仅携带了包括十余门红衣大炮在内的大量武器,而且还把葡萄牙人所传授的,一般明军都不曾完全掌握的铸炮、操炮之法外传,从而极大地推动了后金军事科技的发展。在皇太极的重视下,清(后金)军掌握的红衣大炮越来越多,其质量也愈益优良。而反观明朝,由于崇祯中后期国力日衰、内外交困,朝廷财政日益窘迫,因此无力支持武备建设,前线、边关的火炮往往是由地方官和守将捐资修建,其质量可想而知。清军逐渐在火器上取得了优势,成为攻城略地的重要法宝。正如清将佟养性所说:"夫火器南朝仗之以固守,我国火器既备,是我夺其长技。彼之兵,既不能与我相敌抗,我火器又可以破彼之固守。"[①] 松锦之战中,清朝投入了大量的红衣大炮,一展神威,尤其对八旗兵克取塔山、杏山二城起到了重要作用。

松锦之战,历时两年,是一场典型的持久战、消耗战,其背后是明清双方综合实力的较量。总的来说,清朝蒸蒸日上,"器械精,粮草备,人马健,将酋勇",明朝则饱受八旗兵和农民军的双重打击,日薄西山,"军马单,火器少,饷银无,地势孤"。有明朝官员哀叹道:"以奴之势力,在昔不当我中国一大县,每临阵犹势相均,力相敌也。讫于今,而铸炮造药,十倍于我之神器矣,抢夺马匹器械,百倍于我之马匹器械矣。掳掠丁壮兵民,又不啻十数万生聚矣。捆载辎重金帛,又不止百千万财宝矣。"[②] 两国实力对比的逆转,正是松锦之战明败清胜的根本原因。

---

① 罗振玉编:《天聪朝臣工奏议》,见潘喆、孙方明、李鸿彬编《清入关前史料选辑》(第二辑)第9页,中国人民大学出版社,1989。

② 以上所引,见《明清史料》乙编第五本《兵部题〈御前发下辽东巡抚黎玉田题〉残稿》第494页。

6. 攻克皮岛

皇太极执政时期,明、清(后金)双方在宁锦一带、长城一线展开了激烈争战,双方为夺取全国最高统治权而拼搏。除了这一正面战场外,明朝还曾开辟过第二战场,作为牵制清(后金)军,伺机突袭的重要力量。这支力量一度起过巨大作用,令努尔哈赤、皇太极父子如芒刺在背,不敢放手南下用兵。但是明崇祯九年(清崇德元年,1636),清军大举突袭,彻底解决了这一肘腋之患。从此以后,八旗铁骑随时可以专心南下与明朝争衡。

事情还得追溯到明天启元年(后金天命六年,1621)。这一年,努尔哈赤率后金兵南下,接连攻克沈阳、辽阳,致使明朝在辽东地区的统治全面崩溃,将领弃守,百姓逃亡,他们或者投往辽西,或者奔向朝鲜,或者渡海流寓山东,或者栖居于辽东海面的岛屿之间。在很短的时间内,东起镇江(今辽宁丹东),西至辽河沿岸,南起金州卫以北,北抵开原以北,大小70多个城堡俱向后金投降,位于辽东半岛的金、复(今辽宁瓦房店市复州城镇)、海(今辽宁阜新市海州区)、盖四州卫也在这场混乱中陷落。值此危难之际,明廷起用熊廷弼为辽东经略,并以王化贞为广宁巡抚,令他们稳定局势,守住河西,规复辽左。熊廷弼就任后,提出了"三方布置策":以广宁为前矛,设置骑兵,从正面迎击八旗军进攻;以山海关为后盾,由经略驻守,居中节制,统一指挥;以天津、登、莱等处为侧翼,建立舟师,从海上袭扰后金,牵制其兵力,进而相机规复辽阳。熊廷弼的主张是"守定而后可进战"①,立足于守,徐图恢复,最终实现反攻。明廷采纳了熊廷弼的方略,并根据他的建议,在侧翼进行了四项部署:其一,在山东登、莱地区及天津各设巡抚,派驻重兵,置备舟师;其二,召

---

① 〔清〕沈国元:《两朝从信录》卷一〇,见潘喆、孙方明、李鸿彬编《清入关前史料选辑》(第二辑)第224页。

二、皇太极扩大战争

集逃亡辽人,择其精壮,作为反攻的生力军;其三,扶持辽东地区的抗金义军,作为反攻时的内应,并可在平时令其骚扰、牵制八旗兵;其四,联络朝鲜,与明军行动相呼应,在反攻之时,可形成从山东半岛与朝鲜两面夹击辽南之势,令后金陷于苦战之中。经过朝廷的惨淡经营,登莱水师渐成规模,边防形势有所改观。然而,熊廷弼的计划遭到了广宁巡抚王化贞的阻挠,其时"经、抚不和",朝臣多支持巡抚,所以"三方布置策"未能全面贯彻下去。不过值得注意的是,王化贞虽然为人刚愎自用,志大才疏,轻敌冒进,但他在一个问题上与熊的看法相同,那就是重视逃亡辽民,希望借助他们的力量恢复失地。因此,在当年五月,他派遣驻广宁标下练兵游击毛文龙率200余军士前往辽东沿海地区"招致遗民,恢复疆土"①。这一行动在当时并未显露出特殊的意义,在其后却产生了一个意想不到的结果,那就是逐渐形成以皮岛、旅顺为中心,以辽东沿海诸岛屿为锁链的海上攻守体系,为明朝开辟了与后金作战的第二战场。

毛文龙(1576—1629),字振南,浙江杭州府钱塘人,"家虽贫,有英气"②,精于骑射、对弈之道。在其舅兵部主事沈光祚的推荐下,他投身于辽东总兵官李成梁所部,后又在王化贞属下任职,负责制造火药、练兵事宜,被提升至游击职衔。明天启元年(后金天命六年,1621)五月,毛文龙奉王化贞之命前往辽东沿海。他率领200余人的队伍,分乘4艘船只,从三岔河口出海,沿辽东半岛海岸航行,经过娘娘宫、猪岛、广鹿岛、给店岛、石城岛、鹿岛、长山岛、小长山岛、色利岛、章子留岛、海洋岛、王家岛等岛屿,沿途击败守岛后金兵,擒拿守岛官,并安抚岛上民众。经过近3000里的跋涉,航行至朝鲜所属的弥串堡,毛文龙上岸驻军,"招集难民,归者甚众"③。弥串岛地理位置重要,处在明朝和朝鲜的国界地带,西北距鸭绿江200里,而过了江便是后金兵驻守的辽南要地镇江。在获得王化贞的同意后,毛文龙着手谋图镇江。七月二十日,他率领一支400余人的小部队,在内应镇江中军陈良策的帮助下,击败后金兵,克取镇江城。一时之间,辽南震动,宽甸、汤站、险山等堡皆降,后金守将被捉,投附毛文龙军队的辽民络绎不绝。捷报传到北京,朝野欢腾,熹宗任

---
① 〔清〕计六奇:《明季北略》卷二《毛文龙入皮岛》,第39页。
② 〔清〕计六奇:《明季北略》卷二《毛文龙入皮岛》,第38页。
③ 〔清〕计六奇:《明季北略》卷二《毛文龙入皮岛》,第39页。

命毛文龙为广宁都司兼副总兵,并赏银 200 两。王化贞听闻这一捷报后,以为后金兵不过如此,更加滋长了他轻敌的思想,遂上奏朝廷,请求出兵乘势反攻。朝廷采纳了他的意见,要求登州、莱州、天津的水师以及熊廷弼的山海关大军配合王化贞,协力推进,收复辽东。然而,当时熊廷弼与王化贞不和,他对毛文龙攻克镇江的胜利持全盘否定的态度,对出兵收复辽东也很不积极。因此,这一计划最终成了泡影。

努尔哈赤听说辽南要地镇江被攻取,怒不可遏,遂命令其子皇太极、侄子阿敏率 3000 人赶往镇江弹压。结果明朝援兵不至,朝鲜也不敢出兵与八旗铁骑对敌,毛文龙坐守孤城,抵挡不住后金军的猛烈进攻,镇江得而复失,毛文龙在城陷两天前只身逃往朝鲜。皇太极率大军入城后,屠戮百姓,毁坏城池,并强行将辽南沿海地区的居民内迁。毛文龙逃入朝鲜后,得到朝方的极力保护。明天启元年(后金天命六年,1621)十二月十五日,努尔哈赤获知毛文龙的具体驻地,遂派遣数千后金兵,渡鸭绿江,突袭龙川。不料此时毛文龙并未在龙川,而是在距龙川 90 里的林畔馆。他猝不及防,穿上士兵的衣服,才逃过一劫。后金兵搜索不到毛文龙的下落,无可奈何,于是大肆屠杀居于朝鲜的汉人,以泄心头之恨。

毛文龙在朝鲜安顿下来以后,着手建立军队。他先后在蛇浦、皮岛设立营寨,招揽汉人,归附日众。明朝为了表彰毛文龙的功绩,于天启二年(后金天命七年,1622)六月将其提升为署都督佥事平辽总兵官。此时,广宁已经失陷,朝廷希望能够借助毛文龙的力量,骚扰后金,对八旗兵的南下起到有效的牵制作用。十一月,毛文龙将大营正式设于皮岛,明廷表示支持,将之命名为"东江镇"。辽民闻讯"皆卷入岛中,接屋甚盛,作一都会。南东商船,来往如织"①。

皮岛,朝鲜称椵岛、稷岛、南海岛,位于西朝鲜湾北部,东西长 15 里,南北宽 10 里,紧邻铁山半岛,其北部靠近鸭绿江入海口。居于中国与朝鲜半岛之间,且与辽东沿海诸岛屿脉络相通,海运、应援均极为方便。此岛四面环海,岛上"环山峭壁"②,形势险峻,易守难攻。因此,毛文龙将他的总兵府设于此地。他初到皮岛之时,岛上荒无人烟,蛇虎纵

---

① 朝鲜《光海君日记》五,壬戌十四年十一月癸卯,见吴晗辑《朝鲜李朝实录中的中国史料》第 3202 页,中华书局,1980。

② 〔清〕计六奇:《明季北略》卷二《毛文龙入皮岛》,第 39 页。

二、皇太极扩大战争

横，实属废弃之地。经过他的一番经营，有数十万辽民、商贾来到此地居住，皮岛逐渐繁荣起来。在朝鲜的支持下，毛文龙招募士卒，整军备战，并且伺机克取旅顺、金州等要地，与辽东沿海诸岛屿连成一线，开辟了与后金作战的第二战场，进可突袭辽东，退可据守岛屿，相机而动，成为辅助辽西前线防御的重要力量。

毛文龙任总兵以后，在三四年的时间内频繁向后金出击，使其在辽南的统治无法得到巩固，不得已，努尔哈赤逼令沿海居民尽数北迁，以避明军锋芒，弄得"盖州四卫已空其三，沿海四百里之地，彼（指后金兵）尽去之而不据"①。更有甚者，皮岛精锐还曾突袭至后金腹地，给其统治造成了极大的震动。天启六年（后金天命十一年，1626）五月，毛文龙遣兵进攻辽东，一度推进到距离沈阳仅180余里的鞍山驿。努尔哈赤当时刚从蒙古战场回师，途中闻讯，大为惊骇，一面统率大军急行，乘夜进入沈阳，一面命诸贝勒带领所部人马，俱往鞍山应援。直到后来听说毛文龙已然兵败，人心稍定，这才停止进军，下令班师。由此可见，毛文龙驻皮岛期间，屡次袭扰后金统治区，配合辽西正面战场，有效地发挥了侧翼牵制的作用。正如《明季北略》一书所言："文龙居岛，联络朝鲜，招携辽庶，时以游兵出没海外，牵制东师（指后金兵），使不得深入山海，敌人患之。"② 毛文龙的军事作为得到了明廷的重视，熹宗对其封赏、加官，重其事权。明天启三年（后金天命八年，1623）二月，赐尚方剑，次年十月，加封左都督。至此，毛文龙成为明朝在海上的一员封疆大吏。

面对当时的局势，毛文龙向朝廷提出了一份复辽方略。他继承了熊廷弼的"三方布置策"，主张在山海关一线正面阻击后金兵的同时，充分发挥东江镇、登州、莱州、天津等处水师的作用，袭击敌人后方，使其疲惫。待时机到来之际，陆上与海上两面行师，腹背夹击，直捣沈阳，使后金首尾不得相顾，则全辽可复。当时朝廷大臣普遍秉持重陆轻海的观点，兵部认为"文龙灭敌则不足，牵制则有余"③，并不认同毛的方略。由此可见，明廷只是将辽东沿海军队视为一支可以牵制后金的力量，而并未从全局来审视毛文龙军事行动的意义所在，对东江镇军事价值的估计严重不

---

① 〔清〕谈迁：《国榷》卷八五，第5225页。
② 〔清〕计六奇：《明季北略》卷二《毛文龙安州之战》，第42页。
③ 〔清〕谷应泰：《明史纪事本末补遗》卷四《毛帅东江》，第1453页。

足。最终，毛文龙的复辽方略未能付诸实施，而朝廷也没有分拨东江足够的兵员和粮饷，这和其在山海关一带投入大量援辽军队的行为形成了鲜明的对比。在这种情形下，毛文龙除了派遣小股部队进入后金袭扰外，无法展开更大规模的军事行动。久而久之，毛文龙逐渐消沉，恣意妄为，劣迹颇多，诸如谎报战果、杀良冒功、虚报兵员、侵夺饷银、劫掠商船等。甚至他在海岛之上还做起了走私生意，并欺压朝鲜官民，与邻邦渐渐不和。最终，毛文龙由一个屡立战功的骁将堕落成了专制一方的悍将，朝鲜人口中的"海外天子"①。因此，自天启末以来，毛文龙便受到朝廷的猜忌和厌恶。明思宗即位后，袁崇焕被起用为蓟辽督师，他与内阁大学士钱龙锡定议，以巡视犒军为名，不经奏报朝廷，便于明崇祯二年（后金天聪三年，1629）在双岛以尚方剑斩杀总兵毛文龙，改组东江兵制，直接隶属督师统辖。毛文龙之死，对日后战局影响甚大，对其评价历来众说纷纭。有人认为毛文龙在东江自行其是，不服号令，袁崇焕为了严肃军纪，统一指挥，理当斩杀；有人认为毛文龙功大于过，罪不至死，袁崇焕处置过当。据李治亭、孙文良分析，毛文龙之死源于明末党争。②从党派上来看，钱龙锡与袁崇焕均属于东林党一派，毛文龙则属于阉党分子，双方是敌对阵营。明思宗执政后，计除魏忠贤，东林党逐渐得势，而阉党的地位则一落千丈。因此，正是在朝中东林党官员的支持下，袁崇焕才敢于刚一上任就不经请示，擅自诛杀为他们所厌恶的毛文龙。这一事件在后来造成了严重恶果，而"专戮大帅"也成了一年后袁崇焕为明思宗所磔杀的重要罪状之一。不可否认的是，擅杀毛文龙是袁崇焕人生中的一大败笔。

毛文龙死后，东江"岛弁失主将，心渐携，益不可用，其后致有叛去者"③。群龙无首，军心涣散，岛上诸将的矛盾激化，内斗不止，其牵制后金兵的力量大大削弱。皇太极得以在无后顾之忧的情况下，纵兵驰骋，屡次绕道蒙古，进袭中原腹地，甚至长驱攻打北京。而东江持续的内乱，也给皇太极提供了可乘之机。毛文龙死后，其部将孔有德、耿仲明因不满新任岛帅黄龙的统辖，往投登州、莱州巡抚孙元化。明崇祯四年（后金天

---

① ［朝鲜］李肯翊：《燃藜室记述》，见潘喆、孙方明、李鸿彬编《清入关前史料选辑》（第一辑）第462页，中国人民大学出版社，1984。
② 参见孙文良、李治亭《明清战争史略》第262－263页。
③ ［清］张廷玉等：《明史·袁崇焕传》卷二五九，第6718页。

二、皇太极扩大战争

聪五年,1631),他们率部在往援大凌河的途中,因与山东兵不和,军中发生哗变,即"吴桥兵变"。孔有德率军回师,克登州,围莱州,尽杀黄龙家属,最终却在明军的堵截下被迫弃城,乘船而逃。船队行至旅顺一带,又遭到赶来增援登州、莱州的黄龙所部的猛烈攻击,损失惨重,且困于海上,水、粮断绝。历经艰难险阻,孔军才在后金兵的帮助下,于明崇祯六年(后金天聪七年,1633)从镇江登陆。孔有德、耿仲明率所部就此归降后金。这一事件对后金的发展影响甚大,孔、耿二人不仅带来了骁勇将官和水师壮丁,还带来了后金急需的100余艘船只和大量火炮(包括威力巨大的红衣大炮)。因此,皇太极为表彰他们的功劳,敕封孔有德为都元帅,耿仲明为总兵官,其军号"天佑兵"。明崇祯九年(清崇德元年,1636),皇太极称帝,又进封孔为恭顺王,耿为怀顺王,位在群臣之上,极尽恩荣。天佑兵的归顺,振奋了后金的士气民心,正如宁完我在奏疏中所称:"此数千兵丁,不劳编派而得,诚天送汗以成大事者。"① 在孔、耿二人的引领下,后金集中精兵猛将,于明崇祯六年(后金天聪七年,1633)七月攻克旅顺,守将黄龙自刎,后金兵在此战中又缴获了大量的船只、火药、枪炮等军事物资。旅顺的失陷,标志着毛文龙建立起来的辽东沿海防线开始走向崩溃。

黄龙死后,沈世魁于皮岛接任总兵一职。据史书记载,沈世魁是辽东商贾出身,目不识丁,因为有个女儿做了毛文龙的小妾,于是"倚势横行岛中"②,扶摇直上。他接任岛帅后,不理军务,大造官署,极尽奢华,闹得民怨沸腾,将士离心。尤其是他与守卫广鹿岛的副将尚可喜不和,因此他刚一上任就决定除掉这个眼中钉。沈世魁下令调尚可喜回皮岛,准备加以治罪。尚可喜不知是计,得到命令便动身启航。行至长山岛,大风骤起,船只不得通行。而此时尚可喜发现一个疑点,沈世魁屡下命令催促,皮岛诸将也写信表示欢迎,但是凡是和尚可喜关系亲近的人都没有来信。想到这里,尚可喜决定派人秘密潜入皮岛侦察消息,探听虚实,结果获知了沈世魁的全部阴谋。尚可喜愤慨不已,他调转船头,返回广鹿岛,并于明崇祯七年(后金天聪八年,1634)元旦正式起兵反明,攻陷广鹿、大长山、小长山、石城、海洋等5岛,擒获守岛将领,率所部将吏兵民1万余

---

① 罗振玉编:《天聪朝臣工奏议》,见《清入关前史料选辑》(第二辑)第55页。
② 〔清〕张廷玉等:《明史·沈世魁传》卷二七一,第6968页。

人航海登陆，归降后金。皇太极十分高兴，妥善安置了他们，授尚可喜为总兵官，其军号"天助兵"。至崇德元年（1636），他也因功被封为智顺王，孔、耿、尚三人合称"三顺王"，在战场上威名赫赫，为清朝统一全国的大业立下了汗马功劳。经过这几次变乱，东江明军元气大伤，兵员减损，粮饷匮乏，辖境日蹙。尤其是尚可喜连下5岛，给东江防线以致命一击，皮岛陷于空前孤立的境地。

尚可喜降清后，便向皇太极上书进取皮岛的方略，内中称：

> 自皮岛开镇以来，我国中所得辽人男妇奔逸各岛者，不下百万，皆缘有岛在焉。从皇上登位以来，爱民如子，旧人咸思乐业，近来各处抢获之人，不无奔岛之念。且皮岛财货所聚，不过依水为险，又无山城，止用三板船一百号，兵马一二千，易于攻取。取岛之后，收其船只，逐岛收取，事毕将船停泊旅顺，一则人无溃逸，再则南朝舟师不敢东向。如果臣言不谬，伏乞皇上速发匠役，前往浑江预造船只，俟春融发兵攻岛。此诚计之善者也，伏乞圣裁。①

尚可喜的意见打动了皇太极，他要选择有利时机，一举解决困扰后金多年的东江问题。明崇祯九年（清崇德元年，1636）十二月，皇太极称帝不久，便统率大军跨过鸭绿江，征讨朝鲜，很快便攻克汉城。朝鲜国王无奈，只好举国向清朝投降，双方订立"君臣之盟"。次年二月，皇太极班师回沈阳，行前，他命其侄贝子硕托率八旗精锐，会同"三顺王"所部，携带16门红衣大炮，并征调朝鲜50艘船只，进袭皮岛明军。八旗兵曾在明崇祯四年（后金天聪五年，1631）进攻过皮岛，由于彼时朝鲜不肯提供船只和水手，加之八旗兵缺乏海战经验，因此没有成功。而在6年后，清军的战斗力大增，其不仅拥有了自己的舟师和火器，而且彻底征服了倔强的朝鲜。在皇太极的心中，皮岛这块弹丸之地，已是志在必得。

然而，皮岛四面环海，易守难攻，硕托在陆上作战是一员猛将，但他缺乏海战的经验，面对孤悬海上的岛屿，无计可施，只得望洋兴叹。东江总兵沈世魁凭险据守，率众奋起抵抗，清军无法攻克，双方僵持了1月有

---

① 罗振玉编：《天聪朝臣工奏议》，见《清入关前史料选辑》（第二辑）第100－101页。

二、皇太极扩大战争

余。皇太极见皮岛久攻不下,遂遣其弟武英郡王阿济格率1000战士助攻。阿济格同样认为攻岛困难,一时并无取胜的良策。一天,他率领属下将士,以出猎为名,观察皮岛地形,思索作战方略。经过一番研究,一个智取的计划浮现在阿济格的脑海之中。四月初五日,他召集诸将在皮岛东北的郭山举行军事会议,决定兵分两路,突袭皮岛。其具体部署为:

一路是偷袭主力。由步兵固山额真萨穆什喀统领精锐护军打头阵,其余八旗步兵紧跟其后,责令固山额真昂邦章京阿山、叶臣在后面督战。这支队伍乘坐清朝自制的小船,避免敌人的目光,出其不意,给明军以致命一击。

一路为佯攻偏师。以八旗骑兵、汉军旗、"三顺王"军、朝鲜兵为组成部分,乘坐清朝从各处获得的船只以及朝鲜援助的战舰,从皮岛东面的身弥岛口进攻,务必大张旗鼓,以吸引明军的注意力,掩护主力的偷袭行动。这支队伍以兵部承政车尔格统率,责令汉军固山额真昂邦章京石廷柱、户部承政马福塔在后面督战。①

在会上,护军将领鳌拜和准塔踊跃欲战,愿为全军前驱,参加偷袭主力打头阵的队伍,他们向阿济格立下军令状:"我二人奋勇先登,必能克之。我等若不得此岛,必不复来见王!"②

清军的这一方略,采用的是"声东击西"之策,一明一暗、一正一奇,确为"瞒天过海"的高招。尤其是在兵力部署上,阿济格更是独具匠心。此次海上作战,步兵比骑兵更具优势,因此他将八旗步兵置于主力偷袭的地位,而且特别调出步兵中最精锐的护军打头阵,从而能够迅速取得一个突破口,给守岛明军以沉重的打击。而在佯攻偏师的布置上,阿济格也是颇费心思。骑兵不习水战,也不善于陆地徒步厮杀,所以阿济格在这次战役中未给他们安排主要的任务,确为切合时宜的。汉军旗以及"三顺王"部下的官兵,其战斗力远不如满洲步骑,因此阿济格让其参与偏师,也是充分考虑了他们的作战能力的。朝鲜军队完全是受胁迫而参战,他们内心是同情明朝的。据史书记载,朝鲜方面原先曾打算向守岛明军泄露清

---

① 载于《盛京满文原档》第7号,参见刘建新、刘景宪、郭成康《一六三七年明清皮岛之战》,《历史档案》1982年第3期。
② 〔清〕鄂尔泰等修:《八旗通志》(初集)卷一五二,第3863页,东北师范大学出版社,1985。

兵进攻的消息，最后因为害怕惹怒清朝而作罢。① 其军队的参战热情可见一斑。因此，阿济格也没有为难朝鲜军士，只是令其虚张声势而已，这对他们来说也是乐意做的。通过这一番部署，阿济格有效地使麾下几部分兵将扬长避短，从而最大限度地发挥清朝方面军队的战斗力。

四月初六日，阿济格给沈世魁等守岛明将写了一封劝降书，未见回复。于是，四月初八日傍晚，阿济格正式下令发起总攻。一方面，佯攻部队分乘70余艘战舰，浩浩荡荡，陈列于身弥岛口，击鼓进兵，但是并不急于登陆。明朝的守军都被吸引到皮岛的东面，全力阻击清军的进攻。而在另一方面，一更时分，清军主力运动至皮岛西北熬盐的河港，准备从这里偷袭登陆。当时海上升起大雾，加之夜晚无光，更加便利了清军的偷袭。按照部署，清军先是由精锐护军打头阵，其中鳌拜与准塔二人，率先登上皮岛，举火为号，引导后续步兵登陆。此地明军布防较为薄弱，守岛将士看到八旗军突然来到面前，惊惧不已，"以为北军飞渡"②，但依然排列阵营，坚持守御，与清兵厮杀。鳌拜、准塔等将领率护军奋勇作战，明军渐渐支持不住，败下阵来。至二更时分，固山额真萨穆什喀率领其余步兵登陆，协同护军作战，一举歼灭了皮岛西北部的明朝守军。佯攻偏师听说主力偷袭成功的消息后，在马福塔的督令下，全军挂帆，鼓噪而进，船上士兵连连向守岛明军发射红衣大炮，其中朝鲜的炮手具有很高的技术，虽然他们内心同情明朝，但是在清军的压力下还是不得不使炮轰击皮岛，给守军以巨大杀伤。在这种情况下，明军两面作战，渐渐不支。清兵全数登上岛屿，与明军展开最后的厮杀。战况十分惨烈，据朝鲜《李朝实录》记载，有一部守岛败卒退到一座山上，清兵四五百人仰攻，明军将士奋不顾身，殊死血战，清兵死者很多，甚至有一员大将也中弹而亡。③ 但是，已经失去海洋屏障的明军究竟抵挡不了无数清军的猛攻，双方激战一昼

---

① 朝鲜《李朝实录》仁祖十五年二月己卯、癸未，见吴晗辑《朝鲜李朝实录中的中国史料》第3599—3600页。

② 朝鲜《李朝实录》仁祖十五年四月癸巳，见吴晗辑《朝鲜李朝实录中的中国史料》第3604页。

③ 朝鲜《李朝实录》仁祖十六年七月癸酉，见吴晗辑《朝鲜李朝实录中的中国史料》第3624页。

二、皇太极扩大战争

夜,皮岛最终陷落,明朝军兵"死者万余人"①,其残部或逃或降,民众也半死半逃。总兵沈世魁奋战到最后一刻,为清将马福塔擒获,押解到阿济格的营帐之中。他箕踞而坐,不参不拜。马福塔见状怒叱道:"何敢如是!"沈世魁正色曰:"愿速杀我。"马福塔说:"汝可脱衣。"沈世魁清楚地了解这一诡计,知道清军是要换上他的衣服去诱骗其余岛屿的明朝军队,于是他冷冷地说:"吾何以脱衣乎?杀其人,衣其衣,乃汝曹常事。杀我之后,染血之衣,汝可自取。"②马福塔大怒,命令手下将其拖出斩杀。从这段记载中可以看出,沈世魁虽然是靠着与毛文龙的裙带关系而升迁,并且为人心胸狭隘,奢侈腐败,就任岛帅期间劣迹斑斑,但在最后,他还是能够统率军队奋勇作战,力竭被擒,惨遭杀害。从沈世魁死前的表现来看,他仍不失为一名具有民族气节的将领。

四月初九日,阿济格遣人往沈阳报捷,称此役斩杀甚众,俘获水手356名,妇女幼稚3116口,大船72艘,红衣大炮10位,以及各种金银、衣缎、马牛、宝器等物。③皇太极十分高兴,认为皮岛之战一举解决了困扰清朝(后金)十余年的后顾之忧,其意义堪比攻克一座大城④。因此,大军班师后,朝廷重赏参战将士,尤其是鳌拜、准塔二人,奋勇无比,率先登岛,从优议叙,赐"巴图鲁"号⑤。

沈世魁的从子、时任副将的沈志祥在皮岛失陷后收集溃兵退保石城岛,因与明朝监军不和,杀之,自称总兵。明崇祯十年(清崇德二年,1637),皇太极遣使招降。次年二月,沈志祥带着9名副将、8名参将、18名游击、31名都司、30名守备、40名千总、2名诸生以及军民2500余人乘船航海,正式归顺清朝。⑥皇太极十分高兴,以礼相待,将他们妥善安置于抚顺。沈志祥被清廷封为总兵官,后又封为续顺公,极尽恩荣。此

---

① 朝鲜《李朝实录》仁祖十五年四月癸未,见吴晗辑《朝鲜李朝实录中的中国史料》第3603页。
② 朝鲜《李朝实录》仁祖十五年四月癸巳,见吴晗辑《朝鲜李朝实录中的中国史料》第3605页。
③ 《清太宗实录》卷三四,崇德二年四月辛巳。
④ 王钟翰点校:《清史列传·鳌拜传》卷六,第352页。
⑤ 〔清〕鄂尔泰等修:《八旗通志》(初集)卷一五二,第3863页,东北师范大学出版社,1985。
⑥ 赵尔巽等:《清史稿·沈志祥传》卷二三四,第9417页。

时辽东海岛虽尚有明朝的残兵败卒,但是已然不能成军,朝廷也没有设立新的总兵,只是令登莱总兵遥领其地,东江镇名存实亡。随着沈志祥投降清朝,明崇祯十一年(清崇德三年,1638)夏,明朝内阁大学士杨嗣昌决定将岛上残余的兵民尽徙宁、锦一带。至此,"诸岛一空"①,明朝经营十余年的东江镇正式消亡。

事实表明,皮岛的败落从毛文龙任总兵的后期就开始了。他在岛上骄横跋扈,恣意妄为,从而招致朝野以及邻国朝鲜的反感,落得个不得善终的下场。毛文龙死后,皮岛内乱不已,主帅多贪暴不仁,东江镇的凝聚力消失殆尽,部将纷纷叛逃后金,最终导致明朝的辽东沿海防线土崩瓦解。随着皮岛的失陷、东江镇的覆没,皇太极终于可以放心大胆地把全部力量用来进攻辽西乃至中原。随着明军的节节败退、丢城失地,再也没有任何力量能够阻挡清朝入关的步伐了。

7. 统一全东北

从明万历十一年(1583)至清崇德八年(1643),计60年,这是清朝统一战争的第一个阶段。在努尔哈赤、皇太极两代人的努力下,清朝基本统一了东北全境,为以后入主中原、定鼎北京奠定了坚实的基础。

明万历十一年(1583),25岁的努尔哈赤因父、祖之死,以13副遗甲起兵,经过33年的浴血奋战,统一建州女真、长白山女真,以及海西女真中的哈达、辉发、乌拉部,古勒山一战击败九部联军。随着兵势日强,努尔哈赤定国政、建八旗、兴经济、创满文,进行女真部落与民族的整合,最终于明万历四十四年(1616)称汗,国号"大金",史称"后金",年号"天命",与抚有中原的明朝分庭抗礼,一个新兴的地方政权就此诞生。

---

① 〔清〕张廷玉等:《明史·沈世魁传》卷二七一,第6969页。

二、皇太极扩大战争

后金天命三年（1618），努尔哈赤以"七大恨"告天，誓师伐明，攻克抚顺、清河两座辽东边镇，正式拉开了明、清（后金）战争的序幕。在其后的几年内，后金势力发展迅猛，接连取得萨尔浒大战、开原铁岭之战、辽沈大战的胜利，取代明朝，成为辽东平原新的主人。天命七年（1622），努尔哈赤率八旗铁骑渡过辽河，辽西重镇广宁不战而降。在连年征战中，后金军攻无不克，战无不胜，而明军则屡战屡败，丢城失地。直到孙承宗、袁崇焕构筑宁锦防线，采取"凭坚城，用大炮"的战术，使努尔哈赤兵败宁远，才使后金军凌厉的攻势停顿下来。除了对明作战外，努尔哈赤继续用兵女真，其于天命四年（1619）派兵攻灭海西女真仅存的叶赫部，并不断征抚远在黑龙江、乌苏里江流域的东海女真，在晚年终于完成了统一女真的大业。

努尔哈赤无疑是一个杰出的政治家、军事家，在40余年的漫长岁月里，他横刀跃马，驰骋疆场，使女真（满洲）族崛起，开创了辉煌的业绩。然而，到了他的统治后期，新生的后金却面临建立以来最大的危机。就内部而言，由于努尔哈赤晚年实行民族歧视政策，"诛戮汉人，抚养满洲"①，造成了辽东地区严重的社会问题，满汉矛盾十分尖锐。就外部而言，此时的后金遭遇包围态势，陷入同时面对东部蒙古、西部朝鲜、南部明朝威胁，四境逼处的窘境。

皇太极即位后，首先攻打宁远、锦州，不料再败于袁崇焕之手。他遂吸取教训，绕开明朝坚固的宁锦防线，四向用兵：向北四征黑龙江；向西三征林丹汗，统一漠南蒙古，降服漠北蒙古；向东两征朝鲜，攻克皮岛；向南绕道蒙古，五次袭扰中原，消耗明朝的有生力量。此外，面对明朝的关外坚城，皇太极大力发展火器，将红衣大炮投入战场，并采用"围城打援"的战术，大凌河之战一举获胜。清崇德五年（1640）至七年（1642），明清双方各投入十几万兵力，展开松锦决战。皇太极故技重演，大败洪承畴所率援兵，连下松山、锦州、塔山、杏山四城，打破了十几年的辽西僵局，突破宁锦防线，开启新的战略进攻。皇太极死后，清军又于崇德八年（1643）九月至十月间，攻取中后所、前屯卫、中前所三城。至此，除了宁远孤城尚在明军手中，清朝已经基本统一了东北全境。

---

① 《清太宗实录》卷六四，崇德八年正月辛酉。

除了军事上的赫赫武功,皇太极在位期间还成功进行了清朝(后金)的政治军事改革。在政治上,皇太极倡导满汉一体,努力安抚汉人。他曾形象地将满、蒙、汉三个民族的关系做了一个比喻:"譬诸五味,止用酪则过酸,止用盐则过咸,不堪食矣。唯调和得宜,斯为美耳。"① 他强调民族的多样性,"调和"各民族利益,调动各民族,尤其是汉族的积极性,从而促进正处于上升时期的清朝(后金)的发展。故而皇太极即位后,通过释放汉人奴仆、分屯别居、重用汉官、积极吸收汉文化等方式,力图弥合满汉民族的矛盾。此外,皇太极改革官制,压制八旗旗主贝勒的权力,仿明朝体制,设立内国史院、内秘书院、内弘文院②、六部、都察院等衙门,并于天聪三年(1629)始开科取士,广泛吸纳满、蒙、汉各族人才进入朝廷。通过这种种手段,皇太极强化了君主专制集权,推动了清朝(后金)的政治封建化进程。

在军事上,皇太极完善了努尔哈赤创建的八旗制度。统一漠南蒙古后,皇太极将归附的蒙古军民进行编旗管理,并于天聪九年(1635)形成八旗蒙古的建制;攻克皮岛后,他又以东江镇明朝降将为主体,编设汉军旗,并于崇德七年(1642)形成八旗汉军的建制。满洲与蒙古旗以骑兵为主,擅长野战冲锋;汉军以步兵、工兵与炮兵为主,负责围困、凿城、操炮、挖壕。随着八旗中满、蒙、汉三大系统的基本形成,清军也由骑兵单兵种作战发展为骑、步、炮多兵种协同作战,实力大大增强。

毋庸置疑的是,努尔哈赤、皇太极在我国东北边疆创立的基业,为清朝的进一步发展做了重要铺垫。崇德八年(1643)八月初九日,皇太极病逝,享年52岁,庙号清太宗。他毕生最大的遗憾,就是死在了胜利曙光来临之前,未能看到清朝入主中原的那一天。他的夙愿,将由弟弟睿亲王多尔衮和儿子清世祖福临去完成。

---

① 《清太宗实录》卷四二,崇德三年七月丁丑。

② 合称"内三院",创建于天聪十年(1636)三月。其前身是创建于天聪三年(1629)四月的文馆。

三、清军入关之战

三、清军入关之战

1. 明朝灭亡

崇祯十七年（1644）三月十九日，李自成领导的大顺农民军攻破北京，成为紫禁城的新主人。在城陷之前，明思宗朱由检登上万寿山（今景山）自尽，标志着延续了276年的大明王朝最终灭亡。因为这一年是农历甲申年，故史称"甲申之变"。清朝统一战争的进程从此进入一个新的阶段。

图 3.1 明思宗朱由检像
（选自《清史图典》第 2 册，第 8 页）

明朝的灭亡，有诸多原因，可以追溯到明神宗统治时期。万历初期，张居正秉政，实行考成法、清丈田亩、一条鞭法等改革，国势"几于富强"①。万历十年（1582），张居正去世，明神宗亲政，不到两年便对昔日的"元辅张先生"展开清算，停止了诸项新政措施，一度有希望的政治局面急转直下。在亲政初期，神宗尚主持国事，主持"三大征"，巩固了明朝的边防，国家暂获安定。但之后因他与廷臣在立太子问题上长期争执不下，遂懒于政事，荒淫无度的本性也逐渐暴露，竟创造了连续20年不上朝，沉醉在后宫声色犬马之中的纪录！据史书记载，神宗贪于财货，不仅在各地实行加征，而且派出太监任矿监税使，以开矿为名，行掠夺之实，"征榷之使，急于星火，搜刮之令，密如牛毛"，"上下相争，惟利是闻"②，激起了一系列都市民变。在辽东，矿监税使高淮奴役百姓，骚扰地方，无恶不作，导致民众怨声载道，部分人逃入建州，遂有"生于辽不如走于胡"③的说法。神宗为人还十分挥霍，他一次采办珠宝就用去2400万两白银，相当于全国六年赋税之和！而在政治上，神宗却提不起什么兴趣，不仅不接见大臣，而且经常将章奏留中不发，导致问题越积越多，尤其是缺官现象严重：就万历三十年（1602）而言，南北两京缺尚书3名、侍郎10名、科道94名，全国缺巡抚3名、布按监司66名、知府25名。④⑤行政系统长期陷于瘫痪之中。在这种政治生态环境下，各级官僚因循苟且，贪污腐化，交相勾结，党同伐异，弄得朝政乌烟瘴气。不仅如此，边备废弛、军队战斗力下降的情况也十分严重。明廷中的有识之士忧心国事，提出了警告。万历二十五年（1597），左佥都御史吕坤上奏神宗："今天下之势，乱象已形，而乱势未动；天下之人，乱心已萌，而乱人未倡；今日之政，皆播乱机使之动，助乱人使之倡者也。"⑥凤阳巡抚李三才也在奏疏中痛陈矿监税使之弊："皇上爱珠玉，人亦爱温饱；皇上爱万世，人亦恋妻孥。奈何皇上欲黄金高于北斗，而不使百姓有糠秕升斗之

---

① 〔清〕张廷玉等：《明史·神宗纪二》卷二一，第294页。
② 〔清〕谷应泰：《明史纪事本末》卷六五《矿税之弊》，第1014页。
③ 〔明〕陈继儒：《建州考》，见《清入关前史料选辑》（第一辑）第137页。
④ 〔清〕赵翼：《廿二史札记》卷三五，第502页，中国书店，1987。
⑤ 〔清〕张廷玉等：《明史·田大益传》卷二三七，第6173页。
⑥ 〔清〕张廷玉等：《明史·吕坤传》卷二一，第5937页。

三、清军入关之战

储？皇上欲为子孙千万年，而不使百姓有一朝一夕？试观往籍，朝廷有如此政令，天下有如此景象而不乱者哉！"① 然而，这些忠贞之言却未能引起神宗和朝廷的丝毫关注。到了万历四十四年（1616），努尔哈赤在赫图阿拉称汗，建立后金政权，两年后攻克辽东边镇抚顺、清河，明朝的乱世就此拉开了序幕。

《明史》对神宗做出的评价是：

> 神宗冲龄践祚，江陵秉政，综核名实，国势几于富强。继乃因循牵制，晏处深宫，纲纪废弛，君臣否隔。于是小人好权趋利者驰骛追逐，与名节之士为仇仇，门户纷然角立。驯至忿、憝，邪党滋蔓。在廷正类无深识远虑以折其机牙，而不胜忿激，交相攻讦。以致人主蓄疑，贤奸杂用，溃散决裂，不可振救。故论者谓明之亡，实亡于神宗，岂不谅欤！②

其论甚确，明朝的灭亡，肇始于万历年间。

明神宗死后，皇位更迭，光宗、熹宗相继登位，其过程诡谲异常，曲折多舛，出现了所谓"梃击""红丸""移宫"三大案。朝中各派势力以此为题目交章弹劾，党争日炽。熹宗在位期间，明朝的政治更为黑暗，以司礼监秉笔太监魏忠贤、乳母客氏为首的阉党集团，掌控朝政，"自内阁、六部至四方总督、巡抚，遍置死党"，在全国范围内大兴冤狱，"东厂番役横行，所缉访无论虚实辄糜烂"③，残酷迫害东林党及正直的官僚士大夫，致使言路堵塞，国是日非。在这种情况下，朝廷内外纷纷称颂魏忠贤，在各地为其建"生祠"，熹宗也频频给他加官晋爵，封为"上公"。一个宦官竟然权倾朝野，号称"九千岁"，达到了登峰造极的地步！作为皇帝，熹宗与他的祖父一样昏庸，沉迷声色之乐，更喜好斧锯木工，荒怠政事，对魏忠贤言听计从。朝中的情形深刻影响了东北战局的走向。正是在阉党的构陷下，熊廷弼、孙承宗、袁崇焕遭到了不同程度的迫害，明军一溃千里，辽事几不可为。《明史》称：

---

① 〔清〕谷应泰：《明史纪事本末》卷六五《矿税之弊》，第 1014—1015 页。
② 〔清〕张廷玉等：《明史·神宗纪二》卷二一，第 294—295 页。
③ 〔清〕张廷玉等：《明史·魏忠贤传》卷三〇五，第 7820—7822 页。

明自世宗而后，纲纪日以陵夷，神宗末年，废坏极矣。虽有刚明英武之君，已难复振。而重以帝（指熹宗）之庸懦，妇寺窃柄，滥赏淫刑，忠良惨祸，亿兆离心，虽欲不亡，何可得哉。①

诚然，天启一朝的败政加速了明王朝的垮台。

熹宗之后，其弟信王朱由检登上帝位，是为明思宗。他颇思振作，立志中兴大明，于继位当年的十月便以雷霆手段铲除魏忠贤势力，一时朝野称快，天下望治。然而，此时的明朝已是大厦将倾，关外的清朝（后金）八旗铁骑虎视眈眈，中原的百姓揭竿而起，形成农民大起义的洪流。朝廷长期陷入两线作战之中，不能自拔。国库空虚，为了应对旷日持久的战事，明朝不得不饮鸩止渴，在辽饷之外加征剿饷、练饷，残酷剥削民众，国家财政几乎崩溃。而明思宗为人刚愎自用，沉雄猜忌，用人不明，在具体事务上举措多有失当，再加上他于执政中后期信任宦官，导致阉党死灰复燃，国家又陷入无休无止的内讧之中，袁崇焕、卢象升、孙传庭等一批功臣宿将便死于明思宗的不信任和党争的构陷之中。到了崇祯末年，天下糜烂不可收拾，明朝的灭亡只是时间问题了。

除了政治上的腐败、黑暗之外，明末的社会问题也十分严峻。国家承平日久，土地兼并问题严重，尤其是大量田产为皇亲国戚、官僚士绅所占有。神宗的儿子福王朱常洵被封在河南府（今河南洛阳市），一次性赐庄田两万顷。天启年间，熹宗赐桂、惠、瑞三王以及遂平、宁国两公主的庄田都动以万计。普通士绅也疯狂兼并土地，崇祯时期，河南"缙绅之家率以田庐仆从相雄长，田之多者千余顷，即少亦不下五七百顷"②。在这种情况下，大量农民沦为佃农和雇工，承担着沉重的地租和赋税，过着十分贫苦的生活。此外，神宗以后朝廷一再加派辽饷、剿饷、练饷，使农民的负担更加沉重，国家的压榨已经到了"诛求已尽于锱铢，剥削直入于骨髓"③ 的地步！

除了人祸以外，明末的天灾也十分严重。崇祯年间，山西、陕西、河

---

① 〔清〕张廷玉等：《明史·熹宗纪》卷二二，第 306－307 页。
② 〔清〕郑廉：《豫变纪略》卷三，第 61 页，浙江古籍出版社，1984。
③ 《明熹宗实录》卷七二，天启六年六月壬申。

三、清军入关之战

南、山东、北直隶、南直隶、浙江、湖广、宁夏等地都爆发了持续的旱灾,蝗虫遍地,农田颗粒无收,部分地区还发生了洪涝、瘟疫、地震等灾害,百姓衣食无着,饿殍遍地,非死即逃,生计断绝,尤以山西、陕西为甚。崇祯二年(1629),礼部行人马懋才在一份奏疏中详细陈述了他的家乡陕西延安府所遭受的灾害以及当地百姓的悲惨生活:

> 臣乡延安府,自去岁一年无雨,草木枯焦。九八月间,民争采山间蓬草而食,其粒类糠皮,其味苦而涩,食之仅可延以不死。至十月以后,而蓬尽矣,则剥树皮而食,诸树惟榆皮差善,杂他树皮以为食,亦可稍缓其死。迨年终而树皮又尽矣,则又掘其山中石块而食,石性冷而味腥,少食辄饱,不数日则腹胀下坠而死……最可悯者,如安塞城西有粪城之处,每日必弃一二婴儿于其中,有号泣者,有呼其父母者,有食其粪土者。至次晨,所弃之子已无一生,而又有弃之者矣。更可异者,童稚辈及独行者,一出城外,便无踪迹。后见门外之人,炊人骨以为薪,煮人肉以为食,始知前之人,皆为其所食。而食人之人亦不免,数日后面目赤肿,内发燥热而死矣。于是死者枕藉,臭气熏天。县城外掘数坑,每坑可容数百人,用以掩其遗骸,臣来之时已满三坑有余,而数里以外不及掩者,又不知其几许矣。小县如此,大县可知;一处如此,他处可知。①

明末灾害之严重,百姓之困苦到了如此地步,实在令人触目惊心,在饥荒和国家苛捐杂税的双重打击下,民众活不下去了,终于被逼上梁山:

> 民有不甘于食石而死者,始相聚为盗,而一二稍有积贮之民遂为所劫,而抢掠无遗矣,有司亦不能禁治。间有获者,亦恬不知怪,曰:"死于饥,与死于盗等耳,与其坐而饥死,何不为盗而死,犹得为饱死鬼也。"②

天启七年(1627),白水王二率饥民杀了澄城知县张斗耀。次年,王

---

① 〔清〕计六奇《明季北略》卷五《马懋才备陈大饥》,第106页。
② 以上所引,见〔清〕计六奇《明季北略》卷五《马懋才备陈大饥》,第106页。

嘉胤举起义旗，明末农民大起义正式爆发，星星之火迅速形成燎原之势，饥饿的流民、缺饷的边兵、失业的驿卒以及少数民族纷纷参与进来。在长期争战之中，来自安塞的高迎祥受到众人拥戴，被推为"闯王"，来自米脂县的李自成和延安卫的张献忠脱颖而出，分别称"闯将"和"八大王"。然而，到了崇祯中叶，农民起义却陷入低潮。崇祯九年（1636），高迎祥率众谋攻西安，在黑水峪遭到明军伏击，兵败身死，其后李自成便被推为"闯王"。崇祯十一年（1638），明廷加紧镇压，农民军的各支队伍均遭到重创，张献忠被迫率部在谷城向明朝投降，而李自成则被打得与妻女失散，仅率刘宗敏、田见秀等十八骑突出重围，逃入商洛山。他们暗中积蓄力量，等待东山再起的机会。

很快，农民军便迎来了转机。崇祯十一年（1638），清军第四次入关征明，中原震动。明思宗命洪承畴、孙传庭率领陕甘地区的军队北援，督率兵马，守卫京师。战后，为了巩固关外防线，朝廷又调洪承畴出任蓟辽总督一职，并带走了一部分来自西北战场的雄兵猛将。在这种情况下，明朝围剿农民军的态势渐渐松懈。崇祯十三年（1640），清军围困锦州，洪承畴率八镇总兵及13万兵马赶赴驰援，双方长期在松、锦一带相持。因此，朝廷的目光主要转移到了关外，这就给了农民军东山再起的机会，张献忠、李自成的势力先后复兴。崇祯十二年（1639）五月，张献忠在谷城重举义旗，向明朝发动进攻，战绩卓著，活跃于荆楚一带。崇祯十三年（1640）十二月，李自成进兵河南，当地正遇上旱灾，"饥民从者数万，势复大振"①，闯军攻略城池，杀富济贫，破洛阳，杀福王，围开封，战项城，沉重打击了明朝的统治，农民起义的发展也进入高潮。

崇祯十六年（1643），李自成、张献忠先后进行了政权建设。二月初，李自成以襄阳为襄京，自号"奉天倡义文武大元帅"，并从中央至地方建立各级官制。六月，张献忠以武昌为都，称"天授府"，自号"西王"，开科取士，设置百官。两个政权继续向明朝展开猛烈的攻势，尤其是李自成在军事上取得了重要的进展。九月，李自成大军在汝州之战中大败三边总督孙传庭所部，明朝的精锐损失殆尽。十月，李自成攻破潼关，阵斩孙传庭，遂长驱直入，于十一日攻取西安，其后分兵西略，占领了陕西全

---

① 〔清〕谷应泰：《明史纪事本末》卷七八《李自成之乱》，第1340页。

三、清军入关之战

境,为次年进军北京奠定了坚实的基础。

风云激荡的1644年终于到来了。这一年的元旦,李自成在西安称王,定国号为"大顺",改元"永昌"。初八日,李自成亲率号称百万的大军北上,经平阳(今山西临汾市)、太原、宁武、大同、宣府等地,至三月十五日抵达居庸关。大顺军一路上势如破竹,所到之处望风披靡,只有守宁武关的总兵周遇吉等少数将官组织了坚决的抵抗,但是对于大局而言已经于事无补。还在正月的时候,明大学士李建泰在朝廷上表示愿意为主分忧:"臣晋人,颇知寇中事。臣愿以家财佐军,可资数月之粮。臣请提兵西行。"明思宗十分高兴,给予其很高的礼遇,赐宴送其西征。李建泰出京后,听闻山西军情紧急,其"家且破",因而迟迟不前,每日只行30里。军队行至涿州,士兵已经逃走了3000人,行至广宗,地方的缙绅竟然不允许其入城,李建泰命令军队攻了三天,杀乡绅王佐,笞知县张弘基。此时,李建泰已经进退失据,史书记载,他当时敢于主动请命的主要原因是依仗他的家财殷实,可佐军资。现在"闻家破",李建泰的幻想已经破灭,只能够逡巡于京畿地区,后在保定迎降大顺军。①

值此危急存亡之际,明廷的大臣们提出了两项主张。其一为迁都南京。正月初三日,明思宗召见左中允李明睿,询问御敌方略。李明睿答道:"只有南迁一策,可缓目前之急。"明思宗表示赞许,指出:"此事我已久欲行,因无人赞襄,故迟至今。"但他又说道:"汝意与朕合,但外边诸臣不从,奈何?此事重大,尔且密之,切不可轻泄,泄则罪坐汝。"②明思宗为人缺乏责任心,往往会把问题的责任推给臣下。松锦大战后,囿于形势所迫,明思宗密令兵部尚书陈新甲与清议和,结果事情不慎败露。由于明朝历来以宋金和谈为鉴,耻于议款,因此舆论哗然,言官交章弹劾陈新甲。此时的明思宗不仅未能主动站出来承担和议的责任,反而在群臣的压力下把责任全部推给陈新甲,将其斩杀,导致明清谈判破裂,皇太极派兵第五次入关袭扰,中原百姓再遭荼毒。这件事情发生后,明廷大臣感触颇深。现在明思宗又故技重演,要李明睿担负起动议南迁的责任。待到二月中旬,太原失陷,李明睿再度上疏陈述南迁之议,遭到兵科给事中光

---

① 以上所引,见〔清〕谷应泰《明史纪事本末》卷七九《甲申之变》,第1369–1370页。

② 〔清〕计六奇《明季北略》卷二〇《李明睿议南迁》,第416页。

时亨的参劾,声称:"不杀明睿,不足以安人心!"① 明思宗无法,南迁之议遂搁浅。到了二月下旬,局势进一步恶化,左庶子李明睿和左都御史李邦华复倡南迁之议,并请先以太子监抚南京。明思宗召廷臣议论,希望在举朝共请的情况下南迁,从而使自己不用承担弃守京师的恶名。然而,众臣都知道明思宗喜怒无常,惯于推卸责任,因此均不敢表态。明思宗希望得到大学士陈演的支持,私下对他说:"此事要先生一担。"② 然而,陈演也一语不发。这时,光时亨指出:"奉太子往南,诸臣意欲何为!将欲为唐肃宗灵武故事乎?"③ 明思宗听闻此言,开始猜忌李明睿、李邦华等人的用心,遂说道:"诸臣平日所言若何?今国家至此,无一忠臣义士为朝廷分忧,而谋乃若此!夫国君死,社稷乃古今之正。朕志已定,毋复多言!"④ 南迁之议遂止。接着,明思宗又问战守之策,文武大臣默然不敢言,皇帝无奈,感叹道:"朕非亡国之君,诸臣尽亡国之臣尔!"⑤ 说完,便拂袖而去。

另一项主张为撤防宁远,急调总兵吴三桂所部辽兵入援。早在正月,明思宗就起用赋闲在家的吴三桂之父、原任总兵吴襄提督御营,表示要重用吴家。当时朝廷中也有弃守宁远,调吴三桂所部驰援京师的议论,不过遭到了一部分人的反对。工科给事中高翔汉说:"建虏出塞未数月,今辽抚黎玉田、永抚李希沆揭称复欲入寇。宁远逼近,不可示以单弱,而调兵南征,岂称胜算?"⑥ 他依然坚持固守宁远,防御清军进攻,反对撤兵。其实,松锦大战之后,明朝在关外失守四城,元气大伤。崇祯十六年(1643)九月至十月,清军又发动新一轮进攻,连克中后所、前屯卫、中前所,乘胜进至欢喜岭,虽说很快撤了下来,但是宁远已经完全被置于清军的控制之下,成为一座孤城。正如计六奇所分析的那样:"宁远孤悬二百里外,三面皆绝域,守御极难。"因此,高翔汉的言论已经不合时宜,所谓"不知释疆场之忧,救堂奥之急"⑦。二月下旬,随着山西全境的失

---

① 〔清〕计六奇:《明季北略》卷二〇《李明睿议南迁》,第417页。
② 〔清〕徐鼒:《小腆纪年附考》卷三,第71页,中华书局,1957。
③ 〔清〕谷应泰:《明史纪事本末》卷七九《甲申之变》,第1375页。
④ 〔清〕计六奇:《明季北略》卷二〇《李邦华议南迁》,第434页。
⑤ 〔清〕谷应泰:《明史纪事本末》卷七九《甲申之变》,第1375页。
⑥ 〔清〕谈迁:《国榷》卷一〇〇,第6014页。
⑦ 〔清〕计六奇:《明季北略》卷二〇《议撤宁远》,第418页。

三、清军入关之战

陷,蓟辽总督王永吉上疏朝廷,"请撤宁远吴三桂兵守关门,选士卒西行遏寇,即京师警,且夕可援"①。吏部都给事中吴麟征赞成这一意见,甚至提出:"弃山海关外宁远、前屯二城。徙吴三桂入关,屯宿近郊,以卫京师。"② 主张直接调吴三桂驰援京师。他写了一份数百言的奏疏阐述这一问题,要求六部共同署名,但他们相互推诿。吴麟征十分气愤,遂独自署名上疏朝廷。明思宗内心赞成撤防宁远的提议,但是不愿担当放弃祖宗土地的骂名,希望得到阁臣的支持。然而,大学士陈演、魏藻德却坚称不可,指出:"无故弃地二百里,臣不敢任其咎。"③ 因此,这件事情又不了了之,被压了下去。陈演、魏藻德何尝不知调吴三桂入援于国有利,他们私下窃议道:"上有急,故行其计,即事定,而以'弃地'杀我辈,且奈何!"④ 一语道破了明思宗为人猜忌之深,也难怪他们如此胆怯了。

就这样,明朝丧失了挽救危局的机会,只有固守京师一途了。明思宗对官僚集团充满戒心,大量起用宦官和外戚。山西全境失陷后,明思宗不顾兵部反对,派遣宦官节制各镇。三月,宣府告急,为了巩固京师防务,明思宗命宦官分守九门,稽查出入,并令外戚襄城伯李国桢屯驻西直门,负责全城战守事宜。初六日,明思宗终于下定决心,放弃宁远,征召蓟辽总督王永吉、宁远总兵吴三桂、蓟镇总兵唐通、山东总兵刘泽清等进京勤王。为了激励将领用命,朝廷封吴三桂为"平西伯"、唐通为"定西伯",后又补封刘泽清为"平东伯"。然而,明思宗的勤王诏书却无人响应。刘泽清谎称坠马受伤,婉不奉诏。吴三桂、王永吉离京师较远,无法迅速赶到。只有蓟镇离京师较近,唐通率所部8000人马入援。然而,这些兵力面对攻势凌厉的农民军何啻于杯水车薪。明思宗命令唐通与宦官杜之秩守居庸关,不承想,这两人竟然投降了大顺军,居庸关不攻自破,北京门户洞开,"京师以西诸郡县,望风瓦解,将吏或降或遁"⑤。

此时,北京局面十分严峻,武备废弛,将官无能,粮饷告罄。明思宗要求外戚宦官出力,按籍征其助饷。他派太监徐高要求皇后之父嘉定伯周

---

① 〔清〕张廷玉等:《明史·吴麟征传》卷二六六,第6858页。
② 〔清〕谷应泰:《明史纪事本末》卷七九《甲申之变》,第1373页。
③ 〔清〕张廷玉等:《明史·吴麟征传》卷二六六,第6858页。
④ 〔清〕吴伟业:《绥寇纪略补遗》(上) 第396页,上海古籍出版社,1992。
⑤ 〔清〕谷应泰:《明史纪事本末》卷七九《甲申之变》,第1378页。

奎带头捐助，这位家财万贯的国丈竟然推说没有。徐高苦苦哀求，周奎只是"漫词以对"。徐高十分生气，无奈之下说道："外戚如此，国事去矣。多金何益！"后来，周奎不得已报捐万两，明思宗认为太少，要其拿出2万两白银。周奎向皇后求助，得到5000两白银，他又自己截留2000两白银，只拿出3000两白银助饷。在宦官之中，王之心最富，却只肯捐献万两白银。其他宦官为了躲避助饷，纷纷在家门上大书"此房急卖"，或者在市集上出售器物，以显示自己清廉贫穷。① 在李自成攻入北京后，对明朝的官僚大肆拷掠，周奎被迫拿出了52万两，而王之心亦拿出15万两，此外还有大量金银器和珍宝。可见，这些人坐拥巨额财富，对于朝廷的危亡根本没有放在心上，已经与明思宗离心离德。最终，这场助饷运动不了了之。

三月十六日，李自成率部进占昌平，焚毁明十二陵享殿。当天夜里，大顺军自西山至沙河，连营相接，前锋直逼京师平则门，"竟夜焚掠，火光灼天"②。李自成为了这场决战做了很多准备，他在战前就派出细作进城刺探情报，有的人在市肆之中做商贾，有的人则在衙门之中做掾吏，因此李自成能够很快掌握京城内外的情况。面对大顺军的汹汹来势，明思宗重用宦官，命司礼监太监王承恩提督内外京城，一时间"守门皆内官为政，卿贰勋戚不得上"③。此时城中的军队只有老弱五六万人，加上宦官数千人，根本不够分守城堞。十七日，明思宗召诸臣询问方略，众皆泣下不止，束手无策。京军已经5个月没有领到军饷，士气低落，不肯卖命，"鞭一人起，一人复卧如故"④。大顺军攻打平则、彰义门，明朝三大营尽皆溃败，军械丢弃甚多。十八日，大顺军架云梯猛攻西直、平则、德胜三门，炮声不绝，流矢云集，李自成派遣已投降的明监军太监杜勋缒城入见明思宗，劝其"自为计"⑤。面临绝境的明思宗困兽犹斗，他并不甘心，决定亲征。明思宗召见驸马都尉巩永图，要其派家丁护送太子南下。然而，明思宗现在才做这一决定，明显是太晚了。巩永图答道："臣等安敢

---

① 〔清〕谷应泰：《明史纪事本末》卷七九《甲申之变》，第1376页。
② 〔清〕谷应泰：《明史纪事本末》卷七九《甲申之变》，第1378页。
③ 〔清〕谷应泰：《明史纪事本末》卷七九《甲申之变》，第1379页。
④ 〔清〕谷应泰：《明史纪事本末》卷七九《甲申之变》，第1379页。
⑤ 〔清〕谷应泰：《明史纪事本末》卷七九《甲申之变》，第1380页。

三、清军入关之战

私蓄家丁，即有之，何足当贼！"① 此议遂作罢。申刻，守城太监曹化淳开彰义门迎降，农民军大队人马蜂拥而入，明军作鸟兽散，外城很快被大顺军占据。明思宗再召大臣询问对策，官员们只是说："皇上之福，自当无虑。如其不利，臣等巷战，誓不负国。"② 却没有任何可行的办法。这一天晚上，内城被大顺军攻陷，明思宗无法安心就寝，问一宦官道："大营兵安在？李国桢何往？"答曰："大营兵散矣，皇上宜急走。"③ 说完，那人就不见了，自己逃命去了。明思宗于是和司礼监太监王承恩前往南宫，登万岁山（即煤山，今景山），只见烽火连天，喊杀声不断。明思宗徘徊了很久，丢掉了一切幻想，他返回乾清宫安排后事。明思宗写下诏谕："命成国公朱纯臣提督内外诸军事，夹辅东宫。"④ 派遣宦官送往内阁，却并没有大臣值班。他命人将太子朱慈烺、定王朱慈炯、永王朱慈炤分别送到外戚周家和田家，对皇后说："大事去矣。"两人相顾泪下。宫娥们围着帝后哭泣，明思宗一挥手，令他们自谋生路。皇后送走了太子和二王后自尽。明思宗召来15岁的女儿长平公主，对她说："尔何生我家！"⑤ 左手掩面，右手挥刀砍断女儿的左臂。他又命袁贵妃自尽，自缢用的绳子断了，明思宗拔剑砍其肩。之后，明思宗发疯似的乱砍乱杀了几个嫔妃，此时的他已经陷入极度绝望之中。接着，明思宗召来王承恩，两人对饮数杯，然后走出宫殿，往来于中南门、东华门、安定门之间，他们想出安定门，门却不开。这时三月十九日的黎明已经来临，明思宗返回前殿，敲钟集合百官，想再举行一次朝会，却无人响应。皇帝陷入众叛亲离之中，无奈，他与王承恩返回南宫，两人登万岁山，在寿皇亭的一棵海棠树上双双自缢，明思宗享年34岁。当时的明思宗，披散着头发，穿着蓝色衣服，左脚光着，右脚穿着一只红鞋子。他的衣襟前有遗诏，其一为：

> 朕自登极十有七年，东人三侵内地，逆贼直逼京师，虽朕薄德匪躬，上干天咎，然皆诸臣之误朕也。朕死无面目见祖宗于地下，去朕

---

① 〔清〕谷应泰：《明史纪事本末》卷七九《甲申之变》，第1381页。
② 〔清〕谈迁：《国榷》卷〇〇，第6043页。
③ 〔清〕谷应泰：《明史纪事本末》卷七九《甲申之变》，第1381页。
④ 〔清〕谷应泰：《明史纪事本末》卷七九《甲申之变》，第1382页。
⑤ 〔清〕谈迁：《国榷》卷〇〇，第6043页。

冠冕，披发覆面，任贼分裂朕尸，勿伤百姓。

其二为：

百官俱赴东宫行在。①

就在明思宗自缢的这一天，即崇祯十七年（1644）三月十九日早晨，北京全城为大顺军占领。中午，李自成身穿缥衣，头戴毡笠，乘乌驳马进入皇宫，丞相牛金星、尚书宋企郊等骑马随从。立国276年的大明王朝就此覆灭，为大顺农民政权所取代。关外的清朝，将遭遇一个新兴的强劲对手，1644年的历史进程因此变得风云诡谲。

在明思宗死前，他依然坚持认为国家灭亡的原因在于"诸臣之误朕也"。从以上叙述可知，在明朝覆灭前夕，明思宗君臣的关系十分紧张，互不信任，无法实现精诚团结。对于这一问题，明思宗负有重要责任。正是由于他急于求成，驭下甚严，猜忌心过重，缺乏责任感，动辄杀戮，才导致君臣否隔，离心离德，自己最后落得个孤家寡人、众叛亲离的悲惨下场。

《明史》的作者十分惋惜明思宗的境遇，在书中感慨道：

帝承神、熹之后，慨然有为。即位之初，沈机独断，刈除奸逆，天下想望治平。惜乎大势已倾，积习难挽。在廷则门户纠纷，疆场则将骄卒惰。兵荒四告，流寇蔓延。遂至溃烂而莫可救，可谓不幸也已。然在位十有七年，不迩声色，忧勤惕励，殚心治理。

清朝的史官们对明末崇祯年间的颓势抱以同情，但话锋一转，他们也指出了明思宗执政的缺陷所在：

临朝浩叹，慨然思得非常之材，而用匪其人，益以偾事。乃复信任宦官，布列要地，举措失当，制置乖方。祚讫运移，身罹祸变，岂

---

① 〔清〕谈迁：《国榷》卷〇〇，第6044页。

非气数使然哉。①

诚然,明思宗作为一个末代皇帝,对于明朝的灭亡负有不可推卸的责任!

2. 吴三桂请兵

在1644年的前后,清朝和关外的局势也发生了巨大的变化。先是崇德八年(1643)八月初九日,皇太极去世。在他死后,清朝统治集团内部又经历了一场激烈的皇位争夺,最终形成了年仅6岁的皇太极第九子——爱新觉罗·福临继承皇位(改元顺治,是为清世祖),郑亲王济尔哈朗、睿亲王多尔衮②为辅政王(入关后改称摄政王),辅弼幼主的局面。而在1644年的历史重要关口,皇太极的十四弟,时年33岁的多尔衮将起到极为重要的作用。

就在清世祖继位不久,崇德八年(1643)九月十一日,清廷派出郑亲王济尔哈朗、武英郡王阿济格统率大军,携带红衣大炮等火器征明,从九月二十三日至十月初一日,清军连克中后所、前屯卫、中前所三城,前锋直抵欢喜岭。在这种情况下,明朝在关外只剩下总兵吴三桂镇守的宁远一座孤城,虽然说后来八旗兵撤离了三城,但是宁远一直处于清军的严密监视之下。在军事上,明朝在关外已经无所作为,清军入关的障碍基本扫清。

顺治元年(1644)正月,明朝的形势发生了很大的变化,大顺政权兴起,意欲进军京师。关外的多尔衮听说这一消息后,以清世祖的名义给农民军写了一封信,希望双方合作,共图大明。他派人把信送往陕西,却没有得到回复。三月初六日,宁远军民撤入关内,多尔衮意识到明朝已经处

---

① 〔清〕张廷玉等:《明史·庄烈帝纪二》卷二四,第335-336页。
② 朝政实权为多尔衮掌握,不久他排挤济尔哈朗,成为唯一的摄政王。

于生死存亡的危急关头，因此，他下令修整军器、储备粮草，待四月初大举进攻明朝。四月初四日，在清军即将出征之前，内秘书院大学士范文程向多尔衮上书，阐述进取中原的战略思想：

乃者有明，流氛踞于西土，水路诸寇环于南服，兵民煽乱于北陲，我师燮伐东鄙，四面受敌，其君若臣安能相保？……此欲摄政诸王建功立业之会也。窃惟承丕业以垂休万祀者此时，失机会而贻悔将来者亦此时。何以言之？中原百姓蒙离丧乱荼毒已极，黔首无依，思泽念主，以图乐业，虽间有一、二婴城负固者，不过自为身家计，非为君效死也。今明朝受病已深，不可复治，河北数省，必属他人，其土地人民，不患其不得，患我既得而不能有。夫明之劲敌，惟我国与流寇耳。如秦失其鹿，楚汉逐之，是我非与明朝争，实与流寇争也。战必胜，攻必取，贼不如我；顺民心，招百姓，我不如贼。为今之计，必任贤抚民，远过流寇，则近者悦而远者来，即流寇亦入而为臣矣……不然，是我国徒受其劳，而反为流寇驱民也。使举其见在者而驱之，后乃与流寇争，非计之长也。往者弃遵化而屠永平，我兵两次深入而返，彼地官民，必以我无大志，所为者金帛女子耳，纵来归顺，亦不久留，其不服者容或有之。彼时得其城而屠之，理也，其何敢以谏？但有已服者，亦有未服而宜抚者，当严禁军卒，秋毫无犯，又示以昔日得内地而不守之故，及今日进取中原之意，官仍为官，民仍为民，官之贤能者用之，民之失所者养之，是抚其近而远者闻之自服矣。如此，河北数省可传檄而定也……

此行或直趋燕京，或相机攻取，要当于入边之后，山海、长城以西择一坚城，顿兵而守，以为门户，我师往来，斯为甚信。惟摄政诸王察之。①

---

① 范文程奏疏全文详见《清世祖实录》卷四，顺治元年四月辛酉，中华书局影印本，1985。但有挖改删削。唯台湾"中央研究院"语言历史研究所所藏内阁大库残余档案，内有清世祖实录稿本四册，封面题"二次本"，收录了这道奏疏，虽改过一次，但较接近原文。转引自李治亭《吴三桂大传》第115—116页，吉林文史出版社，1990。

三、清军入关之战

范文程敏锐地观察到清朝入关,夺取中原的大好机会就在眼前。他在奏疏中谈了四个问题:其一,指出明朝败亡已成定局,与清朝争夺天下的强有力竞争者是方兴未艾的农民起义军;其二,明确清军与农民军的优劣势,虽然清军的战斗力强于农民军,但是在招揽百姓,收取人心方面清军做得显然不够;其三,强调此次入关作战的目的在于进取中原,不能再像以往那样攻城不守,大肆掳掠,必须做到"严禁军卒,秋毫无犯""使官仍为官,民仍为民,官之贤能者用之,民之失所者养之",争取明朝士大夫和百姓们的拥戴,如此则河北数省可传檄而定;其四,建议在军事上或者直趋北京,或者相机攻取,总之要在入边之后,在山海关以西的地方选择一座坚城,派兵固守,作为清军在关内外联系、往来的门户,以保持前后方的畅通无阻。

从奏疏中可知,清朝此时虽尚未得到明朝已然灭亡的消息,但是范文程对形势的分析和阐述依然十分精辟,不愧是一个杰出的战略家。他的建议为多尔衮所采纳,成为清军此次入关作战的指导思想。

四月初七日,沈阳城内举行盛大的出师典礼,告祭太祖、太宗在天之灵。次日,清世祖亲临笃恭殿,赐多尔衮"奉命大将军"印,命其"代统大军,往定中原",攻守战略,一切赏罚,"俱便宜从事"。① 此时,清朝得到了北京城破、明朝灭亡的消息,形势出现了重大的变化,诸王贝勒们一时手足无措。多尔衮召开会议商量对策,正在盖州汤泉驿养病的范文程也赶回沈阳,提出自己的看法:

> 自闯寇猖狂,中原涂炭,近且倾覆京师,戕厥君后,此必讨之贼也。虽拥众百万,横行无惮,其败道有三:逼殒其主,天怒矣;刑辱缙绅,拷劫财货,士忿矣;掠民资,淫人妇,火人庐舍,民恨矣。备此三败,行之以骄,可一战破也。我国家上下同心,兵甲选练,诚声罪以临之,恤厥士夫,拯厥黎庶,兵以义动,何功不成?

听了范文程的这番话,以多尔衮为首的清朝统治集团坚定了进取中原的信心,不过把斗争的对象由明王朝转为新崛起的大顺政权。范文程还在

---

① 《清世祖实录》卷四,顺治元年四月乙丑。

会上提出:"好生者,天之德也;兵者,圣人不得已而用之,自古未有嗜杀而得天下者。国家止欲帝关东,当攻掠兼施,倘思统一区夏,非乂安百姓不可。"① 也就是再次强调八旗军的军纪问题,指出清朝若要统一全国,必须注意安抚百姓,争取民心。

图 3.2　吴三桂像(选自《清史图典》第 2 册,第 13 页)

四月初九日,摄政王多尔衮偕同豫郡王多铎、武英郡王阿济格、恭顺王孔有德、怀顺王耿仲明、智顺王尚可喜等诸王贝勒、满汉大臣祭堂子,向天行礼,统率满、蒙、汉大军,正式出师。此次出师,清朝出动倾国之兵,"前后兴师,未有如今日之大举"②,"数日之内,急聚兵马而行,男丁七十以下、十岁以上,无不从军,成败之判,在此一举"③。据李治亭

---

① 以上所引,见〔清〕钱仪吉纂《碑传集》卷四,第 67 页,中华书局,1993。
② 朝鲜《李朝实录》仁祖二十二年八月戊寅,见吴晗辑《朝鲜李朝实录中的中国史料》第 3734 页。
③ 朝鲜《李朝实录》仁祖二十二年四月庚辰,见吴晗辑《朝鲜李朝实录中的中国史料》第 3726 页。

三、清军入关之战

主编的《清史》考证,此次清军出征总兵力在10万至12万之间。①

此次出师,行军路线还是按照皇太极时期五次入关的方略,绕道蒙古,从长城薄弱处诸如大安口、龙井关、墙子岭等关口突破,入攻中原。由于形势尚不明朗,因此清军行动迟缓,每日只行进40里至60里不等的距离,十一日渡过辽河,十三日行进至距离辽河120里的地方。② 由此可见,多尔衮并不急于行军,他甚至还在原野之上打猎,可见他还要进一步观察时局的变化,思考对付农民军这个新敌人的策略。在四月十三日这天,多尔衮找来随军的汉官洪承畴,询问作战方略。洪承畴仕明时,曾任陕西三边总督,与农民军周旋达十年之久,深知彼之长短。他不假思索,侃侃而谈:

> 我兵之强,天下无敌,将帅同心,步伍整肃,流寇可一战而除,宇内可计日而定矣。今宜先遣官宣布王令,示以此行特扫除乱逆,期于灭贼,有抗拒者必加诛戮,不屠人民,不焚庐舍,不掠财物之意。仍布告各府州县,有开门归降者官则加升,军民秋毫无犯;若抗拒不服者,城下之日,官吏诛,百姓仍予安全;有首倡内应立大功者,则破格封赏,法在必行,此要务也。况流寇初起时,遇弱则战,遇强则遁。今得京城,财足志骄,已无固志,一旦闻我军至,必焚其宫殿府库,遁而西行。贼之骡马不下三十余万,昼夜兼程,可二三百里,及我兵抵京,贼已远去,财物悉空,逆恶不得除,士卒无所获,亦大可惜也。今宜计道里,限时日,辎重在后,精兵在前,出其不意,从蓟州、密云近京处,疾行而前。贼走则即行追缴,倘仍坐据京城以拒我,则伐之更易。如此,庶逆贼扑灭,而神人之怒可回,更收其财畜以赏士卒,殊有益也。初,明之守边者,兵弱马疲,犹可轻入,今恐贼遣精锐伏于山谷狭处,以步兵扼路,我国骑兵不能履险,宜于骑兵内选作步兵,从高处觇其埋伏,俾步兵在前,骑兵在后,比及入边,则步兵皆骑兵也,孰能御之!若沿边仍复空虚,则接踵而进,不劳余力。抵京之日,我兵连营城外,侦探勿绝,庶可断陕西、宣府、大

---

① 参见李治亭主编《清史》,第345页,上海人民出版社,2002。
② [朝鲜]昭显世子李𣳫:《沈馆录》卷七《西行日记》,见金毓黻主编《辽海丛书》第2839页,辽沈书社,1985。

同、真、保诸路,以备来攻,则马首所至,计日功成矣。流寇十余年来,用兵已久,虽不能与大军相拒,亦未可以昔日汉兵轻视之也。①

此番言论谈到了六点问题:其一,与范文程一样,强调军纪问题,改变以往清军入关烧杀抢掠的形象,打出"扫除逆乱,期于灭贼"的旗号,争取民心、士心;其二,指出农民军作战的特点是"遇弱则战,遇强则遁",而且如今夺取京城,获得大量财物,斗志已然涣散,他们未必有与强大的八旗铁骑决一死战的信念,很有可能焚毁宫殿,携财西逃;其三,提出清军应当限定时日,派遣精兵迅速行进,出其不意,追击农民军并夺其财货,倘若大顺政权仍然据守京师,也可以一举歼灭;其四,为了以防万一,洪承畴特意谈到农民军在沿边山谷设伏的可能性,并提出应对方案,提请多尔衮注意;其五,洪承畴告诫多尔衮农民军也是百战之余,战斗力很强,非明军可比,必须高度重视;其六,至于进兵入线,洪承畴仍提出从蓟州、密云邻近北京的地方突破,并未把山海关的情况考虑在内。

洪承畴的这一席话,准确地分析了农民军的弱点,并为清军提供了合理的作战方案,他的很多预见为后来的事实所验证,尤其是"今得京城,财足志骄,已无固志,一旦闻我军至,必焚其宫殿府库,遁西而行"一句鞭辟入里,可见他对农民政权弱点的了解之深。多尔衮采纳了洪承畴的建议,这番言论与范文程的奏疏一道,成为清军入关在战略上的指导思想。

四月十四日,大军行进60里,来到辽东与蒙古交界处。十五日清晨,八旗兵起行,走了5里路,至翁后地区(今辽宁阜新市一带),多尔衮突然下令驻兵不前。② 原来,吴三桂自山海关派遣副将杨坤、游击郭云龙赴沈阳向清朝请兵,他们带来了一封信。多尔衮见信后,知道一个千载难逢的机会到来了!

吴三桂(1612—1678),字长伯(或作长白),辽东中后所人,祖籍江南高邮。其父吴襄在崇祯初年任锦州总兵,其舅父祖大寿更是明朝关外防务的重要依靠。早年吴三桂凭借武举中试和他父亲的关系,充任都指挥使一职。后来,吴襄因为延误军机而下狱,但吴三桂却因为智勇兼备而得

---

① 《清世祖实录》卷四,顺治元年四月庚午。
② [朝鲜]昭显世子李㴭:《沈馆录》卷七《西行日记》,见金毓黻主编《辽海丛书》第2839—2840页。

三、清军入关之战

到擢升,于崇祯十二年(1639)被任命为宁远团练总兵,当时吴三桂年仅27岁,可谓少年得志,春风得意。崇祯十四年(1641),吴三桂参与了松锦大战,在被包围的情况下率部溃逃,遭到清军的层层堵截,历经艰险才回到宁远。战后,朝廷予以宽大处理,继续重用吴三桂守辽。吴三桂在宁远搜集散亡,招募兵勇,训练士卒,很快又组织起一支4万人的精锐之师。皇太极鉴于宁远城防坚固,加之吴三桂骁勇善战,致力于采用怀柔的手段予以劝降。据史书记载,从崇德七年(1642)起,皇太极几度诏谕吴三桂,并且动员吴三凤、祖大寿、张存仁等已降清的吴三桂亲属、挚友、同僚、部属等写信劝其投降。[1] 然而,吴三桂拒不投降,坚决守卫明朝在关外的这片残土。

前文已经述及,崇德八年(1643)九月,多尔衮派遣清军先后攻克了中后所、前屯卫、中前所三城,宁远处于八旗兵的严密监视之下,已成绝境,朝廷内外掀起了撤守宁远,调辽兵入援京师的议论,但最终不了了之。三月初六日,由于大顺军逼近北京,明思宗决定放弃宁远,命吴三桂进京勤王,并封其为"平西伯"。吴三桂奉诏后,便准备动身。此次他带上关外的百姓迁徙入边,故而行动迟缓。大约在三月初十日,吴三桂率50万军民,离开宁远,向山海关进发。一路之上,百姓扶老携幼,拥塞于道,日行不过50里。三月十六日,辽兵入关,将随迁百姓安置于昌黎、滦州、开平、乐亭等地。二十日,吴军抵达丰润,将李自成派来攻打滦州的明降将唐通、白广恩所部击败,收降8000残兵。然而,这样的胜利已经于事无补,京师早在前一天即被农民军攻陷。据李治亭分析,吴三桂是有意放慢行军速度,拖延时间,其目的在于保全自己实力的同时分享勤王之功。[2] 然而,京师如此迅速地被大顺军攻破,相信也是他所无法预料的。

吴三桂听闻京师陷落、明思宗自缢的消息,十分惊骇,陷入进退失据的窘境。他率军调转马头,退保山海关,以观察形势的变化。李自成进京后,招降纳叛,也注意到了吴三桂的力量,决定加以招抚。他命京中的吴三桂之父吴襄写了封劝降信,并派人携带白银万两、黄金千两、锦币千端,赏赐吴三桂,并给他敕书一道,封他为侯,令兵政府侍郎左懋泰与明降将唐通率2万人马,协守山海关,与吴三桂换防。唐通与吴三桂共事多

---

[1] 参见李治亭《吴三桂大传》第52-64页。
[2] 参见李治亭《吴三桂大传》第88-90页。

年，他到了关门后，继续做劝降工作。他以4万两白银犒师，将京中情况向他说明，表示吴襄和明思宗太子均得到善待，"盛夸自成礼贤，啖以父子封侯"①。在众人的劝说和利益的诱惑下，尤其是李自成的大量赏赐解决了辽兵长期缺饷的燃眉之急，吴三桂反复权衡利弊，决定投降大顺政权。他召集将士，说道："都城失守，先帝宾天，三桂受国恩，宜以死报国，然非籍将士力，不能以破敌，今将若之何？"将士们默不作声。吴三桂继续说道："闯王势大，唐通、姜瓖皆降，我孤军不能自立。今闯王使至，其斩之乎，抑迎之乎？"诸将士异口同声地答道："今日死生唯将军命。"② 于是他与左懋泰、唐通交割了防务，自率所部进京。此时已是三月底。

辽兵行至永平，吴三桂得到消息，自己的父亲被大顺政权逮捕，拷掠助饷，而爱妾陈圆圆则被李自成的大将刘宗敏霸占。原来，李自成进京后，就对各级官吏实行追赃派饷的政策，"限内阁十万，部院、京堂、锦衣、掌印七万，科道五万，吏部二万，翰林一万，部曹数千，勋戚无限数，人财并没"③。如果不交，则加以拷掠用刑，"惨状不忍见闻"④。后来，追赃用刑扩大化，"各处搜求渐密，贩鬻之家稍有赀产，辄逮而夹之，老稚冤号，彻于衢路"⑤，在士绅、富户之家闹得怨声载道。吴襄作为原任总兵，现在的提督京营，自然也不能幸免，受到了刑讯摧残。此外，农民军进城后，除了大肆追饷外，其军纪也开始败坏，尤其是一些将官抢夺美貌女子为妾，极尽享乐之事。刘宗敏就在这种风气的带动下霸占了素有艳名的陈圆圆。吴三桂听说这些消息后，怒不可遏，遂回师山海关，于四月初四日突袭唐通所部，大败之。吴三桂重新占据了山海关，与大顺政权彻底决裂，而唐通仅带八骑逃回北京。

吴三桂到达关门后，斩杀了尚在营中的李自成使臣，并给吴襄回复了一封书信，内中指责父亲忍辱偷生，表示"父既不能为忠臣，儿亦安能为

---

① 王钟翰点校：《清史列传·唐通传》卷七九，第6606页。
② 〔清〕彭孙贻：《流寇志》卷一一，第177页，浙江人民出版社，1983。
③ 〔清〕彭孙贻辑，陈协琹、刘益安点校：《平寇志》卷一〇，第228页，上海古籍出版社，1984。
④ 〔清〕杨士聪：《甲申核真略》，第30页，浙江古籍出版社，1985。
⑤ 〔清〕杨士聪：《甲申核真略》，第27页。

三、清军入关之战

孝子乎?儿与父诀,请自今日",要与吴襄断绝父子关系,"贼虽置父鼎俎之旁以诱三桂,不顾也"。① 这话表面上是针对父亲,实际上是说给李自成听的,双方已经没有了合作的可能。然后,吴三桂打出"讨贼复仇"的旗号,整军经武,麾下兵力达到5万,声势浩大,他命人撰写檄文,向各处散发:

> 钦差镇守辽东等处地方总兵官平西伯吴示:为复大仇、歼大寇,以奠神京,以安黎庶事。切痛先皇被弑,亘古奇殃。剧寇狈猖,往代未有。凡属臣僚士庶,能不碎首陨心?今义兵不日来京,尔绅衿百姓,须各穿缟素,协力会剿。所过地方,俱要应接粮草。务期馨捣巢穴,纤介无遗。庶使克复神京,奠安宗社,乾坤再整,日月重光。特示。②

但是,凭借吴三桂的力量,单独与久经战阵、屡获大捷的大顺军抗衡,显然是十分困难的。在当时的局势下,他只有寻求关外的清军援助一途,否则,不但"克复神京"无从谈起,山海关还将陷入腹背受敌的险境。因此,他派遣杨坤、郭云龙二人为使,前往沈阳请兵,在翁后地区遇上了多尔衮统率的八旗兵。于是,两人面见这位清廷的摄政王,表明来意,并呈上了吴三桂的书信:

> 三桂初蒙我先帝拔擢,以蚊负之身荷辽东总兵重任。王之威望,素所深慕,但春秋之义,交不越境,是以未敢通名,人臣之谊,谅王亦知之。
>
> 今我国以宁远右偏孤立之故,令三桂弃宁远而镇山海,思欲坚守东陲而巩固京师也。不意流寇逆天犯阙,以彼狗偷乌合之众,何能成事!但京城人心不固,奸党开门纳款,先帝不幸,九庙灰烬。今贼首僭称尊号,掳掠妇女财帛,罪恶已极,诚赤眉、绿林、黄巢、(安)禄山之流,天人共愤,众志已离,其败可立而待也。我国积德累仁,讴思未泯,各省宗室,如晋文公、汉光武之中兴者,容或有之;远近

---

① 〔清〕计六奇:《明季北略》卷二〇《吴三桂请兵始末》,第494—495页。
② 〔清〕计六奇:《明季北略》卷二〇《附记野史》,第500页。

已起义兵，羽檄交驰，山左江北，密如星布。

三桂受国厚恩，悯斯民之罹难，拒守边门，欲兴师问罪，以慰人心。奈京东地小，兵力未集，特泣血求助。我国与北朝通好二百余年，今无故而遭国难，北朝应恻然念之，而乱臣贼子亦非北朝所宜容也。夫除暴剪恶，大顺也；拯危扶颠，大义也；出民水火，大仁也；兴灭继绝，大名也；取威定霸，大功也。况流寇所聚金帛子女，不可胜数，义兵一至，皆为王有，此又大利也。王以盖世英雄，值此摧枯拉朽之会，诚难再得之时也。乞念亡国孤臣忠义之言，速选精兵，直入中协、西协，三桂自率所部，合兵以抵都门，灭流贼于宫廷，示大义于中国，则我朝之报北朝者，岂惟财帛？将裂地以酬，不敢食言。本宜上疏于北朝皇帝，但未悉北朝之礼，不敢轻渎圣聪，乞王转奏。①

从书信的内容可知，吴三桂此举乃请兵而非请降。其一，他以亡国孤臣的名义请求清朝的帮助，报君父之仇，灭流贼于宫廷，使明朝再度中兴。其二，他在信中称明朝为"我国"或"我朝"，称清朝为"北朝"，二者是对等关系，立场明确，不容混淆。其三，吴三桂以明朝代表的身份，承诺歼灭农民军之后，将赠送财帛，并割让土地，以酬谢清朝的襄助。其四，最为重要的是，吴三桂给清军规划的进兵路线是走中协、西协。明末为了抵御清军的袭扰，划定了三个防区，中协指喜峰口、龙井关一带，西协指墙子岭、密云一带，而东协则指山海关一带。可见，吴三桂让清军依然循旧路入关，而自己则控制着东协，直趋北京。这样，清军处于客兵的地位，而吴三桂却可以影响局势的发展。可见，这封信的实质，是吴三桂以"亡国孤臣"的身份，向清朝借兵，寻求合作，共同剿灭大顺农民军，并恢复明朝的统治。

多尔衮见信后，敏锐地意识到一个千载难逢的机会就在眼前，山海关形势有变，吴三桂主动提出与清朝合作，他十分高兴。但是，吴三桂在信中却未表示任何降清的意思，而且把清军放在客兵的地位，着实让他有些不悦。更为关键的是，吴三桂是否值得信任，此封信的内容是否有诈，亦让人捉摸不透。在这种情况下，多尔衮权衡利弊，打算弃吴三桂的规划于

---

① 《清世祖实录》卷四，顺治元年四月壬申。

三、清军入关之战

不顾,改变行军路线,直趋山海关,为了清朝的命运而冒险一试。于是,他一方面命拜然偕同郭云龙前往山海关探听虚实,并留下杨坤以为人质,另一方面派遣学士詹霸、来衮前往锦州调汉军携带红衣大炮,发往山海关,准备迎接一场恶战。

四月十五日这天,多尔衮要求全军"自明日当为倍程",离开蒙古地区,向辽西进发。但实际上,据记载,八旗兵的行军速度并未有大的提高,平均日行 80 里左右,于十九日抵达锦州地界。① 多尔衮并不急于行军,他要继续观察局势,等待山海关方面的消息。

四月十六日,多尔衮在西拉塔拉向吴三桂回了一封书信,命人快马送往山海关:

> 向欲与明修好,屡行致书,明国君臣不计国家丧乱,军民死亡,曾无一言相答,是以我国三次进兵攻略,盖示意于明国官吏军民,欲明国之君熟筹而通好也。若今日则不复出此,惟有底定国家,与民休息而已。予闻流寇攻陷京师,明主惨亡,不胜发指。用是率仁义之师,沉舟破釜,誓不返旌,期必灭贼,出民水火。及伯遣使致书,深为喜悦,遂统兵前进。夫伯思报主恩,与流贼不共戴天,诚忠臣之义也。伯虽向守辽东,与我为敌,今亦勿因前故,尚复怀疑。昔管仲射桓公中钩,后桓公用为仲父,以成霸业。今伯若率众来归,必封以故土,晋为藩王,一则国仇得报,一则身家可保,世世子孙长享富贵,如河山之永也。②

多尔衮在信中巧妙地撇开吴三桂提出的具体条件不谈,打出"期必灭贼,出民水火"的旗号,声称清军是"仁义之师",出兵的目的是为明朝复仇,并对吴三桂的义举予以高度评价。这样,清、吴双方合作就有了共同点。此外,多尔衮在信中提出了裂土封王的承诺,争取劝降吴三桂这位明朝的骁将。

清军继续行进,四月二十日中午前后行至宁远东北的连山驿,忽见吴

---

① [朝鲜]昭显世子李溰:《沈馆录》卷七《西行日记》,见金毓黻主编《辽海丛书》第 2840 页。

② 《清世祖实录》卷四,顺治元年四月癸酉。

三桂的使者郭云龙、孙文焕匆匆赶来,他们向多尔衮禀报道:"贼兵已迫,朝夕且急,愿如约,促兵以救。"① 原来,李自成已经统领大军逼近山海关,关门形势岌岌可危! 两人呈上吴三桂的第二封书信:

> 接王来书,知大军已至宁远。救民伐暴,扶弱除强,义声震天地,其所以相助者,实为我先帝,而三桂之感戴,犹其小也。三桂承王谕,即发精锐于山海以西要处,诱贼速来。今贼亲率党羽,蚁聚永平一带,此乃自投陷阱,而天意从可知矣。今三桂已悉简精锐,以图相机剿灭,幸王速整虎旅,直入山海,首尾夹攻,逆贼可擒,京东西可传檄而定也。又仁义之师,首重安民,所发檄文最为严切,更祈令大军秋毫无犯,则民心服而财土亦得,何事不成哉!②

在此信中,吴三桂放弃了原先的计划,请求八旗兵"直入山海",与辽兵"首尾夹攻",共同打击农民军。可见,关门的形势确实危急,吴三桂救兵如救火的焦急心情跃然纸上。这样,清、吴两军在进兵路线上达成共识,双方的合作基础进一步巩固,多尔衮基本相信了吴三桂请兵的诚意。虽然吴在此信中依然只字不提降清的事,令多尔衮有些不快,但是这位摄政王清醒地认识到,此时八旗兵赶在农民军击败吴兵之前到达山海关是最重要的,这直接关乎清朝的前途命运。因此,他不再犹豫顾忌,命令加速行军。从这天开始,清军才真正地兼程而进。"达夜疾驰,人马饥渴,黄埃涨天,夜色如漆,人莫开眼,咫尺不辨。至宁远城下,夜已三更矣。不分城堞之远近,只见城中火晕,始知城下过去矣。"清军将士忍饥耐劳,过宁远而不入,不分昼夜地赶路,连过沙河所、中后所、前屯卫、中前所,于四月二十一日傍晚抵达距离山海关仅15里的地方,多尔衮下令就地扎营。至此,清军"一昼夜之间行二百里矣"③。

---

① [朝鲜]昭显世子李㴭:《沈馆录》卷七《西行日记》,见金毓黻主编《辽海丛书》第2840页。
② 《清世祖实录》卷四,顺治元年四月丁丑。
③ 以上所引,见[朝鲜]昭显世子李㴭:《沈馆录》卷七《西行日记》,见金毓黻主编《辽海丛书》第2840页。

三、清军入关之战

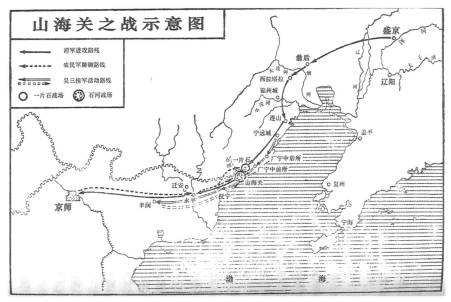

图3.3 山海关之战示意（选自孙文良、李治亭《明清战争史略》，中国人民大学出版社，2012年，第384页）

此时，吴军与大顺军已在鏖战，多尔衮能够远远听到"关上炮声，夜深不止"①，一场决定清、顺、吴三方命运的血战即将拉开序幕。

3. 山海关大败大顺军

山海关位于今辽宁省与河北省交界处，是长城沿线的一座重要关隘，素有"天下第一关"的美称。始建于明洪武十四年（1381），是魏国公徐达为防御蒙古和女真而创设。山海关北靠雄伟的燕山，南临壮阔的大海，

---

① ［朝鲜］昭显世子李淐：《沈馆录》卷七《西行日记》，见金毓黻主编《辽海丛书》第2841页。

地处农耕文明和游牧渔猎文明的接驳地带,形势十分险峻,正如明人所言:"山海关外控辽阳,内护畿辅,防扼海泊倭番,验放高丽、女直进贡诸夷,盖东北重镇。譬人之身,京师则腹心也,蓟镇则肩背也,辽阳则臂指也,山海关则节窍綮却之最紧要者也。"① 因此,历代明帝都对山海关的防务十分重视。山海关的主体建筑关城呈四方形,周长8里137丈4尺,外有护城河,宽5丈,深2丈5尺。城设四门:东有"镇东"门,西有"迎恩"门,南有"望洋"门,北有"威远"门。在东、西二门外,与关城相连的建有东、西罗城,用以加强关城的防卫能力。东罗城的东、南、北三面各设一门,门外有护城河环绕,再建有水门两个、角楼两个、敌楼七个,西罗城则在关城内侧西门外。

在关城南北两侧2里处,长城的内侧,南水关、北水关附近,各建有一座小城,称为南北翼城。这两座小城从南、北两个方面拱卫关城,是驻关的防兵屯驻之地。由此可见,山海关依山临海,防御严密,确是一处易守难攻之地。②

上一节曾经提到,吴三桂从永平返回山海关,大败唐通所部,杀李自成使者,写信与父亲断绝父子关系,并且发布讨贼檄文,彻底与大顺农民政权决裂。李自成听闻消息后,怒不可遏,同时吴三桂的檄文也在北京城内流传,闹得人心惶惶,一部分人甚至秘制素衣,准备迎接吴军的到来,形势对大顺政权十分不利。因此,他决定征讨吴三桂,占领山海关。原先,他准备派遣刘宗敏、李过出征,然而,此时的农民军将领们享受着繁华的京师生活,耽于享乐,锐气已经消磨,诸将"耽乐已久,殊无斗志"③,"仓皇无定"④,刘宗敏等"逡巡未应"⑤,无奈之下,李自成只好决定亲自出征。行前,四月十二日晚,为绝京城内患,李自成大量斩杀原明官僚勋戚,一直杀到二更才释放其余的人。大顺政权的这种行为,更加加重了京城士绅的反对和仇恨。

---

① 〔明〕蒋一葵:《长安客话》卷七《关镇杂记》,第146页,北京古籍出版社,1982。
② 参见罗哲文《长城》第80—83页,北京出版社,1982。
③ 〔清〕徐鼒:《小腆纪年附考》卷五,第147页。
④ 〔清〕彭孙贻:《流寇志》卷一一,第183页。
⑤ 〔清〕彭孙贻:《流寇志》卷一二,第185页。

三、清军入关之战

四月十三日,李自成统率大军出师,刘宗敏、李过等将领从征,总兵力计有6万。① 牛金星、宋企郊等留守北京。值得注意的是,在李自成的大军中,随行的人有吴三桂的父亲吴襄,以及明思宗的三个儿子:太子朱慈烺、定王朱慈炯、永王朱慈炤。李自成将他们押往山海关,可见他还是想争取吴三桂,劝其投降,希望用父子之情、君臣之义来打动他。

吴三桂听说大顺军大举前来,便派人前往李自成营中诈降,以为缓兵之计。李自成将信将疑,他对吴三桂仍抱有幻想,一方面命明朝降官密云总督王则尧以兵政府尚书的职衔前往山海关与吴三桂谈判,另一方面放慢行军速度,从北京行至山海关,走了整整8天,这就给吴军与清军联合提供了充足的时间。四月二十日晚,大顺军终于抵达关门,此时清军也从连山驿加速赶来。一场决定中国命运的大战即将拉开帷幕。

吴三桂为了抵抗来势汹汹的李自成大军,动员关城内的生员、缙绅,组织乡勇,与辽兵协力守御。在战前,他在关城前的石河(今河北秦皇岛市山海关区燕塞湖周围)西岸摆开阵势,以乡勇为前锋,阻击大顺军。四月二十一日,双方主力部队就在这一带展开激战。从上午八九点钟杀到下午一点左右,战况十分惨烈,吴军的前锋乡勇"连杀数十余阵,斩获贼级无数"②,而大顺军也毫不示弱,不断冲锋向前。经过长时间的鏖战,吴军渐渐不支,有些招架不住,大顺军乘着锐气,突破吴军的防线,一直冲到山海关的西罗城北侧,准备登城。眼看西罗城危在旦夕,守军突然表示愿意投降,大顺军的将领相信了他们,遂放缓了攻势。吴军利用这一喘息之机,调整布防,一方面由偏将率领一支奇兵从北坡连贯而下,偷袭大顺军,另一方面在城上施放大炮,猛轰敌阵。最终,大顺军功败垂成,西罗城转危为安。

就在大顺军与吴军主力在石河西及西罗城激战时,李自成还派遣了几支偏师攻打北翼城、东罗城。北翼城的守将是山海关副总兵冷允登。大顺军为了打开缺口,"联络直下",遂"日夜狠攻"。冷允登率士卒拼死抵抗,屡屡打退敌军的进攻,但大顺军士气正盛,不断冲锋,双方陷入胶着

---

① 参见李治亭《吴三桂大传》第113页。李自成大军以6万为北京发兵数,加先遣山海关之兵数,近10万。

② 转引自李光涛《明季流寇始末》下编第96-97页,台湾"中央研究院"历史语言研究所1965。

状态。这时，吴军的军心开始动摇，有人想做内应，帮助农民军攻城。冷允登一方面"御寇"，另一方面"防奸"，"内外兼顾"，勉力维持局面。到了次日凌晨，大顺军再次发动猛攻，蜂拥而来，有的扑到城下，有的竟然已经登城，冷允登率亲丁竭力堵截，眼看北翼城将不保。"正在呼吸存亡之间"，吴三桂的援兵赶到，终于打败了农民军，北翼城得以保住。①据史料记载，当时西罗城和东罗城的防务由山海关士绅马维熙、吕鸣章、刘克孔等率乡勇负责，东罗城的形势同样很危急，"孤当贼冲，危急劳瘁，倍于两城"，马维熙等奋力抵御，才确保城池不失。②

到了四月二十一日夜晚，吴三桂为了保存实力，其主力部队已经从石河西撤回关城。大顺军与吴军展开了炮战，连停驻山海关外15里处的清军也听闻"关上炮声，夜深不止"③，令人心悸。

吴三桂军中的山海关士绅余一元，在多年之后回想往事，曾作了数首诗记述山海关之战的经过。关于四月二十一日的战况，他写道：

> 逾日敌兵至，接战西石河。
> 伪降诱贼帅，游骑连北坡。
> 将令属偏裨，尽歼副城阿。
> 遥望各丧胆，逡巡返巢窝。
> 我兵亦退保，竟夜警巡呵。④

以上便是四月二十一日的战况，交战方为李自成所率大顺军与吴三桂的辽兵，主战场位于山海关前的石河西岸，因此可称"第一次石河西之役"。

同样是在这一天，山海关外的一片石也发生了一场小规模的战役。原来，李自成为了防止吴三桂向关外逃跑并与清军联合，在石河西岸以主力

---

① 《明清史料》丙编第五本《山海副总兵冷允登启本》第414页。
② 《明清史料》丙编第五本《平西王下马维熙等揭帖》第449页。
③ 〔朝鲜〕昭显世子李㴭：《沈馆录》卷七《西行日记》，见金毓黻主编《辽海丛书》第2841页，辽沈书社，1985。
④ 〔清〕高锡畴等：《临榆县志》卷八《舆地编·纪事》，第504页，台湾成文出版社，1968。

三、清军入关之战

与吴军交战,并攻打西罗城、东罗城、北翼城等城池的同时,另派了明朝降将唐通率一支小股部队,绕出关外,在一片石(今辽宁绥中县李家台附近)驻扎,以监视堵截吴军。吴三桂的哨骑将这一情况通报了清军。一片石距离清军的营地不过三四十里,多尔衮感受到威胁,于是命诸王统率精兵袭击唐通所部,很快将其击败,唐通遁走,清军取得胜利。这一场战役的交战方为李自成派遣的唐通所率大顺军与多尔衮统领的清军,战场位于山海关外的一片石,因此可称"一片石之役"。

经过四月二十一日的大战,吴三桂虽然击退了李自成大顺军的进攻,但自身实力消耗严重,他深知,明天必然还有一场恶战,他必须得到八旗军的援助。而此时,多尔衮却仍然处于观望的状态,并没有决定入关作战的迹象。吴三桂十分焦急,在二十一日夜里,他派人敦促多尔衮入关,"使者相望于道,凡往返八次"①。令人不解的是,多尔衮似乎并不急于入关。

原来,这位谨慎的摄政王到此时尚未完全相信吴三桂的请兵诚意,他找来武英郡王阿济格、豫郡王多铎谋划道:"岂三桂知我南来,故设此诱耶?且吾尝三围彼都,不能遽克,自成一举破之,其智勇必有过人者。今统大众亲至,志不在小,得毋乘战胜精甲,有窥辽之意乎?不如分兵固守四境,以观动静。"三人"咸有惧色,遂顿兵不进,驻营于欢喜岭,高张旗帜,休息士卒"②。欢喜岭距山海关只有四五里,岭上有一座威远台,筑有城堡,多尔衮与诸王便进入威远台,继续观察形势,并进一步等待山海关传来的消息。

二十二日清晨,吴三桂已经能够在关城上看到清军的营地,他又派了山海关的士绅冯祥聘、吕鸣章、曹时敏、程印古、余一元5人赴威远台敦请。多尔衮在范文程的陪同下接见了他们,再次解释清军出兵的意图是为明复仇,请他们转告山海关的百姓不要猜疑。谈话完毕,多尔衮还赐茶款待他们,随后他们便返回了山海关城。

当事人之一余一元在他的诗作中提到了这件事:

> 清晨王师至,驻旌威远台。

---

① 〔清〕计六奇:《明季北略》卷二〇《吴三桂请兵始末》,第495页。
② 〔清〕计六奇:《明季北略》卷二〇《吴三桂请兵始末》,第495页。

平西招我辈，出见勿迟回。
冯吕暨曹程，偕余五骑来。
相随谒摄政，部伍无喧豗。
范公致来意，万姓莫疑猜。
煌煌十数语，王言实大哉。
语毕复赐茶，还辔向城隈。①

多尔衮在交谈中依然没有明确进关参战的意思，这令吴三桂很是焦急。此时山海关上下"炮声大发"②，形势愈加危急，他无法再等待下去，于是率领十数员将领、数百名精骑，亲自赶往威远台谒见多尔衮。这位清朝的摄政王十分高兴，这正是他所期待的。多尔衮利用这一大好机会，终于使吴三桂称臣，剃发，投降清朝。于是，多尔衮令军中设仪仗，吹螺，按满洲习俗与吴三桂盟誓，两人以白马祭天，乌牛祭地，歃血斩衣，折箭为誓，约兵进战。由于吴军来不及剃发，为了与大顺军相区别，以免被清军误伤，多尔衮要求吴三桂回去后密令全军将士以三指宽的白布条系在肩上，作为记号，然而白布一时凑不够，于是以"裹足布裂用之"③。山海关城门大开，武英郡王阿济格统领万骑为左翼，豫郡王多铎统领万骑为右翼，分别入南北水门，多尔衮自率三万骑殿后指挥，从中门进关，其余兵马停驻欢喜岭待命。山海关，这座明朝赖以拱卫京师的"天下第一雄关"，就这样第一次为清军而打开。这正是：

虎旅三关入，桓赳尽雄才。
须臾妖氛扫，乾坤再辟开。④

此时，李自成已经在石河西岸布列好阵势，"自北山横亘至海"，威武雄壮，气势如虹。他率数十骑，带着前明太子朱慈烺，登上一座高冈观

---

① 〔清〕高锡畴等：《临榆县志》卷八《舆地编·纪事》第505页。
② [朝鲜]昭显世子李㴭：《沈馆录》卷七《西行日记》，见金毓黻主编《辽海丛书》，第2841页。
③ 〔清〕计六奇：《明季北略》卷二〇《吴三桂请兵始末》，第495页。
④ 〔清〕高锡畴等：《临榆县志》卷八《舆地编·纪事》，第505页。

三、清军入关之战

战,决心攻破山海关,此时,他对清、吴联合的情况尚不十分清楚。而多尔衮入城后,观察了石河战场的形势,即进行军事部署,他命清、吴联军"向海对贼阵尾鳞次布列"①,吴兵分列右翼之末,直冲大顺军,作为前锋。忽然,大风扬尘,飞沙走石,咫尺莫辨。风止之后,吴三桂即鼓噪着率全部精锐向农民军进击,无不以一敌百,大顺军也不示弱,敲打着军鼓,声音震动百里,呼喊着联营而进,前赴后继,欲三面合围吴军。吴军东驰西突,大顺军亦"左萦而右拂之","阵数十交,围开复合"。② 双方都知道这一次是"成败决一战"③ 的时候,均拼力相搏,杀伤甚众,炮声如雷,矢集如雨,"呼声震海峤"④,战况甚为惨烈。

激战从上午一直延续到中午,吴军渐渐不支,大顺军也精疲力竭,消耗巨大,而清军则在一旁以逸待劳。多尔衮将这一切都看在眼里,他在决战开始前,曾对八旗将士们说道:"尔等毋得越伍躁进,此兵(指大顺军)不可轻击,须各努力,破此,则大业成矣。"⑤ 现在,时机已到,多尔衮命阿济格、多铎率清军进击,以正白旗军为先锋,绕出吴兵之右,三吹号角,三声呐喊,向大顺军的中坚发起冲锋。"蓄锐以待"⑥ 多时的八旗铁骑如离弦的箭,爆发出强大的战斗力,"万马奔跃,飞矢雨堕"⑦,锐不可当,所向披靡。吴军得到清军的支援,迅速振作起来,与大顺军拼杀,战场局势顿时改观。李自成诧异不已,有一个僧人跪到他的面前,说道:"此非吴兵,必东兵(指清军)也,宜急避之。"⑧ 李自成一时没了主意,遂策马下冈而走。此时,大顺军的战士们正在战场上奋勇厮杀,突然看到敌军中有带着辫发的甲士,纷纷呼喊道:"虏至矣,虏至矣!"⑨ 面对八旗兵"风发潮涌"⑩ 般的进攻,大顺军丧失了斗志,阵营迅速被冲垮,

---

① 《清世祖实录》卷四,顺治元年四月己卯。
② 〔清〕彭孙贻:《流寇志》卷一二,第188页。
③ 〔清〕彭孙贻:《流寇志》卷一二,第188页。
④ 〔清〕魏源:《圣武记》卷一《开创》《开国龙兴记四》,第34页。
⑤ 《清世祖实录》卷四,顺治元年四月己卯。
⑥ 〔清〕魏源:《圣武记》卷一《开创》《开国龙兴记四》,第34页。
⑦ 〔清〕张廷玉等:《明史·李自成传》卷三〇九,第7967页。
⑧ 〔清〕计六奇:《明季北略》卷二〇《吴三桂请兵始末》,第496页。
⑨ 〔清〕谈迁:《国榷》卷一〇一,第6076页。
⑩ 〔清〕计六奇:《明季北略》卷二〇《吴三桂请兵始末》,496页。

将士们丢弃手中的戈、弓等武器,四散溃逃,自相践踏。清军与吴军乘势分道奔袭,追杀至40里才收兵,大顺军死伤累累,横尸遍野,沟水尽赤,丢弃辎重不可胜计,大帅战死15人,连勇冠三军的骁将刘宗敏都为流矢所中,负重伤而回。李自成带着数千精骑,退往永平。约一顿饭的工夫,沸腾的战场顷刻变得空虚寂寥。① 此战关乎清、顺、吴三方的生死存亡,是一场拼实力、拼消耗的血战,因此进行得异常惨烈,惊心动魄。据余一元回忆,石河西的红瓦店一带是交战最激烈的地方,"凡杀数万余人,暴骨盈野,三年收之未尽也"②。二十年后,康熙朝的山海卫掌卫印守备陈廷模作了一首怀古诗,名为《石河吊古诗》:

　　二十年前战马来,
　　石河两岸鼓如雷。
　　至今沙上留残血,
　　夜夜青磷照绿苔。③

　　这一场战役的交战方为吴三桂的辽兵、多尔衮的清军以及李自成的大顺军,战场位于山海关前的石河西岸,故又称"第二次石河之役",至此,历时两天的山海关大战终于落下了帷幕。

　　战后,吴三桂献出扣留的大顺使者王则尧,多尔衮将其斩首。这位清朝的摄政王兑现诺言,封吴三桂为平西王,分拨马步兵万人,令其继续追击李自成。李自成退到永平后,收集残部,又得几万人。吴三桂根本不给农民军喘息之机,迅速进逼永平。大顺军士气低落,与吴军刚一交战就败落下来,继续向北京逃遁,"连日夜奔窜,疲极无人色""贼兵溃散相继"④。李自成十分恼怒,行至离永平城西20里的范家庄,将吴襄斩首。到了四月二十六日,李自成终于率领残兵败将逃回了北京。此时,面对清、吴联军咄咄逼人的势头,新遭大败的农民军已经无法再固守京城。因

---

　　① 〔朝鲜〕昭显世子李溰:《沈馆录》卷七《西行日记》,见金毓黻主编《辽海丛书》第2841页。
　　② 〔清〕高锡畴等:《临榆县志》卷九《建置编·城池》,第575页。
　　③ 〔清〕高锡畴等:《临榆县志》卷六《舆地编·山水》,第376页。
　　④ 〔清〕谈迁:《国榷》卷一〇一,第6077页。

三、清军入关之战

此,李自成决定退守山、陕,以图东山再起。二十七日,李自成斩杀吴三桂全家34口,以泄内心愤懑之情。此时,吴军已行进至京畿,一路之上传檄远近,要求"诸贼臣反正自赎"①,北京城内人心惶惶,局势一片混乱,缙绅们已经暗中准备迎接吴军的到来。二十八日,清、吴联军兵临城下,李自成命刘宗敏、李过、李岩等出城迎敌,农民军再度失利,伤亡惨重,留给大顺政权的时间不多了。二十九日,李自成在大内武英殿匆匆举行了登基大典,即皇帝位。当晚,他下令焚毁紫禁城。三十日凌晨,李自成率大军出齐化门,携带着宫中的大量宝物和拷掠所得撤离了北京,而明思宗的三个儿子——太子朱慈烺、定王朱慈炯、永王朱慈炤则下落不明。至此,大顺政权在北京共计居留了41天,真可谓来也匆匆,去也匆匆。

  李自成的迅速失败,其原因主要有两点:其一,李自成在山海关的问题上决策失误。起初,大顺政权欲争取吴三桂,却未能够善待其家属,最终导致吴三桂降而复叛。吴三桂打出"灭贼"的旗号后,李自成又未能及时出兵,而且在进军途中依然怀有招降吴三桂的幻想,耽搁了时日,没有在清、吴联手之前赶到山海关,从而错失歼灭辽兵的最佳时机。李自成曾说:"吴三桂勤王兵仅三千人,……吾三十万,以一百人捉一人,可靴尖踢倒耳!且三桂与北兵久相仇杀,必不相救,即或来救,北兵驻满洲,衣粮马匹器械,尚需整顿而来,旷日累月。"② 可见,他把攻克山海关当作十分容易的事情,对于这一问题的重要性和复杂性认识不足,对于清、吴联手的可能性估计不够,未能做出充分准备。因此,面对清、吴两方的合力进攻时,农民军显得进退失据,手足无措,几无应对之策。其二,大顺政权进城后迅速腐化。将士们通过"追赃助饷"、掠取富户乃至普通百姓等手段,获取了大量财富,加之抢夺了大量美貌女子为妾,纷纷沉醉在"恣意淫掠"的生活中不能自拔,军纪败坏,士气下降,而且失去了缙绅和一部分民众的人心。在山海关之战中,将士们"身各怀重赀,无有斗

---

① 〔清〕彭孙贻:《流寇志》卷一二,第190页。
② 《吴三桂纪略》,转引自陈生玺《明清易代史独见》第78-79页,上海古籍出版社,2006。李自成所言兵数皆为虚指,面对攻克北京的胜利,他认为农民军必然比吴三桂的关辽兵强。

志"①，一遇清军便心生胆怯，四散溃逃，致使全线崩溃，此战的最终失败也就不足为奇了。由此可见，李自成和农民军将领们缺乏政治眼光和远见卓识，使大顺政权蓬勃发展的事业迅速跌入谷底。

图 3.4　摄政睿亲王多尔衮像
（选自《清史图典》第 2 册，第 92 页）

与此相反，清朝的决策者多尔衮能够审时度势，抓住历史提供的机遇，促成清军、吴军的联合乃至吴三桂的投降，最终打败了大顺军主力，为清朝定鼎燕京开辟了坦途。在这一过程中，多尔衮所表现出来的敏锐的政治眼光、杰出的军事才能令人叹服。此外，八旗铁骑和吴三桂的辽兵在

---

①　以上所引，见〔清〕计六奇《明季北略》卷二〇《吴三桂请兵始末》，496 页。

此战中发挥出了巨大的战斗力,也是他们最终能够取胜的重要原因之一。

山海关决战之后,李自成的大顺政权一蹶不振,一败再败乃至最终覆灭;而清政权则在此后的战争中歼灭大顺、大西、南明诸政权,击败各派反清势力,终于完成了统一全国的大业。因此,从这时起,清朝的统一战争进入一个崭新的阶段。

1644年农历三至五月,北京城三易其主,随着大顺军的退出,清王朝即将成为这座古城的新主人。

4. 迁都定鼎北京

山海关之战后,多尔衮命令大军屯驻关外休整,不得惊扰百姓。四月二十三日,这位摄政王命吴三桂为先锋,追击农民军,自己则亲率八旗铁骑随后出发。行前,多尔衮告诫将士们必须严守军纪:"此次出师,所以除暴救民,灭流寇以安天下也。今入关西征,勿杀无辜,勿掠财物,勿焚庐舍,不如约者罪之。"① 并命范文程起草檄文,晓谕远近官民:"义兵之来,为尔等复君父仇,所诛者惟闯贼。师律素严,必不汝害。"② 显示清朝"取残不杀,共享太平"之意。

在行军途中,八旗官兵改变了往日入关战争中烧杀抢掠的作风,一律驻扎城外,所到之处军纪严明,秋毫无犯,从而获得了京畿民众的信任,"凡百姓逃窜山谷者,莫不大悦,各还乡里,剃发迎降"③,各地官绅也纷纷归顺,受到了多尔衮的封赏。在吴三桂所部的引领下,清军进展迅速,势如破竹,很快就于四月三十日到达蓟州地界。在这里,多尔衮得到了农民军已撤出北京的消息,于是他令大军兼程急进,于五月初二日赶到京师城下。之前,多尔衮命吴三桂随同阿济格、多铎继续追击大顺军,不得进

---

① 《清世祖实录》卷四,顺治元年四月己卯。
② 王钟翰点校:《清史列传·范文程传》卷五,第258页。
③ 以上所引,见《清世祖实录》卷四,顺治元年四月己卯。

京。他要亲自接收北京，把它牢牢地控制在自己的掌握之中。

此时的北京陷于混乱之中，城中流传吴三桂拥护明太子朱慈烺进京即位的消息，因此明朝的旧臣们纷纷忙碌起来，在城隍庙中设立起明思宗的灵牌，并自任五城御史，恢复京城的统治秩序，迎接"王师"的到来。五月初二日，明朝的锦衣卫指挥骆养性早已准备好了卤簿法驾，文武大臣齐集朝阳门外，恭候太子朱慈烺入都。这时，远处一阵尘埃扬起，众人纷纷跪伏于道路的左边，只见一个人坐上了辇车，抬头一看，原来是清朝的摄政王多尔衮！此时八旗军已经占领了全城，城楼上尽竖白旗。明朝的官员们面面相觑，却不得不接受这个事实。摄政王多尔衮便坐着明朝皇帝的辇车进入紫禁城，由于宫中主要建筑已半成灰烬，遂入居武英殿。从这天起，中国正式进入"清代"这个历史时期。

此时的京畿地区，正值大旱，又屡经战火，民不聊生，粮食匮乏，连清兵也不得不以"积年陈腐之米"充饥。除了经济残破以外，更重要的是人心不稳，人们对满洲统治者怀有恐惧心理。盗贼乘乱纷起，"城底数百里，野无青草，城中之人，相聚为盗，多有杀越夺掠之患云"①，一派混乱凋敝的景象，形势十分严峻。

为了稳定京畿，建立并巩固清朝对关内的统治，多尔衮采取了以下五项措施。

其一，安抚民众，命军队在城外驻扎，勿得骚扰、抢掠百姓。在入城的第二天，范文程向多尔衮报告，说北京百姓假托搜捕农民军残余，纷纷揭发。范文程请求严禁这种行为，以免相互仇杀，造成动乱局面。多尔衮赞成这种看法，遂下令禁止，这对稳定局面起到了一定的积极作用。此外，史书中还记载了多尔衮关于严肃军纪的许多命令："使龙将等管门，严禁清人及我国人（指朝鲜人）毋得出入"②；"凡军兵出入城门者，有九王（指多尔衮）标旗然后方得出入"；"军兵之出入民家者，论以斩律"③；

---

① 以上所引，见朝鲜《李朝实录》仁祖二十二年八月戊寅，见吴晗辑《朝鲜李朝实录中的中国史料》第 3734－3735 页。

② 朝鲜《李朝实录》仁祖二十二年五月庚戌，见吴晗辑《朝鲜李朝实录中的中国史料》第 3729 页。

③ 以上所引，见［朝鲜］昭显世子李㴭《沈馆录》卷七，见金毓黻主编《辽海丛书》第 2842 页，辽沈书社，1985。

三、清军入关之战

就连士卒做饭都只能在路边，而不能进入民居，"于道旁埋锅而爨，无辄入民家者"①，由此足见清军纪律之严格。此外，多尔衮又命随清军入关作战的蒙古部落人马返回原驻地，以避免他们对民众的骚扰。在这种情况下，"中原人士无不悦服"②，"城中避乱者，稍稍还集"③，北京的局势逐渐稳定下来，社会治安也趋向好转。

其二，争取汉族士大夫的支持。多尔衮在入京之初就宣布："在京内阁、六部、都察院等衙门官员，俱以原官同满官一体办事。"④不久又明确指出："凡文武官员军民人等，不论原属流贼，或为流贼逼勒投降者，若能归服我朝，仍准录用。"⑤清廷不论官员的前科，凡是愿意归顺的，一律官复原职，甚至加官晋级。顺天巡抚柳寅东为此上书多尔衮，指出："近见升除各官，凡前朝犯赃除名、流贼伪官，一概录用。虽云宽大为治，然流品不清，奸欺得售。"多尔衮表示："经纶方始，治理需人。凡归顺官员，既经推用，不必苛求。"⑥对于地方官员，清廷也采取相同的政策，凡是归顺并进京朝觐者，一律留用，官升一级。对于归顺的朱明藩王，清廷也表示不夺王爵，仍加恩养。此外，多尔衮还提出，凡是为了躲避农民军而回籍隐居山林者，也准照原官录用。清朝的做法，与大顺政权的"追赃助饷"政策形成了鲜明的对比，从而最大限度地争取了汉族官僚和缙绅阶层的支持和拥戴，为清朝在中原地区建立稳固的统治奠定了坚实的基础。

其三，取消剃发令。剃发是满洲风俗，自努尔哈赤以来，清（后金）政权就以剃发作为汉人臣服的标志。吴三桂便是在山海关外的威远台薙发，正式降清，才使多尔衮相信了他的诚意，命清军帮助吴兵打败了大顺军。入关后，多尔衮依然命令"凡投诚官吏军民，皆著剃发，衣冠悉遵本

---

① 〔明〕刘尚友：《定思小纪》，载《甲申核真略》，第 74-75 页，浙江古籍出版社，1985。
② 朝鲜《李朝实录》仁祖二十二年八月戊寅，见吴晗辑《朝鲜李朝实录中的中国史料》第 3734 页。
③ 〔朝鲜〕昭显世子李㴭：《沈馆录》卷七，见金毓黻主编《辽海丛书》第 2842 页，辽沈书社，1985。
④ 《清世祖实录》卷五，顺治元年五月癸巳。
⑤ 《清世祖实录》卷八，顺治元年九月辛卯。
⑥ 《清世祖实录》卷五，顺治元年六月甲戌。

朝制度"①。然而这一政策遭到了广大汉族士民的强烈不满:"及有剃头之举,民皆愤怒,或见我人(指朝鲜人)泣而言曰:'我以何罪独为此剃头乎?'"②汉人将剃发当作民族压迫和征服的标志,在心理上产生了极大的反感,一时之间民情汹汹。多尔衮认识到了事态的严重,为了维护清朝在中原的统治,他做出让步,于五月二十四日敕谕兵部,放弃剃发令,允许汉人保持原来的发式:"予前因归顺之民无所分别,故令其剃发以别顺逆。今闻甚拂民愿,反非予以文教定民之本心矣。自兹以后,天下臣民照旧束发,悉从其便。"③对于衣冠制度,清廷也同意因循明制:"目下急剿逆贼,兵务方殷,衣冠礼乐未遑制定。近简用各官,姑依明式速制本品冠服,以便莅事。"④清朝暂时尊重了汉族的衣帽发式,从而大得人心,官民纷纷为此欢呼。

其四,废除明末三饷,严禁加派。据史书记载,由于紫禁城遭到农民军的焚毁,清军进京后,发现宫中最近的田赋册籍均毁于火中,只有万历朝的册籍保留了下来,有人便提出要命各省编制新册。这时,范文程提出不可,他认为:"即此为额,犹恐病民,岂可更求哉?"⑤清廷同意了他的主张,于是诏谕天下田赋都按万历年间的标准征收。七月十七日,摄政王多尔衮正式宣布:"自顺治元年为始,凡正额之外,一切加派如辽饷、剿饷、练饷及召买米豆,尽行蠲免。"自万历末年以来征收辽饷开始,明廷不断加派,百姓深受剥削,早已不堪重负。清朝蠲免三饷,给了民众休养生息的机会,确为一项善政。此外,多尔衮还严禁官府额外加派,特地下令:"如有官吏朦胧混征暗派者,察实纠参,必杀无赦。"⑥通过这些措施,清廷进一步稳定了人心,为日后社会生产的恢复与发展创造了有利的条件。

其五,为明帝治丧。多尔衮此次出征的口号是"除暴救民,灭流寇以

---

① 《清世祖实录》卷五,顺治元年五月庚寅。
② 朝鲜《李朝实录》仁祖二十二年八月戊寅,见吴晗辑《朝鲜李朝实录中的中国史料》第3734页。
③ 《清世祖实录》卷五,顺治元年五月辛亥。
④ 《清世祖实录》卷六,顺治元年七月己亥。
⑤ 王钟翰点校:《清史列传·范文程传》卷五,第259页。
⑥ 以上所引,见《清世祖实录》卷六,顺治元年七月壬寅。

三、清军入关之战

安天下"①,也就是说要消灭大顺政权,为死去的明思宗报仇。因此,入京以后,他就考虑要替明思宗发丧,并妥为安葬,以与亡明逼主的李自成区别开来。五月初四日,也就是清军进京的第三天,多尔衮下谕故明内外官民:

> 流贼李自成原系故明百姓,纠集丑类,逼陷京城,弑主暴尸,括取诸王、公主、驸马、官民财货,酷刑肆虐,诚天人共愤,法不容诛者。我虽敌国,深用悯伤。今令官民人等为崇祯帝服丧三日,以展舆情。著礼部、太常寺备帝礼具葬。②

这道诏书立即赢得了汉族士民的广泛赞誉,"谕下,官民大悦,皆颂我朝仁义声施万代云"③。从初六日开始,清廷为明思宗设神位于帝王庙,令原明士大夫、百姓哭临三日,并为其议谥号、议葬。最后,确定朱由检的庙号为"怀宗"④,谥号为"端皇帝",周皇后谥号为"烈皇后"。清廷将他们二人安葬于规模宏大的田贵妃坟茔中,将此墓命名为"思陵"。

多尔衮的这些举措,令汉人官绅无不感佩于心,甚至连南明的士大夫也为此感激涕零,史可法就在给多尔衮的信中写道:"殿下入都,为我先帝后发丧成礼,扫清宫殿,抚辑群黎,且免薙发之令,示不亡本朝。此等举动,震古烁今,凡为大明臣子,无不长跪北面,顶礼加额,岂但如明谕所云'感恩图报'已乎?"⑤ 另一南明官员马绍愉也称:"清兵杀退逆贼,恢复燕京,又发丧安葬先帝,举国感清朝之情,可以垂史书,传不朽矣。"⑥ 由此可见,"为明帝发丧"的举措产生了巨大的社会效应。

通过上述措施,多尔衮很快在京畿地区站稳了脚跟,为清朝入主中原,进而建立对全国的统治奠定了坚实的基础。接下来,这位摄政王便开始考虑迁都北京的事宜。皇太极生前曾经说过:"若得北京,当即徙都,

---

① 《清世祖实录》卷四,顺治元年四月己卯。
② 《清世祖实录》卷五,顺治元年五月辛卯。
③ 以上所引,见《清世祖实录》卷五,顺治元年五月辛卯。
④ "明思宗"为南明弘光政权为朱由检初上的谥号。
⑤ 〔清〕计六奇:《明季南略》卷二《史可法答书》,第143页,中华书局,1984。
⑥ 《明清史料》丙编第一本《马绍愉致吴三桂书》,第94页。

以图进取。"① 可见，这是太宗遗愿，是清朝长期以来的既定国策。而目前，全国尚未统一，大顺、大西、南明政权与清朝依然分庭抗礼，在这种局面下，清军要继续南征、西进，便要求朝廷必须从东北迁到关内，巩固在中原的统治，而北京这座战略重镇、前朝旧京是确立新都的绝佳选择。正如汉官祖可法、张存仁所言："京师（指北京）为天下之根本，兆民所瞻望而取则者也。京师理则天下不烦挞伐，而近悦远来，率从恐后矣。"② 因此，多尔衮坚决主张迁都北京。其兄阿济格不赞成，说道："初得辽东，不行杀戮，故清人多为辽民所杀。今宜乘此兵威，大肆屠戮，留置诸王以镇燕都，而大兵则或还守沈阳，或退保山海，可无后患。"阿济格竟然主张屠戮北京，毫无政治远见，极其愚蠢。除此以外，尚有其他王公反对迁都。多尔衮坚决驳斥了这一论调，引述皇太极生前的主张，表明自己是承先帝遗愿，并且指出："今人心未定，不可弃而东还。"③ 此时，北京城内谣言四起，有人传说清朝将要在七、八月间从北京迁回沈阳。为此，六月十八日，多尔衮向京内外臣民发布敕谕，指出谣言是奸徒和农民军残余故意散布的，目的在于制造混乱，动摇民心。他明确表示北京是清朝定鼎建都之地，沈阳的帝后官民已经启程西迁，向北京赶来。原来就在7天前，也就是六月十一日，多尔衮已经派遣辅国公吞齐喀、和讬、固山额真何洛会等为使，携带奏疏前往沈阳，请清世祖批准迁都之议。其奏曰：

> 仰荷天眷及皇上洪福，已克燕京。臣再三思维：燕京势踞形胜，乃自古兴王之地，有明建都之所。今既蒙天畀，皇上迁都于此以定天下，则宅中图治，宇内朝宗，无不通达，可以慰天下仰望之心，可以锡四方和恒之福，伏祈皇上熟虑俯纳焉。④

此时的清世祖只是一个7岁的孩子，真正掌握朝政实权的是摄政王。

---

① 朝鲜《李朝实录》仁祖二十二年八月戊寅，见吴晗辑《朝鲜李朝实录中的中国史料》第3735页。
② 《清世祖实录》卷五，顺治元年五月己亥。
③ 以上所引，见朝鲜《李朝实录》仁祖二十二年八月戊寅，见吴晗辑《朝鲜李朝实录中的中国史料》第3735页。
④ 《清世祖实录》卷五，顺治元年六月丁卯。

三、清军入关之战

因此,多尔衮的上奏不过是走个形式罢了,留居沈阳的朝廷很快便着手准备迁都事宜。八月二十日,清世祖与两宫皇太后、诸嫔妃以及王公大臣在八旗兵的护卫下自沈阳启程,离开这座太祖、太宗开创基业的盛京,向北京城进发,队伍绵长,络绎不绝,行动十分缓慢。到了九月,北京城内又产生流言,说清帝进京后,将让八旗兵抢掠三日,杀光城内一切老年壮年,只留下小孩。一时之间,人们再度陷入惶惶不可终日之中,多尔衮只好又下了一道敕谕,安定民心,并表示将严惩散布谣言的人。

九月十八日,清世祖一行终于到达京郊的通州,摄政王多尔衮率诸王贝勒及文武大臣前往迎驾。九月十九日午后,清世祖车驾从正阳门进京,直入紫禁城。十月初一日,清世祖举行盛大的登基大典。这是他的第二次登基大典,上一次是在太宗死后于关外的盛京即位,而这次却是在故明的国都北京。其时,天下未定,群雄逐鹿,清朝只获得了黄河以北的半壁江山,然而,满洲统治者通过举行登基大典,宣告天命归清,自己才是明王朝的合法继承者,对全国拥有管辖权,从而争取民心臣服清朝。

接下来,清朝将派出大军南征西讨,渐次削平各路政权和反对势力,在明末的废墟上重建新兴的一统王朝。

清军入关后,除了剿灭李自成、张献忠等农民起义政权以外,最为重要的敌人便是偏居江南的南明政权。

四、攻灭大顺与大西

四、攻灭大顺与大西

1. 两路清军夹击大顺

1644年（明崇祯十七年，清顺治元年），李自成率农民军攻破北京，推翻明朝，威震中原，此时的大顺政权控制了河北、山东、河南、山西、陕西、湖北大部以及江苏、安徽部分地区，达到了鼎盛的状态。然而，经过山海关之战的惨败，李自成被迫退出北京，其形势急转直下，但对清朝而言仍是最大的威胁。因此，多尔衮命令吴三桂为前锋，与武英郡王阿济格、豫郡王多铎过北京而不入，率大军兼程追击，不给农民军任何喘息之机，誓要将其彻底打垮。

李自成退出北京时，诸将士携带大量战利品，"负重不能驰"，行动十分迟缓，为了摆脱清军的追击，不得不沿途放弃辎重、妇女、财货，以求轻装撤退，这些物资后来都为迅速追上来的清军占有。从卢沟桥至固安，农民军所弃"盔甲衣服盈路"①，可见李自成撤退时的狼狈。五月初二日，大顺军行至保定，遭遇清军，双方展开激战，锐气已丧的大顺军再度败下阵来，只得继续撤退。五月初三日，清军追至定州北10里处的清水铺，大顺军负责殿后的骁将谷可成望见远处尘土飞扬，命令兵士停止前进，勒转马头，准备接战。此时的大顺军经过连日的奔波，饥疲不堪，加之归心似箭，遂无意恋战，在清军的强攻之下，阵营自乱。谷可成接连斩了几个畏缩不前、临阵脱逃的军士，却无法改变大顺军溃散的颓势。在吴三桂的引领下，清军全力冲击，阵斩谷可成，俘获大顺政权的3名元帅。农民军丧失了主将，被清军铁骑砍杀，积尸相枕，死伤惨重。此时，李自成的另

---

① 以上所引，见〔清〕彭孙贻《流寇志》卷一二，第193页。

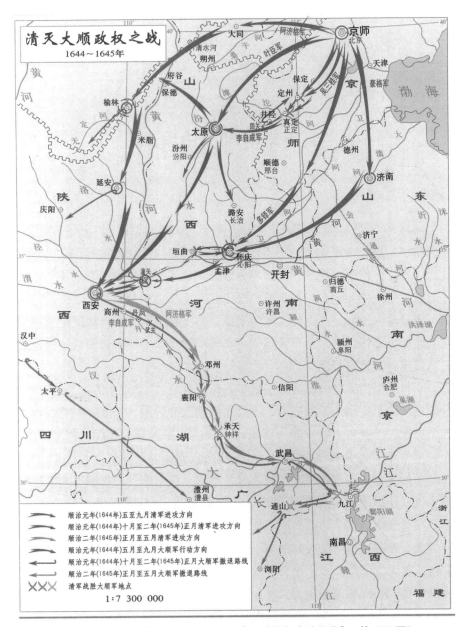

图 4.1 清灭大顺政权之战（选自《中国战争史地图集》，第 154 页）

四、攻灭大顺与大西

一位战将左光先率所部赶来增援。清军携胜利之威一拥而上，有将士举长刀，砍断了左光先战马的马足，马当即仆倒，左光先从马背上跌落下来，摔断了腿。护卫很快给他换了一匹马，左光先已经痛得无法乘骑，于是军士们扛着他狼狈地逃离战场。此战，农民军死亡数千，丢弃骡马、器械无数，还有大量妇女以及金银700余饼等财物，可谓元气大伤，这也是大顺政权经山海关之战失败后遭遇的又一次重大打击。而清军则取得了胜利，并招降了万余溃散的农民军，"两战两败之，贼势益不支，鸟兽骇散"①。吴三桂用谷可成的头颅祭奠了自己的父亲吴襄，以泄内心悲愤之情。

五月初四日，李自成退到定州南的真定，他为大顺军一败再败而感到耻辱，此时军队中逃亡的士兵也越来越多。为了重建"闯王"的威望，鼓舞将士的战斗意志，他统率精锐骑兵，回师定州，向屯驻此地的吴三桂军发动进攻。吴三桂迅速布阵，张两翼以进，东西掩击，纵横驰突。农民军再度失利，损失3员大将和万余士兵。无奈之下，李自成只好又退回了真定。

第二天，吴三桂引领清军追至真定。李自成调集大军，督率诸将，准备迎战。在阵前，他向吴三桂喊道："今日亲决死斗，不求人助，乃为豪杰耳！"② 李自成的意思是要求吴三桂不借助八旗军，只凭借辽兵的力量与大顺军马颈相交，决一死战。吴三桂根本不予理睬，自率大军冲锋向前，八旗军的固山额真谭泰、准塔，护军统领德尔得赫、哈宁噶等率前锋兵参与战斗。两军交锋，从上午一直激战到傍晚，杀伤相当，场面极为惨烈，大顺军抵挡不住清军的轮番进攻，渐渐败下阵来。酣战之时，忽然东风大作，黄沙蔽天，形势对大顺方面十分不利。李自成料想大顺军无法取胜，遂下令收兵。这时，清军的一支箭飞来，正好射中李自成，他从马上跌落下来，被护卫救起，大顺军惊骇不已，迅速撤离战场。清军在此战中也消耗巨大，精疲力竭，于是停止追击，返回营地，休整士卒。

随着农民军的屡战屡败，河北、河南、山东等地原投降的故明官吏纷纷倒戈，大顺政权控制的版图日益收缩。李自成为此忧心不已，召集诸将商议对策，李岩自请督2万兵，返回家乡河南平叛，以期恢复大顺政权在当地的统治。李自成当面没有答应，却召来与李岩素有矛盾的牛金星密

---

① 《清世祖实录》卷六，顺治元年七月癸巳。
② 《吴逆始末记》，转引自李治亭《吴三桂大传》第159页。

议，他对牛金星说："李岩有枭雄之姿，假之以兵，使其得志，难于制矣。"表明了自己对李岩的猜忌之心。牛金星乘势进谗言，指出李岩有叛乱的意图："河南，岩故乡，以兵予之，举中州之豪杰争衡天下，事势将不可知。岩与主上同姓，十八孩儿之谶，常以自负，今闻河南乱，辄自请行，其志可知，不若因而除之。"两人遂定计，于第二天举办酒宴为李岩践行，暗中埋伏甲士，斩杀了李岩及其弟李牟。宋献策听说这一消息后，扼腕叹息，刘宗敏切齿痛骂牛金星，说道："我见金星，即手剑斩之。"① 李岩被杀事件，反映了大顺政权文武不和，上下猜忌，君臣离心，政治混乱已经到了十分严重的地步，从而加速了它的败亡。

李自成在真定之败后焚毁、丢弃辎重，轻装疾驰，向西撤退，于五月初六日出固关，退入山西，重新部署兵力，守御要塞。吴三桂引领清军一直追到固关前，见大顺军防务严密，又因清军长途跋涉，屡经战阵，早已疲惫，不堪再战，故而停止追击，班师回朝。五月十二日，吴三桂与武英郡王阿济格、豫郡王多铎等率军返回北京，多尔衮特遣大学士范文程等出城迎接慰劳，表彰他们的功勋。随着大顺军主力退入山西，北京以北、居庸关内外各城以及天津、真定等处地方都归顺了清朝。其后，李自成在山西留下了一些防卫的兵力，迁徙当地富户入关中，于七月渡过黄河，返回西安。

清朝在京畿站稳了脚跟，但面临的局面依然十分严峻，除了一些零星的反清势力外，清朝主要面对三个分庭抗礼的政权：在山西、陕西一带，是李自成的大顺政权，虽屡战屡败，但尚有一定实力；在四川，张献忠的大西政权已经建立起来，方兴未艾；在南方，南京的士大夫拥立明朝宗室福王朱由崧为皇帝，改元弘光，立志中兴大明。当时的中国，呈现出四强并立的局面。张献忠在四川发展，距离清朝的属地遥远，尚无法顾及；南明朝廷并未及时认清形势，提出"联虏平寇"② 方针，对清朝也构不成威胁；相较而言，大顺政权仍保有强大的军事力量，退守山、陕，毗邻河北，随时有卷土重来的可能。故而，彻底扫除李自成的势力，仍是清朝的当务之急。

---

① 以上所引，见〔清〕彭孙贻《流寇志》卷一三，第203页。
② 即联合清朝，攻打大顺农民军，可见弘光政权并未认识到清军已经取代农民军成为南明朝廷的主要威胁。

四、攻灭大顺与大西

是时，河北、河南、山东等省动荡不安，原来投降大顺政权的故明官吏纷纷倒戈，有的投降清朝，有的归附南明，有的自立名号，形势十分混乱。另外，草野之间豪杰纷纷，土寇、起事、民变不断。因此，多尔衮并不急于向大顺军主力用兵，而是先剿灭冀、鲁、豫三省的反清武装，解除心腹之患，拱卫京师的安宁。

与此同时，清廷也向山西展开了进攻。先是在五月，故明降将姜瓖杀大顺军将领张天琳等，以大同、宁武、代州等地降清，使清朝兵不血刃而获得了晋北地区。六月，多尔衮派遣固山额真叶臣进军山西，后来又命巴哈纳、石廷柱等移师增援，巡抚马国柱、恭顺侯吴惟华等招抚原明降将，清军通过这一剿抚兼施的手段，克城略地，于十月初攻陷太原，占据了山西的大部分地区。在这一过程中，唐通的投降对清朝而言意义重大。奉李自成之命，唐通负责同陕西相邻的军事要塞保德州（今山西保德县）、偏关地区的守御事宜。在姜瓖降清后，唐通料想大顺政权无法成事，遂于八月下旬发动叛乱，改用"崇祯"年号，西渡黄河，袭击陕西府谷县，与亳侯李过所部激战半月，取得了胜利。在这种情况下，唐通的辖地迅速扩大，领有山西保德州、岢岚州（今山西岢岚县）、永宁州、河曲县、兴县、岚县、临县以及陕西府谷县、葭州（今陕西佳县）一带。在清廷任命的山西总兵高勋的劝降下，唐通于十月正式归附清朝。这样，清军不仅获得了山西境内的大片土地，而且在黄河西岸的陕北建立了据点，对大顺政权造成了直接威胁。因此，清廷加封唐通为定西侯，而李自成则怒不可遏，处死了唐通的母亲和儿子。

十月以后，晋、冀、鲁、豫等省基本稳定，多尔衮开始考虑向大顺政权的主力发动大举进攻。十月十九日，清廷任命英亲王阿济格①为"靖远大将军"，平西王吴三桂与智顺王尚可喜率所部从征，讨伐李自成，目标直指西安。与此同时，多尔衮决定发兵江南。十月二十五日，清廷命豫亲王多铎为"定国大将军"，恭顺王孔有德、怀顺王耿仲明率所部从征，讨伐弘光政权，目标直指南京。可见，此时多尔衮对清朝的军事力量做了过高的估计，他认为可以两路出击，一举歼灭两股政治势力。然而，来自河南的一份战报却让这位摄政王重新审视了当前的形势，调整部署，最终做

---

① 阿济格与多铎于顺治元年（1644）十月十三日分别被加封为英亲王和豫亲王，见《清世祖实录》卷一〇，顺治元年十月丁卯。

出集中力量进攻大顺政权的正确决策。

原来，李自成返回陕西后，对自己的失败很不甘心，一方面向南用兵，克取汉中，进略保宁，扩张大顺政权的版图，另一方面厉兵秣马，图谋反攻清朝辖地。据大顺永昌元年七月初七日发出的行牌称："今报长安二府田（即田见秀），绥德、汉中高（一功）、赵（光远）从西河驿过（黄）河，统领夷汉番回马步兵丁三十万；权将军刘（宗敏）统兵十万过河，从平阳北上；又报皇上统领大兵三百五十万，七月初二日从长安起马，三路行兵，指日前来。先恢剿宁武、代州、大同、宣府等处，后赴北京、山海，剿除辽左，至叛逆官兵，尽行平洗，顺我百姓，无得惊遁等语。"① 这道行牌中所提到的兵员数量十分夸张，并不可信，但它基本反映了李自成的反攻规划。不过，李自成的这番部署最终并没有实现，唯一取得重大进展的只是怀庆地区的反攻。十月，大顺政权派出骑兵 1 万有余，步兵 2 万有余，渡过黄河，向清朝控制下的河南怀庆、卫辉二府发起进攻，很快就占领了济源县和孟县，清怀庆总兵金玉和出战，于柏香镇战败身死。清卫辉总兵祖可法火速赶到怀庆府治沁阳县城组织守御，双方激战 10 余日，清军损失惨重，阵亡各级将官 22 名，兵丁达 1755 人。② 形势十分危急，清河南巡抚罗绣锦上奏朝廷，请求发兵救援。怀庆北临太行山，南界黄河，地处南北通道，战略位置十分重要，其得失关乎河北乃至京师的安危，正如罗绣锦所言，倘若朝廷不急忙派兵驰援，"不惟怀城有旦夕之危，而河北一带恐滋蔓延也"③。

怀庆之役，让多尔衮认识到大顺军仍然是目下清朝最主要的敌人，必须集中力量加以打击，否则不仅无法顺利下江南，而且京畿一带也将受到威胁。此时，多铎的军队尚未出发，摄政王及时调整部署，命令多铎率军先救怀庆之急，如果全歼攻城的大顺军，即可按照先前的规划继续南下，如果大顺军撤退，则要跟踪追击，直趋西安，与阿济格所部"合力攻剿"④，将李自成政权彻底歼灭。多铎抵达怀庆后，农民军自知不足抵御，加之指挥将领阵亡，便撤退了。多铎于是率清军从孟津渡黄河，向西安发

---

① 《明清史料》甲编第一本，《征西前将军大同总兵官姜瓖塘报》，第 73 页。
② 《清世祖实录》卷一七，顺治二年六月甲寅。
③ 《明清史料》丙编第五本《河南巡抚罗绣锦启本》，第 451 页。
④ 《清世祖实录》卷一〇，顺治元年十月丙子。

四、攻灭大顺与大西

起进攻。

这样，清军便形成了两路出师，南北夹击的态势。以阿济格为首的北路军经山西，取道陕北进攻关中；以多铎为首的东路军则经河南，攻潼关而取西安。李自成的大顺政权将面临一场决定生死存亡的考验。

2. 潼关再败大顺军

多铎的军队从孟津渡黄河，沿河寨堡纷纷归附，进展顺利，清廷又增派固山额真阿山、马喇希等统兵协征，壮其声威。大军进至陕州（今河南省三门陕市陕州区），和大顺军张有声部交战，取得胜利，遂于十二月二十二日行进到距离潼关20里的地方驻营。多铎并不急于进攻，他派人去调运红衣大炮，希望借助炮火的威力克取面前的这座坚固的关隘。先前，李自成听说清军将从陕北进攻，已经与大将刘宗敏带着大顺军的主力赶往延安方向增援，就在行军途中，他听闻一路清军已推进到潼关的消息。潼关是西安的门户，战略地位十分重要，其得失直接关乎大顺政权的存亡。因此，李自成果断改变行军路线，全速赶往潼关赴援。十月二十九日，潼关之战正式打响。大顺军汝侯刘宗敏出战，据山为阵。清军前锋统领努山、鄂硕等率兵趋进，攻打刘宗敏营寨，大顺军奋勇抗拒，拼力相搏。正酣战之时，清军护军统领图赖率骑兵百余人直前掩杀，斩获甚众。大顺军首战失利，损失惨重，死亡过半。顺治二年（1645）正月初四日，大顺军将领刘芳亮领兵千余攻打清军营寨，清军护军统领图赖、阿济格尼堪、阿尔津、顾纳代、伊尔都齐、敦拜、杜尔德等率正黄、正红、镶白、镶红、镶蓝五旗各牛录护军1名迎战，又取得了胜利。后来贝勒尼堪、拜尹图等增兵奋击，再度击败了农民军，俘斩甚众。大顺军的屡屡失败，令李自成愤懑不已，他亲自统领马步军出战，清军方面调集镶黄、正蓝、正白三旗兵协力进攻，农民军的步兵被歼，骑兵逃走。初五、初六两日的晚上，大顺军屡次袭击清营，均被击败。初九日，清军运来了红衣大炮，遂于十一日进逼潼关口。大顺军"凿重壕，立坚壁"①，布置防御工事，欲截断清军的前进道路。清军于是用红衣大炮进攻，农民军面对这种新式武器产生了恐惧心理，为其威力所慑服。就在大顺军将士迷茫之际，清军乘势相继冲入，斩杀无算。值此危急关头，农民军调集300名骑兵横冲清军，又分兵迂回到清军的阵后突袭，却分别被贝勒尼堪、怀顺王耿仲明、贝子尚善的部队和蒙古固山额真恩格图统率的殿后军击败。在这种情况下，李自成自料取胜无望，又顾及清朝的北路军正在从陕北推进，腹背受敌，遂撤回主力，回师西安。此时，潼关只剩下了大顺巫山伯马世耀所部7000余兵士驻守，寡不敌众，根本无法抵挡锐气正盛的清朝大军。正月十二日，清护军统领阿济格尼堪等领兵渡潼关濠口，大顺军望风奔溃，马世耀率部降清。至此，从顺治元年（1644）十二月二十九日，至二年（1645）正月十二日，历时14天的潼关之战落下了帷幕。此战，清军获马千余匹，辎重甲杖无算。十三日，清军入潼关，发现马世耀仍与李自成有秘密联络，遂知其为诈降，便把他斩杀了。经过3天的休整，正月十六日，多铎率军从潼关出发，进逼西安。

潼关的失陷，意味着关中地区已经无险可守，大顺军经此惨败，人心惶惶，士气低落。李自成料想无法抵御清军的锋芒，遂于十三日焚宫室，携带辎重和家属，撤离西安，出蓝田口，退往商州（今河南商洛市），向河南转移。正月十八日，多铎所部清军赶到西安，此城已是一座空城，他命护军统领阿尔津追击李自成，却未能追上，遂还兵西安。

此时，阿济格的北路军仍不见踪影。原来，他们在行军途中遇到了许多波折。北路军出师后，途经宣府、大同，将降兵尽数随征。然而，阿济格并未迅速奔赴陕北，他擅自出边，行军至土默特、鄂尔多斯地方索取驼马，然后再折回山西，这一往一返便耽误了许多时日。直到年底，北路军才在降将唐通的接应下，从山西保德州结筏渡黄河，进入陕北。在唐通、王大业等降将的招抚下，各州县城堡纷纷归服清朝，陕北地区的大顺军土崩瓦解，只有榆林守将高一功不肯投降，坚决守御，与清军殊死搏斗。阿济格眼看已经耽误时日，为了迅速进兵西安，遂命从征的大同总兵姜瓖率领唐通、王大业等降将继续围攻榆林，自率清军主力继续南下。北路军经

---

① 《清世祖实录》卷一四，顺治二年二月乙卯。

四、攻灭大顺与大西

米脂,下绥德,直趋延安,却又遭到了李自成之侄李锦的顽强抵抗。清军围攻20余日,才将延安攻下,李锦率部突围而走。榆林地区经过姜瓖所部的多日围困后,力亦不支,高一功于顺治二年(1645)正月十四日夜被迫撤离,清军遂占据榆林。榆林、延安的先后受阻,是阿济格进军迟缓的重要原因。虽然如此,北路军平定陕北,使李自成在腹背受敌的压力之下退出西安,为多铎的迅速胜利创造了条件。二月十七日,清廷接到了阿济格的战报,其中提道:"大军入边,沿途剿贼,八战皆捷。秦属州县,攻下者四城,投降者三十八城,俱已酌委官员安抚。计获白金千两,马三千二百九十匹,驼四百六十只有奇。"① 可见北路军依然对击垮大顺政权做出了重要的贡献。

西安的戡定,令多尔衮喜出望外,认为"攻破流贼,大业已成",遂命多铎按照原计划继续南下,进攻南明弘光政权。与此同时,清廷还给阿济格下达诏谕,指责北路军"枉道越境",行军迟缓的过失,要求他"将流贼余孽务期剿除,以赎从前逗留之咎"②,也就是把追击大顺军余部的任务交给了这位英亲王。

二月十四日,多铎大军在西安经过近一个月的休整,出潼关,进入河南,招降了镇守河南府(今河南洛阳市)的大顺军将领平南伯刘忠,三月初五日率师南征,进攻弘光政权。

阿济格接到朝廷的诏谕后,自知已犯过错,故不敢怠慢,把料理西北的事务交给清廷任命的陕西总督孟乔芳,遂率部猛追李自成的大顺军。

3. 李自成大逃亡

李自成进入河南后,在南阳、邓州一带活动,其间吏政府尚书宋企郊逃亡,大顺军的军心更加溃散。三月,阿济格率师进入河南,李自成拔营

---

① 《清世祖实录》卷一四,顺治二年二月庚午。
② 《清世祖实录》卷一四,顺治二年二月辛酉。

南下，奔向湖北。同月下旬，李自成到达襄阳一带，此地有大顺军原先部署的襄阳、承天（今湖北钟祥市）、德安、荆州四府的兵员7万，由骁将白旺统领，加上李自成从西安撤下来的13万人马，组成了20万大军。襄阳地区，是李自成于崇祯十六年（1643）所建的"襄京"所在地，大顺政权在此地经营两年，势力比较稳固，白旺提出要据守此地，以图再举。然而，李自成并未接受这种意见，他决心在清军之前抢占江南地区，提出"取南京，水陆并进"①的主张。于是，大顺军倾巢东下，襄阳、承天、德安、荆州四府则被尾随其后的清军轻易占领。至此，大顺政权的各级地方政府全部瓦解，农民军失去了后方基地，重新回到了流动作战的状态。李自成的东征方略，实为失策。

大顺军向汉川、沔阳（今湖北仙桃市）推进，镇守武昌的南明将领宁南侯左良玉连章告急。屯驻九江的南明江西总督袁继咸督率所部赶往蕲春，与左良玉部形成呼应之势，使大顺军扼无法东进。在这种情况下，李自成军转而从沔阳的沙湖一带南渡长江，在荆河口击败了左良玉的部将马进忠、王允成所部，一时威震荆楚。左良玉不敢迎战，此时正逢南京城内发生"太子案"，左良玉遂提出"清君侧"的口号，自称奉太子密诏，移檄远近，要讨伐弘光帝的亲信大臣马士英。以此为由，左良玉率领全部人马，奔赴南京，并放火焚毁了武昌城。三月末，大顺兵不血刃地进入武昌城，并改江夏为瑞符县。武昌已是一座空城，到处都是残垣断壁。

此时，阿济格所率清军分水陆两路，不断地追击农民军。很快，清军就抵达武昌城下，将之团团围困。②李自成命令刘宗敏、田见秀率5000精锐兵士出战，又被清军击败。面对强大的清军，农民军根本无心作战，部众逃亡很多，甚至有的将士投降了清军。李自成见武昌难以固守，遂撤兵东去。此时，大顺军既没有稳固的后方基地，粮草匮乏，又随军携带大量家属，行动迟缓，已经到了十分艰难的境地。四月初，清军又在兴国州（今湖北阳新县）附近的富池口追上大顺军，两军交战，大顺军再度失利，损失惨重，清军俘其"总兵、知府、推官各一人，知县四人，守备、千、

---

① 《清世祖实录》卷一八，顺治二年闰六月甲申。
② 吴伟业著《绥寇纪略》卷九（第264页，上海古籍出版社，1992）记载李自成在武昌屯驻达50天之久，误。具体考证，参见顾诚《明末农民战争史》第296页，中国社会科学出版社，1984。

四、攻灭大顺与大西

把总五人，获马匹船舰无算"①。同月下旬，清军攻入大顺军在九江设置的老营，经过一场激战，大顺军主力全军覆没，清军俘获了汝侯刘宗敏、总兵左光先、军师宋献策、李自成的两个叔父赵侯和襄南侯、李自成的养子义侯姜耐以及大批随军家属。刘宗敏与李自成的两个叔父当场被斩于军中，左光先与宋献策则投降了清军。在大顺军溃败的过程中，吏政府尚书宋企郊和丞相牛金星先后逃亡，后牛金星归附清朝，其子牛佺被任命为黄州知府，升湖北粮储道，牛金星则在儿子的官署中安度晚年。

阿济格率军转战数省，"于邓州、承天、德安、武昌、富池口、桑家口、九江等七处，降者抚之，拒者诛之，穷追至贼老营，大败贼兵八次"，取得了显著的战果：获得31头骆驼，6450匹马、骡，以及3108艘船只。此外，停泊于扬子江上的南明宁南侯左良玉之子左梦庚及大批将士达10万余众并大小船只4万艘，也都投降了清军。通过这次追歼战，清朝所控制的疆域大大扩展，"河南属城十二、湖广属城三十九、江西属城六、南京属城六，共六十三城，已尽设官抚定矣"②。闰六月，经过八个多月的征战，阿济格率军凯旋班师，于八月初四日回到了北京。

九江之败后，大顺军改变了东下的行军路线，开始自西向东转移，一部进入湘北，一部趋向江西，而李自成则穷途末路。他率领20余骑过通山县九宫山麓，观察地形，却遭到当地团练武装的攻击，李自成被乡兵杀害，年仅40岁，其时间应在五月初二日。③ 关于李自成的结局，据阿济格的奏报称：

> 贼兵尽力穷窜，入九公（宫）山，随于山中遍索自成不得，又四出搜缉。有降辛及被擒贼兵俱言自成窜走时，携随身步卒仅二十人，为村民所困，不能脱，遂自缢死。因遣素识自成者往认其尸，尸朽莫辨，或存或亡，俟就彼再行察访。④

---

① 〔清〕张玉书著，张护校勘：《京江张文贞公（玉书）文集》卷七《纪灭闯献二贼事》，第696－697页，台湾文海出版社，1981。
② 《清世祖实录》卷一八，顺治二年闰六月甲申。
③ 参见童恩翼《李自成通山之死实地考察记》，《武汉师范学院学报（哲学社会科学版）》1983年第3期。
④ 《清世祖实录》卷一八，顺治二年闰六月甲申。

可见，阿济格无法确定李自成是否死亡。七月，朝廷又接到奏报说李自成并没有死，业已逃遁，多尔衮为此斥责阿济格："尔等先称流贼已灭，李自成已死，贼兵尽皆剿除，故告祭天地太庙，宣谕中外……今又闻自成逃遁，现在江西，此等奏报情形，前后互异……岂有如此欺诳之理？"①李自成的下落最终也没有查清楚，遂成了一桩历史悬案，在学界引起了激烈的争论，有学者坚持"九宫山遇害说"，而有人则提出李自成在湖北石门县夹山寺归隐，做了奉天玉和尚，直到康熙年间寿终正寝的说法。两者相持不下，具体考证可参考相关学术著作。②

不管怎样，李自成退出了历史舞台，而大顺政权作为一个政治实体也就此覆灭。不过，农民军的残余势力尚存，大顺军将领刘体纯、郝摇旗、袁宗第等率四五万农民军进抵湖南湘阴一带，而白旺部则在江西活动。③大顺军的另一支队伍，即李过、高一功所部，在顺治二年（1645）初撤离陕北后，向西转移，会合镇守西北甘肃、西宁卫等地的大顺将领，一同南下，进抵陕西汉中。此时，镇守汉中的大顺军将领贺珍、罗岱、党孟安、郭登先已经降清，李过、高一功与他们展开激战，取得胜利，遂由汉中南下，经四川太平、达州、夔州（今重庆奉节县）、新宁等地，沿长江顺流东下，进入湖北地区。至当年八月，李、高部与刘、郝部在荆州地区会合，他们与南明政权联合，继续开展抗清斗争。

4. 攻灭大西政权

清顺治元年（1644）正月，就在李自成谋图进取北京的时候，另一位

---

① 《清世祖实录》卷一九，顺治二年七月己巳。
② 例如顾诚著《明末农民战争史》（中国社会科学出版社，1984）、王戎笙等著《李自成结局研究》（辽宁人民出版社，1998）、刘重日主编《李自成终归何处——兼评〈李自成结局研究〉》（三秦出版社，1999）等。
③ 白旺在李自成兵败后不久即被部将王体中杀害，后王体中率所部向阿济格投降。

四、攻灭大顺与大西

农民军领袖张献忠自岳阳渡江，统率步骑数十万，向四川进军。其时，陈士奇被明廷任命为四川巡抚，他是一名文士，"及抚蜀，又日以诗文为事，军政皆废弛"①，这就给张献忠的进攻提供了一个有利的条件。当时有人向陈士奇提出增兵十三隘，固守这一由楚入川的重要通道的建议，却未能得以施行。于是，张献忠长驱直入，逆流而上，日行一二十里，在正月十一日进入夔州，连下万县（今重庆市万州区）、梁山（今重庆市梁平区）等地。五月，张献忠大军自忠州（今重庆市忠县）出发，直趋重庆，六月初八日，击败明总兵曾英、守道刘麟长的人马，攻克涪州（今重庆涪陵区）。张献忠所部军容壮盛，"健间者十余万，负载者倍之，号四十万，横四十余里，左步右骑翼舟而上"②。此时北京的明政权已经覆灭，但四川仍为明朝官僚所控制，归南明朝廷统辖。陈士奇也已卸任巡抚之职，但由于军情紧急，依然屯驻重庆，负责守御事宜。重庆下流40里处有一个铜锣峡，是江路所必经，陈士奇在这里布置重兵，作为重庆的屏障，抵御农民军的进攻。然而，张献忠采取了一个策略，他一方面分舟师正面进攻铜锣峡，吸引明军的注意力，另一方面却自率精锐登山，疾驰150里，攻下了重庆西面的江津县（今重庆市江津市），以所得船只，顺流而下，不到3天便夺取了佛图关，铜锣峡反在其下，明军惊惧不已，大败而溃，农民军遂乘胜围攻重庆。陈士奇等日夜登城守御，顽强抵抗，一时之间双方难分胜负。重庆城三面临江，皆石壁，西南有砖城数十丈，农民军将这里作为突破口，在夜晚召集民夫，挖土穴，填充火药。待到第二天清晨，"箭炮齐发，砖石皆飞"③，重庆遂于六月二十一日陷落。陈士奇以及从汉中来到重庆避难的明宗室瑞王朱常浩皆被处死。八月初，张献忠率水陆两路大军继续前进，沿途州县望风归附，很快就到达成都城下。

此时的成都，防务空虚，众心动摇。蜀王朱至澍图谋逃亡云南，四川巡按刘之渤力持不可。蜀王坚持己见，于六月十三日起行，但由于守门士卒汹汹作乱，其辎重遭到了掠夺，最终未能成行。由此可见，成都的治安和防务已是一片混乱。面对张献忠大军势如破竹的攻势，刘之渤请求蜀王

---

① 〔清〕沈荀蔚：《蜀难叙略》，见何锐等编《张献忠剿四川实录》第101页，巴蜀书社，2002。
② 〔清〕刘景伯：《蜀龟鉴》卷二，见何锐等编《张献忠剿四川实录》第254页。
③ 〔清〕徐鼒：《小腆纪年附考》卷六，第211页。

出资募士守城，朱至澍却吝啬自己的财产，以明朝祖制藩王"不典兵"为由拒绝了。直到后来川中城邑纷纷失陷，形势万分危急，蜀王才被迫答应出资招募，但3天之内却无人响应。七月，明朝的新任四川巡抚龙文光和总兵刘佳允统率3000人马从川北赶来，规划守城方略，而"王宗大姓逸去者半"①。成都兵少将寡、人心惶惶，根本无法抵御屡战屡胜、士气高涨的农民军的进攻。

明总兵刘佳允率部与农民军交手，不料初战失利。巡抚龙文光采取了一个策略，他派人赶往灌县（今四川都江堰市）决都江堰，企图引水注入城壕，增强成都的防御能力。然而，农民军的攻城速度很快，他们用攻打重庆的方法攻打成都。八月初九日黎明，火发，城西北角的锦江楼崩塌，农民军乘势一拥而入，此时，都江堰的水被引到了壕沟内，然而全城已经被张献忠大军控制。蜀王朱至澍眼看大势已去，率宫眷及其弟太平王朱至㴽投井自尽，明巡抚龙文光、总兵刘佳允投浣花溪而死。巡按刘之渤与张献忠同为陕西人，张献忠欲招抚他，却被拒绝，最终将其杀死。不久，四川大部分地区均为农民军占领。

顺治元年（1644）十月，张献忠在成都称帝，定国号"大西"，年号"大顺"，以成都为西京，设左右丞相、六部尚书，以孙可望为平东将军，李定国为安西将军，刘文秀为抚南将军，艾能奇为定北将军，掌管军事，他们四人均是张献忠的养子，赐姓张，封为王。这样，一个以四川作为根据地的农民政权正式建立起来。然而，张献忠在四川的统治并不稳固，明朝的残余势力与地方团练武装不断向大西政权发动袭击，就连川东要地重庆也为明将曾英、兵备道马乾重新占领。南明朝廷任命王应熊为督师，樊一蘅为总督，马乾为巡抚，传檄各路人马，约期进攻大西军。蜀中的残明势力受此鼓舞，纷纷行动起来，农民军四出征剿，疲于奔命，实力大大消耗。到了顺治三年（1646）三月，形势对张献忠越来越不利：

> （杨）展②既取嘉定，贼帅刘文秀、狄三品来攻，为展所败，遁回成都。展遂合游击马应试尽复嘉、邛、眉、雅诸州邑。于时故总兵贾联登及其中军杨维栋取资、简，侯天锡、高明佐取泸州，李占春、

---

① 以上所引，见〔清〕徐鼒《小腆纪年附考》卷七，第242页。
② 南明参将。

四、攻灭大顺与大西

于大海守忠、涪。其他据城邑奉征调者，洪、雅则曹勋及监军范文光，松、茂则监军詹天颜，夔、万则谭宏、谭谊。（樊）一蘅乃移驻纳溪，居中调度。会（王）应熊于泸州檄诸路刻期并进，献贼始惧。①

面对大西军的屡屡受挫，张献忠恼羞成怒，他不仅对残明势力和地方团练武装愤恨不已，甚至将这种仇恨扩大到了普通四川百姓的身上。因此，他大开杀戒，使"四川之民靡有孑遗"②，"人烟断绝，数千里之内，冢中白骨，无一存者"③。这种报复的行为十分愚蠢，只能使大西政权彻底丧失民心，加速败亡。

张献忠自料难以在四川立足，产生了撤离成都，另谋出路的念头。顺治三年（1646）三月，大西军十数万顺流东下，意图前往湖广，却遭到了明参将杨展的阻击，双方在彭山江口展开激战，农民军大败，战船被焚烧，士卒、辎重损失殆尽。入楚之路被堵，张献忠只好回师成都。同年五月，明总兵曾英、参将王祥又率兵向成都推进，张献忠闻讯，决定放弃成都，向川北撤离。八月初六日，大西军自成都出发，并毁其城，一个月后，抵达顺庆府（今四川南充市）所属西充地方，驻营凤凰山下。而就在此时，豪格所率清军正准备向四川进发。

在消灭李自成的大顺政权之后，清朝忙于组织大军下江南，攻南明，尚未顾及"远在一隅"④的大西政权。随着弘光政权的覆灭，多尔衮开始筹划用兵四川。顺治二年（1645）十月，清廷派遣左翼固山额真巴颜、右翼固山额真墨尔根侍卫李国翰等率兵赶往山西，会同驻防西安的内大臣何洛会进取四川。顺治三年（1646）正月，又命肃亲王豪格为靖远大将军，同衍禧郡王罗洛宏，贝勒尼堪，固山贝子吞齐喀、满达海，镇国公喀尔楚浑、岳乐、努赛等，统率大军征讨四川。然而，此时陕西、湖广一带仍有李自成余部和明朝残余势力组织的抗清活动，因此，清军实际上对四川鞭长莫及。待到顺治三年（1646）的下半年，在豪格的打击下，陕西基本平

---

① 〔清〕徐鼒：《小腆纪年附考》卷一二，第470-471页。
② 〔清〕彭孙贻：《流寇志》卷一三，第207页。
③ 〔清〕彭孙贻：《流寇志》卷一三，第208页。
④ 《清世祖实录》卷二一，顺治二年十一月戊辰。

定，清军这才真正前往四川。

正当八旗兵谋划入川之际，大西骁骑营都督刘进忠主动降清，令豪格喜出望外。据说刘进忠的属下多四川人，张献忠晚年多行杀戮，"营中纷纷传献忠欲杀川兵"①，引起众人惶恐不安，部分将领甚至发动叛乱，投奔了南明。刘进忠惊惧不已，他害怕张献忠的严厉惩治，遂率部至重庆，归附南明将领曾英。后又产生疑虑，脱离曾英的队伍，引兵至保宁、顺庆一带，与摇、黄义军②的袁韬部联合，自称"新天王"。到了顺治三年（1646）十月间，刘进忠觉得袁韬不足以成事，决定投降清朝。他派部将吴之茂前往陕西面见豪格，后又亲赴汉中，将张献忠在蜀地的情况和盘托出，告知其在"顺庆西充县金山铺"③，并表示愿意做清军的向导。④

在刘进忠的引领下，清军于十一月出汉中入川，一路之上行军顺利，二十六日抵达南部县。清军的前锋擒获大西军的俘虏，得知张献忠尚在顺庆的西充县境内⑤。于是，豪格命令昂邦章京鳌拜、固山额真准塔率前锋营和八旗护军为前茅，每牛录各简精锐一名为后劲，靖远大将军豪格自率满洲、蒙古大队人马居中策应。清军"衔枚疾趋，一昼夜行三百里"⑥，在二十七日的黎明时分抵达西充县的凤凰山下，遂登山准备战斗。此时大雾弥漫，咫尺莫辨，张献忠尚有大军数十万，"志素骄"⑦，对八旗兵大举入川毫不知情，也未做任何防备。大西军的哨卒向张献忠报告清军到来的

---

① 〔清〕费密：《荒书》，见何锐等编《张献忠剿四川实录》第434页。

② 摇黄义军的最早领袖为摇天动和黄龙，他们原在山陕活动，后入蜀，时为崇祯六年（1633）。随着势力的发展，义军规模扩大，达十余万之众，其首领也发展为十三家，号称"摇黄十三家"，活动于川北、川东地区，打击目标多为乡间碉寨，其中遵天王袁韬即为其中一家。

③ 〔清〕李馥荣《荒书》卷三，见何锐等编《张献忠剿四川实录》第64页。

④ 关于刘进忠降清始末，各类史籍记载不一，此据顾诚《明末农民战争史》第317-318页。

⑤ 大西军在顺庆府滞留达三月之久，原因不详。据顾诚考证大西军此次撤离成都是计划入秦，或许他尚未做好北进陕西的准备。参见顾诚《明末农民战争史》第326页。

⑥ 〔清〕张玉书著，张护校勘：《京江张文贞公（玉书）文集》卷七《纪灭闯献二贼事》第704页。

⑦ 〔清〕张玉书著，张护校勘：《京江张文贞公（玉书）文集》卷七《纪灭闯献二贼事》第703页。

四、攻灭大顺与大西

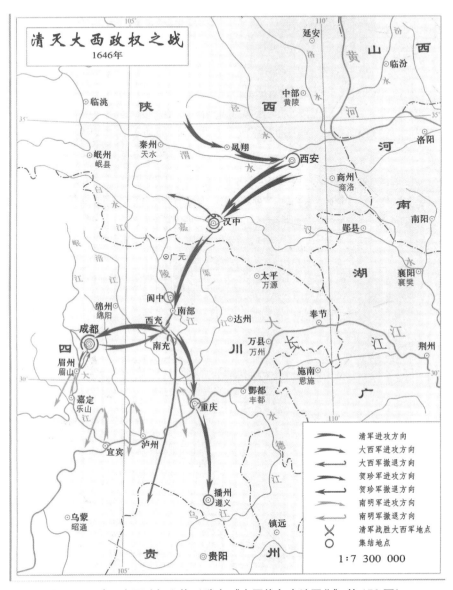

图 4.2 清灭大西政权之战（选自《中国战争史地图集》第 156 页）

消息,张献忠却不相信。直到清军近在眼前,他才率领马步兵出战,由于事发仓促,连盔甲也没有穿上。刘进忠随八旗兵作战,他向清军的弓箭手指明张献忠的位置。一个名叫雅布兰的军士闻讯,张弓搭箭,正射中张献忠。① 张献忠受伤,从马上跌落,众人将其送还营地。鳌拜、准塔率军乘胜追击,大西军已无斗志,很快就败落下来。在激战中,清军一拥而上,擒获张献忠,将其斩于阵前,张献忠时年42岁。农民军一时大乱,溃不成军。清军分兵四出,破大西军130余营,斩首数万级,获马、骡12200余匹。②

　　清廷接到豪格的捷报后,十分高兴,称"献忠伏诛,四川平定"③,大西政权作为一个政治实体至此覆灭。然而,农民军余部仍有强大的势力,孙可望、李定国、刘文秀、艾能奇率残部由顺庆南下,至重庆江北大败阻击的南明军,杀总兵曾英。然后,这支军队退往云、贵,并于顺治八年(1651)加入南明永历政权,继续进行抗清斗争。

----

　　① 关于流矢所中部位,各书记载不同,一说面额,一说咽喉,一说左肋心脏部位。有说张献忠中箭身亡的,有说张献忠受重伤,并未立即死去的。
　　② 《清世祖实录》卷二九,顺治三年十二月甲申。
　　③ 《清世祖实录》卷二九,顺治三年十二月甲申。

五、清军南下攻南明

五、清军南下攻南明

1. 多尔衮决策

清军入关后，面对的敌人除了大顺、大西农民政权外，还有明宗室在南方先后建立起来的弘光、鲁监国、隆武、绍武、永历等小朝廷，他们立志中兴大明，与清廷相抗衡，被后人统称为南明政权。为了一统天下，多尔衮在清军夺取西安，击溃大顺军之后，便将进攻的锋芒指向了江南。

顺治元年（明崇祯十七年，1644）三月十九日，李自成攻陷北京，明思宗登上万岁山自缢。四月十二日，消息传到陪都南京，引起了极大的震荡，群臣士民陷入深深的恐慌之中。众所周知，南京虎踞龙盘，拥有长江天堑，地势险峻，是明朝最初的国都。明成祖迁都北京后，南京仍为陪都，保留了一套中央机构，并且设置有大量驻军和防御工事，长期居于全国第二政治中心的地位，与北京并列，号称"两京"。此外，江南一带作为国家重要的经济腹地，财货充足，大部分地区未经明末战火的洗礼，依然保持着繁荣的景象。因为这些条件，明思宗生前就有人提出南迁的主张，如今面对国家残破的局势，南京的文武大臣决定拥立新君，讨伐大顺政权，恢复中原，重建明朝。

前已述及，明思宗的几个儿子在李自成撤出北京后便下落不明，生死未卜，因此君主的人选只能从邻近南京的藩王中物色。那么，在淮安避难的潞王朱常淓和福王朱由崧①便成为群臣们关注的对象。潞王朱常淓是明穆宗朱载垕之孙,神宗朱翊钧之侄,光宗朱常洛堂弟,也就是明思宗朱由检的堂叔,而福王朱由崧则是神宗朱翊钧之孙,明思宗朱由检的堂兄,所以,就血缘而言,福王无疑跟死去的明思宗更近,伦序当立。然而值此危亡之际,应当"立君以贤,伦序不宜固泥",因此,有人主张拥立号称"贤明"的潞王。② 这样,南京群臣便就拥立新君一事形成了两派意见,以凤阳总督、阉党分子马士英为首的一派主张拥立福王,而以东林党人吕大器、姜曰广、钱谦益为首的一派则主张拥立潞王,双方展开了激烈的斗争。东林党人为了实现他们的目标,移牒屯兵浦口的南京兵部尚书史可法寻求支持,指出福王有七不可立,即"不孝、虐下、干预有司、不读书、贪、淫、酗酒"③,得到了史可法的赞同。而马士英则联合刘孔昭、黄得功、刘泽清、高杰、刘良佐等手握重兵的将领,向史可法、吕大器等人施加压力。经过反复较量,东林党人被迫放弃原议,福王朱由崧便成为明朝的新君。④ 五月初一日,朱由崧拜谒孝陵后进入南京,初三日称监国,十五日即皇帝位,以史可法、高弘图、姜曰广、王铎、马士英为内阁大学士,改元弘光,是为弘光帝。

朱由崧称帝后,处在北方的明朝臣子、普通百姓乃至原来参加农民起义的人,因为不堪忍受满洲贵族的统治,激于民族的义愤,纷纷南下,弘光政权"命江、淮赈恤南归难民"⑤,收揽了人心,扩大了统治基础。此时,南京周围聚集了强大的军事力量,主要有湖广地区的左良玉部和屯驻

---

① 朱由崧(1607—1646),福恭王朱常洵之子,福藩原封河南(今河南洛阳),明崇祯十四年(1641),李自成农民军攻破洛阳,朱常洵被俘杀,世子朱由崧缒城出逃,往怀庆避难,次年袭封福王。崇祯十七年(1644)二月,大顺军攻陷怀庆,朱由崧出逃,前往卫辉投奔封于此地的潞王朱常淓。三月,卫辉告急,潞王朱常淓偕同福王朱由崧逃往淮安。

② 〔清〕徐鼒:《小腆纪传》卷一〇《史可法》,第 116 页,中华书局,1958。

③ 〔清〕徐鼒:《小腆纪传》卷一《弘光上》,第 1 页。

④ 东林党人反对拥立福王的主要原因在于其父朱常洵、祖母郑贵妃与明末的"妖言""梃击""红丸""移宫"等案密切相关,且是东林党人攻击的对象,东林党人害怕朱由崧即位后重提旧案,借机报复,故而坚决反对。马士英主张拥立朱由崧,一是为了图谋拥立之功,二是为了借机打击东林党。可见,拥立新君一事的实质是明末党争的延续,更是弘光朝政治混乱的开始。

⑤ 〔清〕徐鼒:《小腆纪传》卷一《弘光上》,第 6 页。

于江淮之间的黄得功、高杰、刘泽清和刘良佐四部。据孙文良、李治亭考证，弘光政权掌握的兵力有数十万之多，甚至百万以上，远远超过刚刚入关的清军。① 而在南京的朝廷内，也不乏栋梁之材和忠直之士，其中最著名的便是史可法。史可法（1601—1645），字宪之，号道邻，顺天府大兴籍，河南府祥符县人。他出身武职世家，学生时代就表现不俗，被视为"非常人"，后于崇祯元年（1628）中进士，历官参议、御史、巡抚，在江淮地区长期任职，参加镇压农民起义军，勤勉为政，优恤士卒，"士不饱，不先食；未授衣，不先衣，以故得士死力"。在他的经营下，"江、淮南北，屹然称重镇"，时人认为"有可法，淮、扬以安；无可法，江南必危"，大家将其视作保卫江南的柱石。② 基于上述原因，弘光政权产生了巨大影响，树立起了中兴大明的旗帜。

朱由崧即位一个多月，有所作为，宣布实行"国政二十五款"③，又在史可法的建议下裁撤锦衣卫镇抚司，杜绝告密，安定人心，并且模仿北京旧制，设立京营，简练精壮，加强南京的防务。而在这期间，弘光朝廷所实行的最为重要的举措，便是设立江北四镇。五月十三日，史可法上疏称："从来守江南者，必于江北。当酌地利，急设四藩，以淮、扬、泗、庐自守，而以徐、滁、凤、六为进取之基。兵马钱粮，皆听自行征取。而四藩即用黄得功、高杰、刘泽清、刘良佐为我藩屏，固守江北，则江南之人情自安。"史可法的主张是设置两道防线，徐、滁、凤、六为第一线，以进攻为主，活动于淮河流域；淮、扬、泗、庐为第二线，以防御为主，活动于长江以北。起用黄得功、高杰、刘泽清、刘良佐四位将领，分为四镇，作为南京的屏障。五月十七日，史可法经过与高弘图、姜曰广、马士英等人商议后，确定了具体规划：封总兵官刘泽清为东平伯，辖淮、海，驻于淮北，经理山东一带招讨事宜；封总兵官高杰为兴平伯，辖徐、泗，驻于泗水，经理河北以及河南开封、归德（今河南商丘市）一带招讨事宜；封总兵官刘良佐为广昌伯，辖凤、寿，驻于临淮，经理河南陈州（今河南周口市淮阳区）、杞县一带招讨事宜；晋封靖南伯黄得功为靖南侯，

---

① 参见孙文良、李治亭《明清战争史略》第402页。
② 以上所引，见〔清〕徐鼒《小腆纪传》卷一〇《史可法》，第115、116页。
③ 具体内容，参见〔清〕计六奇《明季南略》卷一《国政二十五款》，第11-14页。

辖滁、和，驻于庐州（今安徽合肥市），负责光州（今河南潢川县）、固始一带招讨事宜。朝廷要求他们"核实兵、实饷之中，为实战、实守之计，御于门庭之外，以贻堂奥之安，则中兴大业，即在于此矣"①。史可法的主要目的还是在于防守，进攻的态势并不明显，这一部署原是为抵御农民军而设，但随着清朝入主中原，其布防对象事实上转移到了清军方面。弘光政权给了四镇很大的权力，"军民皆归统辖，有司皆听节制，营卫旧兵皆听归并整理，各将皆听具文督师荐举题用。荒芜田地，皆听开垦。山泽有利，皆听开采。仍各境内招商收税，以供军前买马置器之用"，"所取中原城邑，即归统辖"。②可见南明朝廷的软弱，它无力制约这些骄兵悍卒，因此只能加以妥协和笼络。但是，史可法的上述措施不乏可取之处，布防严密，体现了南明政权的积极有为。总之，弘光初政，令海内仰望，人们对复兴大明的事业抱有希望。

然而，好景不长，弘光朝廷很快暴露许多严重的弊端，日益不可救药，中兴大业渐成梦幻。总的来说，有以下四点问题。

其一，党争激烈。弘光政权建立之初，马士英虽任东阁大学士，但是仍"总督凤阳"③如故，并未入京，故而朝中的实权为史可法等东林人士掌握。马士英作为"定策"④功臣，当然无法容忍这种局面。他带兵入朝，将东林党人所谓"七不可立"的言论告知朱由崧，从而取得了弘光帝的支持。此时，朝廷议设江北四镇，谓"有四镇不可无督师，督师应屯驻扬州，居中调遣"⑤，马士英便借机排挤史可法，让其出镇扬州，自己遂得留京辅政，掌握了朝中大权。南京士民得知这一消息，舆论大哗，发出抗议："何乃夺我史公？"⑥马士英执政后，将自己的亲信、阉党分子阮大铖引荐入朝，任为江防兵部侍郎，后晋尚书。二人结党营私，朋比为奸，尽翻明思宗钦定"逆案"⑦，将吕大器、姜曰广、高弘图、徐石麒等东林

---

① 以上所引，见〔清〕计六奇《明季南略》卷一《史可法请设四镇》，第26－27页。
② 〔清〕谈迁：《国榷》卷一〇一，第6096页。
③ 〔清〕徐鼒：《小腆纪传》卷六二《马士英》，第701页。
④ 指拥立弘光帝的功劳。
⑤ 〔清〕计六奇：《明季南略》卷一《史可法请设四镇》，第26页。
⑥ 〔清〕徐鼒：《小腆纪传》卷一〇《史可法》，第117页。
⑦ 指的是明思宗执政之初给魏忠贤及其阉党分子钦定的罪名。

五、清军南下攻南明

人士和其他正直大臣排挤出朝廷,阉党一时煊赫朝堂。其后,弘光政权内部又发生了"顺案""大悲案""童妃案""伪太子案"① 等案件,成为官员之间交相构陷的重要题目。阉党与东林党斗争不断,使朝政陷入一片混乱之中。

其二,政治腐败。弘光政权时期,南京城中流传着一句谚语:"相公止爱钱,皇帝但吃酒"②,反映了朝廷的腐败透顶。作为皇帝的朱由崧,即位之初尚能谨守礼法,关心国事,但是很快就暴露了自己昏庸的本质。他耽于酒色,"深居禁中,惟渔幼女、饮火酒、杂伶官演戏为乐"③,将"万事不如杯在手,一年几见月当头"④ 当作人生信条。为了满足自己的淫欲,他在江浙地区广选淑女,一直持续到南京城破之前,给民间带来了巨大的灾难。此外,朱由崧还大肆挥霍,修兴宁宫,建慈禧殿,开宴、赏赐无度,耗费了本就不宽裕的资金,使"国用匮乏"⑤。在这种情况下,弘光帝当然将国事放在了一边,从而便利了马士英乱政。作为内阁首辅的马士英,则与阮大铖一道,不仅任人唯亲,党同伐异,而且大搞贪污受贿,公开卖官鬻爵,导致弘光政权贪风日盛,官员冗滥。时有童谣讽刺道:"中书随地有,翰林满街走;监纪多如羊,职方贱如狗;荫起千年尘,拔贡一呈首;操尽江南钱,填塞马家口。"⑥

其三,军镇内斗。弘光政权所设江北四镇均为骄兵悍将,他们目光短浅,不顾朝廷安危,不思进取中原,却忙于内讧,使南明的军事力量遭到了损失。还在崇祯十七年(1644)四月底,高杰进抵扬州,欲入城。由于高兵在附近村庄到处烧杀抢掠,遭到了扬州官员和百姓的坚决阻挡。高杰恼羞成怒,下令攻城,"民以兵为贼,死守不容,兵以民为叛,环攻弗释"⑦,双方僵持月余,均损失惨重。直到史可法出面,让高杰驻军在距离扬州仅40里的瓜洲,这件事才算了结。此外,刘泽清大掠淮上,刘良佐进军临淮,同样与当地士民发生了摩擦,朝廷不得不令抚按等官设法调

---

① 具体内容,参见南炳文《南明史》第10-25页,故宫出版社,2012。
② 〔清〕徐鼒:《小腆纪传》卷六二《马士英》,第703页。
③ 〔清〕计六奇:《明季南略》卷二《朝政浊乱》,第104页。
④ 〔清〕徐鼒:《小腆纪年附考》卷八,第310页。
⑤ 〔清〕计六奇:《明季南略》卷二《朝政浊乱》,第104页。
⑥ 〔清〕谈迁:《国榷》卷一〇三,第6150页。
⑦ 〔清〕计六奇:《明季南略》卷一《高杰》,第32页。

和，优加抚慰。除了与驻地官民矛盾重重外，四镇之间的关系也并不和谐，尤其是高杰、黄得功二人积有宿怨，互相冲突，甚至在仪真（今江苏仪征市）兵戈相向，幸赖史可法从中调解，二者矛盾才有所缓和。

其四，形势误判。崇祯十七年（1644）四五月间，中原的情况发生了很大变化，清军入关，占据北京，大顺政权向西撤兵，由盛转衰，清朝成为弘光政权最主要的威胁力量。然而，南明诸臣却未能认识到这一点，仍旧把大顺军视为不共戴天的仇敌，而将八旗兵视作"义师"，对其抱有幻想，寄希望于与清朝议和，共同讨伐李自成，实行所谓"联虏击寇"的国策。甚至他们将吴三桂也看成再造社稷的功臣，弘光帝赐封他为蓟国公，并且命户部发银5万两，漕米10万石，派专使用海运的方式送给吴三桂。关于这一点，史可法也不例外，他上陈《款清灭寇疏》，内中称："目前最急者，无逾于办寇矣。"他提出借清兵歼灭农民军的方针："但清既能杀贼，即是为我复仇，予以义名，因其顺势，先国仇之大而特宥其前辜，借兵力之强而尽歼其丑类，亦今日不得不然之着数也。"① 李自成退出北京后，河南、山东地区的故明官吏纷纷倒戈，正是弘光政权收复失地的绝好时机。然而，由于害怕触怒清廷，破坏和谈，加上明廷内部斗争不断，因而未能采取有效措施经营豫、鲁，坐视清朝不断地开疆拓土。

由此可见，弘光政权的黑暗统治比起明末的万历、天启、崇祯三朝而言有过之而无不及，其历时一年即迅速灭亡的结局也就不足为奇了。

清军入关后，最先动议进取南京的是明朝降将唐虞时，他于顺治元年（1644）六月十六日上奏清廷，指出："臣惟南京形胜之地，闽浙江广等处皆视其顺逆以为向背。今宜乘其危惧，即颁令旨赏格，臣赍往南京，宣谕官民，江南之地，可传檄而定也。"唐虞时提到明朝的一个叫陈洪范的总兵，认为这个人可以加以招抚。他还献计说，自己的儿子是陈洪范的女婿，曾为史可法的标下参将，熟悉江南的将领，请求让他"赍谕往招"，则"近悦远来，一统之功可成矣"。② 摄政王多尔衮基本认同这一主张，十天后便命人写书信劝降陈洪范。可见，此时清廷对江南地区实行的主要是怀柔之策，因为此时北方尚未稳定，而他面对的最主要敌人仍是李自成的大顺政权。当然，多尔衮也派出了军队平定山东、河南，抢占地盘，为

---

① 〔清〕李天根：《爝火录》卷四，第235页，浙江古籍出版社，1986。
② 《清世祖实录》卷五，顺治元年六月壬申。

五、清军南下攻南明

进一步南下扫清障碍。

同年七月十二日,清廷派遣的招抚山东、河南侍郎王鳌永密报南方情形:"近闻南中已拥立福王,改元弘光,以史可法为内阁,封总兵刘泽清、刘良佐、黄得功、高杰等分据各镇。江北之地,彼所必争,请亟补镇臣,移驻曹单,控扼淮徐。"① 此时,多尔衮才得知南明建立一事。面对如此形势,他于七月二十七日给史可法写了一封信,大谈清朝为明思宗复仇的功绩,取得北京是光明正大的:"国家之抚定燕京,乃得之于闯贼,非取之于明朝也。贼毁明朝之庙主,辱及先人,我国家不惮征缮之劳,悉索敝赋,代为雪耻。"多尔衮将清廷摆在正统的位置,指责弘光政权的擅立:"兹乃乘逆寇稽诛,王师暂息,遂欲雄据江南,坐享渔人之利,揆诸情理,岂可谓平?"他还威胁南明朝廷道:"今若拥号称尊,便是天有二日,俨为敌国,予将简西行之锐,转旆东征,且拟释彼重诛,命为前导。夫以中华全力,受困潢池,而欲以江左一隅,兼支大国,胜负之数,无待蓍龟矣。"意思是说倘若福王继续"拥号称尊",清朝就要与李自成联合,一起用兵江南。多尔衮在信的最后劝说弘光君臣投降:"诸君子果识时知命,笃念故主,厚爱贤王,宜劝令削号归藩,永绥福禄。朝廷当待以虞宾,统承礼物,带砺山河,位在诸王侯上,庶不负朝廷申义讨贼兴灭继绝之初心。至南州群彦,翩然来仪,则尔公尔侯,列爵分土,有平西王之典例在,惟执事实图利之。"总之,"兵行在即,可西可东,南国安危,在此一举",就看南明是抵抗还是归顺。② 从这封信的内容可以看出,多尔衮是在试探弘光朝廷的态度,希望能够通过招抚的手段兵不血刃地得到江南,不过与此同时他也做好了武力进攻的准备。

两个月后,史可法回复多尔衮,信中强调了五点问题:其一,称颂清朝驱逐李自成,为明思宗复仇的"义举",表示:"凡为大明臣子,无不长跪北向,顶礼加额,岂但如明谕所云'感恩图报'已乎!"其二,指出清廷不要自封正统,与南明为敌,否则将玷污"义举"的名声:"若乘我国运中微,一旦视同割据,转欲移师东下,而以前导命元凶,义利兼收,恩仇倏忽,奖乱贼而长寇仇,此不惟孤本朝借力复仇之心,亦甚违殿下仗

---

① 《清世祖实录》卷六,顺治元年七月丁酉。
② 具体内容参见〔清〕蒋良骐《东华录》卷四,第65-67页,中华书局,1980。

义扶危之初志矣。"其三，警告清廷不要贪图明朝的疆域，弘光政权就是要感谢清朝，也不会用土地送礼："昔契丹和宋，止岁输以金缯；回纥助唐，原不利其土地。况贵国笃念世好，兵以义动，万代瞻仰，在此一举。若夫手足齐难，并同秦、越，规此幅员，为德不卒，是以义始而以利终，贻贼人窃笑也。贵国岂其然欤？"其四，传达希望与清朝合作的信息，共同剿灭大顺政权，"伏惟坚同仇之谊，全始终之德，合师进讨，问罪秦中，共枭逆成之头，以泄敷天之愤"。其五，声明自己的态度："法北望陵庙，无涕可陨，身陷大戮，罪应万死。所以不即从先帝者，实为社稷之故也。传曰：'竭股肱之力，继之忠贞。'法处今日，鞠躬致命，克尽臣节，所以报也。惟殿下实明鉴之！"① 史可法的意思是以自己为代表的南明君臣除了要击败大顺政权外，并没有忘记北上进取，恢复中原的政治抱负。至于投降清朝，是万万不可能的。这封信，可谓软中带硬，明确无误地驳斥了多尔衮的威胁利诱。

从多尔衮与史可法互通的书信内容可知，南明与清朝合作是不可能的，双方必然发生战争。不过，为了实现"联虏击寇"的国策，弘光政权仍做了一番努力。七月十八日，明廷派出代表团，以左懋第为正使，陈洪范、马绍愉为副使，携带着黄金1000两，白银10万两，缎绢10000匹，前往北京与清议和。他们肩负的谈判事宜包括：在天寿山设置园陵，改葬明思宗帝后；承认清朝对山海关以外地区的统治；给予清朝岁币，以10万两银为限；往来国书以"可汗"称呼；通使礼仪，应遵会典，不必屈膝。② 此外，北行使团还带去了赐封吴三桂为蓟国公的诏书与礼物，希望他能够促成明清两朝的合作。

十月十二日，南明使团从正阳门进入北京城。此时，多尔衮已经通过史可法的书信充分了解到弘光政权不肯归顺的态度，遂决心用兵江南，因此对左懋第等人十分冷淡，根本不予平等相待，只派内院大学士刚林及其属员出面交涉。刚林作为清朝的代表，指责弘光帝得位不正，并且拒绝了南明提出的要求。清廷留下了弘光政权送来的酬谢财物，却不肯接收朱由崧所写的"御书"，谈判就此破裂。二十七日，左懋第一行人被驱逐出北

---

① 具体内容参见〔清〕计六奇《明季南略》卷二《史可法答书》，第142－144页。

② 〔清〕徐鼒：《小腆纪年附考》卷七，第219页。

五、清军南下攻南明

京。在这期间,他们曾想拜访吴三桂,却遭到了吴三桂的回绝,给他的诏书、赏赐也一律拒收。南明使团只得悻悻而归。

这时,弘光政权的副使陈洪范秘密降清,表示愿回江南做内应,并建议扣留左懋第、马绍愉,以防事情败露。于是,左、马及其随从人员被清兵从沧州十里铺追回北京拘禁。其后马绍愉降清,左懋第则在第二年因不肯剃发被杀。

通过多尔衮的书信和南明使团议和的失败,史可法明白与清合作已无可能,弘光政权面对强敌,"和不成惟有战"①。于是,他积极谋划,意欲北上中原。史可法认为江北四镇之中高杰的军队最为骁勇,因此,他亲自去见高杰,"开诚布公,导以君臣大义"②,激励他的进取之心。最终,高杰被史可法说服,愿意奉行号令,于十月率师北征,移驻徐州,史可法也进驻清江浦,筹划战守事宜。然而,史可法的这一行动却遭到了弘光政权内部的重重阻挠。其一,拥有重兵的将领不肯配合。例如四镇之一的刘泽清在驻地"大兴土木,造宅淮安,极其壮丽,四时之室俱备,僭拟皇居",过着骄奢淫逸的生活,却不愿为国出力,无意北往。有人问他与清军作战的方略,他竟然回答道:"吾拥立福王而来,以此供我休息。万一有事,吾自择江南一郡去耳。"③ 史可法命其做高杰的后援,他却拒不领命,最后只好作罢。其二,掌握朝中实权的马士英、阮大铖等人看到史可法与镇将高杰关系和谐,生怕于己不利,故而从中作梗,破坏其北上的军事行动。他们不但裁抑史可法的军饷,而且散布谣言进行污蔑。清顺治元年(明崇祯十七年,1644)十一月,清军攻下了邳州、宿迁,经史可法调度,清军又退出,南明暂时收复了邳、宿,但形势依然十分危险,史可法飞书告急。马士英见书大笑不止,旁人询问缘故,他说:"君以为诚有是事邪?此史道邻妙用也。岁将暮矣,将吏例应叙功,钱粮例应销算,为叙功、销算地也。"④ 意思是说史可法谎报军情,邀功请赏,纯粹是无中生有,蓄意诋毁。其三,领兵将领的内斗日益严重。清顺治二年(南明弘光元年,1645)正月,高杰领军来到睢州(今河南睢县),驻守此地的总兵许定国

---

① 〔清〕计六奇:《明季南略》卷三《史可法奏和议不成》,第155页。
② 〔清〕张廷玉等:《明史·史可法传》卷二七四,第7020页。
③ 〔清〕计六奇:《明季南略》卷一《刘泽清》,第30页。
④ 〔清〕徐鼒:《小腆纪传》卷一〇《史可法》,第124页。

与高杰素有嫌隙,竟然在酒宴上将其诱杀,事后率部渡过黄河,投降清朝。高杰部众得知主帅遇害,愤恨不已,大肆屠戮睢州百姓,老弱无孑遗。黄得功则想乘机瓜分高杰的兵马和地盘,双方剑拔弩张。幸赖史可法安抚各方,将高杰的余部妥善安置于扬州,才得以善后。然而,"睢州之变"使南明的军事力量遭到了很大的破坏,史可法伤心至极,清楚地认识到"中原不可为矣"①。正是这些原因,史可法的北伐行动进展不利,始终活动于江淮一带,未能打过黄河,这就给清军创造了不断扩大领土,并先后击破大顺和南明的机会。

清顺治元年(明崇祯十七年,1644)十月,通过四个月的剿抚并用,清朝取得了很大进展,基本巩固了在北方的统治。随着形势的越来越好,多尔衮做出重大决策,双管齐下,同时发动西讨和南征之役。十月十九日,清廷任命英亲王阿济格为"靖远大将军",平西王吴三桂与智顺王尚可喜率所部从征,讨伐大顺政权,目标直指西安。六日后,十月二十五日,清廷又命豫亲王多铎为"定国大将军",恭顺王孔有德、怀顺王耿仲明率所部从征,讨伐弘光政权,目标直指南京。在给多铎的敕文中,清朝历数了弘光君臣的罪行,以示南下用兵是替天行道,吊民伐罪,其文曰:

> 朕以福王及南方文武诸臣当明国崇祯皇帝遭流贼之难,陵阙焚毁,宗社覆亡,不遗一兵,不发一矢,如鼠藏穴,其罪一也;及我兵进剿,流贼西奔,南方诸臣,不行请命,擅立福王,其罪二也;不思灭贼复仇,而诸将各自拥兵,扰害良民,自生反侧,以启兵端,其罪三也。惟此三罪,天人共愤,因命王充定国大将军,统师声罪,征讨江南。②

就在此时,由于"怀庆之役"的爆发,多尔衮调整了战略部署,集中力量征讨大顺政权。清顺治二年(南明弘光元年,1645)正月十八日,多铎统领大军进入西安,清朝基本取得了西征战役的胜利。二月初八日,朝廷向多铎下达了用兵江南的诏谕:

---

① 〔清〕张廷玉等:《明史·史可法传》卷二七四,第7022页。
② 《清世祖实录》卷一〇,顺治元年十月己卯。

五、清军南下攻南明

闻尔等破流贼于潼关，遂得西安，不胜嘉悦。初曾密谕尔等往取南京，今既攻破流寇，大业已成，可将彼处事宜交与靖远大进军和硕英亲王等。尔等相机即遵前命，趋往南京。大丈夫为国建功，正在此时，汝其勉之。①

至此，清朝的南征战役拉开了序幕，弘光政权的末日即将来临。

2. 多铎攻扬州之战

多铎一行人马于二月十四日从西安抵达河南，得到朝廷的诏谕，遂于三月初五日南征。两天之后，大军兵分三路：一路由多铎亲自统率，出虎牢关；一路由固山额真拜尹图统率，出龙门关；一路由兵部尚书韩岱统率，出南阳路。② 三路同趋归德，所过州县皆下。不过清军在进攻归德城时，却遭到了南明河南巡按御史凌駉及其侄凌润生等人的顽强抵抗。清军经过激战，最终占领了归德，而凌氏叔侄则自缢而死，凌駉死前，留下两首绝命诗，其中一首写道："叔死忠，侄死节，缈缈贞魂，千秋凛烈。"③ 到了三月下旬，河南全省尽入清朝之手。四月初五日，清军从归德府起行，于十三日抵达距离泗州（今安徽泗县）20里的地方。

图5.1 **史可法像**
（选自《清史图典》第2册，第31页）

---

① 《清世祖实录》卷一四，顺治二年二月辛酉。
② 《清世祖实录》卷一五，顺治二年三月壬子。
③ 〔明〕张岱：《石匮书后集》卷三三《凌駉列传》，第282页，台湾大通书局，1987。

多铎派遣固山额真阿山率军前夺泗北淮河桥,守泗明军焚桥而遁。清军趁夜渡过淮河,如入无人之境,沿途州县望风归附,弘光政权岌岌可危。

就在清军大举进攻之际,南明内部却又爆发了一场规模空前的内讧。有一个来自北方的人自称是明思宗的太子朱慈烺,三月初被迎至南京。以马士英为代表的朝中官员大多认为这个太子纯属假冒,最后审得其真名为王之明,系之于狱,南京士民以及外省大员却纷纷认为太子非伪,从而引起了新的派系斗争。拥兵湖广的宁南侯左良玉属于东林一系,与马士英素有嫌隙,对弘光朝廷也颇为不满,再加上此时李自成攻略荆楚,左良玉想避开锋芒,于是在三月二十五日起兵,自称奉太子密诏,以"清君侧"为名,打着讨伐马士英的旗号,主动放弃驻地武昌,挥师东下,"自汉口达蕲州,列舟二百余里"①,声势浩大。四月初四日,左良玉攻陷九江,当日吐血而死,营中秘不发丧,其子左梦庚继续进军,连陷湖口、建德(今安徽东至县)、东流,南京震动。

面对内外交困的局面,弘光政权内部产生了不同的意见,马士英因为意气之争,把左兵的威胁放在首要位置,于四月初七日命兵部尚书阮大铖、池口总兵方国安负责堵御,调靖南侯黄得功屯驻芜湖,广昌伯刘良佐则部署于对岸江北,东平伯刘泽清也以入卫为名,大掠淮上,史可法精心布置的江北防线被破坏殆尽。马士英不顾国家安危的行为,遭到了朝野大臣的反对。史可法连章告急,指出清军的进攻才是南明面临的最大威胁:"上游不过欲除君侧之奸,原不敢与君父为难。若北兵一至,则宗社可虞,不知辅臣何意朦蔽至此!"他知道是马士英在搞鬼,于是写信给他,请求选将添兵,却未能得到回应。朱由崧对局势毫无主见,竟然发出"上游急则赴上游,北兵急则赴北兵,自是长策"的旨意,起不到任何作用。四月十九日,弘光帝召集大臣商议对策,由于此时黄得功在东线取得了一些胜利,左兵的压力稍有缓和,大理寺卿姚思孝、尚宝司卿李之椿、工科吴希哲请求速调军队守卫淮、杨,防御清兵。弘光帝也赞同了他们的主张,说道:"左良玉虽不该兴兵以逼南京,然看他本上意思原不曾反叛,如今还该守淮、杨,不可撤江防兵。"马士英不以为然,他竟然在皇帝面前气急败坏地指责姚、李等大臣:"此皆良玉死党为游说,其言不可听,臣已调

---

① 〔清〕张廷玉等:《明史·左良玉传》卷二七三,第 6997 页。

五、清军南下攻南明

得功、良佐等渡江矣。宁可君臣皆死于清,不可死于良玉之手!"他瞋目大呼:"有异议者当斩!"① 弘光帝默然不语,群臣不敢再言,南明的处境愈发艰难。

为了抵御清军的进攻,督师大学士史可法可谓疲于奔命。他接到盱眙告急的战报,就率师往救,然而守军已降,又听说泗州危急,则兼程赴援,不料统兵将领亦降。史可法知道淮扬危在旦夕,疾驰一昼夜,才在清军到来之前奔还扬州城。史可法回来后不久,驻守此地的高杰余兵听闻许定国引领清军进攻扬州,要大加报复的谣传,惊惧不已,竟然在半夜逃亡。无奈之下,史可法檄调诸将赴援,却都没有来,只有总兵刘肇基率4000军士从白洋河赶到。这个时候的扬州,内乏守兵,外无应援,人心惶惶,防御的力量十分薄弱。

四月十七日,多铎遣尚书韩岱、梅勒章京伊尔德、护军统领阿济格尼堪、署护军统领杜尔德等率军进至扬州城北20里处列营,又派署护军统领顾纳代、伊尔都齐、费扬古、吴喇禅等领兵至扬州城南。清军在扬州城南、城北共获船只300余艘。② 十八日,多铎的大队人马赶到,兵临扬州城下,将其四面包围。由于扬州城墙高峻,清军的红衣大炮还未运到,多铎并不急于进攻,他派人招降史可法,却遭到严词拒绝。不过,城中的总兵李栖凤、监军道高歧凤意志不坚定,于二十一日偕同川将胡尚友、韩尚良拔营出降,致使"城中势益孤"。

清兵初抵城下之时,总兵刘肇基建议乘敌立足未稳,可背城一战。然而史可法却认为八旗兵的锐气不可轻试,主张闭门坚守,"养全锋以待其毙"③。扬州有新、旧二城,史可法与诸将分守,其中旧城的西门最为险要,他就亲自负责守御。几天后,清军的红衣大炮运到,多铎遂于二十四日夜命令拜尹图、图赖、阿山等用炮火轰城。红衣大炮的铅弹"小者如杯,大者如罍"④,屡屡砸坏城墙,史可法则命人不断地修补。清军攻城愈急,城墙修不胜修,史可法又命人用大袋盛泥,填充其间,这才转危为

---

① 以上所引,见〔清〕计六奇《明季南略》卷三《议御北兵》,第201、202页。
② 《清世祖实录》卷一七,顺治二年五月己酉。
③ 以上所引,见〔清〕徐鼒《小腆纪传》卷一〇《史可法》,第128-129页。
④ 〔清〕计六奇:《明季南略》卷三《史可法扬州殉节》,第205页。

安。二十五日，城外忽然有打着黄得功旗帜的人马开来，史可法日夜盼望援军，打开城门将他们迎入，来者却大肆屠戮，原来是上了清军的当。这时，城外的清军集中炮火轰击城的西北隅，"崩声如雷"，扬州城就此被攻破。

扬州城破之后，史可法决意自刎，为属员所拦，未得死。清兵将他捉住，史可法英勇不屈，大呼道："我史督师也！"众人惊愕不已，把他带去见多铎。多铎好言抚慰，想劝他投降，史可法厉声回答："吾意早决，城亡与亡。"① 于是，史可法被清军斩首，时年45岁。由于当时天气炎热，尸体朽烂不可辨识。次年，他的家人将其衣冠葬于梅花岭。

刘肇基负责北门守御，发炮反击，造成攻城的清军伤亡惨重。城破之后，刘肇基不肯投降，率所部400人坚持与清军巷战，格杀数百人，终因寡不敌众，被八旗铁骑全歼，刘肇基被流矢射中，贯额而死。除此以外，淮扬总督卫允文、在籍兵部右侍郎张伯鲸、监纪主事何刚、扬州知府任育民、副将乙邦才等，均为国殉难，这些抗清志士可歌可泣的英雄事迹为世人传颂。

从四月二十五日至五月初一日，多铎以"不听招降"为由，下令对扬州军民实施大屠杀。有记载称："清帅发令箭，一门杀人一百，以未破城时发炮伤兵也。既而传箭，一门杀人一千。杀讫，随出一箭，又杀一千。连续传箭，直杀至数十万。扬州烟爨四十八万，至是遂空。"② 王秀楚根据亲身经历写了《扬州十日记》一书，详细地叙述了屠城的经过以及清军烧杀淫掠的暴行。如四月二十六日："数十人如驱牛羊，稍不前，即加搥挞，或即杀之。诸妇女长索系颈，累累如贯珠，一步一跌，遍身泥土，满地皆婴儿。或衬马蹄，或藉人足，肝脑涂地，泣声盈野。行过一沟一池，堆尸贮积，手足相枕。血入水，碧赭化为五色，塘为之平。"四月二十七日："杀声逼至，刀环响处，怆呼乱起，齐声乞命者，或数十人，或百余人。遇一卒至，南人不论多寡，皆垂首匍伏，引颈受刃，无一敢逃者。至于纷纷子女，百口交啼，哀鸣动地，更无论矣。至午后，积尸如山，杀掠更甚。"直到五月初二日，多铎才下令设置官吏，并处理尸体，"查焚尸簿载数共八十余万，其落井投河、闭门焚缢者不与焉，被掳者不与焉"。五

---

① 以上所引，见〔清〕徐鼒《小腆纪传》卷一〇《史可法》，第129页。
② 〔清〕计六奇：《明季南略》卷三《史可法扬州殉节》，第205页。

月初四:"烈日蒸熏,尸气熏人。前后左右,处处焚烧,烟结如雾,腥闻数十里。"① 真可谓惨绝人寰,令人不忍卒读。时人亦作诗叹息道:"……杀戮不分老与少,城中流血迸城外。十家不得一家在,到此萧条人转稀。家家骨肉都狼狈,乱骨纷纷弃草根。黄云白日昼俱昏,仿佛精灵来此日……"②虽说扬州士民死者达八十万余的说法并不可信,但是数以万计的百姓惨遭屠戮的事实却是毋庸置疑的。多铎此举,除了泄愤报复以外,最重要的意图在于震慑江南人心,瓦解南明朝廷的斗志,正如他在"谕南京等处文武官员军民人等"的令旨中说:"昨大兵至维扬,城内官员军民婴城固守。予痛惜民命,不忍加兵,先将祸福谆谆晓谕,迟延数日,官员终于抗命。然后攻城屠戮,妻子为俘。是岂予之本怀,盖不得已而行之。嗣后大兵到处,官员军民抗拒不降,维扬可鉴。"③

清军攻克扬州,扫清了前进道路上的一大障碍,弘光政权已经处于濒临灭亡的绝境。

3. 南京不战弘光降

扬州城破后,南京门户洞开,弘光政权上下却自我麻痹,仍然沉醉在歌舞升平之中。马士英报喜不报忧,对如实报告敌情紧迫的人进行责打,而对抓住一点小胜就向上报告的人却大加赏赐,从此以后,"报警寂然"④。更有甚者,防御左兵的阮大铖虚报捷音,文武百官还忙着进表祝贺。朱由崧依然燕居宫中,嬉戏如常,甚至为了串戏而不上朝。有人

---

① 具体记载,参见〔清〕王秀楚《扬州十日记》,〔清〕留云居士《明季稗史初编》第467-476页,上海书店,1988。
② 〔明〕邢昉:《广陵行》,见邓之诚《清诗纪事初编》第98-99页,上海古籍出版社,1984。
③ 佚名:《江南闻见录》,见〔清〕留云居士《明季稗史初编》第356页。
④ 〔清〕计六奇:《明季南略》卷三《马士英笞驿报》,第208页。

清代统一战争

为此在长安门柱上张贴对联:"福人沉醉未醒,全凭马上胡诌;幕府凯歌已休,犹听阮中曲变。"① 这实在是对南明朝廷政治腐败局面的绝好讽刺。

面对来势汹汹的清兵,弘光政权尚有一道长江天堑能够加以抵御。他们在此做了一些布置:靖虏伯郑鸿逵、总兵郑彩以水师守瓜洲,曹总兵以水师守仪真;杨文骢则被任命为都察院右佥都御史,巡抚常、镇,监督沿江军队。五月初五日,清军进抵长江,次日陈兵北岸。由于八旗兵长于骑射,短于水战,统兵将领经过缜密思考,想出了一个智取的策略。他们先攻破明朝水师驻地瓜洲,然后征集城内各户的门槛、桌椅,结成木筏,夜里燃灯烛,施号炮,顺流而下。南岸守兵以为是清军渡江,发炮轰击,不一会儿就将木筏击碎。明军急着向朝廷奏报胜利的消息,京口的百姓也捧着牛酒犒师,大家欢欣鼓舞,江防由此懈怠。五月初八日深夜,大雾弥漫,清军开始了正式的渡江行动。固山额真拜尹图、图赖、阿山率领舟师由运河潜至南岸。次日,梅勒章京李率泰趁着天还没亮率领南明降将张天禄、杨承祖等部继续登岸。黎明,清军大队人马沿江而下,明军这才发现,于甘露寺仓皇列阵,惨遭失败。郑鸿逵、郑彩率水师奔至海上,杨文骢则逃往苏州,弘光政权的长江防线全面崩溃。

此战之后,清军夺取了镇江,消息传到南京,一时之间人心惶惶。早在五月初七日的清议堂议事中,已经有李乔、唐世济提出"降志辱身"②的主意,还有一些人则暗中谋划请总督京营忻城伯赵之龙奉表降清。到了五月初十日,南京各门紧闭,弘光帝问计于宦官韩赞周。韩赞周答道:"兵力单弱,守和无一可者,不若亲征。济则可以保社稷,不济亦可以全身。"③ 弘光帝不听,找来梨园子弟观戏酣饮。到了半夜,他带着少数亲随出通济门而逃。第二天,马士英也带上皇太后在400军士的护卫下离开了南京。

---

① 〔清〕计六奇:《明季南略》卷四《五月纪略》,第210页。
② 〔清〕计六奇:《明季南略》卷四《五月纪略》,第211页。
③ 〔清〕徐鼒:《小腆纪传》卷二《弘光下》,第24页。

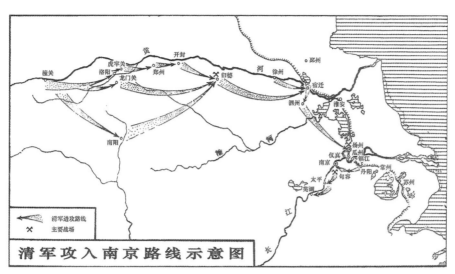

图 5.2 清军攻入南京路线示意（选自《明清战争史略》，第 415 页）

南京的官绅士民听说皇帝、太后、内阁首辅都已经逃走，立即乱成一团。一些百姓冲进监狱，把自称明思宗太子的王之明放出来，拥至武英殿登极。然而，南京的勋戚大臣们已经决定降清，这场闹剧很快就不了了之。忻城伯赵之龙张贴安民告示，声称"此土已致大清国大帅"①，关闭城门，等待清军的到来。

五月十四日，清军自丹阳趋句容，前队驻郊坛门，忻城伯赵之龙、礼部尚书钱谦益奉舆图册籍，缒城而下，奉表投降。据说，南京的百姓不愿赵之龙出城降清，罗拜于地，赵之龙对他们说道："扬州已屠，若不迎之，又不能守，徒杀百姓耳。惟竖了降旗，方可保全。"②众人无奈之下，这才同意。由此可见，清军在扬州的屠城行为确实起到了震慑的作用，惨绝人寰的灾难令明朝官员和百姓们胆战心惊。次日，豫亲王多铎身着红锦箭衣，骑马从洪武门进入南京，赵之龙率勋戚大臣跪伏道旁。多铎张贴了两张告示，一为《大清摄政叔父王晓谕江南文武官民》，一为《钦命定国大将军豫王晓谕南京官民》，对弘光朝的政治大加鞭挞，以体现清军师出有名。大意是说：

---

① 〔清〕计六奇：《明季南略》卷四《马士英奔浙》，第 214 页。
② 〔清〕计六奇：《明季南略》卷四《十四日乙未》，第 217 页。

福王僭称尊号，沉湎酒色，信任佥壬，民生日瘁。文臣弄权，只知作恶纳贿；武臣要君，惟思假威跋扈。上下离心，远近仇恨。①

赵之龙命令全城百姓家家户户均设香案，用黄纸写"大清国皇帝万万岁"，又另写"顺民"二字，贴在门上。②弘光政权的文武官员争相朝贺，向新主子投靠，"职名红揭，堆至五尺者十数堆"③。在清军挺进过程中，高杰余部以及刘良佐部也先后归顺。攻灭弘光之战，清军共得马步兵238300人。④

朱由崧逃出南京后，先至太平，驻守此地的诚意伯刘孔昭不肯接纳，又奔往芜湖，依附黄得功。这位靖南侯见到朱由崧仓皇而来，大惊失色，说道："陛下死守京城，臣等犹可借势作事，奈何听奸人之言轻出，进退将何所据！此陛下自误，非臣等负陛下也。臣营弱薄如此，其何以处陛下哉！"⑤但他表示依然愿意效忠弘光帝："无已，愿效死。"⑥在长江中游防堵左兵的阮大铖、朱大典、方国安等人听说皇帝来了，纷纷见驾。朱由崧给他们加官晋爵，意欲再举。

多铎听说弘光帝出逃，当然不会放过他。他以降将刘良佐为向导，命贝勒尼堪，护军统领图赖，固山额真阿山，固山贝子吞齐、和讬等率军追赶，于五月二十二日赶到芜湖。此时，黄得功等人正筹划着护送朱由崧至杭州，却发现刘良佐引领的清军已经追来。刘良佐现身说法，劝黄得功降清。黄得功单骑出营，隔河怒斥刘良佐，厉声呼道："我黄将军志不受屈。"刘良佐趁黄得功不注意，向他猝发一箭，正中其喉部。黄得功知道大势已去，悲叹道："我无能为矣！"返回营地后便自刎而死。⑦虽说黄得功也是南明的骄兵悍将之一，跋扈自雄，睚眦必报，与高杰斗争不已，造

---

① 〔清〕计六奇：《明季南略》卷四《十五日丙申》，第218页。
② 〔清〕计六奇：《明季南略》卷四《十六日丁酉》，第218页。
③ 佚名：《江南闻见录》，见〔清〕留云居士《明季稗史初编》第356页。
④ 《清世祖实录》卷一七，顺治二年五月己酉。
⑤ 〔清〕计六奇：《明季南略》卷四《刘良佐挟弘光回南京》，第222页。
⑥ 〔清〕徐鼒：《小腆纪年附考》卷十，第365页。
⑦ 以上所引，见〔清〕计六奇《明季南略》卷四《刘良佐挟弘光回南京》，第222页。

成了很大的损失,但他最后能够不屈而死,其精神还是值得人们敬重的。他死了以后,部将田雄、马得功决定投降,他们收拢黄得功的残部,捆绑了弘光帝及其嫔妃献给清军。阮大铖、朱大典、方国安等人逃往杭州。据说,田雄背着朱由崧,马得功提着他的两只脚。朱由崧痛苦不已,哀求两人放过自己,两人说道:"我之功名在此,不能放你也。"朱由崧由此愤恨,咬田雄背上的肉,弄得"流血渍衣"①,使田雄落下了面疮的病根,年年发作,直到康熙二年(1663)因此去世。

五月二十五日,朱由崧乘无幔小轿,首蒙包头,身着蓝布衣,以油扇掩面,被解送至南京。城内百姓夹道唾骂,甚至有人向其扔瓦砾,民众通过这一方式表达他们对这个无道昏君的不满。南明的第一个小朝廷弘光政权就此灭亡。这一年是农历乙酉年,故而史称"乙酉之变"。

马士英带上朱由崧的母亲邹太后逃离南京城后,辗转来到杭州城,不久,弘光帝被俘,阮大铖、朱大典、方国安等也跑了过来。他们在邹太后的主持下,于六月初八日拥立居住于杭州的潞王朱常淓为监国,希望东山再起。然而朱常淓并不像东林人士所说的那样"贤明",膺任监国不久,便听从马士英的主张,派人与清军议和。然而,清军要消灭他,已是势在必行。当月,多铎便派遣贝勒博洛进取杭州,所过州县皆下,很快就到达杭州。六月十三日,朱常淓出城投降,马士英、阮大铖、朱大典、方国安等逃往钱塘。博洛趁势派出使者招降避居在浙东一带的藩王,得到周王、惠王、崇王,他们与朱常淓一道,被解送至南京。在清军的赫赫兵威之下,浙西地区以及浙东的一些府县也相继归顺。

就在多铎进入南京前后,固山额真准塔从山东南下,占领徐州、邳州、宿迁、睢宁、淮安等地,击败刘泽清所部,逼其逃遁入海。最后,在准塔的招降下,刘泽清于闰六月投降。至此,江北四镇的兵力全部纳入清军的体系之中。另有一路,即英亲王阿济格的军队在击败大顺军后,招降了左梦庚所部,平定了湖北地区,同样取得了重大进展。

弘光政权覆灭后,清朝将南直隶改为江南省,设布政司,以应天府为江宁府,并按照多铎的建议设置了江宁巡抚、安庆巡抚以下官员373人。七月,多铎押送着明朝诸王凯旋。清廷命贝勒勒克德浑为平南大将军,偕

---

① 〔清〕郑达:《野史无文》卷一一《黄斌卿传》,第148页,台湾大通书局,1987。

同都统叶臣镇守江南，并派遣内院大学士洪承畴总督军务，招抚南方。多铎回京后，多尔衮对这位弟弟以及出征将士们封赏有加。对于明朝诸王，清朝均妥善安养。待到次年五月，却借口他们要造反，将包括朱由崧、朱常淓以及那个自称明思宗太子的"王之明"等降清的明朝藩王全部处斩，以绝后患，朱由崧时年40岁。

前文已经述及，弘光朝廷成立之初有许多优势，在南明诸政权中是最有希望完成中兴大业的。然而，在一年之中，主庸臣昏，奸佞掌握朝政，忠良惨遭排挤，党派斗争不断，军镇拥兵跋扈，正是接连不断的内讧削弱了朝廷的力量，以至于在清军面前显得那么不堪一击。弘光朝的混乱，远远超过崇祯一朝。明末士人张岱在书中痛斥弘光帝："自古亡国之君，无过吾弘光者，汉献之孱弱，刘禅之痴呆，杨广之荒淫，合并而成一人。王毓蓍曰：'只要败国亡家，亦不消下此全力也。'"① 他还感叹朱由崧"痴如刘禅、淫过隋炀；更有马士英为之颠覆典型，阮大铖为之掀翻铁案，一年之内贪财好杀、殢酒宣淫，诸凡亡国之事，真能集其大成"②。所言诚为确论。

清军入关以来，仅用一年时间就接连消灭大顺和弘光两个政权，所向披靡，其取得的成就是十分惊人的。在这种情况下，多尔衮被胜利冲昏了头脑，误判形势，感到天下大定，相继向江南、广东、江西、福建、湖广、云贵、广西等省区派遣大员，以为通过招抚的方式就能够不战而胜，取得南明的全部领土。然而，事实证明他的想法是错的。清朝在平定南京后推行了"剃发易服"等一系列具有民族压迫色彩的弊政，遭到了广大汉族人民的强烈反抗，激化了满汉矛盾，导致大江南北烽烟骤起，清朝的统一进程因此变得一波三折，旷日持久。

---

① 〔明〕张岱：《石匮书后集》卷三二《乙酉殉难列传》，第277页。
② 〔明〕张岱：《石匮书后集》卷五《明末五王世家》，第67-68页。

4. 取浙江，亡鲁监国

弘光政权覆灭后，南方的官绅军民又先后建立了鲁监国、隆武、绍武、永历四个政权。他们举起了抗清的旗帜，成为复明大业的象征。清朝在进入杭州后，首先要面对的就是建立于浙东地区的鲁监国政权。

清顺治二年（1645）六月十五日，清朝颁布剃发令，激起了汉族士民的义愤，甚至已经归顺的地区也重新起来反抗，一时之间，抗清的浪潮风起云涌。鲁监国政权便是在这样的时代背景下登上历史舞台的。

闰六月初九日，故明九江道佥事孙嘉绩、吏科都给事中熊汝霖起兵于余姚，拉开了浙东抗清斗争的序幕。绍兴诸生郑遵谦继其后，率壮士入府署，杀死清朝任命的绍兴知府和山阴知县，并动员故明大理寺丞章正宸和弃官在家的于颖和他共商大计。十二日，在家守制的故明原刑部员外郎钱肃乐与诸生起兵于宁波，降清的定海总兵王之仁也支持他们的行动。此后，又有故明原山西道御史沈宸荃起兵于慈溪，诸生裘尚奭起兵于嵊县（今浙江嵊州市）。不久，方国安率领军队从杭州逃到了浙东。

浙东各地反清运动兴起后，故明原任戎政兵部尚书张国维和在籍官僚陈函辉、宋之普、柯夏卿以及郑遵谦、熊汝霖、孙嘉绩等商议，认为需要拥戴一位明朝的宗室出来主政，领导复明大业。在浙江境内，大部分藩王都投降了清军，只有避居台州的鲁王朱以海没有接受招抚，因此他就被确定为监国的人选。

朱以海（1618—1662），是明太祖的十世孙，其先祖为朱元璋的第十子鲁荒王朱檀，与皇室血脉关系较远。他为鲁肃王寿镛之子，排行第五。崇祯十二年（1639），寿镛死，朱以海的长兄以派嗣位。崇祯十五年（1642），清军入关袭扰，攻破鲁王的封地兖州城，以派自尽身亡。崇祯十七年（1644）二月，朱以海嗣位为鲁王。甲申之变后，朱以海和其他诸王一样南逃，弘光政权将其安置在了台州。清顺治二年（弘光元年，1645）闰六月十八日，张国维等人派遣举人张煌言奉笺赴台州，请鲁王出任监国，二十八日再度上表敦请。朱以海同意，于七月十八日移驾绍兴，以分守台绍道公署为行在。由于他是远支皇室，不便继统，因此只称监国，改明年为鲁监国元年。他任命张国维、朱大典、宋之溥为东阁大学士，张国维督师钱塘江，朱大典镇守金华，宋之溥掌管票拟事务。不久，召崇祯朝辅臣方逢年入阁，宋之溥去职。起用章正宸为户部左侍郎，署吏部事，李占春为户部尚书，王思任为礼部尚书，余煌为兵部尚书，张文郁为工部尚书，陈函辉为詹事府少詹事，陈潜夫为大理寺卿，张煌言为行人。加孙嘉绩、熊汝霖、钱肃乐、沈宸荃为督师右佥都御史，郑遵谦为中军都督府左都督。封总兵方国安为镇东侯，王之仁为武宁侯。马士英和阮大铖也从杭州退下来，马欲投靠朱以海，却遭到张国维的参劾，指责他有"误国十大罪"①，阮则往投朱大典，却遭到金华士民的驱逐，二人就像过街老鼠一般，无奈之下，只得依附在方国安军中。于是，这个小朝廷就此建立，主要掌控浙东地区，与清朝占据的浙西呈隔钱塘江对峙的形势。为了抵御清军，鲁监国政权做了一番布置，"列兵江上，画地戍守"②：方国安驻七条沙，王之仁守西兴，郑遵谦守小亹，孙嘉绩、熊汝霖、钱肃乐分守沥海，张国维为督师大学士，居中指挥。

多铎攻灭弘光政权后，凯旋，贝勒博洛也率部随之北去，再加上此时清军被江南、湖广、江西一带的抗清武装闹得焦头烂额，因此在浙西的控制有所下降，驻防兵力也大量抽调。在这种情况下，鲁监国政权积极进取，颇有起色。七月至八月间，张国维接连收复了富阳、于潜。十月，鲁监国又组织了一场规模较大的进攻。诸营合击，渡过钱塘江，明清两军，大战十日，尤以第七战对于鲁监国军队而言是一场大捷。方国安严阵以待，张国维、钱肃乐等率部接应，前锋副将钟鼎新用火攻，击杀清军绯衣将领，吕宗忠、王国斌、赵天祥等各斩数十级。清兵不敌，逃回杭州。明军追至草桥门下，因为突遇风雨，火炮弓矢不能发，无奈之下，收兵回营。不久，驻守江宁（今南京）的平南大将军勒克德浑派兵增援，才将明军击败。虽然说此战鲁监国政权最后未能成功，但是起初的胜利仍然振奋人心，正如计六奇评论的那样："甲申、乙酉间，清兵南下，至兖、至豫、至淮、扬，以及入金陵，下苏、杭，所至逃降，莫敢以一矢相抗者。至是

---

① 〔清〕计六奇：《明季南略》卷五《鲁王监国》，第287页。
② 〔清〕徐鼒：《小腆纪传》卷七《监国鲁王》，第85页。

五、清军南下攻南明

而始与之战,战而且捷,真三十年来未有之事。"① 十一月,鲁监国晋封方国安为越国公、王之仁为兴国公,并筑坛拜方国安为大将。十二月十九日,朱以海亲自到钱塘江边犒军,并与诸将议定会攻杭州。二十四日,明军从朱桥、范村、六和塔三处过江,行至张家山、五云山、八盘岭等处,逼近杭州府城。不料清浙江总督张存仁准备充足,分兵三路迎击,明军大败,死伤惨重。鲁监国政权的战斗意志逐渐消磨,不再主动进取,转而扼江自保,"南兵杀伤更多,江上军声为之大阻,自此以后,遂不复频言陆战矣"②。熊汝霖、钱肃乐、黄宗羲等人又谋求与清朝统治区内部的起义队伍联合,在浙西发动反攻,同样收效甚微。

浙东抗清局面的无法维持,除了战场上的失利外,鲁监国政权的内部混乱更是重要的原因。

其一,军镇之间矛盾重重,无法精诚合作。鲁监国政权的军队有两个部分:一是故明官军,主要指的是方国安和王之仁所部,被称为"正兵",势力强盛;二是由各地士绅组织起来的军队,主要指的是孙嘉绩、熊汝霖、钱肃乐、沈宸荃、郑遵谦等人的军队,被称为"义兵",实力相对较弱,却反映了民心可用。这些军队虽然统归鲁监国政权管辖,但是又具有一定的独立性,经常出现各行其是的局面,因此在战争中往往行动不一、缺乏配合。正如《浙东纪略》所记载的顺治二年(1645)九月的情况:"是时,江东兵势尚盛,间或渡江进取。然暗于训练,统领不一,议论参差未齐也。王之仁主守,方国安谩言取省会。"③ 更为严重的是,在军饷问题上,各部分配不均。鲁监国政权统计浙东地丁钱粮,计60余万,为"正饷",全数拨给正兵,而义兵则只能分给所谓的"义饷",由富户捐输,往往供应不继。④ 不仅如此,方国安尤其暴横,甚至令正兵并取义饷,这实际上是夺了朝廷的财政大权。在这种情况下,义兵的饷银短缺,甚至无法维持下去,钱肃乐的部队四十日无饷,感于忠义,相依不散,只得行乞于道。户部主事董守谕指出:"分饷分地非也。当以一切正供悉归户部。

---

① 〔清〕计六奇:《明季南略》卷五《清兵大败》,第288页。
② 〔清〕徐芳烈:《浙东纪略》,第18页,台湾大通书局,1987。
③ 〔清〕徐芳烈:《浙东纪略》,第12页。
④ 〔清〕徐鼒:《小腆纪传》卷七《监国鲁王》,第85页。

核兵而后给饷,核地而后酌给之先后。所谓义饷者,虽有其名,不可为继。"① 钱肃乐也屡屡上疏反映义兵的困境,而朱以海却碍于方国安、王之仁的实力,不敢赞同这一主张。鲁监国政权的总兵力本来就有限,军队数量最多的方国安也只有甲士 10 万,经此打击,部分义兵被迫解散,这个小朝廷的防卫力量也就更为薄弱了。

其二,鲁监国政权的腐朽无能。朱以海为人荒淫,在大敌当前之际,依然深宫优养,纵情声色。他重用外戚张国俊,其人内结宦官,外交悍将,招权纳贿,把朝堂搞得乌烟瘴气。在这种情况下,文武臣工多是浑浑噩噩地过日子,钱肃乐为此感叹道:"咫尺江波,烽烟不息,而越城褒衣博带,满目太平,燕笑漏舟之中,回翔焚栋之下。"② 李寄写了一首诗讽刺:"鲁国君臣燕雀娱,共言尝胆事全无。越王自爱看歌舞,不信西施肯献吴。"诗后原注:"鲁监国之在绍兴也,以钱塘江为边界。闻守江诸将日置酒唱戏,歌吹声连百余里。当是时,余固知其必败矣。"③

其三,鲁监国与隆武政权纷争不断。原来,就在朱以海监国的前后,福建的明朝臣子拥立唐王朱聿键称帝,改元隆武。朱聿键同样是远支皇族,在血缘上对于朱以海而言没有任何优势,但是从辈分上来说是朱以海的叔父。隆武朝廷建立以后,取得了两广、湖广、云贵、四川等省的明朝官僚和抗清首领的认同,其号召力远远超过仅有浙东一隅的鲁监国政权。因此,隆武帝遣使刘中藻赴绍,要求朱以海归藩称臣。这在鲁监国政权中产生了不同的意见,以张国维、熊汝霖为首的一派反对接受隆武帝的诏书。以钱肃乐、方国安为首的一派则认为大敌当前,不可自相残杀,主张权且尊奉隆武政权。最终,朱以海为了个人权位,拒不接受朱聿键的招抚,但鲁监国政权日益人心涣散。"浙、闽成水火矣"④,这两个明朝政权为了私利纷争不断,互相拆台,从而给了清军以可乘之机。

清顺治三年(南明鲁监国元年,1646)二月,江南和皖南一带的抗清势力基本平息,清朝开始筹划歼灭鲁监国和隆武朝廷。二十九日,朝廷命

---

① 〔明〕黄宗羲:《行朝录》卷三《鲁王监国上》,见沈善洪主编《黄宗羲全集》第二册第 128 页,浙江古籍出版社,1986。
② 〔清〕徐鼒:《小腆纪年附考》卷一一,第 450-451 页。
③ 〔明〕李寄:《西施山戏占》,见邓之诚《清诗纪事初编》,第 48 页。
④ 〔清〕计六奇:《明季南略》卷五《浙闽水火》,第 289 页。

五、清军南下攻南明

贝勒博洛为征南大将军，偕同固山额真图赖统兵征讨浙江、福建。大军还未到达，浙西的清军已经向鲁监国政权发动了进攻。三月初一日，清军决坝，放舟入江。张国维命令各营严加守卫，命王之仁率水师从江心迎战。这一天，东南风大作，王之仁扬帆奋击，碎清舟无数，郑遵谦获铁甲800余副。张国维乘胜渡江围杭州，不克而还。鲁监国政权虽说颇有斩获，但是反映了明、清在钱塘江战场的攻守易形，这个小朝廷面临的危险已经十分严峻了。在此期间，隆武帝为了笼络人心，派遣陆清源解送饷银10万两到浙东犒军，但马士英竟然唆使方国安杀了这位使者，从而加剧了浙、闽两政权的矛盾。朱以海惧怕隆武朝廷报复，命张国维分兵西防，导致江上的防守愈益薄弱。

五月二十日，贝勒博洛率军抵达杭州，随征的有江南的一批故明降兵降将，清朝的优势大大加强，军队行至钱塘江边，立营北岸。时值盛夏，浙江省久旱少雨，钱塘江干涸，水不及马腹，且数日潮不至，无形之中撤去了鲁监国政权赖以依靠的这道天然屏障。五月下旬，博洛命清军用大炮轰击南岸明营，恰好击碎方国安军营的锅灶，同时也击碎了方国安的战斗意志，他悲叹道："此天夺我食也。"① 方国安早有异志，他决心背弃鲁监国，投奔曾经手敕相招的隆武政权，若事不济，则退往滇、黔。于是，在五月二十七日深夜，方国安拔营而走，率马士英、阮大铖至绍兴劫鲁监国南行，意欲将他作为送给隆武帝的见面礼。次日，驻军听闻方国安逃遁，纷纷溃散，只留下王之仁所部尚驻江上。张国维与王之仁商议，想要抽调他的5000甲士分守各营，王之仁却对前途不再抱任何希望，他哭泣着说道："吾两人二年心血，今日尽赴流水，坏天下事者非他人，方荆国也。清兵数十万屯北岸，倏然而渡，孤军何以迎敌？吾兵有舟可以入海，公兵无舟，速自为计。"② 无奈之下，张国维率军追赶被劫持的鲁监国，王之仁则退入海上，钱塘江防线被破坏殆尽。

六月初一日，清军顺利渡过钱塘江，一路之上势如破竹，鲁监国的防卫力量纷纷瓦解。方国安产生了执鲁王降清的念头，他派人监管朱以海，却不料这个人生了病，朱以海乘机逃脱，在富平将军张名振的护卫下流亡海上。张国维追至台州，因为没有舟师入海，便返回家乡东阳以图再举。

---

① 〔清〕徐鼒：《小腆纪年附考》卷一二，第478页。
② 〔清〕计六奇：《明季南略》卷六《浙师溃败》，第292页。

鲁监国在浙东的统治告一段落。

　　清军渡过钱塘江后,进展十分迅速,取绍兴,破义乌,克东阳,下金华。面对这一变局,既有内阁大学士方逢年、吏部尚书商周祚等人争先恐后地投降,也有兵部尚书余煌、礼部尚书王思任、侍郎陈函辉、大理寺卿陈潜夫不屈而死。尤为值得一提的是,六月二十五日,清军攻破义乌,有人劝说张国维逃入山中避难,张国维不听,作绝命诗三首,投水自尽。王之仁逃至海上后,看到大势已去,便把妻儿乘坐的船只凿沉,鲁监国给予的敕印也投入海中,然后独自乘坐一艘船,大张旗鼓,扬帆直抵吴淞江口,被清兵押送至南京。洪承畴劝他剃发投降,王之仁不为所动,怒骂面前的这位原明降臣,厉声说道:"我握兵柄,作通侯,谋人国事而无成,死固分也;然葬于波涛,身死不明,故就此求死耳。"① 最终,王之仁被洪承畴下令处死,得以悲壮地为明朝尽忠。鲁监国的督师大学士朱大典驻军金华,杀清朝派遣的招抚使,死守不降,博洛于六月二十三日率大军从绍兴开拔,二十六日将金华城四面包围,已降清的方国安、阮大铖与朱大典素有嫌隙,而且图功心切,自请参战。清军从杭州调来红衣大炮,并命浙闽总督张存仁率部增援,以绝对优势兵力攻打金华近一个月,却始终未能攻下,双方炮火相交,战况异常激烈。随着时间的拖延,金华守军逐渐坚持不住,开始懈怠下来。这时,阮大铖发现"城西门有新筑土未坚"②,于是清军集中炮火,专攻西门,终于在七月十六日破城而入。朱大典发火药自焚,举家殉难。清军入城后,立即展开报复,制造了又一起惨绝人寰的大屠杀。这些人的义举,体现了难能可贵的民族气节,为世人尊敬。

　　朱以海流亡海上,在张名振的保护下来到舟山,驻守此地的肃虏伯黄斌卿以自己是隆武帝所封,拒绝接纳他们入城。朱以海无奈,在海岛之上漂泊两三个月。在此期间,福建的隆武政权覆灭,郑芝龙降清,其族人郑彩不愿投降,率水师行至舟山,将朱以海迎入福建,初至厦门,但郑成功依然尊奉已经死去的隆武帝朱聿键,不肯承认鲁监国的合法性,于是又转移到长垣,在清顺治四年(南明鲁监国二年,1647)重建政权,以熊汝霖为东阁大学士,张煌言为右佥都御史,晋郑彩为建国公,张名振为定西侯,杨耿为同安伯,郑联为定远伯,周瑞为闽安伯,周鹤芝为平夷伯,阮

---

　　① 〔清〕徐鼒:《小腆纪年附考》卷一二,第482页。
　　② 〔清〕徐鼒:《小腆纪年附考》卷一二,第483页。

五、清军南下攻南明

进为荡胡伯,刘中藻原为隆武帝的使臣,这时也归附朱以海,被授予兵部尚书兼东阁大学士之职。鲁监国政权吸纳了原隆武朝廷的一批文臣武将,在永历帝偏居西南的情况下,重新树立起东南地区抗清复明的旗帜,一时远近响应,颇有兴盛之势。

此时,博洛已经率清朝大军回师北京,东南一带兵力薄弱。鲁监国政权利用这一机会,依靠郑彩水师和各地义军的支持,取得了很大的胜利,至清顺治五年(南明鲁监国三年,1648),"先后克获建宁、邵武、兴化、福宁三府、一州,及漳浦、海澄、连江、长乐等二十七县,温、台响应,军声颇振"①,直接威胁到了清朝占领的福建省会福州,正如清浙闽总督陈锦在向朝廷的一份奏疏中所说:"闽省虽云已入版图,较之未入版图之地,尤难料理。"②

然而,鲁监国政权的兴盛局面不过是昙花一现,很快就在内有矛盾、外有强敌的情况下走向衰亡。郑彩拥戴朱以海,掌握了这个小朝廷的大权,便开始专横跋扈,排斥异己。清顺治五年(鲁监国三年,1648)正月十七日,他杀死了大学士熊汝霖,不久又逼死义兴侯郑遵谦。朱以海受制于郑彩,敢怒而不敢言。郑彩的这些争权夺利的行为,严重削弱了鲁监国政权的凝聚力,给了清军以可乘之机。

清顺治四年(南明鲁监国二年,1647)十一月,清廷派遣礼部侍郎陈泰为靖南将军,率领梅勒章京董阿赖、刑部侍郎李延龄以及李率泰、济席哈、祖泽远等将领统兵南下,并调集两广、江浙之兵,会同浙闽总督陈锦,用兵福建。清顺治五年(鲁监国三年,1648)三月,破建宁、兴化(今福建莆田市),鲁监国政权所得府、州、县丢失殆尽,只剩下宁德、福安,到了次年三、四月间也被清军攻克。靖南将军李泰上奏清廷:"福建二府一州二十九县,先为贼踞,臣等领兵剿杀,俱已恢复,安设官兵,全闽底定。"③

在福建丧失立足之地后,朱以海于清顺治六年(鲁监国四年,1649)七月在定西侯张名振的迎奉之下来到了浙江健跳所(今浙江三门县健跳镇),随行的有大学士及各部尚书、侍郎多人,他们在船上建立了水上宫

---

① 〔清〕徐鼒:《小腆纪传》卷七《监国鲁王》,第90页。
② 《明清史料》丁编第一本《浙江福建总督陈锦奏本》,第20页。
③ 《清世祖实录》卷四三,顺治六年四月癸丑。

殿,并击退了前来进攻的清军水师。郑彩由于和郑成功发生矛盾,弃鲁监国而去。此时,黄斌卿依然屯兵舟山群岛,表面上尊奉早已死去的隆武帝,实际上却有割据自雄之意,甚至派兵攻杀鲁监国的军队。九月,张名振、阮进联合翁洲(今浙江舟山市定海区)人平西伯王朝先,袭杀黄斌卿,安抚其部,然后将鲁监国迎至舟山,以参将府为行在。朱以海拜原隆武朝吏部尚书张肯堂为东阁大学士,李向春为兵部尚书,朱永佑为工部尚书兼吏部侍郎,孙延龄为户部尚书,张煌言为兵部右侍郎,李长祥为兵部左侍郎,擢给事中徐孚远为左佥都御史,御史王翊为右佥都御史,这才使鲁监国这个小朝廷在浙东沿海重新建立起来,并得到了当地明朝遗臣和抗清义军的响应。

然而,鲁监国朝廷的内讧依然不断,将领之间矛盾重重,尤其是王朝先自以为拥有袭杀黄斌卿的功劳,看到张名振备受鲁监国信任,掌握节制驻军的大权,内心渐生不满。张名振唯恐发生变乱,先发制人,与阮进密谋杀了王朝先。不料王朝先的部将张济明愤恨不平,竟然投降清朝,将舟山的虚实和盘托出,并愿充当向导,促使清廷决定发动进攻。

清顺治八年(南明鲁监国六年,1651)七月,清浙闽总督陈锦分兵三路:一路由江南提督张天禄统率,出崇安分水关;一路由金华总兵马进宝统率,出台州、海门;一路由陈锦亲自统率,出定海。此外,清廷还征调吴淞水师南下增援,会攻舟山。鲁监国政权再度陷入险境,朱以海会集文武大臣,商讨御敌之策。在张名振的筹划下,小朝廷决定:阮进率舟师守横水洋;张肯堂率诸将守舟山城;张名振则与张煌言奉鲁监国率一支船队北上吴淞口,以为牵制。这一方略是围魏救赵之计,张名振认为清军的海战能力很差,阮进的精锐舟师足以抵御,自己则可率一支船队直趋吴淞口,威胁南京,那么清兵就陷入进退两难的境地,舟山之围可迎刃而解。当然,张名振也有预留退路的考量,倘若舟山陷落,鲁监国的旗帜尚在,便有东山再起的机会。

八月二十一日,大雾弥漫,咫尺莫辨,清军登船渡海,在横水洋与阮进水师相遇,双方展开激战。阮进命令将士向敌船抛掷火球,不料遇到了相反的风向,自己的军队被烧而溃,阮进本人也受了伤,被清军擒获,不久便因伤重而死。海战取得胜利后,清军直抵舟山城下,发动了猛烈的进攻。明安洋将军刘世勋和左都督张名扬明知众寡悬殊,却仍奋不顾身,统精兵500、义勇数千,背城奋战,斩获甚众。大学士张肯堂组织城内军民坚决守御，与清军相持达十余天，形势几度危急，而又转危为安。但是随着时间的推移，明军储存的火药用尽了，中军金允彦、主事邱元吉意志不坚定，缒城降清。城中守军将他们的儿子斩首示众，以激励众心，继续战斗。九月初二日，清军采用挖掘地道的方法，终于攻破了舟山城。刘世勋不肯投降，与清军展开巷战，力竭而死。张名振的弟弟张名扬则怀抱母亲自焚而死。大学士张肯堂阖门二十余人皆死，礼部主事苏兆人、兵部尚书李向中、礼部尚书吴钟峦、工部尚书朱永佑、兵科给事中董志宁等官员也都自杀殉国。鲁监国的世子被清军俘虏，后不知所终。舟山之役是一场具有决定性意义的大战，清军付出了惨重的代价，将士们互相说："我军南下，所不易拔者：江阴、泾县合舟山而三耳。"① 从此以后，鲁王监国作为一个政权不复存在。

在舟山告急时，鲁监国和张名振已经取得了阻击清朝吴淞水师的胜利，接到阮进战败伤亡的消息，火速赶回增援，却为时已晚。朱以海失去了浙东的根据地，只好在张名振的护卫下前往厦门。驻守此地的郑成功原先尊奉隆武帝，后改尊永历帝，他虽然愿意接纳朱以海，却拒不承认其监国身份。朱以海变得无所事事，成为一名颐养天年的寓公，他的部下如张名振、张煌言等人则被纳入郑成功的部队中，继续在东南抗清运动中发挥重要作用。清顺治十年（南明鲁监国八年，1653），朱以海遣使上表永历朝廷，自请放弃监国名号，退位归藩。在郑成功大军的庇护下，朱以海先后在金门、南澳、澎湖等地寓居，清康熙元年（1662）十一月死于台湾，时年45岁。

5. 进福建，灭隆武

弘光政权的覆亡，标志着明朝遗臣"联虏灭寇"幻想的彻底破灭，清

---

① 〔清〕徐鼒：《小腆纪传》卷七《监国鲁王》，第93页。

军已经取代大顺军,成为明朝残余势力的最大外部威胁。此外,八旗兵南下途中,大肆烧杀淫掠,尤其是制造了"扬州十日",使原本的繁华之地只剩下断壁残垣。攻破南京之后,清朝统治者改变刚进北京不剃发政策,在全国强制推行"剃发易服"带有民族压迫性质的弊政,极大地伤害了江南广大汉族绅民的民族感情,激化了满汉民族矛盾。在这种情况下,明朝遗臣与普通群众联合起来,掀起了抗清斗争的高潮。而立国浙东的鲁监国政权和立国福建的隆武政权,一度起到领导作用。

隆武政权的统治者是朱聿键(1602—1646),明太祖九世孙,先祖为朱元璋第二十三子唐定王朱桱,封于南阳。朱聿键的祖父是唐端王硕熿,父亲是唐世子器墭。然而,唐端王晚年为嬖妾所惑,想改立爱子,竟然将器墭囚禁于承奉司,朱聿键时年12岁,也随同父亲被关了起来。在这一时期,朱聿键埋头苦读,饱览群书,养成了手不释卷的习惯。崇祯二年(1629),朱器墭被其弟鸩杀,唐端王却依然庇护他的爱子,甚至想就此立他为世子。这一行为严重违背礼法,遭到了分守道陈奇瑜、知府王之桂的反对。在朝廷的压力之下,唐端王只好立器墭之子聿键为世孙。崇祯五年(1632),唐端王去世,朱聿键嗣位,时年31岁。崇祯九年(1636),清军入关袭扰,京师戒严,朱聿键率领护军勤王,违背了藩王不可私离封地的祖制,被明思宗严旨斥回,又因为他为父报仇,擅自杀了自己的叔叔,触犯礼教,二罪并罚,被朝廷革去唐王的封爵,囚禁于凤阳高墙。直至崇祯十七年(1644),北京城破,明思宗自缢,福王朱由崧在南京重建弘光政权,大赦天下,朱聿键这才被放出高墙,但没有恢复爵位,被朝廷遣往广西平乐府居住。由此可见,朱聿键先后两度被囚,真可谓多灾多难,人生的逆境磨砺了他的意志,锻炼了他的品格,而牢狱生活中饱览群书,更是增长了他的见识,从而为其后来的执政打下了坚实的基础。

清顺治二年(南明弘光元年,1645)五月,南京城破,朱聿键行至杭州。此时,靖虏伯郑鸿逵、总兵郑彩从京口撤退,户部郎中苏观生从南京撤退,都来到了杭州,他们与朱聿键进行了一番交谈,发现他谈吐非凡,深以为奇。不久,潞王朱常涝降清,苏观生与二郑奉朱聿键先至衢州,后至福建。闰六月初七日,朱聿键在福建巡抚张肯堂、巡按御史吴泰枝、礼部尚书黄道周、南安伯郑芝龙等驻闽大臣以及从南京撤退而来的官僚的拥护下,于福州称监国。明朝遗臣推举朱聿键,其原因主要有三:其一,朱氏皇族的近支宗室尚有居于广西的桂王一系,是神宗的子孙,伦序当立,

五、清军南下攻南明

但是目下南明的政治中心尚在东南地区,广西远在边地,无法及时迎立,因此不得不就近从疏藩中选择,以解继统的燃眉之急,维系东南地区抗清斗争的人心;其二,唐王的藩地在南阳,而这里恰好是东汉光武帝刘秀的故乡,是其复汉朝大业的起点,明朝遗臣也希望朱聿键能够像光武帝一样,中兴大明;其三,朱聿键胸怀大志,具有一定的政治才能,又久经磨砺,在明朝诸藩王中鹤立鸡群,似乎能够在乱世中临危受命,扭转乾坤。人们普遍把希望寄托在这位新任监国的身上。

根据礼法,像朱聿键这样的宗室远支是不具备继承帝位的条件的,鲁王朱以海正是因为这个原因始终没有称帝,当时福建的臣工也指出:"监国名正,出关尺寸,建号未迟""急出关,缓正位,示监国无富天下心",即希望朱聿键先派出大军出仙霞关建立军功,然后再凭此称帝,方可名正言顺。但是郑鸿逵等人贪图拥立定策之功,请朱聿键早定大位,"不正位无以压众心,以杜后起"。① 最终,朱聿键采纳了郑鸿逵的建议,于闰六月二十七日即皇帝位,以福建为福京,福州为天兴府,以布政司为行殿,改元隆武②,晋郑芝龙、郑鸿逵侯爵,封郑之豹为澄济伯,郑彩为永胜伯,赐号"奉天翊运中兴宣力定难守正功臣"③;以黄道周为吏部尚书、武英殿大学士,苏观生为吏部右侍郎兼东阁大学士,张肯堂为兵部尚书,何楷为户部尚书,周应期为刑部尚书,郑瑄为工部尚书,曹学佺为礼部尚书兼兰台馆学士。郑芝龙之子郑森英武有才略,朱聿键赐其姓朱,名成功,封为御营中军都督。除此以外,隆武帝还吸纳各地有名望的重臣,诸如何吾驺、蒋德璟、黄景昉、姜曰广、吴甡、高弘图、朱继祚、林欲楫、路振飞、曾樱、熊开元、黄鸣俊、林增志、李先春、陈洪谧等,均拜大学士,一时之间,入阁者达二三十人,为明朝历史上从未有过,不过这些人大多是遥授,至者数人而已。隆武帝此举,主要是起到收揽人心的作用。隆武政权建立后,除了福建地区外,还得到了湖广、江西、云贵、四川等省区明朝地方官和抗清领袖的承认,其号召力远大于同时存在的浙东鲁监国政权。

隆武帝朱聿键在南明诸帝中是最杰出的一位,他颇思振作,励精图

---

① 〔清〕计六奇:《明季南略》卷七《闽中立唐王》,第303页。
② 隆武年号从当年七月开始使用。
③ 〔清〕徐鼒:《小腆纪传》卷三《隆武》,第29页。

治，时刻以匡复大明为己任。与弘光帝不同，他明确提出了"恭行天讨，以光复帝室；驱逐清兵，以缵我太祖之业"①的口号，将斗争矛头指向了清军，适应了客观形势发展的要求。隆武帝即位后亲自执笔下达了登极、分封、亲征三诏，情真意切，"远近捧读，无不流涕，愿为效死"②。其登极诏写道：

> 朕以天步多艰，遭家未造，忧劳监国，又阅月于兹矣。天下勤王之师，既已渐集，向义之心，亦以渐起，匡复之谋，渐有次第。朕方亲从行间，鼓舞率励，以观厥成。而文武臣僚，咸称"萃涣之义，贵于立君；宠绥之方，本乎天作。时哉不可失，天命靡不胜"。朕自缺然，未有丕绩以仰对上帝，克慰祖宗，而临安息辔，遵让无期，大小泛泛，如河中之水，朕敢不亶勉以慰众志而副群望……③

隆武帝在生活上注意节俭，在政治上勤于国事，并能够关心民间疾苦，整顿吏治，严惩贪污，得到了时人和后世史家的肯定。清代学者徐鼒在《小腆纪传》中记载道："上（指隆武帝）少遭患难，慨然以复仇雪耻为务。布衣蔬食，不御酒肉，敕司礼监行宫不得以金玉玩好陈设，器用瓷锡，帷幄衾褥皆布帛，后宫无嫔御，执事三十人而已。芝龙进美女十人，留之而绝不御；中宫（指皇后）懿旨选女厨十人，上以为扰民，不许。素好读书，博通典故，手撰三诏与鲁监国书，群臣莫能及。"④ 由此可见，朱聿键"英才大略，不能郁郁安于无事"⑤，确有中兴令主的风采。

隆武政权建立前后，正是抗清斗争风起云涌之时。江南有新旧典史阎应元、陈明遇坚守江阴，左通政侯峒曾、进士黄淳耀、秀才黄渊耀拒守嘉定，职方主事吴易、举人孙兆奎用兵太湖地区；浙东有绍兴、宁波等地起义，建立了鲁监国政权；皖南有休宁县人金声、江天一起兵徽州，邱祖德

---

① 佚名：《思文大纪》卷一，第1页，台湾大通书局，1987。
② 〔明〕张岱：《石匮书后集》卷五《唐王世家》，第71页。
③ 〔清〕徐鼒：《小腆纪传》卷三《隆武》，第28页。
④ 〔清〕徐鼒：《小腆纪传》卷三《隆武》，第29页。
⑤ 〔明〕黄宗羲：《行朝录》卷一《隆武纪年》，见沈善洪主编《黄宗羲全集》第二册第120页。

五、清军南下攻南明

响应于宁国,尹民行响应于泾县,吴应箕响应于石埭县;江西有布政使夏方亨、分巡道王养正起兵建昌,吏部主事曾亨应、揭重熙起兵抚州,左庶子杨廷麟、左中允刘同升起兵赣州;湖南有总督何腾蛟、巡抚堵胤锡与大顺军余部联合,谋图湖北。各地的军事行动极大地牵制了清兵进攻的步伐,一时之间,大江南北,烽火连天,复明大业似乎胜利有望。

然而,备受瞩目的隆武政权最终却未能担负起中兴的使命,反而立国一年而亡,究其原因,有以下五点。

其一,郑芝龙专擅跋扈,对抗清事业毫不热心。郑芝龙(1604—1661),字飞黄,福建南安石井人,早年为海盗,往来于日本等地,势力强盛,崇祯年间接受明朝招抚,至弘光朝累官至福建总镇,封南安伯。他通过多年的海上经营,垄断了福建、广东的对外贸易,积累了大量的财富,"凡海盗皆其故盟,或其门下。自就抚后,海舟非郑氏旗号不能往来;每舟例入三千金,岁入以千万计,富拟于国",他在泉州之南的安平镇筑城,"海梢直逼,卧内可径达海。守城兵饷自给,不取于官;旗帜鲜明,戈甲坚利。盗有遁入海者,檄付芝龙,取之如寄"①,福建地区基本上成为他的势力范围。隆武帝即位后,郑芝龙的权势进一步膨胀,"族戚部将封侯伯者十余人,其挂印腰金侍御卿校,盈列朝内"②,郑鸿逵、郑之豹是郑芝龙的弟弟,郑彩是郑芝龙的族人,他们都被授予侯、伯的爵位,郑芝龙之子郑成功则被封为御营中军都督,并赐姓国姓,成为隆武帝身边的亲信重臣。于是郑芝龙掌握了隆武朝廷的实权,专擅跋扈,"时内外文武济济,然兵饷战守机宜,俱郑芝龙为政……八闽以郑氏为长城","芝龙开府于福州,坐见九卿,入不揖、出不送"。③ 隆武帝名为天子,实际上只是一个"祭则寡人"的傀儡。郑芝龙并没有隆武帝的复明志向,他只关心个人的权势,热衷于党同伐异,培植私人,是个"居闽海为奇货,视君父若弈棋"④ 的野心家。他的头脑中既没有忠君观念,也没有民族大义,朱

---

① 以上所引,见佚名《隆武遗事》,《〈圣安本纪〉附〈隆武遗事〉》第206页,台湾大通书局,1984。
② 〔清〕温睿临:《南疆逸史》卷五四《郑芝龙列传》,第423页,中华书局,1959。
③ 〔清〕计六奇:《明季南略》卷七《郑芝龙议战守》,第305页。
④ 〔清〕徐鼒:《小腆纪年附考》卷一二,第477页。

聿键只不过是他用来谋取私利的棋子罢了。在这种人把持下的隆武政权，自然不可能完成中兴明朝的使命。

其二，军饷负担沉重，民不聊生。隆武政权的军饷主要取自福建省的八府一州，当时郑芝龙掌管户、兵、工三部，便以"军兴饷急"① 为由，要求加派钱粮，并且令大臣、绅衿、富户助饷，甚至大肆卖官鬻爵。其实郑芝龙是借征饷之名，行搜刮之实，闹得士民人心惶惶，"官吏督征，闾里骚然"②。尤其是卖官鬻爵危害甚大，致使"倡优厮隶，尽列衣冠"，这些人做官后，便"鞭挞里邻"，鱼肉百姓。人们对此极为不满，纷纷传言："清兵如蟹，曷迟其来！"可见民众对隆武朝廷的失望，他们甚至希冀清兵早日到来。不得人心如此，这个小朝廷的灭亡也就不足为奇了，"识者已知其必败也"③。

其三，境内不宁，民变频发。有明以来，福建省都是阶级矛盾较为严重的地区，隆武政权建立以后，加派钱粮，横征暴敛，百姓不堪重负，更是激化了这一矛盾。因此，民众纷纷揭竿而起。据学者统计，在隆武立国的短短一年内，就发生了20余起民变。④ 朝廷不得不调派军队予以镇压，从而在客观上使其无法集中精力去进行抗清斗争。

其四，浙闽水火，内讧不断。鲁监国、隆武二政权同为明朝宗室所建立，面对强大的清军，两者唇齿相依，浙东是福建的屏障，而福建则是浙东的后盾。然而，这两个政权却不能处理好关系，为了争权力、争正统而纷争不断。上一节已经提到过，鲁监国政权在这一问题上犯有严重错误，但隆武朝廷同样难辞其咎。清顺治三年（南明隆武二年，1646），鲁监国派都督陈谦入闽，在给隆武帝的书信中只称其为"皇叔父"而不称"陛下"，隆武帝大怒，将陈谦投入监狱。陈谦素来与郑芝龙交好，郑芝龙上疏为其求情，隆武帝也听不进去。这时，监察御史钱邦芑向隆武帝进言道："陈谦为鲁藩心腹，且与郑至交，不急除恐有内患。"隆武帝听信了他的话，为了防止郑芝龙干预，于半夜从宫中传出诏谕，将陈谦带至别处斩

---

① 〔明〕黄宗羲：《行朝录》卷一《隆武纪年》，见沈善洪主编《黄宗羲全集》第二册，第114页。
② 〔清〕徐鼒：《小腆纪传》卷三《隆武》，第31页。
③ 以上所引，见〔清〕计六奇《明季南略》卷七《郑芝龙议助饷》，第311页。
④ 参见南炳文《南明史》第151-152页。

五、清军南下攻南明

首。郑芝龙再想求情,却已经晚了。他看到陈谦的尸体,伏尸大哭,并重金祭奠,亲撰祭文,其中有"我虽不杀伯仁,伯仁为我而死"的语句。郑芝龙由此对隆武帝渐生不满,心中萌生异志。关于这一事件,清代学者计六奇的评论至为恰当:"隆武虽不悦,而同舟之谊、唇齿之言,不可不思。姑以大度优容,连兵共拒,俟事势稍定,大小自分。不此之计而自相寻仇,则鲁势必折而入于清,而闽之亡可立待矣。"① 不仅如此,隆武帝还开罪了朝中的实权人物郑芝龙,这更是得不偿失。

其五,号令不行,隆武朝廷的实际控制区域仅局限在福建一带。浙东鲁监国政权拒绝隆武帝手诏,不肯归附。广西巡抚瞿式耜认为朱聿键伦序不当立,属意于身处广西的桂王,因此与隆武朝廷貌合神离,即使被任命为兵部右侍郎,协理戎政,也婉不入朝。江南、江西、湖南的抗清力量虽尊奉朱聿键为帝,但毕竟隆武政权偏于福建一隅,难以掌控全局,协调各方,甚至连战事的变化情况也难以准确得到,"道远或不能达行在"②。即使知道了消息,隆武政权囿于郑芝龙的消极态度,也没能在兵员和粮饷方面给予各路人马以有力的支持。在缺乏统一领导的情况下,抗清武装均各自为战,被清军各个击破。

隆武政权建立之初,郑芝龙会集廷臣议战守,定兵员20万,自仙霞关而外,宜守170处,每处守兵多寡不等,约计10万。其余10万定于今冬训练,明春出关,一路出浙东,一路出江西。③ 其实,郑芝龙并无恢复之意,这套方略只不过是虚应故事罢了。此时各地抗清斗争如火如荼,正是用兵之时,有大臣请求出关,却都被郑芝龙以饷匮为由拒绝。内阁大学士黄道周不满郑芝龙的所作所为,自请出关募兵江西,联络当地的官军、义师,设法为隆武朝廷打开局面。

黄道周(1585—1646),字幼平,号石斋,福建漳浦人。天启二年(1622)进士,历任编修、右中允、右谕德等官,崇祯时因为弹劾杨嗣昌而在党争中遭人陷害,被罢官遣戍。弘光年间,朝廷任其为礼部尚书。次年南京陷落,黄道周在衢州面见朱聿键,奉表劝进。隆武朝廷建立后,朱聿键拜其为武英殿大学士。黄道周在士林中名望很高,"以文章风节高天

---

① 〔清〕计六奇:《明季南略》卷八《杀鲁王使陈谦》,第324页。
② 〔清〕徐鼒:《小腆纪传》卷三《隆武》,第30页。
③ 〔清〕计六奇:《明季南略》卷七《郑芝龙议战守》,第305页。

下,严冷方刚,不谐流俗"①,深得隆武帝的敬重。他看不惯郑芝龙以武臣的身份跋扈专擅,拥兵自重,不以中兴大明为己任,因此向隆武帝进言:"江西多臣子弟,愿招之效死军前。"黄道周是想利用自己的名望,去组织一支军队,为南明朝廷开辟疆土。隆武帝同意了他的请求,郑芝龙与其素有嫌隙,唯恐他不去,故而心中窃喜,既不拨给他兵马,粮饷也只给予一个月的定额,隆武帝无奈,只好下发空札数百道,给予黄道周自主任命官员的权力。在这种情况下,黄道周带着门生子弟千人,于清顺治二年(南明隆武元年,1645)七月二十二日踏上征程,沿途又陆续招募了一些忠勇之士。但这些人毕竟只是凭借一腔热血,黄道周是一介书生,从没指挥过战争,他的部下既没有经过军事训练,又缺乏正规的武器,甚至有人手持扁担,根本不是清军的对手。九月,黄道周率部进入江西广信府,十二月,便被清军诱歼于婺源。黄道周被擒,押往南京。洪承畴派人劝其投降,他宁死不屈,绝食达十四日之久。洪承畴怜惜他的才德,上疏向清廷求情:"道周清节夙学,负有重望,今罪在不赦。而臣察江南人情,无不怜悯道周者,伏望皇上赦其重罪,待以不死。"②多尔衮不允,黄道周遂于清顺治三年(南明隆武二年,1646)三月初二日被处斩,终年62岁。他虽然为人迂执,但最终为国殉节,体现了一位士大夫难能可贵的风骨。

除了忠臣的自告奋勇以外,胸怀大志的隆武帝自即位之初便筹划亲征事宜,但碍于郑芝龙的掣肘,始终未能成行。待到清顺治二年(南明隆武元年,1645)八月中旬,郑芝龙为了平息众论,才上疏请求以郑鸿逵为御营左先锋出仙霞关,略浙东,以郑彩为御营右先锋出杉关,略江西,两路用兵,军队号称万人,实际上不过数千,可见纯粹只是应付。二将出关后,以候饷为名,逡巡逗留。其后在隆武帝的诏书切责下,不得不率军前行,但态度消极,不肯尽力。除了郑彩军中的给事中张家玉在许湾大破清兵,解抚州之围,立下"福州战功第一"③ 外,"二郑"基本上没有取得可观的战绩,郑彩也不肯与张家玉部配合,致使其在清军猛烈的反攻下损失惨重,本人也身受重伤,负创入闽。清顺治三年(南明隆武二年,1646),"二郑"军队先后溃逃,隆武帝大怒,将郑鸿逵、郑彩降职削爵,

---

① 〔清〕张廷玉等:《明史·黄道周传》卷二五五,第6595页。
② 以上所引,见〔清〕计六奇《明季南略》卷八《黄道周不屈》,第314页。
③ 〔清〕邵廷采:《东南纪事》卷一《唐王聿键》,第156页,上海书店,1982。

五、清军南下攻南明

却无济于事。

隆武帝明白，要实现中兴明朝的大业，依靠郑氏族人是行不通的，他决心离开福建，摆脱郑芝龙的控制，另谋出路。清顺治二年（南明隆武元年，1645）八、九月间，杨廷麟在赣州一带发展，进取抚州、临江（今江西樟树市），屡败清军，何腾蛟则在湖南实现了与大顺军余部的联合，声势浩大，他们先后请求隆武帝西迁，主持大局。朱聿键大喜，决定出福建，至赣州，再转移到长沙，在那里建立听命于自己的抗清基地。他先派遣大学士苏观生至江西，往南安募兵，然后自己于十二月初六日从福州出发，二十八日到达建宁，为进入江西做准备。

郑芝龙当然不会允许隆武帝离开福建，他以"关门单薄"为由，鼓动士民数万请求皇帝返回行在福州，甚至声称"不还则绝天下望"①。在舆论的压力下，行在入赣的事宜被搁置下来，隆武帝于次年三月移驻延平，但坚决不回福州，以"宁进死，不退生"②自誓。这一年的上半年，尊奉隆武政权的各省区的抗清斗争接连受挫，何腾蛟、堵胤锡与大顺军余部会攻湖北失利，而江西一带也被清军攻略城池，只剩下赣州仍在坚持抵抗。隆武帝为此踌躇，在延平观望起来。当时有兵科给事中金堡向皇帝进言道："今日之势，诚能直走湖南，用何腾蛟之锐，竟捣荆襄，传檄中原，北方闻之，以为陛下从天而降，此上策也。移跸虔州（即赣州），此中策也。并兵出关，背城一战，败不徒死，此下策也。若往来延、建，观望经时，轻骑叩城，避不暇出，为无策矣。"③隆武帝最终选择"无策"。当然金堡的说法有纸上谈兵的成分，却反映了隆武帝陷入束手无策的窘境。

随着清军基本平定江南、皖南一带的抗清势力，并在湖广、江西取得了很大进展，多尔衮决定向鲁监国政权与隆武朝廷发起进攻。清顺治三年（南明隆武二年，1646）二月二十九日，清廷命贝勒博洛为征南大将军，偕同固山额真图赖统兵征讨浙江、福建。除了武力手段外，清朝还采用了离间之计。多尔衮派遣招抚江南的是内院大学士洪承畴，招抚福建的是御史黄熙胤，他们二人都是福建晋江人，与郑芝龙是同乡，深知其在东南一带的地位和影响力。因此，他们建议清朝的统兵贝勒博洛："赂芝龙以王

---

① 以上所引，见〔清〕计六奇《明季南略》卷八《隆武驻建宁》，第322页。
② 佚名：《思文大纪》卷五，第99页，台湾大通书局，1987。
③ 〔清〕邵廷采：《东南纪事》卷一《唐王聿键》，第167-168页。

爵，福建可不劳一矢，浙中亦闻风溃矣。"博洛听从了洪、黄的意见，让他们给郑芝龙写一封信，大肆封官许愿。此时郑芝龙正因为陈谦之死和行在西迁的事情对隆武帝颇有不满，作为海盗出身的他，也没有什么忠君观念，一切考量都从个人私利出发。他接到洪承畴、黄熙胤这两位同乡的来信后，见到封以王爵的许诺，便心动了。郑芝龙写了一封回信，表示愿意接受清朝的招抚，内中声称："遇官兵撤官兵，遇水师撤水师，倾心贵朝，非一日也。"① 郑芝龙的通清坚定了博洛用兵浙、闽的信心，同时也加速了隆武政权灭亡的进程。清代学者杨凤苞认为，"福京之亡，亡于郑芝龙之通款"②，其论不无道理。

清顺治三年（南明隆武二年，1646）六月，清军渡过钱塘江，势如破竹，迅速打垮了鲁监国政权，隆武朝廷危如累卵。郑芝龙却在此时上疏隆武帝："海寇狎至，今三关③饷取之臣，臣取之海，无海则无家，非往征不可。"他竟然提出撤回守关的军队去与海盗作战！隆武帝当然不同意这一主张，但又不好直接拒绝，便遣内使传谕："先生稍迟，朕与先生同行。"④ 郑芝龙却不等皇帝的回报，自行将守卫仙霞关等要塞的人马撤回他的驻地安平镇。于是，福建的门户向浙东的清朝大军彻底敞开。

此时，隆武政权内部已经是人心惶惶，许多大臣私自给清军统帅写信，暗通款曲。隆武帝见状，无可奈何，只是在朝堂上将截获的信件付之一炬，安定众人之心，告诫他们务必洗心涤虑，尽节奉公。然而这个小朝廷的覆灭，却已经是不可避免的了。

七月，继连陷绍兴、金华、温州、台州之后，清军攻占了隆武政权控制下的衢州。八月，博洛兵分两路，由广信、衢州进入福建，此时仙霞关已无一兵一卒把守，清军得以从容而过。故明降臣阮大铖在攀登仙霞岭时，发急病而死。清军过岭后，克浦城，守城御史郑为虹、给事中黄大鹏不屈而死。时有民谣讽刺郑芝龙私自通清的行为："峻峭仙霞路，逍遥军

---

① 以上所引，见〔清〕徐鼒《小腆纪年附考》卷一二，第477页。
② 〔清〕温睿临：《南疆逸史》跋四，第465页。
③ 指把守福建门户的仙霞关、杉关、分水关。
④ 以上所引，见〔清〕计六奇《明季南略》卷八《郑芝龙拜表即行》，第325页。

马过。将军爱百姓,拱手奉山河。"① 博洛分遣署护军统领杜尔德、前锋参领拜尹图进攻建宁、延平等府,朱聿键的末日即将来临。

隆武帝听闻仙霞岭失守的消息后,知福建不保,决定从延平奔赴江西赣州,于八月二十一日带着宗室、宫眷、大臣起行。二十四日,清军攻克延平,知府王士和自缢而死。博洛得知隆武帝已经逃离延平,命护军统领阿济格尼堪、杜尔德,故明降将李成栋率部前往追击,自率大队人马进攻福州。

隆武帝嗜书如命,在西迁途中,"犹载书十车以从"②,以致耽搁了时间。不久,探报清军已经逼近,众人大惊而逃,"妃媵有一骑而三人者"③,十分狼狈,随行的大学士何吾驺患有足疾,坠马受伤,间道返回原籍广东,只剩下福清伯周之藩、给事中熊纬率500军士护卫隆武帝左右,于二十七日到达长汀县。次日,阿济格尼堪等率军追至长汀,攻破城池,周之藩与熊纬格斗而死。清军入城后,斩杀了隆武帝朱聿键、皇后曾氏以及随行的明朝宗室等人,隆武帝时年45岁。有明总兵姜正希率兵二万赴援,亦被固山额真韩岱所部清军击败,全军覆没。

九月十九日,博洛统率清朝大军,以署梅勒章京赵布泰为前锋,攻破福州,礼部尚书曹学佺、定远侯邓文昌、中书舍人郑羽仪等为国殉难。与此同时,固山额真韩岱率一部清军击败明总兵师福,于分水关入崇安县,斩杀明巡抚杨文忠,抚定兴化、漳、泉三府。十一月一日,捷报传至北京。此战清军"前后连破贼兵二十余阵,降其伪总兵二十员,副将四十一员,参游七十二员,马步兵六万八千五百余名,福建悉平,获伪玺九颗,马骡辎重无算"④。另外,十月初四日,在江西一带作战的清军终于攻破了杨廷麟组织坚守达数月之久的赣州城,江西全境成为清朝的领地。

此时的郑芝龙,驻兵安平镇,静观局势变化,"军容煊赫,战舰齐备,炮声不绝,响震天地",保持着强大的军事力量。先前,他写给洪承畴、黄熙胤的信尚未收到回复,并不知道清朝会给他怎样的酬劳,因此犹豫不

---

① 〔清〕江日昇:《台湾外记》,第74页,福建人民出版社,1983。
② 〔清〕计六奇:《明季南略》卷八《隆武奔赣》,第327、328页。
③ 〔清〕徐鼒:《小腆纪传》卷三《隆武》,第38页。
④ 《清世祖实录》卷二九,顺治三年十一月癸卯。

决,没有率师迎降,反而拥兵安平,作为与清朝讨价还价的筹码。不过,他料想自己"撤关兵无一矢相加,有大功",而清朝在占领福建之后,即将用兵两广,当地的明朝将官多出自郑芝龙门下,他认为可以凭借己力招抚两广,为清朝再立新功,那么至少可以得到闽广总督的官爵,"犹南面王也"。不久,博洛派遣与郑芝龙关系密切的泉州乡绅郭必昌前往安平招降,郑芝龙为了试探博洛的态度,表示自己并不是不忠于清朝,"恐以立王(指隆武帝)为罪耳"。正在此时,清固山额真富拉克塔的兵马却直逼安平。郑芝龙大怒,对郭必昌说:"既招我,何相逼也!"博洛闻讯,一方面责备富拉塔克,命其撤兵30里,另一方面派人送信给郑芝龙,内中写道:"吾所以重将军者,以将军能立唐藩也。人臣事主,苟有可为,必竭力。其力尽不胜天,则投明而事,乘时建不世之功,此豪杰事也。若将军不辅立,吾何用将军哉?且两粤未平,令铸闽、广总督印以相待。"也就是封官许愿,承诺授予郑芝龙闽广总督一职。此外,博洛还表示,希望郑芝龙能够来福州,共商地方政事。郑芝龙见信后大悦,决定与博洛相会。他的子弟纷纷劝说郑芝龙不要去福州,以"鱼不可脱于渊"的古训相告诫,其子郑成功不愿降清,劝父亲到海上发展,以图再举。然而郑芝龙在闽、广一带经营多年,拥有大量田产,自秉政以来,增置庄仓达500余所,驽马恋栈,不愿放弃这些财富,遂不听众人之言,进降表,前往福州。十一月十五日,郑芝龙到达福州,谒见贝勒博洛,剃发归降。博洛十分热情,与郑芝龙握手甚欢,两人折箭为誓,敞怀痛饮。喝了三天酒后,清军突然于半夜拔营回京,郑芝龙也被挟持北上。跟随郑芝龙到福州的500人,被安置于别营,双方不得相见,也不许通信。如此,郑芝龙彻底被架空孤立,只好任由博洛摆布。当然,他内心深处还是希望回到南方,于是作家书数封,嘱咐家人勿忘清朝大恩,以此表达自己的忠心,并且向博洛进言:"北上面君,乃龙本愿,但子弟多不肖,今拥兵海上,倘有不测奈何?"博洛却回答:"此与尔无与,亦非吾所虑也。"① 郑芝龙无奈,只好随军北上,在京师过着形同软禁的生活。其弟郑鸿逵、子郑成功率部入海,依然使用隆武帝的正朔,郑彩则归附鲁监国政权,他们都继续坚持抗清斗争。不过,博洛在回京之前,还是利用郑芝龙的声望招降了他的部

---

① 以上所引,见〔清〕计六奇《明季南略》卷八《郑芝龙降清》,第330-331页。

分旧将,有武毅伯施福、澄济伯郑芝豹①等人,他们在清朝攻略广东的军事行动中发挥了重要作用。

隆武政权覆灭后,在广东地区的明朝遗臣又相继建立起绍武和永历政权。驻闽清军马不停蹄,向他们发起了新的进攻。

6. 计取广州,绍武崩溃

隆武政权覆灭后,十月十四日,两广总督丁魁楚、广西巡抚瞿式耜拥立神宗之孙、桂王朱由榔在肇庆监国,以府署为行宫,颁诏各省。不久,这个监国政权接到了赣州城破的消息,尽管赣州与肇庆距离尚远,但朱由榔、丁魁楚等人却大为恐慌,不顾瞿式耜的反对,于十月二十日逃往广西梧州,远避清军锋芒。稍后,就有明朝遗臣乘桂王西迁之机,在广东又建立起一个小朝廷,即绍武政权。

绍武政权的统治者是隆武帝朱聿键的四弟朱聿鐭(1605—1647),隆武帝即位后,将其封为唐王,作为其原有爵位的继承者。隆武政权覆灭后,朱聿鐭和其他藩王一道航海逃难,来到广州。此时的他,只不过是想苟全性命于乱世,并没有觊觎大位之心,然而一帮明朝官员却最终将他推上了皇帝的宝座。

原来,隆武帝派往南安募兵的大学士苏观生在赣州城破后,亦退入广州。此时丁魁楚正在筹划拥立朱由榔,苏观生想参加这个政权,便派遣主事陈邦彦前往肇庆劝进,并写给丁魁楚一封信,想与他共同推戴桂王。丁魁楚向来轻视苏观生,也唯恐他的到来影响自己在桂王政权中的权位,因此拒绝了苏观生的请求。苏观生愤愤不平,却不甘寂寞,依然想在政治上有所作为。此时南海人关捷先、番禺人梁朝钟首倡"兄终弟及"的继承原则,苏观生便借此表示:"吾受大行厚恩,死无以报,今其亲弟在,何外

---

① 《清世祖实录》卷三四,顺治四年十月庚午。

求君?"① 于是，他联合旧辅臣何吾驺，侍郎王应华、曾道唯，布政使顾元镜，于十一月初二日在广州拥立朱聿𨮁为监国，初五日即皇帝位，以明年为绍武元年，以都司署为行宫。朱聿𨮁封苏观生为建明伯，综理内外事务，与何吾驺、王应华等并拜为东阁大学士，分掌诸部，授关捷先为吏部尚书，梁朝钟为国子监祭酒。招抚郑、石、马、徐四姓海盗，授予总兵之职。由于事出仓促，新朝廷忙着置办宫室、服御、卤簿，通国奔走，不分昼夜。短时间内无法备齐冠服，甚至不得不借自优伶，十分狼狈，被民间传为笑谈。仅几天时间，封官授爵就达数千人，举朝上下没有三品以下的人。绍武政权希望通过这种方式收揽人心，扩大统治基础，但是收效甚微，其不仅未能得到外省大员的承认，而且在广东境内也遭到了许多官绅的反对。不过，这个小朝廷依然按日举行幸学、大阅、郊天、祭地等典礼，以显示自己的正统地位。

朱由榔得知绍武政权建立的消息后，十分震惊，为了与朱聿𨮁抗衡，收买广东人心，他听从瞿式耜的建议，于十一月十二日返回肇庆，并于十八日登极称帝，改明年为永历元年。这样，在广东一省之内，出现了绍武和永历两个明朝政权，鲁监国和隆武政权内讧的局面再度出现，而且斗争更加激烈。永历帝派遣兵科给事中彭耀、主事陈嘉谟前往广州宣谕，要求朱聿𨮁退位归藩。二人指责苏观生道："今上神宗嫡胤，奕然灵光，大统已定，谁复敢争？且闽、虔（指赣州）既陷，强敌日逼，公不协心勠力为社稷卫，而同室操戈，此袁谭兄弟卒并于曹瞒也。公受国厚恩，乃贪一时之利，不顾大计，天下万世将以公为何如人也！"② 他们的话点破了苏观生利用拥立朱聿𨮁谋取私利的真正用心，苏观生极为恼怒，斩杀了两位使臣。至此，绍武、永历两个小朝廷彻底反目，走向了战场。

十一月二十八日，绍武政权任命陈际泰为督师，向肇庆发动进攻，永历朝的武靖伯李明忠从韶州（今广东韶关市）入援，两军相遇于三水，经过激战，李明忠所部获胜，俘斩八百余级，陈际泰率残兵败将逃遁而去。三水之捷后，永历朝的督师林佳鼎踌躇满志，"有骄色"③，准备一举攻克广州。绍武政权的林察与林佳鼎曾经共事，关系不错，他采用诱敌深入之

---

① 〔清〕邵廷采：《东南纪事》卷一《唐王聿键》，第169页。
② 〔清〕徐鼒：《小腆纪年附考》卷一三，第512页。
③ 〔清〕徐鼒：《小腆纪年附考》卷一三，第515页。

五、清军南下攻南明

计,派遣海盗诈降。林佳鼎信以为真,于十二月初二日率师乘船至三山口,遭到了伏击,林察所部乘风纵火,永历军大败,林佳鼎与佥事夏四敷溺水而死,李明忠登岸列营,陷入三尺深的泥淖,人马尽陷。他仅带着30骑逃离战场,败报传到肇庆,举朝震动。两个政权的相互残杀进一步削弱了南明的抗清实力。

三山口之战后,绍武君臣过起了太平日子。苏观生并无治国才能,秉政后更是昏昏然,任用非人。有一个名叫杨明竞的潮州人,好为大言,诡称有精兵十万,遍布惠阳、潮州之间,就被授予巡抚之职。另有一个名叫梁鎏的人,也是一个虚妄之人,苏观生却认为他有才能,用他做吏科都给事中。梁鎏就任后,与杨明竞大肆收纳贿赂,日荐数十人,把朝政搞得乌烟瘴气。当时绍武政权招抚的海盗,戾气不改,他们白天杀人,悬其肺肠于达官贵人门前以示威,闹得城内一片恐慌。此时,清军已经逼近广州,苏观生的亲信梁朝钟却散布说"内有捷先(指关捷先),外有明竞,强敌不足平矣"①。

就在绍武、永历两政权内斗之际,清朝署两广总督佟养甲、署广东提督李成栋已经率领清军进入广东,连下潮州、惠州,他们利用降官的印信,向绍武政权报说平安无事,苏观生都信以为真,而清军却在向广州挺进。十二月十五日,绍武帝朱聿𨮁视武学,阅箭射,百官咸集,有人报告清军已至城下,苏观生不相信,斥责道:"昨潮州报无警,乌得遽至!此妄言惑众。"竟然将其斩杀,"如是者三"。原来李成栋采取了一个计策,他在这天上午令清军的前锋以白布裹头,伪装成明军出其不意地混入广州。突然,城中的前锋去掉白布,露出辫发,持刀大呼,制造混乱,而城外的清军大队人马则开始攻城,二者里应外合,守城明军渐渐坚持不住。直到清军进入东门,苏观生才召集将吏搏战。然而,由于精兵大量调到西线对付永历政权,仓促之间调不回来,广州遂在当日就被清军攻陷。苏观生计无所处,跑去询问梁鎏。梁鎏说:"死耳,复何言!"②于是苏观生入东房,梁鎏入西房,各自关闭房门自缢。梁鎏故意扼其喉,装出要死的声音,并且将几案扑倒在地。苏观生相信他已经死了,于是自缢,梁鎏遂在第二天将苏观生的尸体献给清军投降,梁朝钟则自缢殉国,太仆寺卿霍子

---

① 〔清〕张廷玉等:《明史·苏观生传》卷二七八,第7138页。
② 以上所引,见〔清〕徐鼒《小腆纪年附考》卷一三,第517页。

衡阊门投井死。绍武帝在清军破城之后，改换服装，逃入大学士王应华家。王应华怕连累自己，不敢收纳，迫使绍武帝不得不再向城外逃，结果被清骑兵追获，关在都察院。清将杜永和给他送食物，绍武帝不吃不喝，说："吾若饮汝一勺水，何以见先帝于地下！"① 最终，绍武帝朱聿鐭自缢而死，享年43岁。在广州的明朝宗室如周王、益王、辽王等16人均被清军杀害。大学士何吾驺、王应华率官绅投降。

绍武政权从建立到灭亡历时不过一个月，甚至连绍武这个年号还未真正使用，这个小朝廷就已经不复存在。它实际上是苏观生等失意官僚为了争斗私利，利用桂王西迁梧州，广东出现权力真空之机而拼凑起来的，之后只是与永历政权打了两场内战，并未在抗清事业上做出什么贡献，反而进一步消耗了南明的实力。因此，绍武政权在历史上是没有任何积极意义的。

绍武政权覆灭后，南明只剩下最后一个小朝廷——永历政权。这个政权历经艰险，坚持抗清达15年之久，使清朝在统一进程中付出了巨大的代价。

7. 江南民间武装抗清

前已述及，清军攻灭弘光政权，平定南京后，多尔衮对形势产生了误判，以为大局已定，推行了一系列具有民族压迫性质的政策，其中尤以"剃发易服"令掀起了极大的反响。还在清军进入南京时，降臣李乔为了表示对新朝的忠心，自行剃发，改穿服装，此时的多铎尚保持清醒的头脑，照顾汉官的尊严，指责李乔无耻，并且颁下命令，宣称："剃头一事，本国相沿成俗。今大兵所到，剃武不剃文，剃兵不剃民，尔等毋得不遵法度，自行剃之。前有无耻官员先剃求见，本国已经唾骂。特示。"② 然而，

---

① 〔清〕邵廷采：《东南纪事》卷一《唐王聿键》，第169页。
② 〔清〕计六奇：《明季南略》卷四《二十六丁未》，第225页。

五、清军南下攻南明

清顺治二年（1645）五月二十九日，大学士们觐见摄政王多尔衮，多尔衮却对他们说："近览章奏，屡以剃头一事引礼乐制度为言，甚属不伦。本朝何常无礼乐制度，今不遵本朝制度，必欲从明朝制度，是诚何心！若云身体发肤受之父母，不敢毁伤，犹自有理，若谆谆言礼乐制度，此不通之说。予一向怜爱群臣，听其自便，不愿剃头者不强，今既纷纷如此说，便该传旨叫官民尽皆剃头。"大学士们诚惶诚恐，纷纷进言道："王上一向怜爱臣民，尽皆感仰，况指日江南混一，还望王上宽容。"① 但是多尔衮已经表现出要强制推行剃发令的意图。六月初五日，江南奏捷，多尔衮派遣侍卫尼雅达、费扬古去慰问多铎，告诉他："各处文武军民，尽令剃发，倘有不从，以军法从事。"② 同月十五日，清廷正式诏谕礼部，下达剃发易服令：

> 向来剃发之制，不即令画一，姑听自便者，欲俟天下大定，始行此制耳。今中外一家，君犹父也，民犹子也，父子一体，岂可违异？若不画一，终属二心，不几为异国之人乎？此事无俟朕言，想天下臣民亦必自知也。自今布告之后，京城内外限旬日，直隶各省地方自部文到日，亦限旬日，尽令剃发。遵依者为我国之民，迟疑者同逆命之寇，必置重罪。若规避惜发，巧辞争辩，决不轻贷。该地方文武各官，皆当严行察验。若有复为此事渎进章奏，欲将朕已定地方人民仍存明制，不随本朝制度者，杀无赦。其衣帽装束许从容更易，悉从本朝制度，不得违异。③

剃发令的颁布，引起了汉族士民的强烈不满，严重伤害了其民族自尊心和民族感情，正如当时在中国的意大利传教士卫匡国所说："他们（指清朝统治者）对服装和头发要求严格遵循他们的形式，宣称凡拒绝改装的人都犯有叛国重罪。这条规定确曾多次给他们带来危险，扰乱他们国家大业。因为中国人爱护自己的头发和服饰，尤胜于爱戴他们的国家及皇帝，

---

① 〔清〕陈具庆撰，北平故宫博物院编：《多尔衮摄政日记》第3页，民国铅印本，1933。
② 《清世祖实录》卷一七，顺治二年六月丙辰。
③ 《清世祖实录》卷一七，顺治二年六月丙寅。

为此而英勇斗争。所以他们宁死，丢掉脑袋，也不愿遵行鞑靼（指满洲）风俗。"① 这一时期，除了明朝遗臣先后建立的鲁监国、隆武、绍武、永历等政权坚持复明运动外，各地官绅百姓也纷纷起兵，武装抗清，尤以江南地区的斗争最为突出，其中有代表性的事件是江阴八十一日、嘉定（今上海市嘉定区）反剃发斗争、沈犹龙坚守松江（今上海市松江区）、吴易起兵长白荡等。

顺治二年（1645）五月二十五日，在弘光政权迅速瓦解的形势下，江阴知县林之骥弃官而去，六月二十日，清廷派遣的新知县方亨到此地就任，江阴正式归于清朝的统辖。不久，剃发令传到江阴，遭到当地士民的反对。闰六月初一日，方亨至文庙行香，诸生耆老随行，诸生许用在明伦堂呼吁："头可断，发不可剃！"得到了众人的一致响应。有人质问方亨："发何可剃耶？"这位新县令回答道："此清律，不可违。"双方话不投机，方亨遂返回衙署，命令书吏撰写告示，其中有"留头不留发，留发不留头"一语。书吏写到这里，愤恨不已，投笔于地，说："就死也罢！"方亨想要答责他，吏役们却"共哗而出"。② 这一事件很快传遍全城，激励了人心，北门少年素好拳勇，率先发难，城内外随之起事，众至万人，他们于次日逮捕方亨，后又将其杀死，公推典史陈明遇为首，打出"大明中兴"的旗号，正式反清。陈明遇主事后，擒拿清守备陈瑞之，搜获在城奸细。徽商邵康公娴于武事，众拜为将，旧都司周瑞龙率舟师驻于江口，照应守城军民，徽商程壁在城中开当铺，家中殷实，便捐资助饷，并自请外出求援。然而，援兵最终没有到来，邵康公在与清军激战中败下阵来，死伤惨重，周瑞龙亦率舟师逃遁而去，江阴城陷入岌岌可危的险境。在这种情况下，陈明遇表示才力不及，延请颇通兵略的旧典史阎应元入城主持守御，阎的到来使江阴局势大为改观。

阎应元，字丽亨，顺天府通州（今北京通州区）人。崇祯年间，为江阴典史，曾经在剿灭海盗的战役中颇有成绩，因功升为广东英德主簿，道阻不赴，遂寓居江阴城外的祝塘。他入城后，"料尺籍，治楼橹"③，劝说

---

① ［意］卫匡国著，何高济译：《鞑靼战纪》第368页，中华书局，2008。

② 以上所引，见〔清〕计六奇《明季南略》卷四《江阴纪略》《江阴续记》，第241、244页。

③ 〔清〕徐鼒：《小腆纪年附考》卷一〇，第383页。

五、清军南下攻南明

城中富户捐输赀财,将前兵备道曾元龙留下的火药从仓库中取出,贮于城楼,命令每户出一男子登城,余丁负责管理后勤,各项事宜都处理得井井有条。此外,阎应元对全城防务做了周密的部署,"四门分堡而守,如南门堡内人即守南门也。城门用大木塞断,一人守一堞。如战,则两人守之,昼夜轮换。十人一面小旗、一铳,百人一面大旗、一红衣炮。初时,夜间两堞一灯,继而五堞一灯,后遂八堞一灯。初用烛照,继用油。又以饭和油,则风不动、油不泼。每堞上瓦四块,砖石一堆。"江阴的军民还造了不少威力巨大的武器,居民黄云江善于制作弓弩,"弓长四尺,箭长一尺,以足踏上弦,百发百中",① 他发射火镞,中人面目,能使人立即毙命。陈瑞之的儿子制作了木铳、火球、火砖,其中木铳长二尺五寸,宽数寸,内置火药,状如银鞘,从城上投下,火发铳裂,可致人死命。阎应元则制造了铁挝,系以长绳,能于城上刺人于十步之外。经过阎应元的一番苦心经营,江阴城的防卫力量大大增强,使形势转危为安。

阎应元率领阖城军民,坚决抵抗,与清军交战,取得了极大的成就。清军向城楼射箭,江阴军民便用锅盖阻挡,一日便能得到三四百支箭。清军顶着船板、棺木或者牛皮架云梯攻城,城上则发炮石,将其击得粉碎。城堞有被清军的火炮轰坠之处,守城军民随时修葺,并设法加固,"外以铁门固蔽,内以棺木筑泥于中,又塞以木石"②。此外,夜间还有壮士缒城,顺风纵火,烧清军的营帐,使其惊慌失措,自相践踏。江阴城防的两个指挥者陈明遇、阎应元通力合作,相得益彰。陈明遇为人忠厚,处事平心经理,他每日坐食宿于城上,和百姓同甘共苦。阎应元则颇具才略,作战身先士卒,他昼夜不停地巡城,对于违反军纪的将士严肃处置。城内军民都愿意为他们效死,愈战愈勇。反观清军,遭到顽强的抵抗,死伤惨重,士气低落,"无不以生归为祝"③。

江阴城久攻不克,清朝只有不断地调遣大军增援。闰六月下旬,故明降将刘良佐率部前来,却依然未能取得任何进展,无奈之下,刘良佐命人将招抚信射入城中,后又亲自到城下劝降,向阎应元喊话:"弘光已走,江南无主,君早降,可保富贵。"阎应元断然拒绝,并且讽刺刘良佐的背

---

① 〔清〕计六奇:《明季南略》卷四《江阴续记》,第245、244页。
② 〔清〕计六奇:《明季南略》卷四《江阴续记》,第245-246页。
③ 〔清〕韩菼:《江阴城守纪》卷上第63页,上海书店,1982。

国降敌行径："我一典史耳，犹不忘故国。君爵为列侯，握重兵，不能捍卫疆圉，乃为敌前驱，何面目见我邪！"①他毅然决然地表示："有降将军，无降典史！"②刘良佐听后无言以对，惭愧而退。后来，清兵将豫亲王多铎的招降信射入城中，内中说："明已亡，何苦死守？"阎应元命人在信后加上"愿受炮打，宁死不降！"的语句，再将其射出城外。③八月初，贝勒博洛率军攻占松江，遂统领20万人马，携带红衣大炮，进围江阴，清军总兵力至此达到了24万。他命兵败被俘的原明将领吴志葵向城内喊话劝降，阎应元依然严词拒绝。

随着时间的推移，阎应元率军民昼夜拒守，已是精疲力竭，清军又加大了进攻的力度，江阴城防的形势日益严峻。然而，守城军民的意志却丝毫不减。八月十三日，阎应元发放赏月钱，令军民共度中秋佳节，延续到十七日为止。届时，百姓携壶觞登上城楼，畅饮尽欢。诸生许用模仿楚歌，作《五更转曲》，使人登高传唱，歌声悲壮，响彻云霄，其中有"江阴人打仗八十余日，宁死不投降"的歌词，激励人心。围城的清军听后，也深受感触，"或怒骂，或悲叹，甚有泣下者"④。

博洛到达江阴后，以"师久无功"处置刘良佐，将其捆绑起来。他绕城巡视，并登上城外的君山遥望，指出："此城舟形也，南首北尾，若攻南北必不破，惟攻其中则破矣。"⑤八月二十一日二更时分，清军集中红衣大炮，轰击江阴城的东北角，炮弹重13斤，"铁子入城，洞门十三重，树亦穿过数重，落地深数尺"⑥，威力巨大，守城军民惊惧不已。经过激战，城墙最终被轰破，清军蜂拥而上，担心城内有伏兵，不敢遽入，持刀立视半日，直至午后方才进城。阎应元临危不惧，率千人上马与清军展开巷战，背中三箭，欲夺门西走，不得出。无奈之下，他想投水自尽，却被清军俘获，遂痛骂博洛和刘良佐，在当天夜里被杀于栖霞庵。陈明遇在城陷后下令阖门举火，烧死家中男女，然后手持刀刃与清军搏斗，身负重伤

---

① 以上所引，见〔清〕徐鼒《小腆纪年附考》卷一〇，第384页。
② 〔清〕韩菼：《江阴城守纪》卷下第67页。
③ 〔清〕韩菼：《江阴城守纪》卷下第73页。
④ 〔清〕韩菼：《江阴城守纪》卷下第74－75页。
⑤ 〔清〕韩菼：《江阴城守纪》卷下第67页。
⑥ 〔清〕韩菼：《江阴城守纪》卷下第76页。

五、清军南下攻南明

而死。除此以外,有少年 500 人搏战于安利桥,斩杀清军甚众,力尽而败,"河长三十余丈,积尸与桥齐"①。据史书记载,全城军民均奋起反抗,巷战一直持续到了第二天,"四民骈首就死,咸以先死为幸,无一人顺从者"②。

江阴城的顽强不屈,引起了博洛的愤怒,他下令清军屠城,大杀三日,"止十二三岁童子不杀"③,"内外城河、泮池、孙郎中池、玉带河、涌塔庵池、里教场河处处填满叠尸数重。投四眼井者,四百余人"④,惨绝人寰。至八月二十三日,方才封刀,全城只剩下 53 人。江阴之战,陈明遇、阎应元率军民在众寡悬殊、外无援兵的情况下,坚守城池达 81 日,据部分史书记载,城守阵亡者 17 万余人,杀死清军 7 万余人,⑤ 其事迹可歌可泣,史称"江阴八十一日"。当时有人写了一副对联称颂江阴军民:"八十日戴发效忠,表太祖十七朝人物;六万人同心死义,存大明三百里江山。"《江阴野史》的作者评论道:"有明之季,士林无羞恶之心,居高官、享重名,以蒙面乞怜为得意。而封疆大帅,无不反戈内向。独陈、阎二典史,乃于一城见义。向使守京口如是,则江南不至拱手献人矣。"⑥

与"江阴八十一日"同样悲壮的,是爆发在嘉定的反剃发斗争。顺治二年(1645)六月二十四日,清廷派遣张维熙为嘉定知县。不久之后,城内外盛传下达剃发令,遭到了人们的强烈反对。闰六月十二日,嘉定士民起事,举火焚烧停泊在城东关外的降清总兵李成栋裨将梁德胜的舟师,杀死清兵 84 人。梁德胜不敢再留在嘉定,率余部投往驻扎吴淞的李成栋大军。李成栋闻讯,于十五日派遣 40 名骑兵前往娄东求援,不料在罗店镇遭到嘉定乡兵的截击,伤亡惨重。

嘉定起事之初,守城军民虽然取得一些小胜,但没有形成统一的领导,而且乡兵主要由农民组成,临时聚合,缺乏作战经验,因此弊端十分明显。闰六月十七日,士民推举侯峒曾为盟主,嘉定城守战的局势发生了

---

① 〔清〕计六奇:《明季南略》卷四《江阴续记》,第 248 页。
② 〔清〕韩炎:《江阴城守纪》卷下第 78 页。
③ 〔清〕计六奇:《明季南略》卷四《江阴续记》,第 248 页。
④ 〔清〕韩炎:《江阴城守纪》卷下第 78 页。
⑤ 参见李治亭主编《清史》,第 448 页,据该书考证,史料记载对双方的伤亡人数无疑有所夸大,江阴全城最多不超过 10 万人口。
⑥ 以上所引,见〔清〕计六奇《明季南略》卷四《江阴纪略》,第 243 页。

改观。

侯峒曾（1591—1645），字豫瞻，南直隶嘉定（今上海市嘉定区）人，天启五年（1625）进士，授南京兵部主事，历任江西提学参议、浙江参议等官，以"刚正"①之名称誉。后擢升为顺天府丞，未赴任而京师陷落。弘光时，朝廷举为左通政，侯峒曾眼见国事日非，辞疾不就。次年，南京陷落，清朝在江南推行剃发令，有人征询侯峒曾的意见，他说："闻徐太史汧护发自裁，何不奋义！即不可为，乃与城存亡，未晚也。"② 当时江南有不少士大夫为了保护汉人的尊严和自身的名节，拒不剃发，自裁明志，徐汧便是其中的代表。侯峒曾并不赞同这种消极抗争的做法，而主张积极地起兵抗清。嘉定起义后，闰六月十七日，进士黄淳耀与其弟秀才黄渊耀入城，与居住在城内的侯峒曾之子侯玄演、侯玄洁商讨守城之计。次日，清总兵李成栋亲统精锐进攻罗店，击败乡兵，杀死当地男妇达1604人。嘉定形势愈益危急，黄淳耀认为："今事成骑虎，无主必乱。"遂于十九日延请侯峒曾主持防务。侯峒曾入城后，集众公议，划地分守：东门由侯峒曾负责，西门由黄淳耀负责，南门由举人张锡眉负责，北门由国子生朱长祚负责，各自率众上城巡逻。嘉定百姓深受鼓舞，争先恐后地缚袴执刀相从。二十日，侯峒曾颁布挨门出丁法，"分上中下三等：上户出丁若干，衣粮自备，仍出银若干，备客兵粮饷并守城头目灯烛之费；中户出丁若干，衣粮自备，仍出银若干；下户止出一丁，分堞而守，每丁日给钱六十文，衣粮灯烛悉自备。城上分四隅，自某地起至某地止，分属各图，每图择一人为长。日入后，当事者亲自巡历，以稽勤惰。其大事专属峒曾、淳耀处分。"经过侯峒曾的一番经营，嘉定城防焕然一新，避难士民扶老携幼而归，不绝于路，远近乡兵纷纷云集。城头高插一面旗帜，上书"嘉定恢剿义师"六个大字，体现了军民一致抗清御敌的决心。二十四日，李成栋派遣其弟率领精骑数十夺路往娄东求援，在仓桥街被嘉定乡兵击败，全军覆没，李成栋之弟也死于阵中。李成栋听闻消息，惊惧不已，"日夜与诸将相对涕泣"③。

---

① 〔清〕徐鼒：《小腆纪传》卷四六《侯峒曾》，第474页。
② 〔明〕张岱：《石匮书后集》卷三四《侯峒曾列传》，第287页。
③ 以上所引，见佚名《嘉定屠城纪略》，〔清〕留云居士《明季稗史初编》第270－272页。

五、清军南下攻南明

然而,侯峒曾的到来,并未改变嘉定乡兵旋集旋散,不堪力战的局面。"乡兵本村农乌合,初无将领,乘兴一聚,即鸟兽散,郊外无一人往来。孤城荡荡,仅存一白旗迎风招飐而已。"① 各乡镇的人马缺乏联系,讹言相传,往往并不清楚战场情况,便盲目行动,屡屡失机败事。有鉴于此,侯峒曾联络明将吴志葵,请求给予援助。闰六月二十五日,吴志葵派遣游击蔡乔率300人马,前来嘉定增援,却在二十六日被清军击溃,吴志葵不再增兵,嘉定城外援就此断绝。李成栋获悉嘉定守城军民的艰难处境后,大修战具,会集精锐,准备再度发动进攻。

七月初一日,清军与嘉定乡兵会战于娄塘镇砖桥东。清军分为左、右两翼,乡兵根本不识阵势,呼为"蟹螯阵"。乡兵"每发挑战,多不过十余骑,皆散落不集一处;诸乡兵遥见兵出,拥挤益甚,手臂相摩,戛轧作声"②。最终,由于嘉定乡兵相互间配合不善,被清军击败。李成栋麾兵入镇大肆屠戮淫掠,共杀1713人,掳去妇女无数,并获得大量金帛财宝。城中消息不通,起初还以为乡兵大捷,各户忙着煮酒烧饭,准备犒劳胜利之师,旋即听到失败的消息,只好会集老幼,紧急上城守御,"连日夜莫敢交睫"。在嘉定形势岌岌可危的情况下,李成栋派人送来劝降榜文,上有"开门降,誓不杀一人"之语,侯峒曾、黄淳耀明知大势已去,却拒不屈服,将榜文撕裂。③ 他们命人烧毁了沿城一带的民居,把砖石搬运到城上,坚持战斗,决心与城共存亡。

李成栋率清军攻城,嘉定军民奋力抵御,"解而复围者再"④,战况十分激烈。七月初三日,李成栋集中优势兵力发起总攻,炮声轰轰不绝。清军顶着板扉穴城,侯玄演、侯玄洁督民夫用"金汁灰瓶尽力防御,陷处下巨木塞之"⑤。然而,天下大雨,将城一角冲毁,嘉定军民也渐渐不支。次日,雨势更盛,"城大崩"⑥,清军乘势从北门登城,嘉定就此陷落。侯峒曾携二子投水自尽而不得,被清兵杀死。李成栋命人将侯峒曾的首级悬

---

① 佚名《嘉定屠城纪略》,〔清〕留云居士《明季稗史初编》第272页。
② 佚名《嘉定屠城纪略》,〔清〕留云居士《明季稗史初编》第273—274页。
③ 佚名:《嘉定屠城纪略》,〔清〕留云居士《明季稗史初编》第272—274页。
④ 〔清〕计六奇:《明季南略》卷四《嘉定侯峒曾侯岐曾》,第263页。
⑤ 佚名:《嘉定屠城纪略》,〔清〕留云居士《明季稗史初编》第275页。
⑥ 〔清〕徐鼒:《小腆纪传》卷四六《侯峒曾》,第475页。

于城中示众。黄淳耀、黄渊耀兄弟自缢于僧舍，临死之前，黄淳耀题字于壁："弘光元年七月初四日，遗臣黄淳耀自裁于西城僧舍。呜呼，进不能宣力王朝，退不能洁身自隐，读书寡益，学道无成，耿耿不昧，此心而已！异日夷氛复靖，中华士庶再见天日，论其世者，尚知余心。"①

清军入城后，又展开了一场血腥的大屠杀，城内外士民死者2万余人。据史书记载："约闻一炮，兵丁遂得肆其杀戮，家至户到，小街僻巷，无不穷搜，乱苇丛棘，必用枪乱搅，知无人然后已……刀声割然，遍于远近，乞命之声，嘈杂如市，所杀不可计数……三日后，自西关至葛隆镇，浮尸满河，舟行无下篙处，白膏浮于水面，岔起数分。"②

在江南抗清风潮中，沈犹龙坚守松江的事迹同样是一幕悲壮的篇章。沈犹龙，字云升，南直隶华亭（今上海松江区）人，万历四十四年（1616）进士，崇祯时历任太仆少卿、福建巡抚、兵部右侍郎、两广总督等职。弘光年间，朝廷召其管理部事，沈犹龙推辞不就。南京陷落后，江南望风披靡，清廷派遣安抚官到松江，有指挥常某，搜刮士民资财，众人愤恨，将其杀死，推举沈犹龙为首起兵。于是，在闰六月初十日，沈犹龙偕同本地缙绅陈子龙、李待问、章简等招募壮士数千，据守城池，沈犹龙称总督、兵部尚书，陈子龙称监军。其时，故明总兵黄蜚、吴志葵的水师在吴淞地区活动，以弘光朝吏部考功司主事夏允彝为监军，声势浩大，一度攻入苏州，因遭清军伏击而失败，副总兵鲁之玙死于阵中。黄蜚、吴志葵遂率舟师退入泖湖，结水寨，与松江城互为犄角，坚持守御几达两月之久。不料，八月初三日，清将李成栋、李延龄率兵突至，以轻舟截春申浦（即黄浦江），乘风纵火，败明军水师，擒获黄、吴二将，进围松江城。李成栋采用了智取的策略，他让清兵假扮黄蜚的士卒进城，沈犹龙并不怀疑，开门放入，清兵突然将头上戴的红巾摘下，露出发辫。众人大骇，呼喊着："城破矣！"③ 守军也纷纷溃逃，城内乱成一团。清兵乘势掩杀，很快就克取全城。沈犹龙欲出东门，中流矢而死；李待问被杀于织染局；章简被俘，不屈而死；陈子龙逃出城外，幸免于难；黄蜚、吴志葵二将被押送南京处死；夏允彝见兵败无成，亦投水自尽。

---

① 〔清〕计六奇：《明季南略》卷四《黄淳耀渊耀》，第264页。
② 佚名：《嘉定屠城纪略》，见〔清〕留云居士《明季稗史初编》第277页。
③ 〔清〕徐鼒：《小腆纪传》卷四六《沈犹龙》，第473页。

五、清军南下攻南明

除了江阴、嘉定、松江的城守战外,吴易统领的太湖水师也给清军造成了重大损失。吴易,字日生,今江苏苏州市吴江区,崇祯十六年(1643)进士。弘光时,督师大学士史可法奏授其为职方主事,留之监军。弘光元年(1644),吴易奉命征饷,未回而扬州已经失守。六月,清军至吴江,县丞朱国佐投降,诸生吴鉴入县廷痛骂,被朱国佐执送苏州,后被杀死。吴易闻讯,率众擒拿朱国佐,交给吴鉴之父,令杀之祭奠吴鉴。就此,吴易正式起义抗清,随从的有举人孙兆奎,诸生华京、吴旦、赵汝珪等人。起初,吴易举兵只有30人,后来与陆世钥、沈自炳所部合营,屯兵太湖长白荡之上,达到了兵员300人、船只30艘的规模。不久,吴易又用计擒获松江盗首沈潘,收服其众1400人,得船70艘。这样,吴易拥有的船只达到了100艘,组成了一支水师队伍,出没五湖三泖间,声势浩大。当时,清军初至江南,不善水战,吴易便利用太湖广阔的水域和四通八达的水路,与清军巧妙周旋,屡获胜利。他命士卒散处湖畔,每当清军强征民夫操船时,吴易的人往往混入其中,待船至中流,他们突然跳入水中,将船凿沉,清兵"溺死无算"①。清总兵李遇春统领54艘舟师发动进攻,自平望至白龙桥列阵30里,却被吴易击败。清吴淞提督吴兆胜复举兵7000,乘船来吴江"肆掠",吴易采用设伏的办法,配合炮火轰击,清军损失惨重,吴兆胜惊呼:"渡江以来未有此败!"他返回苏州后,愤恨不已,不久又率3000人来到吴江,吴易"用草人装兵",诱使清军射箭,待其力竭,突然率部发动进攻,清军再遭失败。② 太湖水师一时威名煊赫,隆武帝授吴易为兵部右侍郎兼右佥都御史,总督江南诸军,后又升兵部尚书,封忠义伯,鲁监国也拜吴易为兵部右侍郎,封长兴伯。

八月,吴兆胜再率舟师至,吴易、孙兆奎将精兵锐卒埋伏于芦苇丛中,发起突袭,斩杀甚众,全军大喜,饮酒祝贺,放松了戒备。二十四日,吴兆胜会集优势兵力,至石桩桥,断港汊,吴易所部没有了粮食来源,众心浮动,有人劝说孙兆奎逃往海上,遭到了拒绝,孙兆奎说:"今四围皆兵,海其可至乎?事之不济,我将横尸水上,岂能窜海苟活邪?"第二天黎明,清军八面环攻,在众寡悬殊的情势下,太湖义师惨败,全军覆没。吴易溃围而逃,其父吴承绪、妻沈氏及女皆投水而死。孙兆奎被

---

① 〔清〕徐鼒:《小腆纪传》卷四六《吴易》,第463页。
② 以上所引,见〔清〕计六奇《明季南略》卷四《吴江吴易》,第262页。

俘，清军将其押送南京。他见到洪承畴后，大声讽刺道："崇祯时有一洪承畴，身死封疆，先帝亲祭哭之；今又一洪承畴，为一人邪，两人邪？"①洪承畴听后恼羞成怒，命人将其拖出斩杀。此役之中，除孙兆奎外，吴江诸生沈自征、沈自炳、沈自骍兄弟以及华京、吴旦、赵汝珏等人皆为明殉难。

顺治三年（1646）春，吴江人周瑞再度起兵于长白荡，迎接吴易入其军，攻吴江、嘉善，声势复振。六月，吴易乘舟到嘉善的下属孙璋家饮酒，被人告密，清军猝至，将其擒获，斩杀于杭州草桥门。

以江南地区为代表的抗清斗争，付出了惨重代价，牵制了清军大量兵力，在一定程度上延缓了其南下的进程，正如《江上遗闻》一书赞誉江阴城守战，"区区一邑，将举天下抗之，蔽遮钱塘（指鲁监国政权）南下之师，捍卫闽广新造之国（指隆武朝廷）"②。魏源也在《圣武记》中指出："民兵四起，声势中断，虽乌合无纪律，无甲仗粮饷，然不先清江左，则浙、闽未可鼓行而南也。"③然而，由于鲁监国和隆武政权内部纷争不断，未能及时增援各路义师，导致这些武装缺乏统一的领导和有力的支持，只能各自为战，被清军各个击破。但参加斗争的仁人志士们所表现出的崇高气节，却可歌可泣，永载史册。

8. 南明与大顺军余部联合

隆武政权时期，明清战局出现了一个新变化，即南明军与大顺军余部开始走向联合，这在湖南地区表现得尤为突出。

南明在湖南的政治代表是何腾蛟和堵胤锡。何腾蛟（1592—1649），字云从，贵州黎平人。天启元年（1621）举人，曾任南阳知县、兵部主

---

① 以上所引，见〔清〕徐鼒《小腆纪传》卷四六《吴易》，第463页。
② 〔清〕沈涛：《江上遗闻》第100页，上海书店，1982。
③ 〔清〕魏源：《圣武记》卷一《开创》《开国龙兴记四》，第40页。

五、清军南下攻南明

事、怀来兵备佥事等官。崇祯十六年（1643），升任湖广巡抚。弘光帝立，授其总督湖广、四川、贵州、广西五省军务。清顺治二年（南明弘光元年，1645），屯兵武昌的左良玉举兵，何腾蛟不屈，被挟持上舟。他乘隙逃出，辗转到达长沙。不久，清军攻陷南京，弘光政权覆灭，湖北也尽落清廷之手。值此关键时刻，何腾蛟在长沙设置行辕，主持局面，任用章旷、傅上瑞、周大启、严起恒等人，调集军马，筹备粮草，颇有成效。在这些人中，最为知名的便是湖广巡抚堵胤锡。堵胤锡（1601—1649），字仲缄，无锡人，崇祯十年（1637）进士，曾任南京户部主事、长沙知府等职。弘光年间，升任湖广参政，分守武昌、黄州、汉阳。隆武帝立，在何腾蛟的举荐下，堵胤锡被授予湖广巡抚一职，屯驻常德。尽管何腾蛟、堵胤锡等人颇思振作，并得到了隆武帝的支持，"委任益至"[1]，但是南明军队毕竟屡遭惨败，士气低落，而且清军已经确立了在湖北的统治，给湖南造成了巨大的压力，因此何、堵二人面临的处境并不乐观，想要以一己之力对抗清军几乎是不可能的。

在这种情况下，南明的湖南地方政府最终实现了与大顺农民军余部的联合。清顺治二年（南明弘光元年，1645）正月，大顺政权在清军的打击下被迫退出陕西，兵分两路。一路由李自成亲率主力经湖南，入湖北，遭到清军的围追堵截，连连败绩，李自成亦于同年五月在九宫山被乡兵所杀，这支军队遂土崩瓦解，陷于群龙无首的境地。刘体纯、郝摇旗、袁宗第、王进才等率10余万残兵败卒，滞留在通山和蒲圻（今湖北赤壁市）境内，达3个月之久，进退失据，缺衣少粮，士气低落，处境十分艰难。这一时期，清廷湖广总督佟养和曾派人与这支军队接触，但由于双方在剃发易服等问题上具有不可调和的矛盾，最终未能取得成效。在经过深思熟虑之后，郝摇旗等人决定与南明湖南当局联合，以图东山再起。八月，农民军进至湘阴、浏阳间，距长沙仅百里。何腾蛟对大顺军的情况并不了解，以为是"土寇"[2]来袭，遂派遣长沙知府周二南率副总兵黄朝宣所部2000人进攻，郝摇旗等人本意在谋求与南明联合，因此没有抵御，反而稍做退让。周二南误以为是土寇胆怯，挥兵直追，农民军被迫迎击。激战

---

[1] 〔清〕徐鼒：《小腆纪传》卷二九《何腾蛟》，第292页。
[2] 〔明〕王夫之：《永历实录》卷一三《高、李列传》，第119页，上海古籍出版社，1987。

之中，明军大败，全线崩溃，周二南坠马而死。大顺军追赶溃卒，想要传达和谈的意愿，明军失魂丧胆，只顾逃命，狼狈返回长沙。何腾蛟这才明白对方是强悍的大顺军余部，以长沙目前薄弱的防卫力量，实在难以抗衡，全城惊惧不已，军民惴惴不安。傅上瑞便劝说这位总督暂且出城避难，何腾蛟却坚定地表示："死于左，死于贼，一也。何避为！"① 虽然如此，他也别无他法，只有婴城固守，与城共存亡一策。郝摇旗等人为了表示诚意，停止进攻，执本地人往长沙道明来意。一段时间后，终于有传闻为何腾蛟所知，他遂派遣部将万大鹏等二人持手书携白牌往抚，指出："督师以湘阴褊小，不足容大军，请即移驻长沙。"② 欢迎他们归顺朝廷，与明军合营："公等皆大丈夫，去逆效顺，反掌间耳。督师推心置腹，公等诚能归朝，誓永保富贵。"③ 郝摇旗等人十分高兴，即率领大军跟随万大鹏二人进至长沙。何腾蛟开诚布公，慰劳备至，宴饮尽欢，以牛酒犒赏，长沙驻军骤增10万，声威大震。后来南明为了奖赏郝摇旗主动投诚之功，授其为总兵，封南安伯，隆武帝亲赐名为"永忠"。然而，湖南当局对归顺的农民军余部依然保有戒心，在驻地和粮饷问题上多有掣肘。更为关键的是，何腾蛟所属有张先璧、黄朝宣、曹志建、刘承胤等骄兵悍将，他们挤压着农民军余部的生存空间，双方矛盾日深。因此，不久之后，除了郝永忠、王进才二部仍留驻湖南以外，田见秀、刘体纯、袁宗第等则率师北上，与大顺军的另一路人马，即李过、高一功所部会师。

前已述及，在李自成率主力退出关中地区的同时，另有一路大顺军，即驻守榆林、延安的李自成侄李过、李自成妻弟高一功所部，从陕北撤退，由汉中南下，辗转进入湖北，李自成的妻子高氏也在这支军队中。七月，攻打清军据守的荆州城，激战半月，未克。李过、高一功将老营安置于松滋县（今湖北松滋市）草坪，兵马分布在湖北荆州、湖南澧州（今湖南澧县）一带。此时，田见秀、刘体纯、袁宗第等率领军马与李过所部合营，总计达30万众，声势浩大。九月，驻守常德的南明湖广巡抚堵胤锡了解到大顺军余部的情况，决定亲自前往招抚，他表示："覆亡无日，

---

① 〔清〕徐鼒：《小腆纪传》卷二九《何腾蛟》，第292页。
② 〔清〕徐鼒：《小腆纪传》卷二九《何腾蛟》，第293页。
③ 〔清〕温睿临：《南疆逸史》卷二一《何腾蛟列传》，第148页。

五、清军南下攻南明

吾愿赤手往，为国家抚集其众。事成，则宗社之灵；否则，某授命之日也。"① 于是堵胤锡以匹马率帐下执事数人，由武陵、澧水赶往草坪，晓以忠义、利害，劝说李过、高一功投诚。他说道："将军辈有大用材，而陷于不义，亦当事者过。但念国家三百年来若祖宗世食其德，卒以乌合之众覆灭宗社，止博贼名，为此何利？今若能悔祸改行，协力同心，以建立功业，某当与将军共之……今福京新建，主圣臣贤，以此号召天下，何难比美南阳光复旧宇？以天道人事卜之，中兴无疑。将军千古得失之机，止视举足间尔，安可执迷自误哉！"② 堵胤锡这一番言论，晓之以理，动之以情，并以立功封爵、名留青史相劝诱，终于打动了大顺农民军的领袖。李自成的妻子高氏首先表态降明，她对李过说："使尔辈赎前罪、洗贼名者，堵公之赐也。尔其始终勉之，勿生二心。"③ 李过叩首遵命，与堵胤锡醴酒为誓，归顺朝廷，接受节制。

大顺军余部在湖南归附南明，何腾蛟、堵胤锡上书隆武政权为相关将领请封，在朝廷内部引起了一番激烈的争论。内阁大学士蒋德璟、路振飞、林增志认为："李贼破北京，罪在不赦，其党安得封拜！"御史钱邦芑则上疏反对："方今国家新造，兵势单弱，高、李诸贼拥三十万众于楚中，若不以高爵招之，彼必不为我用，全楚非我有也。今出空爵于朝廷之上，一日而得三十万之兵，免楚数百万生灵之涂炭。孰得孰失，即汉高王韩信于齐，岂得已哉！今当权宜假以封号。"④最终，隆武帝采纳了钱邦芑的意见，封赏大顺军将领，赐李过名为"赤心"，授御营前部左军，赐高一功名为"必正"，授御营前部右军，并挂龙虎将军印，爵列侯，其他将帅封赏有差，其营被赐名为"忠贞营"。李自成的夫人高氏因率先投诚有功，受封"贞义夫人"，赐珠冠彩币，命有司建坊，题曰"淑赞中兴"，嘉奖备至。⑤ 何腾蛟、堵胤锡招抚有功，也受到封赏，何腾蛟拜东阁大学士兼兵部尚书，封定兴伯，进堵胤锡为兵部右侍郎兼右佥都御史，总制忠贞营。大顺军虽接受明廷的指挥，但编制并未被打乱。值得一提的是，李赤

---

① 〔清〕计六奇：《明季南略》卷一二《堵胤锡始末》，第400－401页。
② 以上所引，见〔清〕计六奇《明季南略》卷一二《堵胤锡始末》，第401页。
③ 以上所引，见〔清〕计六奇《明季南略》卷一二《堵胤锡始末》，第401页。
④ 以上所引，见〔清〕计六奇《明季南略》卷一二《堵胤锡始末》，第403页。
⑤ 〔清〕徐鼒：《小腆纪传》卷二九《堵胤锡》，第297页。

心在向隆武帝呈递的奏疏中，仍称李自成为先帝，高氏为太后，而明廷无法制止。可见，大顺军与后来完全与明朝融为一体的大西军不同，尚保持一定的独立性，这也是其在日后能够顺利摆脱南明控制的重要原因。

南明与大顺军余部的联合，极大地增强了明军在湖广地区的防卫力量，经过何腾蛟的一番部署，湖南北立营十三镇①，声势浩大。此时阿济格所统八旗兵已经班师，因而清军在湖北地区的力量薄弱。在这种情况下，清顺治二年（南明隆武元年，1645）冬，何腾蛟在长沙誓师北伐。明军兵分两路，一路由监军道章旷率马进忠、王允成为前部，下岳州（今湖南岳阳市），何腾蛟统偏将满大壮以数千兵继之，一路由堵胤锡督忠贞营进攻荆州。明军声势浩大，清荆州副总兵郑四维竭力防守，渐渐不支，向朝廷请援。清湖北巡按马兆煃在揭帖中惊呼："我皇上若不急发大兵南下，恐两王②已定之疆土，非复朝廷之有也！"③对于清廷而言湖广形势已经到了十分危急的时刻。

十一月初六日，清廷命驻守南京的平南大将军勒克德浑增援湖广。次年正月，大军到达武昌。清军兵分两路：一路由护军统领博尔惠率领偏师，南下岳州，进攻马进忠、王允成所部；一路由勒克德浑亲率主力，往荆州攻打忠贞营。屯驻岳州的南明诸镇误以为勒克德浑大军迫境，竟惊慌失措，不战而逃，明岳州副将马蛟麟则向清军献城投降。何腾蛟正赶往湘阴，"期大会"④，而岳州明军的表现却让这位督师的进取方略成为泡影，他只得悻悻而归，返回长沙。另一方面，勒克德浑统领清军主力于正月二十九日攻取石首县（今湖北石首市），二月初三日抵荆州境。此时，忠贞营正在全力攻城，老营设置于南岸，防守薄弱。勒克德浑命尚书觉罗朗球以轻骑兵潜袭南岸，自己则率大军分两翼直冲忠贞营，李过等猝不及防，遂大败，向西撤退，堵胤锡返回常德。清军乘胜追击，忠贞营的精锐损失殆尽，李过、高一功被迫率残部退入川东三峡天险之地。此役中，原大顺政权泽侯田见秀、义侯张鼐、太平伯吴汝义等率众降清。多尔衮认为他们

---

① 何腾蛟题授黄朝宣、张先璧、刘承胤、李赤心、郝永忠（摇旗）、袁宗第、王进才、董英、马进忠、马士秀、曹志建、王允成、卢鼎等为总兵，时称"十三镇"。
② 指豫亲王多铎、英亲王阿济格。
③ 《明清史料》丙编第六本《湖北巡按马兆煃揭帖》，第514页。
④ 〔清〕徐鼒：《小腆纪传》卷二九《何腾蛟》，第293页。

五、清军南下攻南明

是势穷来投,叛降不定,命勒克德浑悉数杀之。

南明政权与大顺军余部联合,是在面对清军凌厉攻势之下,为了求得各自生存、发展,才捐弃前嫌,走到了一起。在这一过程中,大顺军的斗争目标发生了重要转变,由原先的灭明变为复明。然而,南明朝廷与大顺政权毕竟有灭国之仇,因此其统治集团并不信任农民将领,只是暂时需要,把他们当作眼前的借用力量,缺乏诚意。御史钱邦芑在主张接纳大顺军的奏疏中提到所谓"今当权宜假以封号"[①],便可见一斑。在田见秀、刘体纯、袁宗第与何腾蛟所部合营期间,双方发生了许多摩擦,此后这种矛盾还仍未消除继续。荆州之役后,忠贞营退入川东,暂时与南明政权分离;郝永忠、王进才二部则继续接受何腾蛟的节制,在湖广地区与清军继续展开斗争。

---

① 〔清〕计六奇:《明季南略》卷一二《堵胤锡始末》,第403页。

六、清军与永历拉锯战

六、清军与永历拉锯战

1. 清军桂林争夺战

南明的最后一个政权是永历政权。这个政权在极其艰难的情况下,坚持抗清达15年之久,清军付出了巨大的代价,与其反复地展开拉锯战,才彻底将其消灭,从而基本确立了在全国的统治。因此,清朝与永历政权之间的斗争,惊心动魄、荡气回肠,构成了清朝统一战争史上的又一个高潮。

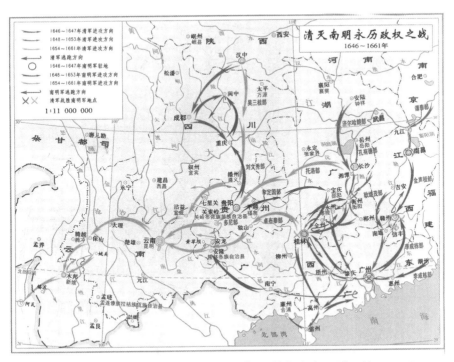

图6.1 清灭南明永历政权之战(选自《中国战争史地图集》,第157页)

永历政权的统治者朱由榔（1623—1662），乃明神宗之孙，桂端王朱常瀛第四子。崇祯九年（1636），封永明王。崇祯十六年（1643），张献忠攻陷桂王封地衡州（今湖南衡阳市），朱常瀛逃至广西，寓居梧州。清顺治二年（南明弘光元年，1645），弘光政权覆灭，弘光帝朱由崧、潞王朱常淓皆被清军俘虏，桂端王一脉成为唯一的近支皇族，因此，广西在籍尚书陈子壮便想拥立朱常瀛监国，后来因为朱聿键在福建成立隆武政权而作罢。同年十一月，桂端王朱常瀛去世，由其第三子安仁王朱由㰚袭封，是为桂恭王，徙居肇庆府。不久，朱由㰚亦卒，依次应由其弟朱由榔嗣位。隆武帝在给朱由榔的赐封诏书中称，"天下，王之天下"，并时常对群臣们说："永明王神宗嫡孙，统系最正，朕无子，后当属诸。"① 体现了朱由榔在众多明朝宗室中血统上的独特优势，这也是他后来能够在与绍武帝朱聿鐭的斗争中以正统自居的主要原因。

清顺治三年（南明隆武二年，1646）八月，朱聿键在汀州被杀，隆武政权覆灭。消息传到广东，该地的明朝官员决定议立新君，继续复明抗清大业。两广总督丁魁楚，广西巡抚瞿式耜，巡按御史王化澄、郑封，知府朱治涧，锦衣卫佥事马吉翔，太监庞天寿，以及旧臣吕大器、李永茂、晏日曙、汤来贺、董天闳、周鼎瀚、方以智、林佳鼎、程源等同心拥戴桂王朱由榔，就任监国之位。桂王的母亲王氏听闻这一消息，不喜反惊，她知道其子朱由榔生性柔弱，绝非帝王之才，遂告诫他："儿非治世才，何苦以一朝虚号，涂炭生民，南中、闽中②可鉴也。"并向诸大臣表示："诸臣何患无君，愿更择可者！"③ 丁魁楚等认为桂王伦序当立，又很贤明，坚决拥立。十月十四日，桂王在肇庆监国，以府署为行宫，颁诏各省。拜丁魁楚为东阁大学士兼戎政尚书，吕大器为东阁大学士兼兵部尚书，瞿式耜为大学士兼吏部右侍郎，摄尚书事，其余臣工封赏有差。十一月十八日，朱由榔正式践天子位，改明年为永历元年。南明又一个小朝廷就此建立。从以后的历史进程来看，王氏对自己的儿子确实了解透彻，朱由榔缺乏乱世中力挽狂澜的雄才大略，明朝近三百年的基业在其手中彻底埋葬，他登上历史舞台，造成了这个政权和其自身共同的悲剧。

---

① 以上所引，见〔清〕徐鼒《小腆纪传》卷四《永历上》，第41页。
② 指弘光帝朱由崧、隆武帝朱聿键。
③ 以上所引，见〔清〕徐鼒《小腆纪年附考》卷一三，第506页。

六、清军与永历拉锯战

上一章提到,朱由榔执政之初,广州的明朝遗臣建立了一个绍武小朝廷。在一个多月的时间内,两个政权纷争不断,内讧不已,进一步削弱了明朝本就孱弱不堪的实力,从而给了清军可乘之机。十二月,清朝署两广总督佟养甲、署广东提督李成栋率军从福建攻入广东境内,十五日,破广州,绍武政权覆灭,绍武帝朱聿𨮁自缢而死。广州失陷,肇庆变得岌岌可危,朱由榔惊惧不已,他不顾瞿式耜的反对,留下朱治㶏为两广总督,负责肇庆守御,自己于当月二十二日乘船西逃,百官随从,辗转梧州、平乐,于清顺治四年(南明永历元年,1647)正月二十二日到达桂林。瞿式耜认为广西形势险峻,足以据守,"粤西居山川上游,敌不能仰面攻明矣。兵士云屯湖南、北,南宁、太平出滇,柳州、庆远通黔,左、右江四十五洞土狼标勇,詟国家威惠,三百年悉受衔橛,足资内备"①。朱由榔遂将行在暂时设于桂林。桂林这座城池,成为日后明清两军反复争夺的重要据点。在永历帝西逃途中,王化澄、李永茂、晏日曙等大臣纷纷离开了他,丁魁楚眼见大势已去,忙着转移财产,向清军投降,后被李成栋诱杀。因此在永历帝左右的重要臣工只剩下瞿式耜一人。瞿式耜(1590—1650),字起田,常熟人,万历四十四年(1616)进士,曾任永丰知县、户科给事中等职,颇有政绩。崇祯年间,因党争遭到贬谪。弘光政权建立之后,受到朝廷起用,任应天府丞、佥都御史广西巡抚等职。朱由榔称帝后,瞿式耜逐渐走向历史前台,他在明清战局日后的发展中扮演着重要的角色。

李成栋统领清军,一路之上攻城略地,对永历帝紧追不舍。正月十六日,克肇庆,明两广总督朱治㶏不战而逃。二十九日,取梧州,明广西巡抚曹烨降。不久,再陷平乐,明布政使耿献忠降,守将思恩侯陈邦傅逃往南宁。面对清军的步步紧逼,永历帝又感受到了恐惧,在司礼监太监王坤的怂恿下,他再度想到逃跑,要迁往湖南。瞿式耜对朱由榔一逃再逃的行径十分不满,他上疏谏言道:"半年之内,三四播迁,兵民无不惶惑。上留则粤留,上去则粤亦去。今日之势,我进一步,人亦进一步,我退速一日,人来亦速一日。故楚不可遽往,粤不可轻弃。今日勿遽往,则往也易;轻弃,则入也难。且海内幅员,止此一隅,以全盛视粤西,则一隅似小;就西粤恢中原,则一隅甚大。若弃而不守,愚者亦知拱手送矣。"②

---

① 〔清〕徐鼒:《小腆纪传》卷二八《瞿式耜》,第 279 页。
② 〔清〕徐鼒:《小腆纪传》卷二八《瞿式耜》,第 279 页。

力陈放弃广西的严重性。可惜永历帝逃命心切,听不进这位老臣的忠告。瞿式耜只好退而求其次,劝说永历帝不要遽入湖南,先暂时驻跸接近湖南、尚在广西境内的全州,可以控扼楚粤,内外兼顾。同时,瞿式耜表示:"君以仁,臣以义。臣奉命守土,当与此土共存亡。"① 自请留守桂林,得到允许。二月十五日,永历帝率群臣撤离桂林,命瞿式耜为文渊阁大学士兼吏、兵二部尚书,留守桂林,以焦琏兵隶之。焦琏,字国器,山西人,历任参将、副总兵、总兵等职,"精悍绝有力"②,曾隶征蛮将军杨国威麾下,颇有战功。崇祯十六年(1643),张献忠攻破桂王封地衡州,焦琏率精兵从农民军手中营救出永明王朱由榔,建立殊勋。永历政权建立后,皇帝感念当年的救命之恩,特别优待他。焦琏也曾经与瞿式耜共过事,对这位老臣十分尊重。因此,永历帝在离开桂林之前,便将焦琏及其麾下的劲旅拨给瞿式耜,供其调遣。

此时,清军的后方发生了变故。原明在籍官绅陈邦彦、张家玉、陈子壮等组织武装力量,先后在广东起事,一度威胁广州。不得已,清两广总督佟养甲将李成栋的主力从广西前线调回,镇压起事武装。③ 在这种情况下,瞿式耜面临的形势稍有缓和,但余下的清军依然马不停蹄地向桂林开来。面临这种局势,总督侍郎朱盛浓、巡按御史辜延泰、知府王惠卿等官员未战先逃,桂林城防十分空虚。三月初十日,瞿式耜急召屯驻黄沙镇的焦琏入城守御。焦琏亲率 300 精骑渡河,因河水泛滥,水及马腹,士卒行军艰难,到了江边,得渔舟两艘乘坐,才顺利于当晚到达留守署。十四日,瞿式耜派军士运粮,而数万清兵从平乐长驱直入,猝至桂林城下。一个明兵仓皇进城奔告,急得上气不接下气。瞿式耜从容地笑着说:"敌兵至邪?何张皇若是!"说话之间,突然有数十清骑乘虚进入文昌门,登上城楼俯瞰留守署,箭矢齐发,有的甚至射到了瞿式耜的纶巾。瞿式耜大怒:"何敢尔!"④ 他急呼焦琏,焦琏袒背控弦,提刀冲杀,发数矢,清兵

---

① 〔清〕徐鼒:《小腆纪传》卷二八《瞿式耜》,第 280 页。
② 〔清〕徐鼒:《小腆纪传》卷三六《焦琏》,第 354 页。
③ 直至当年十月,李成栋才将广东的起义彻底镇压下去。陈邦彦、张家玉、陈子壮在广东的军事活动,拖住了大量清军主力,有效地支援了广西地区的抗清斗争,这也是明军能够取得桂林保卫战胜利的重要原因。
④ 以上所引,见〔清〕徐鼒《小腆纪传》卷二八《瞿式耜》,第 280 页。

六、清军与永历拉锯战

应弦而倒，士气大挫。焦琏命麾下士卒紧闭城门，将入城的清军前锋孤立起来，与其展开激烈的巷战，斩获甚众。接着，焦琏率精骑出城直冲清军大营，将其截为三段，反复斯杀，"戈刃所及，血雨肉飞"，以区区 300 余人，无不以一当百，取得辉煌战果，"自寅至午，斩首数千级"①。守御诸将白贵、白玉亦率军出城冲杀，清军大溃，逃往阳朔，明军追奔数十里，取得了第一次桂林保卫战的胜利。这场胜利，对于屡战屡败的明军而言尤为难得，对提升士气起到了很大的作用。

第一次桂林保卫战之后，驻全州的总兵官刘承胤奉永历帝之命，派兵 3000 人增援桂林，然而这些人却发生了哗变。他们索要粮饷，瞿式耜搜尽库藏与囊金，夫人邵氏又捐簪珥数百金与之，这些军士仍然不满足，他们不肯为保卫桂林出力，而且与焦琏所部主客兵关系不和，最后殴打了焦琏，大掠城中而去。五月二十五日，清军侦知桂林城中发生了兵变，于是从阳朔、平乐出动，第二次发起进攻，包围文昌门。时值阴雨连绵，城墙损坏，军民人心惶惶，"吏士皆无人色"②。焦琏负伤作战，与瞿式耜等分门把守，用西洋铳轰击城下骑兵，清军稍稍退却。焦琏乘势率精锐出城击杀，斩数千级。双方陷于酣战之中，从早晨打到中午都来不及吃饭。瞿式耜将衙署中存留的粮食全拿出来做饭，分给将士们，大家受到鼓舞，都乐于用命。第二天焦琏再度出战，终于冲破清军阵营，取得胜利。清军抛弃辎重器械，狼狈而逃。在战前，瞿式耜曾命令援将马之骥隔江发大炮，助声势。这支军队遇到从栗木岭进攻桂林的清军，马之骥率部疾驰渡江，一举击败，追杀 20 里而还。明军取得了第二次桂林保卫战的胜利。瞿式耜因功升少师兼太子太师，封临桂伯，焦琏封新兴伯。

两次桂林之战后，南明在广西地区逐渐取得了优势，李成栋的主力忙于在广东镇压陈邦彦、张家玉、陈子壮的武装力量，不能西顾，瞿式耜就此开始发起反攻。七、八月间，焦琏乘胜连下阳朔、平乐，原先退避南宁的思恩侯陈邦傅由宾州、柳州收复浔州（今广西桂平市）、梧州。"粤西全定"③，广西重新成为永历政权的天下。

虽然广西的局势有所改观，但是永历帝退出桂林后却面临了更大的危

---

① 以上所引，见〔清〕徐鼒《小腆纪传》卷三六《焦琏》，第 355 页。
② 〔清〕计六奇：《明季南略》卷一〇《瞿式耜留守桂林》，第 349 页。
③ 〔清〕徐鼒：《小腆纪传》卷二八《瞿式耜》，第 281 页。

机,可谓内忧外患。所谓内忧,指的是刘承胤专擅。二月,朱由榔一行驻跸广西全州,命湖南武冈总兵刘承胤入朝护卫。刘承胤凭借手中掌握的军队,逐渐控制朝政,骄横跋扈,专擅威福。四月,为了进一步巩固自己的权势,刘承胤迫使永历帝离开全州,迁徙到他的驻地武冈,意为挟天子而令诸侯。明廷改武冈为"奉天府",封刘承胤为武冈侯,后晋爵安国公。在武冈期间,永历帝处处受制,政事皆决于刘承胤。六月,督师大学士何腾蛟至武冈朝见永历帝。刘承胤原是何腾蛟的部下,此时却谋划解除他的兵权,遭到了永历帝的坚拒。为了加强何腾蛟的力量以制衡刘承胤,永历帝特将云南援将赵印选、胡一青的兵马拨给他,供其指挥。不久,何腾蛟辞朝,途中遭到刘承胤的伏兵截杀,幸赖何腾蛟有所防备,加之赵印选、胡一青拼力护卫,何腾蛟才得以顺利离开武冈。由此可见,刘承胤的权势十分显赫,南明的内政处于一种极不正常的状态。

所谓外患,指的是清军大举用兵湖南。自清顺治三年(南明隆武二年,1646)春忠贞营发动的荆州之役失利以后,湖南的形势对于何腾蛟、堵胤锡而言就开始走向不利。同年八月,清廷以恭顺王孔有德为平南大将军,与怀顺王耿仲明、智顺王尚可喜、续顺公沈志祥、右翼固山额真金砺、左翼梅勒章京屯泰,统率八旗满洲、蒙古、汉军南征,首要目标便是进攻湖南。孔有德等受命后,回辽东收拾兵马,于次年二月到达湖南岳州。此时,明朝在湖南地区主要的军事力量是"十三镇"。这些人马,多为骄兵悍将和地方军阀,不以大局为重而谋求个人私利,人人自雄,在战斗中不肯出力。因此,孔有德统率精锐之师驰骋湖南大地,连连击败"十三镇",杀黄朝宣,降董英,进展迅速。二月二十五日,孔有德取长沙;二十六日,下湘阴;四月初二日,克衡山;四月十二日,破衡州。何腾蛟被迫一撤再撤,最后退到接近广西的永州白牙市屯驻。五月之后,进入盛夏,清军停止进兵,在长沙、衡州一带避暑。八月,孔有德发动新的攻势,连克宝庆(今湖南邵阳市)、常德,驻兵于此的堵胤锡与马进忠①退屯湘西永顺司。清军逐渐进逼武冈,刘承胤除了吹嘘"我兵多,他(指清军)决不敢来"②以外,并无任何御敌之策。他眼见警报频传,清兵势大,开始与部下谋划投降的事宜,甚而亲自出城与孔有德接洽,剃发表示

---

① 马进忠原隶何腾蛟,长沙失陷后至常德屯驻。
② 〔清〕计六奇:《明季南略》卷一一《武冈播迁始末》,第385页。

六、清军与永历拉锯战

归顺,并愿意执献朱由榔。永历帝觉察到刘承胤生了二心,感到情况不妙,乘刘承胤不在城中,于八月二十五日带着少数臣僚宫眷从间道仓皇出逃。刘承胤向孔有德献城投降,并为清军做向导追击永历帝,终究未能成功。次年,因刘承胤的部将陈友龙重新归明反清,刘承胤备受猜忌,被孔有德杀于湖北,落得个可耻的下场。清军连下清远、靖州、黔阳、沅州、永州、辰州(今湖南怀化市)等城。除了湘西的部分土司以外,永历政权在湖南控制的土地几乎损失殆尽。

永历帝退出武冈后,辗转靖州、柳州、象州等地,居无定所,十分狼狈。瞿式耜力劝皇帝返回桂林,但是永历帝认为那里不够安全,没有采纳他的意见。与此同时,在湖南失陷之后,督师大学士何腾蛟与所属郝永忠、卢鼎、赵印选、胡一青等部退往桂林地区,与瞿式耜等分地据守,一时兵力大振。十一月初,清军从湖南进攻广西门户全州,何腾蛟命郝、卢、赵、胡四镇驰援焦琏所部,连营并进,首尾亘300里,与清军激战,取得胜利,全州围解。此战之后,清军退还湖南,永历帝才接受瞿式耜的建议,于十二月初三日返回桂林。

可惜好景不长,由于对大顺农民军余部保有敌意,明朝各镇以及团练兵与郝永忠所部发生了激烈的矛盾,焦琏甚至提议剿杀郝永忠的军队。在这种情况下,明军军心涣散,又给了清军可乘之机。全州之役后,明朝的主力相继撤退,留下副将唐文曜、王有臣偕同知州马鸣鸾负责守御。他们三人认为全州地处孤注之地,兵微将寡,难以保全,竟于十二月中旬主动降清,将广西的门户拱手相让。面对这种局面,素来不睦的郝永忠和焦琏部不仅不率部驰援,合作抗清,反而各自撤退,"焦琏走平乐,郝永忠壁兴安,式耜、腾蛟亦无如何也"①。清军遂得以发动新的攻势。

清顺治五年(南明永历二年,1648)二月,清军与郝永忠战于灵川,郝永忠败绩,退往桂林,纵兵大掠。左右群臣力劝永历帝迁往南宁,遭到瞿式耜的激烈反对。他反复千言,极力劝谏,认为朝廷屡次播迁将丧尽军心民心,希望皇帝能够留下来主持战守大局。他指出:"不可。督师(指何腾蛟)警报未至,营夜惊,无大恐。二百里外风尘,遽使九五露处邪?播迁无宁日,国势愈弱,兵气愈不振,民心皇皇复何依?候督师归,天威

---

① 〔清〕徐鼒:《小腆纪传》卷四《永历上》,第48页。

咫尺，激励将士，背城借一，胜败未可知。若以走为上策，桂危，柳不危乎？今日至桂，明日不可至南、太乎？"永历帝根本听不进瞿式耜的意见，冷冷地说道："卿不过欲朕死社稷耳。"瞿式耜不再说话，含泪而退。大学士严起恒建议："明晨再议。"① 然而就在次日，即二月二十二日清晨，朱由榔没有告知瞿式耜，便率随驾官员、宫眷离开了桂林，迁往南宁。永历帝走后，溃兵纷纷涌进桂林，大肆抢掠，城内如洗，一片混乱。瞿式耜出来主持局面，安抚百姓，整顿秩序，檄调兵马。先后有督师何腾蛟、新兴伯焦琏、楚镇周金汤和熊兆佐、滇镇胡一青提兵入援。经过瞿式耜的一番部署，民心逐渐安定，南明军威重振于桂林。

清军侦知桂林发生变乱，于三月二十二日再度发起进攻，直抵北门。瞿式耜守城，何腾蛟督诸将分三路出击：胡一青以滇兵出文昌门，周金汤、熊兆佐以楚兵出榕树门，何腾蛟自与焦琏率部出北门。两军激战之中，焦琏奋臂大呼："琏为诸君破敌。"② 他身先士卒，一马当先，横矛直冲清营。清军将其围困，矢如雨下。焦琏左右冲击，与清兵展开激烈的缠斗。抚粤将军刘起蛟、胡一青、周金汤、熊兆佐等见状都冲入阵中，与焦琏合兵奋战，最终将清军击败。焦琏标下白贵力战而死。清军溃退，明军乘胜直追，达20里，几乎抓获清军的统帅。此战之后，清军退回全州，何腾蛟则在桂林和全州之间的榕江列营布防。第三次桂林之战胜利后，远在南宁的永历帝接获捷报，十分高兴，封赏有功将帅，特赐瞿式耜银币以及"'精忠贯日'金图书一枚"③。瞿式耜领导下的三次桂林保卫战的胜利，极大地振奋了南明的军心民心，所谓"桂林三捷，南渡以来所未有也"④。

通过以上永历帝执政初期的史实可知，他是一个性格软弱，缺乏勇气和谋略的皇帝。在一年多的时间里，他秉持敌未至而先行的方略，东躲西逃，却无半点抗清御敌之策，堪称"逃跑皇帝"。然而在瞿式耜、何腾蛟等大臣的操持下，在焦琏等勇将的拼搏下，这个小朝廷还能维持下去，而且在屡败的颓势中取得了几次难得的胜利。到了清顺治五年（南明永历二

---

① 以上所引，见〔清〕徐鼒《小腆纪传》卷二八《瞿式耜》，第282页。
② 〔清〕徐鼒：《小腆纪年附考》卷一五，第577页。
③ 〔清〕计六奇：《明季南略》卷一一《瞿式耜复守桂林》，第363页。
④ 〔清〕徐鼒：《小腆纪传》卷三六《焦琏》，第355页。

六、清军与永历拉锯战

年,1648),明清战争出现了一个重大变局,那就是清朝的江西提督金声桓、广东提督李成栋先后反正归明,这对于永历政权而言无疑是一个千载难逢的转机。

2. 江西再争夺

清顺治五年(南明永历二年,1648),永历政权在风雨飘摇之际迎来了重大转机。清朝的江西总兵金声桓、广东提督李成栋先后反正,南明控制的领土一时大增,君臣们似乎又看到了中兴祖业的希望。明清战局再度变得复杂,两个政权为此在江西、湖南一带展开了激烈的争夺。

首先是清顺治五年(南明永历二年,1648)正月二十七日,清江西提督金声桓偕副将王得仁在南昌举兵,宣布反正归明。金声桓,字虎臣,辽东卫人,曾隶左良玉军,充总兵。清顺治二年(南明弘光元年,1645),左良玉之子左梦庚率部降清,余众皆北上,金声桓自请为朝廷规取江西,得到英亲王阿济格允许,授其提督抚剿总兵衔,挂讨逆将军印,与副将王体忠合营屯九江。金声桓传檄下南康、南昌,声威大震,被清廷拜为镇守江西总兵官。王体忠原属大顺军,与金声桓不合,金声桓遂联合王体忠心腹王得仁,将其杀害,令王得仁代为副将。王得仁骁勇善战,军中呼为"王杂毛",在他的率领下,清军连克抚州、饶州(今江西鄱阳县)、吉安、广信,除赣州以外,"江右悉平"[1]。清顺治三年(南明隆武二年,1646)十月,经过数月苦战,金声桓部终于攻克赣州。可见,金、王二人在清朝平定江西的进程中起到了重要的作用。然而,满洲统治者内心中并不信任这些降将,没有重用他们。清廷命关外旧臣章于天为江西巡抚,金声桓仍为总兵,受其节制,王得仁亦未受到封赏。金声桓自认为有不世之功,愤愤不平,他上奏朝廷,希望给予他更大的权力:"臣原衔提督剿抚,

---

[1] 〔清〕徐鼒:《小腆纪年附考》卷一五,第572页。

今更为镇守，体统迥异，请如原衔赐敕印，节制文武，便宜行事。"① 多尔衮当然不可能给他如此大权，认为其所请冒昧，予以驳斥。金声桓愤愤不平，内心埋怨清廷刻薄寡恩。另外，清江西巡抚章于天、巡按董学成为人贪婪，同时看不起投降的将领，经常侮辱、勒索金、王二人，双方矛盾日益加深。值得一提的是，隆武政权时期，黄道周、万元吉等南明大臣曾写信规劝金声桓反清，此后亦有不少故明士绅反复提议，这些言论，对金声桓思想的转变同样起到了重要的作用。这些因素交织在一起，促使金声桓、王得仁做出了反清归明的重大决策。

清顺治五年（南明永历二年，1648）正月，清江西巡抚章于天赴瑞州（今江西高安市）搜括富室庄田，金声桓、王得仁乘此时机，于二十六日夜发动兵变，集合全营，关闭城门，包围巡按官署。次日，斩杀巡按董学成及副使成大业，又逮捕巡抚章于天，迎故明大学士姜曰广入城为盟主，出安民告示，宣布反清复明，传檄远近，命军民剪辫易服。在檄文中，金、王二人表达了对清廷功高赏薄的不满："劳苦功高，不惟无寸功之见录，反受有司之百凌，血气难平，不得已效命原主。"② 由于道路阻隔，江西地区尚未得知永历帝即位的消息，因此沿用隆武年号，称隆武四年。

金、王发动的兵变，声势浩大，九江以东望风归附，江西一带除赣州坚守不降外，几乎全省归明。形势对于清朝统治者而言十分严峻，清江南、江西、河南总督马国柱上疏朝廷求援："江西总兵金声桓据南昌以叛……攻陷郡邑，劫掠船艘，声言将浮江东下，窥伺江南，请速发大兵以图扑灭。"③ 后来，金声桓听到隆武政权已经覆灭，桂王朱由榔继统的消息，遂改用永历年号，并派密使携带佛经，内藏奏疏，从间道赴南宁，向永历帝汇报江西反正的情况。永历君臣得此消息，大为振奋，即下诏封金声桓为豫国公，总督南、浙、江、闽，便宜行事，王得仁为建武侯。

江西反正后不久，清广东提督李成栋亦于同年四月初十日宣布叛清归明。李成栋，字延桢，陕西人，早年参加李自成农民起义，后随高杰降明，累官至总兵，守徐州。清顺治二年（南明弘光元年，1645），清军南下，李成栋率部投降，后随征浙江、福建、广东、广西，在败鲁监国、破

---

① 〔清〕徐鼒：《小腆纪传》卷六五《金声桓》，第739页。
② 〔明〕徐世溥：《江变纪略》卷一，第110页，上海书店，1982。
③ 《清世祖实录》卷三六，顺治五年二月甲戌。

六、清军与永历拉锯战

隆武、灭绍武、追击永历的军事行动中立下了汗马功劳。而且当江南、广东发生抗清起义时,李成栋也不遗余力地予以镇压。然而,满洲贵族并不信任他,清廷任命所谓的"辽沈旧臣"①佟养甲为两广总督,李成栋仅为广东提督,受佟节制。他攻陷广州时,收缴大量明朝官员的印信,独匿两广总督大印,足见其内心所想,而如今屈居佟养甲之下,令李成栋意甚不满,"怨望形诸词色"②。这是其一。其二,广东地区抗清力量活跃,虽然陈邦彦、张家玉、陈子壮的起义先后被镇压,但陈子壮之子中书李乔生仍领旧卒思恢复,使李成栋不得不有所疑惧。其三,据史书记载,李成栋的爱妾赵氏心系明朝,向他的丈夫以死相谏,劝其反正抗清,对李成栋的思想产生了极大的触动。其四,部分原明官绅不断地策动李成栋反正,同样起到了重要作用。其五,金声桓、王得仁在江西反正最终坚定了李成栋起兵的决心。在这些因素的影响下,李成栋与其心腹养子李元胤、署广东布政使袁彭年密议归明事宜。一日,他们登楼去梯,相对而言:"吾辈因国难归清,然每念之,自少康至今三千余年矣,正统之朝,虽败必有中兴者。本朝深仁厚泽,远过唐、宋,先帝之变,遐荒其共悯焉。今金将军声桓所向无前,焦将军琏以二矢复粤七郡,陈邦傅虽有降书而不解甲,天时人事,殆可知也。又闻新天子在粤西,遣人瞻仰龙表,酷似神祖,若引兵辅之,事成则易以封侯,事败亦不失为忠义。"③南明正如百足之虫,死而不僵,虽然屡遭惨败,却依然能够维持政权,并在瞿式耜、何腾蛟、焦琏的领导下于广西取得了难得的胜利,使李成栋等认为永历政权尚有可为。如此,反清归明之议遂决。

清顺治五年(南明永历二年,1648)四月初九日,李成栋令其兵集于校场,声言索饷。次日,他请总督佟养甲出城抚辑,众兵呼噪,劫持佟养甲反叛。李成栋在广州传檄远近,宣布反清归明,用所藏明朝两广总督印信,奉永历正朔。各州县纷纷响应,驻于梧州的清广西巡抚耿献忠亦率部归明,军民剪辫易服。佟养甲无奈,违心地附和反正。④李成栋派使者奔

---

① 〔清〕魏源:《圣武记》卷一《开创》《开国龙兴记五》,第47页。
② 〔清〕徐鼒:《小腆纪年附考》卷一五,第583页。
③ 〔清〕徐鼒:《小腆纪传》卷六五《李成栋》,第735、736页。
④ 佟养甲降明后,依然与清廷保持联络,后于清顺治五年(南明永历二年,1648)十一月为李成栋养子李元胤所杀。

赴南宁,向永历帝汇报投诚事宜,并迎请朝廷迁往广州。永历帝听闻两广反正的消息,十分高兴,封李成栋为惠国公,佟养甲为襄平伯。关于迁都事宜,在永历朝廷内部产生了不同的声音。李成栋请永历帝迁往广州,并准备起建宫殿,朝臣吏部侍郎吴贞毓支持此议。驻守桂林的瞿式耜担心"成栋之挟上自专"①,重蹈刘承胤武人掌政的覆辙,因此上疏力谏永历帝回銮桂林。最后朝廷达成折中意见,永历帝于是年八月赴广东,但不居广州,而驻肇庆。李成栋的反正归明,影响很大,"两粤复全"②,许多退隐的明朝遗臣纷纷出仕,他们似乎又看到了中兴大明的希望。永历帝迁都肇庆后,授李成栋为翊明大将军,赐尚方剑,并抚其背曰:"朕中兴全赖卿力。"③对他寄予厚望。

值此有利时机,南明督师大学士何腾蛟从广西发起反攻,堵胤锡则离开湘西永顺司,率忠贞营等部出战。明军连连获胜,很快便占领湖南大部,清军逐渐龟缩至长沙一城。在1648年这一年中,永历政权先有赣、粤反正,继有湖南规复,辖区得以扩大,力量得以增强,原来清强明弱的格局似乎正在发生改变。

然而,大好的形势对于明朝而言却只不过是昙花一现,转瞬即逝。清朝统治者感受到了突如其来的变化带来的震动,甚至有些惊慌,但很快又恢复平静,开始调集雄兵猛将,南下进攻。首先,多尔衮把目标对准了江西的金、王势力。清顺治五年(南明永历二年,1648)三月十五日,清廷命固山额真谭泰为征南大将军,偕同固山额真何洛会统领大军征讨江西。

在清朝大军出动之前,金声桓已经在战略上犯了一系列错误,给了敌人可乘之机。二月初一日,王得仁攻取九江,有门客胡澹向他提议道:"宜乘破竹势,直趋建业,下流猝无备,必易举。建业举而兖、豫响应,更引兵而北,中原可传檄定也。"意为出其不意,直取明朝故都南京,占据政治上的优势地位,给予清朝以沉重的打击。王得仁派人将胡澹的规划告知坐镇南昌的金声桓。金声桓组织讨论,众人大多赞成这一方略,唯独部将黄人龙以为不可:"赣州居上游,文武重臣俱在,宜先取之,不然且拟我后。"他主张当务之急在于占据上游的赣州,解除南昌的后顾之忧。

---

① 〔清〕徐鼒:《小腆纪传》卷二八《瞿式耜》,第283页。
② 〔清〕计六奇:《明季南略》卷一一《两粤复全》,第368页。
③ 〔清〕徐鼒:《小腆纪传》卷六五《李成栋》,第737页。

六、清军与永历拉锯战

金声桓询问大学士姜曰广的意见,姜曰广提到了正德年间王守仁平定宁王朱宸濠叛乱的历史:"宁庶人起兵,不破赣,卒贻后患。"清湖广提督罗锦绣惧怕江西明军顺流东下,用兵楚地,他想坐观胜败而决定自己的向背,因此也写信劝金声桓先下赣州:"人心未死,谁无汉思!公创举非常,天下咸引领企足,日夜望公至。但赣州东西要害,山川上游,公欲通粤,则赣界其中,公欲他出,则赣乘其后。莫若先下赣,赣下则楚地可传檄定矣。"① 于是,金声桓下定决心攻打赣州。殊不知,他已经犯了一个战略上的大错。从力量对比而言,如今的南明虽屡战屡败,但毕竟占据一隅之地,并且有着较强的政治号召力,金声桓、王得仁叛清反正,传檄而几得江西全省,声势浩大,非当年以南昌一城谋反的宁王朱宸濠可比。而清南赣巡抚刘武元等孤守赣州,兵少将寡,绝无出战之力,因此对南昌构不成实质性的威胁。所以姜曰广将金、王起兵与宁王叛乱事件对比,并不恰当。概而言之,江西反正令清朝统治者猝不及防,金声桓大军必须抓住有利时机,在清朝大军征剿之前扩大控制区域,占据主动权,方能成功。当时守卫南京的军队被大量抽调平叛,防卫空虚。因此胡澹提出的出其不意攻取南京之策,不失为一个可行的方略。而金声桓不下南京而攻赣州,最终使其在与清军的较量中丧失了战场主动权。

金声桓从九江调回王得仁,于二月十八日亲率主力攻赣州,命部将宋奎光留守南昌。当时赣州城主要由清南赣巡抚刘武元、总兵胡有升、副将高进库负责守御。高进库曾为左良玉部下,英勇善战,金声桓爱才,令军士勿放炮,增垒围困,待其粮尽而降。因此,赣州数月不下,南昌防守空虚,从而给了谭泰的清军主力可乘之机。此次清军出师,阵容盛大,"步骑数十万,舟万余艘,衔尾浮江而上,金鼓震天,议者谓王师之盛,前此未有也"②。此时赣州情势危急,有人向谭泰提出了"伐魏救韩"③ 之策,得到了采纳。于是清军先分兵攻略九江、南康、饶州等地,然后在五月进逼南昌,直捣江西反清势力的后方基地。战报到达赣州,王得仁先得到消息,他建议金声桓道:"我闻先发制人,不制于人。莫若秘其警报,不令人知,锐志攻城。城中乏食,不知外援,三日赣且下……清兵知赣破,必

---

① 以上所引,见〔清〕徐鼒《小腆纪年附考》卷一五,第 575-576 页。
② 〔清〕徐鼒:《小腆纪年附考》卷一五,第 586 页。
③ 〔清〕徐鼒:《小腆纪传》卷六五《金声桓》,第 742 页。

解围向赣，我以逸待劳，南昌亦得息肩，间出以绝粮道，则数十万之众可歼于旦暮矣。若攻城垂破而弃之，强敌在前，赣乘其后，此危道也。"①当时赣州经过三个月的围困，军民早已饥疲不堪，城池危在旦夕。因此王得仁建议金声桓隐匿警报，一鼓作气攻下赣州，诱清军主力来此作战，一来可以解南昌之围，二来可以重新掌握战场的主动权。然而金声桓却顾忌家属在南昌，决定撤围回援。后金声桓突围入南昌，王得仁自率2万军队东走九江。居于城内的大学士姜曰广派人传檄阻止，王得仁提出了自己的方略："九江据长江要津，转输必由之道。敌以十数万之众深入攻城，而粮道已绝，非分兵攻我，即撤兵东下。分则势弱，撤则师劳。九江四面临江，城小而固，以我守之，未可猝下，公辈引兵徐出，东西挠击，内外夹攻，此掎角之势。若弃要害，入孤城，譬猛虎陷阱，徒成擒耳。"② 他反对退据南昌，坐守孤城，而主张分兵占据九江，截断清军粮草，与南昌形成掎角之势。但姜曰广却不懂兵法，听不进王得仁的建议，一日夜传檄数十道，促其回师。王得仁无奈，感到大势已去，悲愤不已，仰天长叹："不过欲得仁同公辈死也。"③ 遂撤兵而去。围困南昌的清军以强弩巨炮控扼通往南昌的通道，王得仁身先士卒，率所部斩级数千，突破清军设置的阻截阵线。然而，在七里街一带，王得仁却遭到了清军的埋伏，大败而溃，在南昌守军的接应下撤入城中。此战之后，王得仁心有余悸，尽撤城外兵，力主坚壁清野。部将宋奎光、郭天才提出分兵出城，作为掎角，以通饷道，金、王皆不听。清军原先对骁勇善战的王得仁尚有忌惮，惧其发动夜袭，常常呼喊"'王杂毛'来也！"④ 后来发现城内明军已然丧失斗志，于是掘长壕围困。南昌城三门傍山，三门临江，清军以船艘截其江路，并在东起王家渡属灌城，西至鸡笼山属生米渡的范围起土城，架飞桥，将全城围困得如同铁桶一般。"自是内外耗绝，声桓、得仁惟嘤喑悼恨而已。"⑤

---

① 〔清〕徐鼒：《小腆纪传》卷六五《金声桓》，第742页。
② 〔清〕徐鼒《小腆纪年附考》卷一五，第587页。
③ 〔清〕徐鼒《小腆纪年附考》卷一五，第587页。
④ 〔明〕徐世溥：《江变纪略》卷二，第116页。
⑤ 〔清〕徐鼒：《小腆纪年附考》卷一五，第587页。

六、清军与永历拉锯战

围困日久,南昌粮尽,"斗米需八十金,人相食,乃尽出居民"①,已经到了崩溃的边缘。清军统帅知道城内明军已经如同强弩之末,不足为虑,于是在继续围城的同时,派兵攻略附近州县。金声桓、王得仁派巡按吴尊周遣出城外,向永历政权求援。但吴尊周为了自己的前程考虑,到了肇庆后竟然隐匿南昌危急的实情,只说金、王大军连获胜利,从而得到了总督的封赏,却耽误了战机。待到永历帝了解到南昌被围数月的真相后,派遣李成栋、李赤心分别从广东、湖南前往增援,但李赤心逗留不进,李成栋屡挫不敢逾梅关,最终均没有进兵南昌。居于江西的故明在籍官绅也纷纷起兵往援南昌,被清军先后歼灭。金声桓、王得仁坐困孤城,组织了几次突围战,虽也获得小胜,但始终未能突破清军的阵线,在战场上处于被动的地位。清顺治六年(南明永历三年,1649)正月,连旬大雨,南昌已被围困六个月有余,城墙多坏,谭泰遂决定发动总攻。当时城内的金声桓部将汤执中负责进贤门守御,已经暗中降清,约为内应。正月十九日,清军用红衣大炮佯攻得胜门,"炮声震三百里"②,金声桓、王得仁不知是计,率主力增援。谭泰、何洛会乘机派一支奇兵,在汤执中的接应下,从进贤门竖云梯登上城楼,南昌就此陷落。金声桓中二矢,自投于城之东湖而死,宋奎光、郭天才等巷战而死。王得仁手持短兵突围,欲冲出得胜门,"三出三入"③,终被清军抓获杀死。大学士姜曰广赋诗六章,投傒家池而死,一家从死者30余人。经此一战,"南昌、九江、南康、瑞州、临江、袁州等府地方俱平,获金银、骡马、船只、珠、珀、珊瑚、玉帛、貂裘等物无算"④,清军取得全胜。

前已述及,为了挽救江西危局,永历帝曾于清顺治五年(南明永历二年,1648)八月命李成栋率军往援南昌。出兵之前,李成栋口气很大,他面奏皇帝:"南雄以下事诸臣任之,庾关以外事臣独肩之。"⑤遂提兵20万上南雄,打算先取赣州,后援南昌。清赣州守将高进库与李成栋有旧,

---

① 〔清〕徐鼒:《小腆纪传》卷六五《金声桓》,第742-743页。
② 〔清〕徐鼒:《小腆纪年附考》卷一六,第603页。
③ 〔清〕徐鼒:《小腆纪传》卷六五《金声桓》,第743页。
④ 《清世祖实录》卷四二,顺治六年正月壬午。
⑤ 〔清〕计六奇:《明季南略》卷一一《李成栋出师》,第374页。

他施展缓兵之计,假意投诚,表示"逾秋救不至即降"①,李成栋竟信以为真,遂停止进军。时至十月,高进库未降,李成栋大怒,发兵进攻,尽携辎重过庾岭,声势浩大。二十五日,行至赣州,大军在城外结营,饥疲不堪,李成栋气骄,将士不敢言。次日晨,赣州城鼓角齐鸣,守军开门突袭明军营寨。李成栋猝不及防,策马先奔,军士也争先恐后地狼狈逃窜,从庾关退至梅岭,大量辎重都被丢弃在赣州城下。李成栋返回广州,伺机再举。清顺治六年(南明永历三年,1649)二月,李成栋再度出师,驻军信丰。此时谭泰统领的清军主力已经歼灭金、王势力,南下增援赣州。明军诸将惧于清军声威,欲拔营而回,遭到李成栋拒绝。但军心已丧,逃者大半,李成栋痛心不已,只好借酒消愁。二十六日,清军突袭信丰,明军大败,全营崩溃,李成栋醉酒上马逃窜。在渡涧之际,他不慎溺水而亡,其余部被中军江宁伯杜永和带回广州。清军继续扩大战果,连克抚州、建昌等地,"江西悉平"②,谭泰等凯旋。

江西的得而复失,金声桓、李成栋的先后死去,对于南明朝廷而言无疑是一个重大打击。清廷在用兵江西的同时,也派出军队经略湖广,永历政权的形势急转直下,其"中兴"迷梦终将破灭。

3. 清军激战湖南

清顺治五年(南明永历二年,1648),江西、两广先后反正,形势对南明而言一度十分有利,驻军湖南的清朝孔、耿、尚"三顺王"亦先后撤离。永历政权借此机会,在何腾蛟、堵胤锡的领导下,发起反攻湖南的军事行动。明清两军又在这片土地上展开了争夺。

五月,明督师大学士何腾蛟指挥曹志建、赵印选、焦琏、卢鼎诸镇攻克广西全州,打通了入湘门户。接着,大军进逼湖南永州,经过百日围

---

① 〔清〕徐鼒:《小腆纪年附考》卷一五,第596页。
② 《清世祖实录》卷四三,顺治六年三月甲申。

六、清军与永历拉锯战

城,凡大小三十六战,于九月二十日将其攻破,接着又下衡州。何腾蛟欲进兵长沙,曹志建不待命,擅自退屯永州之龙虎关,何腾蛟无奈顿兵。除了何腾蛟的军队之外,堵胤锡亦于同年四月出永顺司,统领屯驻湘西的诸部明军与清军交战。马进忠部夺取常德,王进才部占领桃源、澧州、石门。还有其他各路明军,分别收复靖州、沅州、武冈、道州(今湖南道县)、郴州、宝庆等地。一时之间,清朝在湖南的统治岌岌可危,总兵徐勇命令收缩兵力,固守长沙,当时清兵在湖南控制的主要据点,也就剩下这座城池了。为了挽救湖南危局,清廷于九月十一日任命郑亲王济尔哈朗为定远大将军,率大军南征。

就在明军高奏凯歌之际,内部将领之间爆发矛盾,将大好的局面葬送。堵胤锡和马进忠有隙,遂派人往四川夔州召李赤心、高必正忠贞营入湘,欲令马进忠让出常德的驻防地。马进忠害怕忠贞营会借机吞并,一怒之下大掠常德,纵火焚毁刍粮廨舍,从间道退往武冈。其余诸将闻讯,纷纷弃城而走,并沿途剽掠。李赤心、高必正来到常德,此地已成一座空城,无法驻兵,故亦引兵东去。忠贞营在堵胤锡的督率下,于十月、十一月间连克益阳、湘潭、湘乡、衡山等城,进围长沙,遭到了清军的坚强抵抗,遂退兵湘潭。

马进忠洗劫常德的行为造成了湖南局面的混乱,明军士气涣散,自乱阵脚,其新收复州县为之一空。当时何腾蛟正屯驻衡州,闻此消息大为惊骇,檄调诸将大会,意欲调解矛盾,统一思想,筹划进取之策。他于清顺治六年(南明永历三年,1649)正月亲自赶往湘潭,准备邀忠贞营入衡州,约共图长沙。部下将领对大顺军的余部存有疑虑,不敢跟随,何腾蛟只带着吏卒30人往,怎料忠贞营已经退出湘潭,只留下一座空城。何腾蛟明白大势已去,自己多年的努力付诸流水,不禁抚衲痛哭:"督师五年,所就若此,天邪,人邪?"① 此时,济尔哈朗统率的清朝大军已经进入湖南境内,侦知何腾蛟在湘潭,兵微将寡,于是命顺承郡王勒克德浑、固山额真阿济格尼堪统八旗前锋兵、护军为前哨,自己亲率主力为后队,于正月二十一日突袭湘潭。由于双方兵力众寡悬殊,清军很快便攻占全城。清总兵徐勇原为何腾蛟部将,他带兵数人径入督师衙署,率众罗拜劝降。何

---

① 〔清〕徐鼒:《小腆纪传》卷二九《何腾蛟》,第295页。

腾蛟身穿明朝的绯衣冠带，正襟危坐于堂上，大骂不屈，遂被押往长沙。后来济尔哈朗亲自劝降，何腾蛟断然拒绝，绝食7天被杀，享年58岁。马进忠听闻何腾蛟轻身入湘潭的消息，预感情况不妙，便派遣部将宣威伯杨某领军前往护卫。当杨某到达湘潭时，何腾蛟已经被俘，杨某欲见督师，率部攻城，与清军展开殊死搏斗，凡七出七入，最后行至桥上遭遇伏兵，矢中其吭，遂自投水而死。

何腾蛟是明清战争史上的重要人物，他殚精竭虑，苦苦支撑着南明小朝廷的残破江山，在桂林之战、反攻湖南等战役中发挥了重要作用。奈何诸将矛盾重重，自行其事，不听督师号令，极大地影响了抗清大局，再加上何腾蛟个人"诚有余而才不足，拊循有余而军旅非其所长也"①，故而最终未能成事，兵败身死。他临死前坚强不屈，体现了崇高的民族气节，难能可贵。《所知录》的作者钱秉镫写了《悲湘潭诗》，表达了自己对何腾蛟之死的哀悼："长沙兵散湖南空，湘潭城中失相公。举朝变色摧天柱，白日惨淡时行营……我兵溃走任东西，相公独在湘潭住。夜半衔枚虏骑来，湘潭无兵城门开。相公衣冠虏能识，拥之罗拜声如雷。大骂不绝相公亡，但见长沙城中哭声哀。"②

明军督师何腾蛟死后，清军乘胜发动凌厉的攻势，于"四月，次辰州，一只虎（指李赤心）遁走，克宝庆，破南山坡、大水、洪江诸路兵凡二十八营。七月，下靖州，进攻衡州，斩（陶）养用。逐敌（指明军）至广西全州，分军下道州、黎平及乌撒土司，先后克六十余城"③，基本平定湖南全境。以堵胤锡、忠贞营为代表的南明诸部纷纷退回两广地区。到了下半年，永历政权在广西和湖南交界地区又发动了新的反攻，如七月，焦琏、赵印选围永州，十月马进忠收复武冈、宝庆、靖州，取得了一些战果，但是对于总体恶化的战局已经于事无补。清顺治七年（南明永历四年，1650）正月，济尔哈朗率清军凯旋。

金声桓、何腾蛟、李成栋的死讯接连传到了驻肇庆的永历政权，举朝震动。永历帝追封何腾蛟为中湘王，赐谥"忠烈"，追封李成栋为宁夏王，

---

① 〔清〕计六奇：《明季南略》卷一二《何腾蛟死难》，第390页。
② 〔清〕钱秉镫：《所知录》卷中《永历纪年上》，第287－288页，上海古籍出版社，1987。
③ 赵尔巽等：《清史稿·济尔哈朗传》卷二一五，第8948－8949页。

六、清军与永历拉锯战

金声桓为南昌王,设坛致祭。南明经历了一次中兴迷梦的幻灭,大好的形势持续不到一年便烟消云散。正如徐鼒所载:"初,江、广反正,楚军奏捷,中外谓兴复可期,一朝崩溃,举朝大骇,至有冒雨逃者。"① 而就在此时,清廷已经命孔、耿、尚三王统领大军,兵锋直至两广,永历政权的统治中心岌岌可危。

4. 孔、耿、尚"三王"南征

清顺治六年(南明永历三年,1649),朱由榔重新布置了两广地区的防务。三月初七日,明廷命李成栋中军杜永和为两广总督,镇守广州,加罗成耀巡抚衔,守南雄。② 同月,经公卿会议,以瞿式耜代何腾蛟为督师,仍驻桂林,建元帅旌旗,赐彤弓铁钺,统率诸路军马。五月,在瞿式耜的建议下,以兵部侍郎张同敞总督军务。不久,原隶何腾蛟的滇营将领赵印选、胡一青、王永祚从湖南撤退,率所部往依瞿式耜,桂林明军一时复振。永历帝晋封赵印选为开国公、胡一青为兴宁侯、王永祚为宁远伯,分守桂林、全州。虽然永历君臣在两广精心布防,却无法改变南明小朝廷日薄西山、行将就木的命运。

金声桓、何腾蛟、李成栋的相继身亡,江西、湖南地区的得而复失,标志着明朝在1648年发动的反攻全面失败。伴随着战场上的失利,小朝廷内部的政治形势也愈益混乱。

其一,党争日炽。自永历政权在李成栋的迎奉下进入肇庆以后,官僚形成两派,一派以广东的所谓反正功臣为主,一派以随扈永历帝自南宁东迁的臣工为主,双方互不相让,"自粤东来者,以反正功气凌西人;而粤西随驾至者,亦矜其发未薙以嗤东人"③。后来,由于利害关系的变化,

---

① 〔清〕徐鼒:《小腆纪传》卷四《永历上》,第53页。
② 罗成耀惧怕清军,逗留韶州不前。
③ 〔清〕钱秉镫:《所知录》卷下《永历纪年下》,第300页。

朝中势力又分为吴、楚两党：吴党有大学士朱天麟、督师堵胤锡、吏部侍郎吴贞毓、给事中张孝起、李用楫等，内倚锦衣卫指挥马吉翔，外结驻守浔州的庆国公陈邦傅；楚党有都御史袁彭年，给事中丁时魁、蒙正发、金堡，少詹事刘湘客等，内倚李成栋养子锦衣卫指挥使李元胤，外结督师大学士瞿式耜。两党互相攻讦，热衷于引荐私人，排斥异己。由于李成栋、李元胤父子的原因，朝政主要为楚党把持，反对者将袁、丁、蒙、金、刘五人斥为"五虎"，"言非虎党不发，事非虎党不成"①。永历帝知道两党势同水火，命他们于太庙盟会，共约勠力同心，扶保社稷，却没有产生任何效果。

其二，朝廷政令不通。各地将领拥兵自重，据地自守，行在肇庆的号令壅阻不行。"广东一省，非奉成栋咨，大小有司不得擅为除授。桂林、平乐，则留守阁臣瞿式耜为政。庆远、柳州，则新兴伯焦琏为政……浔、南、思、太四府，则庆国公陈邦傅为政。"作为朝廷掌铨选之权的吏部文选司几同虚设，"第给一空札，为后日到部凭据而已"。②永历朝廷的权威薄弱，使其无法整合南明的全部力量开展抗清斗争。

其三，将领间矛盾重重。前已述及，忠贞营由于是大顺军余部，备受其他明军将领的排挤。当李赤心、高必正从湖南撤离，至广西浔州、南宁一带驻扎，由于不肯帮助镇守当地的庆国公陈邦傅参与党争，攻击李元胤，便遭到了他的百般排挤。堵胤锡③撤入龙虎关，守将曹志建惧其为忠贞营内应，竟发兵围攻，堵胤锡及其子仅以身免。除了与忠贞营关系不睦外，明朝其余各路人马的统帅同样是多有嫌隙。焦琏所属与滇营不和，其部将赵兴杀死滇兵4人，两军几乎火拼。焦琏为了平息事态，不得不斩了赵兴。南明诸将内讧不断，甚至弓矢相向，自然削弱了本就薄弱的防卫力量。

其四，举朝醉生梦死。江西、湖南相继失陷后，举朝上下痛感于中兴迷梦的破灭，陷入醉生梦死的状态。有朝臣报告"四方好音日至"，说什

---

① 〔清〕计六奇：《明季南略》卷一二《假山图五虎号》，第396页。
② 以上所引，见〔清〕计六奇《明季南略》卷一一《文选给空札》，第377页。
③ 堵胤锡辗转退回南明朝廷后，奉命驻军梧州，其间备受"五虎"（金堡、袁彭年、刘湘客、丁时魁、蒙发正）排挤，于清顺治六年（南明永历三年，1649）十一月郁郁而终，时年49岁。

六、清军与永历拉锯战

么吴三桂密奏拥明,南京清军上疏反正,其实不过是自欺欺人罢了。"文武臣工,无夕不会,无会不戏,卜昼卜夜",似乎国家还处在承平时期。计六奇就此评论道:"当时国势危如累卵,清势重若泰山,而举朝文武犹尔梦梦,欲不亡得乎!"① 尚书吴燝、通政司毛毓祥看到永历政权败象已露,纷纷辞官而去。

正是在永历小朝廷政治、军事都处于极为不利的状态下,清摄政王多尔衮派遣大军向两广地区发起了总攻。清顺治六年(南明永历三年,1649)五月十九日,清廷命孔、耿、尚三王出征,并起用新的封号。改恭顺王孔有德为定南王,率旧兵 3100 人,以及新增兵 16900 人,共 2 万大军,往征广西;改怀顺王耿仲明为靖南王,智顺王尚可喜为平南王,各率新旧兵 1 万人,合为 2 万大军,往征广东。此次,多尔衮吸取以前攻而不守的教训,命令孔、耿、尚"挈家驻防,其全省巡抚道府州县各官并印信俱令携往",意在由"三王"长期镇守南疆。②

耿仲明、尚可喜二部于同年十月进兵。十一月,靖南王耿仲明因部署隐匿满洲逃人事被查,在江西吉安府畏罪自杀,其子耿继茂领其军③。十二月二十八日,耿、尚大军进抵南安府,乘夜翻越梅岭;于除夕夜出其不意攻克南雄,斩杀守将杨杰。清顺治七年(南明永历四年,1650)正月初三日,清军从南雄出发,攻克韶州,巡抚罗成耀弃城而逃,被李元胤以"失守封疆"④ 罪斩杀。

南雄、韶州相继失陷的消息传到肇庆,永历小朝廷又是一片惊慌失措,朱由榔再度想到了逃跑。金堡等楚党官员因为势力范围在广州,力劝永历帝勿逃,吴党分子则意欲摆脱楚党的控制,主张朝廷西迁。远在桂林的瞿式耜闻讯表示反对,上疏谏道:"粤东水多于山,良骑不能野合,自成栋反正,始有宁宇,赋财繁盛,十倍粤西,材官兵士,南北相杂,内可自强,外可备敌。且肇庆去韶千里,强弩乘城,坚营固守,亦可待勤王兵四至。传曰:'我能往,寇亦能往。'以天下之大,止存一隅,退寸失寸,

---

① 以上所引,见〔清〕计六奇《明季南略》卷一二《举朝醉梦》,第 420—421 页。
② 《清世祖实录》卷四三,顺治六年五月丁丑。
③ 耿继茂先以精奇尼哈番爵位统率其父旧部,清顺治八年(南明永历五年,1651)袭封靖南王爵。
④ 〔清〕徐鼒:《小腆纪年附考》卷一七,第 632 页。

退尺失尺,今乃朝闻警而夕登舟,将退至何地邪!"①永历帝没有听从瞿式耜的建议,于正月初七日登舟西行,命李元胤留守肇庆。皇帝的出奔,再度造成了朝野恐慌,"上下崩溃,武弁家丁大肆抢杀"②,肇庆全城陷入一片混乱之中。二月初一日,永历帝一行到达广西梧州,不建宫室,在船上商决政事,人们称之为"水殿"③。瞿式耜屡屡劝说永历帝勿轻易播迁,认为"新造小邦宜于镇定,若轻转徙,则人心易涣,而叛将溃兵得以乘机劫掠,敌人遂闻声而至矣"。不过永历帝的逃跑也有其道理,所谓"一以知文武诸臣不足恃,战必不胜,守不固也,一以鉴于崇祯以下四主奔避不早,悉罹亡灭"。计六奇就此评论道:"国势至此,有不土崩瓦解者乎!"④

到达梧州后,南明的臣工依然不能在国难面前捐弃前嫌,反而掀起了新一轮党争的高潮。离开广东,标志着楚党失势,吴党官员吴贞毓、张孝起乘机弹劾金堡、袁彭年、刘湘客、丁时魁、蒙正发五人把持朝政,罔上行私,列了十条大罪。永历帝决定,除了袁彭年劝说李成栋反正有功,免其罪,其余皆下狱。大学士严起恒、督师瞿式耜上疏营救,皆不果。最终,金堡、丁时魁被判充军,刘湘客、蒙正发赎配追赃。此即"五虎"之狱。朝臣之间内讧不断,造成了永历政权实力的进一步削弱。忠贞营也被牵连进党争之中,备受排挤,高必正不满于南明的腐朽,加之粮饷匮乏,清兵威胁日益逼近,在这年冬天率部脱离永历政权,从南宁地区转向川楚边界,继续进行抗清斗争。⑤

耿、尚大军在攻克韶州后,倍道疾驰,于二月初六日抵达广州城下。

---

① 〔清〕徐鼒:《小腆纪传》卷二八《瞿式耜》,第285页。
② 〔清〕计六奇:《明季南略》卷一三《帝至梧州》,第424页。
③ 〔清〕计六奇:《明季南略》卷一三《永历坐水殿》,第426页。
④ 以上所引,〔清〕计六奇《明季南略》卷一三《帝至梧州》,第425页。
⑤ 忠贞营西迁前后,李赤心、高必正先后去世,大军在李赤心养子李来亨的统领下来到川楚边界地区,与当地的原大顺军将领刘体纯、郝永忠(湖南之战何腾蛟死后,永忠备受排挤,遂率部西去)、贺珍、袁宗第、马腾云、塔天柱等联合,组成"川东十三家",配合南明,坚持抗清。永历政权灭亡后,清廷再无后顾之忧,全力扑灭十三家。清康熙三年(1664)八月,李来亨兵败自杀,标志着"川东十三家"的彻底失败,同时也是中原抗清斗争的终结。

六、清军与永历拉锯战

广州防务严密,"城外密列炮台,城西树木城,濒三濠通海潮,泥淖不能攻"①。明两广总督杜永和组织全城军民坚决守御,誓死不降,并从城上发炮击伤清军。尚可喜见广州城坚不易猝拔,一方面筑长堑围困,另一方面分兵攻取附近州县。二月二十六日,清军下惠州,明惠州总兵黄应杰、分巡道李士琏、知府林宗京执赵王朱由棪及郡王13人投降。清军围困广州,分为两藩,自北到东属尚可喜,自北到西属耿继茂,深沟竖栅,围之数重。永历帝接到广州被围的急报,命高必正、李元胤率兵往救。驻守浔州的庆国公陈邦傅厌恶忠贞营,联合土司偷袭之,使其不能入粤。李元胤则驻兵三水,观望不敢救。广州遂孤立无援,只好苦苦支撑。很快盛夏来临,清军士兵多来自北方,不耐酷暑,欲撤围退师,不过最后还是坚持了下来。尚可喜利用围城的时间命属下军士修战船,铸大炮,备火药,造炮车,为持久计,伺机发起总攻。待至十月,战机来临。十月初十日是永历帝的诞辰,杜永和会齐全城官员庆祝。当时有守御西门外城的主将范承恩在场,其人目不识丁,绰号"草包",杜永和竟在庆祝会上当众以"草包"呼之,令其感到愤怒,遂暗中通清,约为内应。十月二十八日,清军攻打外城,士卒舍骑徒步,毁其木栅,在泥淖中冒炮矢奋战,杜永和退入内城,清军遂克之。十一月初一日,清军开炮发起总攻,八旗兵一拥而上,与明军展开肉搏,战况十分惨烈,炮火矢石如雨,伏尸山积。明守军死6000余人,清军亦付出了巨大的代价,终于在次日克取全城,范承恩投降,总督杜永和航海逃遁。耿、尚大军入城后,进行了惨绝人寰的大屠杀。据来华传教士卫匡国记载:"(破城后)第二天,鞑靼人开始洗劫该城,一直抢劫到12月5日,不饶过男女老少,残酷地处死遇到的人,到处都听见喊声:'杀!杀这些反叛的蛮子。'……最后在12月6日布告禁止抢劫,这时他们已杀害十万人,这还不包括围城期间死于种种因素的人。"②

清军攻克广州后,尚可喜、耿继茂分兵攻略附近府县,肇庆、罗定州、高州等地皆下。明总督杜永和航海至琼州,李元胤则退守钦州、廉州一带。至清顺治八年(南明永历五年,1651),李元胤被清军抓获,不屈而死;杜永和穷蹙而降,广东一省遂渐次平定。

---

① 〔清〕魏源:《圣武记》卷一《开创》《开国龙兴记五》,第52页。
② 〔意〕卫匡国著,何高济译:《鞑靼战纪》,第387页。

在耿、尚大军进攻广东的同时，孔有德所部的兵锋则直指广西。清顺治六年（南明永历三年，1649）十月，定南王大军进入湖南，与济尔哈朗协同作战，扫除省内的南明势力。十二月十二日，击败明将胡一清部，解除历时5个月之久的永州之围，广西门户洞开。瞿式耜闻讯顿足叹息："我蓄锐两年，一朝崩溃，岂天果不祚明邪！"① 次年二月，清军取武冈。三月，攻克湖南、广西交界之地的龙虎关，明将曹志建退往灌阳。九月，清军下灌阳，曹志建再奔往恭城。同月，孔有德率部拔全州，明滇营将领赵印选、胡一青、王永祚退入桂林。桂林，这座广西重镇，又一次暴露在清军的铁蹄之下。

此时，桂林的城防仍由督师大学士瞿式耜负责，但守御情况不容乐观。原驻此地的焦琏部被派往梧州护驾，远离战场，鞭长莫及。滇营诸帅则矛盾重重，赵印选和王永祚为儿子争婚而成衅，赵印选又与胡一青争夺滇营的"总统"之位而闹得不可开交。另外，赵印选居于营中，拥姬妾自娱，醉生梦死，亦遭到了以胡一青为首的诸将的不满。因此，桂林明军受到主帅内讧的影响，军心涣散，兵无斗志，根本无法抵御来势迅猛、气势如虹的清军。十一月初五日，孔有德统率大军入严关，进逼桂林。瞿式耜命令赵印选出城御敌，不料他却毫无战斗意志，带头逃跑。王永祚则向清军投降，胡一青、杨国栋、马养麟等将领率部从小路撤退。至此，桂林城防不战而全面崩溃。瞿式耜哀叹："朝廷以高爵饵此辈，百姓以膏血养此辈，今遂作如此散场乎！"② 他无可奈何，只能抱着与城共存亡的决心，端坐大堂，等待清军的到来。同日，总督军务张同敞从灵川来到桂林，瞿式耜劝他快走，张同敞却做好了为社稷而死的决心。第二天黎明，清军破城而入，瞿式耜、张同敞二人被抓获，带到定南王孔有德面前。孔有德亲自劝说他们投降，二人宁死不屈，张同敞甚至怒斥孔有德。于是，瞿、张被下狱关押，达40余天，二人吟诗作赋，留下著名的《浩气吟》。十二月十七日，瞿、张被处斩。临死之前，瞿式耜写下一首绝命诗，表达自己坚贞不屈，为明朝尽忠的意志："从容待死与城亡，千古忠臣自主张。三百

---

① 〔清〕徐鼒：《小腆纪年附考》卷一七，第629页。
② 〔清〕瞿元锡：《庚寅始安事略》，余行迈、吴奈夫、何荣昌点校《永历实录、所知录》附录，第338页，上海古籍出版社，1987。

六、清军与永历拉锯战

年来恩泽久,头丝犹带满天香。"① 瞿式耜死时,年61岁。他的去世,对于风雨飘摇的南明小朝廷而言又是一个沉重的打击。永历帝闻讯十分悲痛,追封瞿式耜为粤国公,赐谥"文忠"。

攻克桂林后,清军连下桂林、平乐所属各县,所获颇多,"擒斩伪靖江王并伪世子、将军、中尉、阁部、总兵,文武等官473员,招抚247员,获马骡器物无算"②。广州、桂林两座省城的丧失,标志着永历政权在两粤地区的统治即将走向结束。

十一月初十日,广州、桂林先后失陷的败讯传到梧州,永历帝大惊,他唯一的办法便是逃跑,仓皇奔往浔州。不料屯驻此地的庆国公陈邦傅有了降清的打算,意欲劫持永历帝献给清廷。永历帝事先得到消息,乘坐御舟"冲雨而过"③,这才幸免于难。陈邦傅只抓了几名皇帝的随员,并且诱杀南明骁将焦琏,向清定南王孔有德投降。浔州之变后,南明的官僚队伍分崩离析,继续跟随永历帝逃往南宁的只有大学士严起恒、锦衣卫指挥马吉翔、司礼监太监庞天寿等区区数人。

在永历政权溃败的同时,大西军余部却在张献忠养子孙可望、李定国、刘文秀、艾能奇的统领下,占据云、贵及四川部分地区,势力强盛。不过他们也认识到凭借一己之力无法与志在一统天下的满洲统治者抗衡,因此孙可望等人也谋求与南明联合,共同抗清。清顺治六年(南明永历三年,1649),孙可望便遣使与永历政权联系,请封"秦王"。这与明廷异姓不封王的祖制有违,引起朝野上下的议论纷纷。时至清顺治八年(南明永历五年,1651)五月,永历君臣陷入走投无路的绝境,终于允准,破例封孙可望为"秦王"。次年初,永历帝在孙可望的迎奉下,辗转来到贵州安隆所,改名"安龙府"(今贵州安龙县)。在大西军余部控制的云、贵西南边陲之地,南明小朝廷度过了最后一段岁月。

---

① 〔清〕徐鼒:《小腆纪传》卷二八《瞿式耜》,第287页。
② 《清世祖实录》卷五二,顺治八年正月庚申。
③ 〔清〕徐鼒:《小腆纪年附考》卷一七,第653页。

七、统一西南之战

七、统一西南之战

1. 清军三路攻云、贵

清顺治九年（南明永历六年，1652），饱受奔波之苦的永历帝在原大西军将领、秦王孙可望的迎奉下来到了贵州安隆所，改称安龙府，永历帝在这里度过了5年岁月。在这5年中，军政大权完全由孙可望掌握，在他与原大西军诸将领①的共同经营下，南明小朝廷一度又掀起了新的抗清高潮。

顺治九年二月，清廷命平西王吴三桂、定南王孔有德率众南征，发起对永历政权新的进攻。孙可望则针锋相对，不拘泥于守势，主动出击，制订用兵楚、粤的计划：

> 孙可望疏请遣李定国出楚，征虏将军冯双礼副之，拒孔有德，步骑八万，由武冈出全州，以攻桂林；遣刘文秀入蜀，讨虏将军王复臣副之，拒吴三桂，步骑六万，分出叙州、重庆，以攻成都。②

明军汇入大西军余部后，战斗力大大增强，一路之上势如破竹。刘文秀入川后，连克叙州、重庆，逼近成都，吴三桂被迫退守保宁；李定国则攻占靖州、沅州、武冈、宝庆、全州等地，围困桂林，孔有德被逼自尽。而后，李定国所部又与清朝援军在衡州展开大战，用伏击的方式阵斩轻敌

---

① 主要是同为张献忠义子的李定国、刘文秀二人。同为献忠义子的艾能奇在清顺治四年（南明永历元年，1647）进攻东川时遭土司兵伏击重伤而亡。
② 〔清〕徐鼒：《小腆纪传》卷五《永历中》，第61页。

冒进的清军统帅敬谨亲王尼堪。一时之间，李定国因"两蹶名王"① 的战绩而威震天下，他写下了南明历史上最为辉煌的一页！

然而，好景不长，明军并未保持住进取的态势，先后败下阵来：刘文秀屡胜之后滋长骄傲轻敌之心，在攻打保宁的过程中被吴三桂看出破绽，大败而退；李定国则因为功高遭到孙可望嫉恨，备受排挤，又因为抵挡不住清军援兵的进攻，被迫退出湖南、桂林地区。清顺治十一年（南明永历八年，1654），李定国率万余人进入广东，连下罗定、新兴、石城（今广东廉江市）、电白、阳江、阳春等地，九月围新会。清平南王尚可喜、靖南王耿继茂、靖南将军朱玛喇率军增援，于十一月大败明军。李定国所部遭遇重创，被迫撤围而逃，退往广西南宁，军威大挫，所得州县皆陷。南明的反攻在历时两年后就此终结。

此时，南明内部的权力斗争愈演愈烈。孙可望在朝中跋扈自雄，威福自专，永历帝完全受其控制，已经沦落到了"皇帝一员，月支若干"② 的地步。随着权势的不断增长，孙可望的个人野心急剧膨胀，图谋逼迫朱由榔禅让，准备自己做皇帝了。他与李定国的矛盾也不断加深，多次策划将其谋杀。在这种情况下，永历帝发密诏向李定国求援。清顺治十三年（南明永历十年，1656），李定国乘孙可望不备从安龙接走永历帝，在白文选、刘文秀的帮助下迁往昆明，改称"滇都"。李定国因迎驾功受封晋王，刘文秀封为蜀王，白文选为巩国公，后晋巩昌王。

孙可望得知永历帝被接走，恼羞成怒，他经过一番准备，于次年率14万大军攻打云南，声势浩大。然而由于孙可望所为不得人心，其部将马惟兴、马宝均临阵倒戈。交水（今云南曲靖市西平镇）一战，孙可望大败，仅率数十人奔还贵州，后因追兵急迫，无法在黔省立足，不得已逃往湖南，向清经略五省大学士洪承畴③投降，清世祖封其为"义王"。孙可望的降清，是南明小朝廷的一次重大分裂，其力量遭到严重削弱。而李定国在内斗中取胜后，未能采取平衡措施，造成军队系统中滋生不满情绪。

---

① 〔明〕黄宗羲：《行朝录》卷五《永历纪年》，见沈善洪主编《黄宗羲全集》第二册第 168 页。

② 〔清〕徐鼒：《小腆纪传》卷五《永历中》，第 66 页。

③ 清顺治十年（南明永历七年，1653），清廷授洪承畴为湖广、广东、广西、云南、贵州五省经略，驻长沙。

七、统一西南之战

"定国所收可望诸军,谓之新军;而己所部谓之旧军,赏赉独渥。赵印选、胡一青,滇宿将也,亦罢闲不用。以故新军不附。"① 此外,随着李定国大权在握,他也逐渐产生了麻痹思想,听信马吉翔、庞天寿等官员的阿谀奉承,终日宴饮恬愉,沉迷享乐。昆明城内武备废弛,歌舞升平,一片祥和。光禄寺少卿高勣、部郎金简觉察到永历政权正处于极端危险之中,上疏劝谏,指出:"内患虽除,外忧方棘,伺我者顿刃以待两虎之一毙,而我酣歌漏舟之中,熟寝爇薪之上,能旦夕安乎!"② 一片忠贞之言,却被李定国驳斥,要求永历帝给予严惩。总之,孙、李反目造成的南明朝廷的政局变化,给清军大举进攻,彻底平定西南提供了可乘之机。

图 7.1　清世祖福临像
(选自《清史图典》第 2 册,第 87 页)

---

① 〔清〕温睿临:《南疆逸史》卷五二《李定国列传》,第 409 页。
② 〔清〕徐鼒:《小腆纪年附考》卷一九,第 733 页。

清顺治七年（南明永历四年，1650）十二月，清摄政王多尔衮去世，年39岁，清世祖始亲掌朝政。随着时间的推移，至顺治十四年（1657），他年满20岁，在实践中已经成长为一名杰出的政治家。面对孙可望的归降，他敏锐地捕捉到了战机所在。"孙可望之未降也，我四川总督李国英驻保宁，大将军辰泰、都统阿尔津驻荆州，承畴以经略驻长沙，尚可喜等分驻肇庆、广州，遇出犯湖南、川北、广东之寇则击却之，出境亦不穷追，以孙、李皆百战之余，地险兵悍，姑以云、贵、川东南为其延喘地。"①孙可望的归降，标志着南明统治集团出现了重大裂痕。此外，孙可望又详细透露了云贵地区的山川形势、关隘设防、兵员布置等信息，使清廷对永历政权的军事机密了如指掌。在这种情况下，大举进攻西南的时机业已成熟。清顺治十四年（南明永历十一年，1657）十二月十五日，清世祖允准经略大学士洪承畴、平西王吴三桂、义王孙可望之请，命令"乘此贼党内乱，人心未定之际"，分三路进攻，先取贵州，再入云南。

以平西王吴三桂为平西大将军，偕同固山额真、三等侯、墨尔根侍卫李国翰统兵由四川进军。

以宗室罗托为宁南靖寇大将军，偕同固山额真济席哈统兵由湖南进军，经略大学士洪承畴同行。

以固山额真赵布泰为征南将军，偕同提督线国安由广西进军。②

次年正月初九日，又命信郡王多尼为安远靖寇大将军，偕同平郡王罗可铎、贝勒尚善、杜兰、固山额真伊尔德、阿尔津、巴思汉，统领大军，待攻占贵州后，督率诸路，专取云南。③

清廷十分重视这次与永历政权的决战。清顺治十五年（南明永历十二年，1658）正月十八日，经略大学士洪承畴上奏朝廷，指出此次远征非同小可，行军作战必须注意严明军纪，收拾人心，尤其注重安抚少数民族，"进取大事，首以收拾人心为本。欲收拾人心，先以约束官兵秋毫无扰为本……必先得土司苗蛮之心，而后可为一劳永逸之计"④。清世祖采纳了

---

① 〔清〕徐鼒：《小腆纪年附考》卷一九，第732页。
② 以上所引，见《清世祖实录》卷一一三，顺治十四年十二月癸未。
③ 《清世祖实录》卷一一四，顺治十五年正月丙午。
④ 《明清史料》甲编第六本《经略洪承畴揭帖（顺治十五年二月十二日到）》第585页。

七、统一西南之战

他的意见,于同年三月初七日特谕吴三桂、李国翰、罗托、济席哈、赵布泰等将帅:"今念贵州等处,民苗杂处,当先加意抚绥,安辑民心。尔等帅领大军,经过府州县及土司蛮峒等处地方,当严行约束官兵。凡良民苗蛮财物,及一草一木,勿得擅取,惟务宣布仁恩,使彼乐于归附。倘官民人等不遵纪律,仍行抢掠者,即加处治,以示惩戒。尔等所领汉兵,一并严行禁饬。其未辟地方,须多发告示,遍行晓谕。尔等受兹敕旨,当恪遵奉行,勿致扰害地方,以副朕除暴安民至意。"① 此外,清世祖还告诫统兵将帅戒骄戒躁,谨慎拥兵,不致重蹈敬谨亲王尼堪的覆辙:"行军必敬慎堤防,谋事无失,毋得骄矜躁急,致有疏虞。夫士在行间,固当有进无退,而克敌致胜,尤贵惧以成谋,前敬谨亲王及讷尔特等之败,皆以轻敌躁进故也。"②

三路大军进展迅速。经略大学士洪承畴与宁南靖寇大将军罗托于当年二月在湖南常德会师,攻取武冈及靖、辰、沅诸州,从镇远进入贵州省境,四月到达贵阳。明镇守贵州将领马进忠逃遁,巡抚冷孟銋不屈而死。清军"先后共招降伪官兵丁四千九百九十余人,男妇九千八百余名口,获马一千四百余匹,象十二只"③,战果颇丰。据洪承畴奏报,清军深入西南边陲作战,异常艰辛:"自常德、辰、沅至镇远、贵阳,重关高岭,石径尖斜,大雨将及半月,泥泞三尺。满洲兵谓从来出征,未有如此之难,马匹疲毙,未有如此之甚。然皆不顾艰险,奋勇当先。汉军、绿旗兵紧随而进。不五十日剿逆抚顺,贵州全省底定,皆皇上德威遐畅之所致也。"④ 征南将军赵布泰会同提督线国安于同年三月从广西出发,取道南丹州(今广西南丹县)、那地州(今广西南丹县西南)、抚宁司,安抚土司兵民,进占贵州独山州(今贵州独山县)。吴三桂偕同李国翰于二月从汉中出发,三月经保宁、南部、西充,抵合州(今重庆合州区),明总兵杜子香望风而逃,清军遂占重庆。四月,吴三桂部搭浮桥渡黄葛江,历东溪、安稳、松坎、新站、夜郎等地,二十五日抵三坡。此处地形险要,可谓"峭壁重

---

① 《清世祖实录》卷一一五,顺治十五年三月甲辰。
② 《清世祖实录》卷一二〇,顺治十五年八月丙子。
③ 《清世祖实录》卷一一七,顺治十五年五月甲子。
④ 王钟翰点校:《清史列传·洪承畴传》卷七八,第6450页。

渊，一夫可守"①，李定国派遣总兵刘正国在此驻军，却被吴三桂击败，刘正国由水西（今贵州黔西县）逃回云南。清军经桐梓至四渡站，过鸡喉关，有明将郭李爱、王友臣等率5000官兵家口投降。吴三桂率部继续前行，攻取遵义。五月初三日，经新站、乌江、养龙、息烽、扎佐，在贵阳与宁南靖寇大将军罗托会师。五月十一日，吴三桂大军败明将杨武于开州（今贵州开阳县）倒流水，水西宣慰使安坤、酉阳宣慰使冉奇镳、蔺州宣慰使奢保受率众投降。此时，南明大学士文安之督率川东十三家以及明将谭文、谭弘、谭诣所部，以水师攻重庆。吴三桂还兵解救，大败之。七月，吴三桂复回遵义屯驻，二十八日，固山额真李国翰病卒。至此，清朝三路大军云集贵州境内。

九月，安远靖寇大将军、信郡王多尼率领清军主力到达贵州境内。十月初五日，他会集吴三桂、洪承畴、赵布泰等统兵将帅，于平越府（今贵州福泉市）杨老堡商定分兵进取云南之策：多尼军为中路，自贵阳出发，经关岭、铁索桥攻昆明，行军凡1000余里；吴三桂军为北路，自遵义出发，经七星关（今贵州盘山铁桥）攻昆明，凡1500余里，先中路10日行；赵布泰军为南路，自都匀出发，经黔、桂边界的平浪、永顺坝、威透山，出安隆所（即安龙）、黄草坝（今贵州兴义市）、罗平州（今云南罗平县），凡1800余里，先北路15日行。三路约定于十二月在云南省城昆明会师。② 经略洪承畴、宁南靖寇大将军罗托则留驻贵阳，料理粮饷。当清军入黔时，有原孙可望所属总兵康国臣率800军士投降，大军遂以降兵为向导，先后进兵云南。

面对清军的大举进攻，南明小朝廷人心惶惶。四月间，原孙可望部将王自奇、关有才叛乱，李定国忙于平息内乱，错过了出兵援黔的时机，导致贵州全省的失陷。直到七月，永历帝才命李定国为招讨大元帅，督白文选、冯双礼等诸将率师抵御③。然而李定国行动迟缓，直到清军在杨老堡会师，定议攻滇之后才完成布防，又丧失了逐个击破分散清军的机会。正如清代史学家徐鼒的评论："先是，三桂驻遵义，信郡王驻武陵，卓布泰（即赵布泰）驻独山州，惟洛托（即罗托）一军驻贵阳，大众未集，其势

---

① 〔清〕徐鼒：《小腆纪年附考》卷一九，第734页。
② 赵尔巽等：《清史稿·洪承畴传》卷二三七，第9473—9474页。
③ 蜀王刘文秀于同年六月去世。

七、统一西南之战

可乘,定国逡巡观望,比杨老堡戒期,定国始悉众出拒,而事机已不可为矣。"① 李定国的部署为:派遣冯双礼守鸡公背(今贵州关岭县东),抵御清军中路;张先璧扼南盘江的黄草坝,抵御清军东路;白文选守七星关,抵生界立营,准备进攻遵义,牵制吴三桂所部;李定国自守北盘江的铁索桥,策应诸部,准备进攻贵阳。② 一场决定明清两朝生死存亡的大战即将打响。

多尼所率中路军作为主力,在鸡公背击溃明将冯双礼所部,追至北盘江,明军焚铁索桥而退。清军架设浮桥过江,进入云南曲靖。十一月初十日,吴三桂所率北路军从遵义出发,白文选闻讯,于二十日由生界退往要塞七星关据守。七星关"四山壁立,水势汹涌,山上树木参天,名曰'天生桥'"③,是一处易守难攻之地。吴三桂依靠当地土著为向导,经水西,走间道绕行,直趋乌撒军民府(今贵州威宁彝族回族苗族自治县),包抄七星关的后路。白文选大惊,弃关而逃。赵布泰所率南路军从黔、桂交界处抵达盘江的罗颜渡口,明军扼险沉船,清军受阻。在归降土司知府岑继禄的引导下,清军从下游10里处取出所沉船只,乘夜潜渡,克安隆所,明军溃逃。梁瑞津有明将李成爵屯兵万人于山谷口,清军环山四面夹击,大败之。李定国率师增援,据双河口山顶。赵布泰遣兵登山,夺其形胜。李定国排列象阵争山,清军合力奋击,大败之。到了陆格,李定国又率30营兵列栅据守,赵布泰分兵三队,左右冲击,明军再败,清军连追40里乃止。这支军队因此得以从普安州(今贵州普安县)进入云南。至此,李定国的布防全面崩溃,永历政权的灭顶之灾到来了。

李定国战败后仓皇退回昆明,请永历帝出逃。十二月十四日朝会之上,众说纷纭。有人主张奔往四川,偕同十三家抗清,李定国则主张退往湘西,联合少数民族,等待时机,以图恢复。世守云南的黔国公沐天波则主张迁往滇西,他指出:"自迤西达缅甸,其地粮糗可资,且出边则荒远无际,万一追势稍缓,据大理两关之险,犹不失为蒙段也。"沐天波的主张受到了永历帝的宠臣马吉翔、李国泰的赞成。于是,永历帝最终确定迁往云南西部。李定国唯恐皇帝将受制于缅甸,提出留下太子督师,未得到

---

① 〔清〕徐鼒:《小腆纪年附考》卷一九,第737页。
② 〔清〕徐鼒:《小腆纪年附考》卷一九,第736-737页。
③ 〔清〕徐鼒:《小腆纪年附考》卷一九,第737页。

允准。次日，永历君臣离开昆明，再度踏上逃亡之路，一路之上备尝艰辛，"百官扈从男妇马步数十万人，日行不过三十里。兵士乏食，取之民间，所在逃避，御前供顿缺，而庶僚贫病离次不前。从古乘舆奔播，未有若此之艰难者"①。次年正月初四日，永历帝逃至永昌（今云南保山市），下罪己诏，李定国也以指挥失误，自请处分。永历帝不同意，无可奈何地哀叹道："是国之祸，王何罪焉？"②

清顺治十六年（南明永历十三年，1659）正月初三日，清军三路大军进入滇都昆明。明户部主事刘之谦不屈而死，卫国公胡一青、提学道徐心箴、光禄寺少卿黄复生、提督刘之扶、土司龙世荣等投降。清军取得了云贵决战的初步胜利。不过，吴三桂等统兵将帅马不停蹄，继续投入追击永历帝的军事行动中。

2. 永历流亡缅甸

清军进入昆明后，以信郡王多尼驻镇省城，平西王吴三桂、固山额真赵布泰于二月初二日率部追赶永历帝一行。十五日，大军败明将白文选、张先璧、陈胜部于玉龙关，进占大理。李定国闻玉龙关失守，命总兵靳统武护送永历君臣入腾越州（今云南腾冲市），自己则率部渡怒江，在距江西20里的磨盘山设伏。此山为高黎贡山南段，"所入之路坎陡，箐深屈曲，仅容单骑"③，地势险要，易守难攻。李定国估计清军屡胜以后必不戒备，因此在磨盘山设下三伏：以窦名望为初伏，高文贵为二伏，王玺为三伏，每伏兵2000人。约定清军进入三伏后，发号炮为信，"首尾横突截攻"④，意在全歼清军。果然，清军一路之上进展顺利，克永昌，渡澜沧

---

① 以上所引，参见〔清〕徐鼒《小腆纪年附考》卷一九，第738页。
② 〔清〕徐鼒：《小腆纪传》卷六《永历下》，第72页。
③ 〔清〕计六奇：《明季南略》卷一五《吴三桂率清兵取云贵》，第479页。
④ 〔清〕徐鼒：《小腆纪传》卷六《永历下》，第73页。

七、统一西南之战

江、怒江,分八队冲击,数百里内不见一人抵御,遂以为李定国已经远走。吴三桂无所顾忌,率领大军从羊肠小道鱼贯进入磨盘山,前驱已过二伏,队伍也十分散乱。正当千钧一发之际,明大理寺卿卢桂生迎降,将李定国的计划和盘托出。吴三桂大惊,急令军士舍骑从步,并以炮发其伏,一时间丛林之中矢炮如雨。窦名望被迫举炮出战,王玺也率部增援,整个明军的阵营被彻底打乱。战斗进行了一个上午,双方短兵相接,死者尸如堵墙,异常惨烈。李定国在山上观战,闻号炮失序,忽然有炮弹落其前,土掩其面,大惊而遁。此战明军损失惨重,死者达2/3,窦名望、王玺奋战而亡。清军也付出了很大的代价,固山额真沙里布、祖泽润等18名将领以及辅国公干图、扎喀纳等战死,军士折损近万人。清世祖得到战报,以"败绩"论处,多尼以下十多位重要将领遭到处分。

磨盘山之战后,清军又追了一段距离。二十四日,占领腾越州。二十五日,过南甸(今云南梁河县),追至孟村,此地位于腾越以西110里,"为云南迤西尽界"①。吴三桂及诸将并未追到永历帝,遂于三十日班师,闰三月二十三日返回昆明,途中南明大学士张佐辰、户部尚书龚彝、兵部尚书孙顺、侍郎万年策、都察院钱邦芑、少卿刘泌、兵科胡显、德安侯狄三品、庆阳王冯双礼等先后投降。四月二十四日,多尼、吴三桂、赵布泰率诸将会奏朝廷:"全滇开服。"② 十二月初六日,信郡王多尼率大军回京,吴三桂则以平西王的身份留驻云南。

还在二月二十一日,永历帝听说了李定国磨盘山战败的消息,离开腾越州。他眼看大势已去,决心迁往缅甸。途中,大臣们纷纷叛离,军队乘乱劫掠。二十六日,朱由榔一行到达中缅边境的铁壁关,扈从将领孙崇雅作乱,抢夺辎重而去。二十七日,抵达囊木河,总兵靳统武亦率部出走。二十九日,永历君臣进入缅甸,按照缅方要求,尽解弓刀盔甲。三月初,朱由榔抵达大金沙江,缅王派四舟迎接,只可供永历帝、皇后、太子及宠臣司礼监李国泰、锦衣卫马吉翔使用,其余人自行买舟。从行者分水陆两路,共1478人,舟行646人。永历帝先后被安排在井梗和者梗(缅甸都城阿瓦〔今缅甸曼德勒〕的旧城所在地)居住。在者梗,有草庐十余间,朱由榔住于此,编竹为城,守兵百余人。扈从大臣自备竹木,结宇聚处。

---

① 〔清〕计六奇:《明季南略》卷一五《吴三桂率清兵取云贵》,第479页。
② 〔清〕计六奇:《明季南略》卷一五《吴三桂率清兵取云贵》,第480页。

缅甸早在万历年间便与中国断绝了朝贡关系,因此与明廷并不友好。永历君臣进入缅甸后,过上了寄人篱下的生活。缅方严格断绝滇缅之间的联系,并串通马吉翔以永历帝名义撰拟敕书,在边境阻止明朝军队入缅迎驾,将朱由榔完全控制起来。八月十五日,是缅历年节。缅甸招黔国公沐天波入贺,竟要求他不穿明朝冠服,换上所谓的"夷服",与其余缅属小邦使臣一道以臣礼朝见缅王。永历君臣为了讨好缅甸,不得已答应了这一要求。这对于明朝而言无疑是奇耻大辱!在这种情况下,南明的大臣们却普遍麻木不仁,毫无失国忧君之念,整日过着浑浑噩噩、苟且偷安的生活。据史书记载,"方且文恬武嬉,苟延岁月,不思出险"①,"举朝梦梦,招权纳贿如平时"②。当时有缅甸居民到者梗贸易,许多明朝官员不顾国体,举止粗鄙,"短衣跣足混入缅妇,席地坐笑"。缅甸官员见状,感叹道:"天朝大臣如此嬉戏无度,天下安得不亡。"绥宁伯蒲缨大开赌场,昼夜喧哗。永历帝听说这一消息后,怒不可遏,命人将赌场焚毁。蒲缨完全不在乎皇帝的态度,换了一个地方,聚赌如故。华亭侯王惟恭与杨太监斗殴,喧闹声响彻内外。永历帝为了加强保卫,规定官员轮流巡夜,这些人不认真办事,"皆知己伙聚,张灯高饮,彻夜歌号"③。缅甸官员看到明朝大臣的这种精神状态,对他们愈发轻视。清顺治十六年(南明永历十三年,1659)中秋节,朱由榔患足疾,痛得日夜呻吟,随扈诸臣却视若无睹,"酣歌纵博,马吉翔、李国泰呼梨园黎应祥者演剧庆中秋"。黎应祥流着眼泪,表示不能从命:"行宫密迩,圣体不安,此何时而行此忍心之事乎!"④马吉翔听后竟然下令鞭之。九月间,缅甸送来一批新收的稻谷,永历帝命令分发给困窘的官员。马吉翔却视为己物,把稻谷分给同自己亲近的人。总兵邓凯心中不平,怒斥马吉翔:"时势至此,尚敢蒙蔽上听。升斗之惠,不给从官,良心何在?"⑤结果却被马吉翔的爪牙打倒在地,伤一足而不能行走。次年九月,马吉翔、李国泰向永历帝诉说大臣们生活困难,日用匮乏。他们用言语刺激朱由榔,希望他能够出内帑救济。永历

---

① 〔清〕邓凯:《也是录·序》,见〔清〕留云居士《明季稗史初编》第343页。
② 〔清〕徐鼒:《小腆纪年附考》卷二十,第759页。
③ 以上所引,见〔清〕刘茝《狩缅纪事》第10页,浙江古籍出版社,1986。
④ 〔清〕徐鼒:《小腆纪年附考》卷一九,第754页。
⑤ 〔清〕刘茝:《狩缅纪事》,第11页。

七、统一西南之战

帝此时也已经是捉襟见肘，一怒之下，将"皇帝之宝"的金质国玺投掷于地，命凿碎分给群臣。典玺太监李国用叩头，表示不敢从命。马吉翔、李国泰竟然毫无顾忌，当即将国玺凿碎分发。通过上述事例可知，在缅甸的南明大臣早已丧失进取之心，如同行尸走肉一般，居于异国他乡而不思进取，依靠他们完成中兴大业是彻底无望了。

当然，永历政权的官员中还是有极少数保持清醒头脑的人。他们意识到，要重振大明，必须摆脱缅甸的控制，与云南地区李定国、白文选等率领的明军残部取得联系，以图再举。黔国公沐天波在滇缅边境之时，便提出文武官员分一半随永历帝入缅，一半随太子往茶山督率诸营的构想，因遭到皇后的反对而没有实施。到达井梗后，鉴于缅人的无礼行为，沐天波又主张转移到护撒、孟艮（今缅甸掸邦景栋）等处，与李定国等部取得联系，却又遇到马吉翔的阻挠而未能成行。清顺治十八年（南明永历十五年，1661）三月，沐天波与总兵王启隆密谋诛杀马吉翔、李国泰，保护太子突围，离开缅甸，投往李定国、白文选的军队。不久事泄，马吉翔命逮捕沐天波家丁李成、王启隆家人何爱，交付本主杀之。虽然马吉翔未敢兴起大狱，杀害沐天波、王启隆，却标志着驻缅明臣最后的自救行动宣告失败。

永历君臣在缅甸流亡的近三年间，李定国、白文选则率残部在滇缅交界处活动。玉龙关之役后，白文选经沙木河、金齿到木邦。磨盘山之败后，李定国退往孟定府（今云南临沧市孟定镇）。二人辗转锡箔、猛缅（今云南临沧市）、景线等地，招集散众，安抚土司，封官授印，声势复振。他们积极联络缅甸，要求对方送还永历帝，遭到拒绝后，又率军进攻，一度兵临缅都阿瓦城下。最终由于地理气候不适，坚城难克，后勤补给困难，再加上缺乏缅甸境内明朝官员的支持等原因，未能取得成功。而李定国联络的沅江（元江）土知府那嵩起兵反清，同样在不久后便被平西王吴三桂平定，那嵩兵败自焚。总之，云贵之战后，清朝统一大势形成，南明的败亡已成定局，李定国、白文选的努力显得徒劳无功。正如魏源在《圣武记》中所说："时桂王已入缅甸，李定国、白文选分窜孟艮、木邦，惟与缅交讧，无能患边，虽有元江土司那嵩叛应之事，逾月即殄，仅癣疥若，我朝亦度外置之。"① 不过永历残余势力的存在，对于清朝统治而言依然是潜在的威胁。

清顺治十六年（南明永历十三年，1659）五、六月间，清世祖便与议政王及上三旗大臣会议，出兵缅甸，征讨永历帝。然而到了八月，经略大学士洪承畴上疏反对，认为攻缅之前必先剿李定国、白文选，不过时机尚不成熟："臣受任经略，目击民生凋敝，及土司降卒尚怀观望，以为须先安内，乃可剿外。李定国等窜伏孟艮诸处，山川险阻，兼瘴毒为害，必待霜降始消，明年二月青草将生，瘴即复起，其间可以用师不过四月，虑未能穷追。定国等觊自景东、元江复入广西，要结诸土司，私授札印，歃血为盟。若闻我师西进，必且避实就虚，合力内犯。我军相隔已远，不能回顾；省城留兵，亦未遑堵御：致定国等纵逸，所关非细。"因此，他主张："臣审度时势，权其轻重，谓今岁秋冬宜暂停进兵，俾云南迤西残黎，稍藉秋收以延余喘；明年尽力春耕，渐图生聚。我军亦得养锐蓄威，居中制外，俾定国等不能窥动静以潜逃，诸土司不能伺间隙以思逞。绝残兵之勾结，断降卒之反侧，则饥饱劳逸皆在于我。定国等潜藏边界，无居无食，瘴疠相侵，内变易生，机有可俟。是时刍粮辇备，苗、蛮辑服，调发将卒，次第齐集，然后进兵，庶为一劳永逸、安内剿外长计。"② 清廷采纳了洪承畴的意见，暂停进兵。直至第二年四月，平西王吴三桂上达《渠魁不翦三患二难疏》，征剿缅甸之议又被重新提起。

3. 吴三桂入缅擒永历

清顺治十七年（南明永历十四年，1660）四月二十二日，平西王吴三桂上达《渠魁不翦三患二难疏》，请求进兵缅甸：

---

① 〔清〕魏源：《圣武记》卷一《开创》《开国龙兴记五》，第58页。
② 以上所引，见赵尔巽等《清史稿·洪承畴传》卷二三七，第9474－9475页。

七、统一西南之战

> 滇南负固有年,一朝戡定,独逆渠李定国等挟伪永历遁出边外,是滇土虽收,滇局未结,边患一日不息,兵马一日不宁……窃以为有三患二难:永历在缅,李定国、白文选等分住三宣、六慰、孟艮一带,藉永历以鼓惑众心。倘不乘胜大举入缅,以净根株,万一此辈复整败众,窥我边防,兵到则彼退藏,兵撤则彼复扰。此其患在门户;土司反覆无定,惟利是趋。如我兵不动,逆党假永历以号召内外诸蛮,万一如前日元江之事,一被煽惑,遍地蜂起,此其患在肘腋;投诚官兵虽已安插,然革面尚未革心。永历在缅,于中岂无系念?万一边关有警,若辈生心,此其患在膝理。今滇中兵马云集,粮草取之民间,勿论各省饷运愆期,即到滇召买,民室方如悬磬,市中米价日增,公私交困。措粮之难如此;召买粮草,民间必须搬运交纳,年年召买,岁岁输将,民力尽于官粮,耕作荒于南亩。人无生趣,势必逃亡,皮之不存,毛将安附?培养之艰又如此。臣用是彻底筹画,惟有及时进兵,早收全局。诚使外孽一净,则边境无伺隙之虑,土司无簧惑之端,降人无观望之志,地方稍得苏息,民力略可宽纾,一举而数利存焉。窃谓救时之方,计在于此。①

吴三桂提出此项建议,除了战略考量以外,也包含着他的私心,即"贪擅兵权,必欲俘永历为功"②。清世祖从全局着眼,认识到彻底消灭永历政权以及李定国、白文选残余势力对清朝巩固云贵边陲统治的重要性。经过与议政王大臣、户兵二部讨论,并派学士麻勒吉、侍郎石图前往昆明和吴三桂面商机宜,他最终下定决心,出兵进缅。八月十八日,清世祖命领侍卫内大臣、一等公爱星阿为定西将军,统率八旗兵,会同平西王吴三桂相机进讨,征剿永历君臣和李定国所部。至于兵马钱粮方面,命令吴三桂设法筹措,朝廷全力支持输解。

正当爱星阿率领禁旅来到云南,偕同吴三桂进行紧张的战前准备时,清顺治十八年(南明永历十五年,1661)正月初七日,清世祖福临因病去世,年仅24岁。他无法看到南明小朝廷彻底覆灭的那一天,而吴三桂的军事行动仍将继续。同年九月,吴三桂、爱星阿统领满汉大军、土司兵、

---

① 《清世祖实录》卷一三四,顺治十七年四月丙午。
② 〔清〕魏源:《圣武记》卷一《开创》《开国龙兴记五》,第58页。

降卒 75000 名，以及炊汲余丁，共 10 万人，由大理、腾越出边。吴三桂、爱星阿率 5 万人出南甸、陇川、猛卯，命分兵 2 万，由总兵马宁、王辅臣、马宝率领出姚关，两军于十一月初八日在木邦会师。① 战前，吴三桂已经传檄沿边各土司及缅甸执永历帝以献。就在此时，缅甸内部发生了意想不到的变乱。

清顺治十八年（南明永历十五年，1661）五月，缅甸王弟杀兄自立，他主张顺从清廷的要求，接到吴三桂的檄文后，便表示愿意献出永历帝。为了给清军扫除障碍，缅甸制造了一起"咒水之祸"。七月十六日，缅甸邀请随扈永历帝的主要大臣渡河议事，众人疑惧不敢行。十八日，缅方官员又来催促，表示："我王虑诸君立心不好，请饮咒水，令诸君得自便贸易，否则我国安能久奉刍粟邪！"黔国公沐天波感到缅人存心不良，意欲拒绝，马吉翔、李国泰却表示："蛮俗敬鬼重誓，可往也。"于是次日黎明，永历政权的一行文武百官皆渡河而去。到了中午的时候，缅甸军队将这些明朝大臣包围起来，命令一个接一个向外出，出来之后绑缚杀之，沐天波、马吉翔、李国泰等渡河的 42 名官员皆死。后来缅兵又包围永历帝的行宫，搜刮财帛，其左右妃嫔宫人以及诸臣妻女自缢者不计其数。永历帝携太后、皇后、太子等 25 人聚集在一处小屋中，战战栗栗，如待决之囚。事后，南明君臣只剩下 340 余人，"楼居聚哭，声闻一二里外"。朱由榔"惊悸成疾"，缅人恐怕他就此死去，无法向吴三桂交代，于是命人将永历帝的行宫打扫干净，迎之复入，并提供衣被锦布等生活用品，妥善安顿。② 经过"咒水之祸"，南明小朝廷中有能力反抗的官员被剪除殆尽，永历帝就像待宰的羔羊，只能任人宰割了。

李定国、白文选听闻"咒水之祸"的消息，悲愤不已，于八月率 16 艘战船渡江攻打缅甸，未能取胜，退兵而还。途中，白文选被部将挟持，脱离李定国，驻兵锡箔。李定国则率部退往九龙江（澜沧江下游）、景线、勐腊。

十一月，清军在木邦会师后，昼夜兼程 300 里，进攻锡箔山，白文选闻讯，逃往茶山。吴三桂遂兵分两路，一路由自己和爱星阿统领主力结筏渡江，直趋缅都阿瓦城，一路由总兵马宁率偏师追击白文选，一直追到了

---

① 〔清〕计六奇：《明季南略》卷一五《吴三桂率清兵取云贵》，第 483 页。
② 以上所引，见〔清〕徐鼒《小腆纪年附考》卷二〇，第 765－766 页。

七、统一西南之战

孟养。最终，在降将马宝的劝说下，白文选率官员499人、兵丁3800余名、家口7000余名降清。①

十二月初一日，清军主力抵达缅都阿瓦城东60里的旧晚坡。缅王派人与吴三桂交涉，表示愿意献出永历帝，请求大军退驻锡箔。永历帝知道自己的末日已经来临，他给吴三桂写了一封长信，恳请饶命，信中反映了他作为一个末代皇帝在度过15年颠沛流离的生活后，眼看江山社稷覆灭的悲愤、哀怨之情。全文摘录如下：

> 将军新朝之勋臣，旧朝之重镇也。世膺爵秩，藩封外疆，列（烈）皇帝（指明思宗）之于将军，可谓甚厚。讵意国遭不造，闯贼肆恶，突入我京城，殄灭我社稷，逼死我先帝，杀戮我人民。将军志兴楚国，饮泣秦廷，缟素誓师，提兵问罪，当日之本衷，原未泯也。奈何凭藉大国（指清朝），狐假虎威，外施复仇之虚名，阴作新朝之佐命，逆贼授首之后，而南方一带土宇，非复先朝有也。南方诸臣不忍宗社之颠覆，迎立南阳（指福王朱由崧）。何图枕席未安，干戈猝至，弘光殄祀，隆武就诛。仆于此时，几不欲生，犹暇为宗社计乎？诸臣强之再三，谬承先绪。

> 自是以来，一战而楚地失，再战而东粤亡，流离惊窜，不可胜数。幸李定国迎仆于贵州，接仆于南安，自谓与人无患，与世无争矣。而将军忘君父之大德，图开创之丰功，督师入滇，覆我巢穴。仆由是渡沙漠，聊借缅人以固吾圉，山遥水远，言笑谁欢？祗益悲矣。既失世守之河山，苟全微命于蛮服，亦自幸矣。乃将军不避艰险，请命远来，提数十万之众，穷追逆旅之身，何视天下之不广哉？岂天覆地载之中，独不容仆一人乎？抑封王锡爵之后，犹欲歼仆以邀功乎？

> 第思高皇帝栉风沐雨之天下，犹不能贻留片地，以为将军建功之所，将军既毁我室，又欲取我子，读《鸱鸮》之章，能不惨然心恻乎？将军犹是世禄之裔，即不为仆怜，独不念先帝乎？即不念先帝，独不念二祖列宗乎？即不念二祖列宗，独不念己之祖若父乎？不知大清何恩何德于将军，仆又何仇何怨于将军也。将军自以为智而适成其

---

① 《清圣祖实录》卷六，康熙元年二月庚午，中华书局影印本，1985。

愚，自以为厚而反觉其薄。奕祀而后，史有传书有载，当以将军为何如人也！仆今者兵衰力弱，茕茕孑立，区区之命，悬于将军之手矣。如必欲仆首领，则虽粉身碎骨，血溅草莱，所不敢辞。若其转祸为福，或以遐方寸土，仍存三恪，更非敢望。倘得与太平草木，同霑雨露于圣朝（指清朝），仆纵有亿万之众，亦付于将军，惟将军是命。将军臣事大清，亦可谓不忘故主之血食，不负先帝之大德也。惟冀裁之！①

然而，吴三桂业已背弃明朝，归顺大清，他为了巩固其在云南镇守一方的地位，急于建立新功，因此不可能对朱由榔手下留情。十二月初三日，缅王派人到永历帝的行宫，假称李定国兵至，骗他渡江。此时天色已晚，不辨东西，有一个人背负永历帝上船，经询问得知是平西王属下前锋高得捷。永历帝明白自己上当了，却也无可奈何，他在当日深夜被带到了吴三桂军营。随后，其余的南明宫眷、大臣也一个不漏地先后被押送到清军驻地。十二月初十日，清军凯旋，次年三月十三日返回昆明。南明的最后一个小朝廷——永历政权就此覆灭。

清康熙元年（1662）三月十二日，清廷颁诏天下，宣布统一大业基本告竣："念永历既获，大勋克集，士卒免征戍之苦，兆姓省挽输之劳，疆圉从此奠定，闾阎获宁干止。是用诏告天下，以慰群情。"② 四月二十五日，吴三桂奉朝廷之命，在昆明篦子坡③派人用弓弦将永历帝朱由榔、太子朱慈煊等人逐个勒死，永历帝死时年40岁。太子朱慈煊时年12岁，在死前痛斥吴三桂："黠贼，我朝何负于汝，我父子何仇于汝，乃至此邪！"④ 李定国在勐腊患病，听说永历帝被杀的消息，恸哭发丧，命全军缟素，不久病情恶化，于六月二十七日去世，享年42岁。他死前，将儿子嗣兴托付给部将靳统武，留下遗言："任死荒徼，无降也！"⑤ 不久，靳统武亦亡。李嗣兴无所依靠，竟不顾父亲嘱托，率众降清。从万历四十六

---

① 〔清〕蒋良骐：《东华录》卷八，第137-138页。
② 《清圣祖实录》卷六，康熙元年三月乙酉。
③ 因为此地发生吴三桂逼死永历事，后人改称"逼死坡"。
④ 〔清〕徐鼒：《小腆纪年附考》卷二〇，第774页。
⑤ 〔清〕徐鼒：《小腆纪传》卷三七《李定国》，第366页。

七、统一西南之战

年（1618），努尔哈赤以"七大恨"告天，以抚顺、清河之役，发动对明朝辽东边镇的进攻，至清康熙元年（1662），清军擒杀永历帝，晋王李定国之子李嗣兴率残部投降，历时长达44年的明清战争以明朝彻底覆灭，清朝基本统一全国的结局而画上句号。

4. 郑成功兵败南京

当南明小朝廷在西南地区苟延残喘的同时，郑成功却在东南地区坚持抗清，威震海疆，取得了很大成就，甚而一度兵临南京城下，几乎改写了明清战争的历史。

图7.2 郑成功像
（选自《清史图典》第2册，第57页）

郑成功（1624—1662），原名森，字大木，原籍福建南安，出生于日本九州平户藩，父为海盗郑芝龙，母为日女田川氏。崇祯年间，郑芝龙接受明朝招抚，郑森亦被带回国内，崇祯十一年（1638）考中南安县学秀才，崇祯十四年（1641）入南京国子监读书。崇祯十七年（1644），明思宗自缢，北京陷落。南明弘光元年（1645），清军南下，攻克南京。时任福建总镇、南安伯的郑芝龙迎奉唐王朱聿键入闽，立为隆武帝，并向其推荐了自己的儿子郑森。隆武帝十分赏识郑森，授予其御营中军都督职衔，统领禁军，仪同驸马，甚至赐其国姓"朱"，改名成功。郑成功由是人称"国姓爷"。南明隆武二年（1646）三月，郑成功又被封为忠孝伯，挂招讨大将军印。当时他年仅23岁，在朝中风光无二。不久，清军攻入福建，擒杀隆武帝，郑芝龙决意投降，郑成功劝父不成，与叔父郑鸿逵率所属舟师下海，收集余众数千，继续抗清斗争。

经过郑成功的惨淡经营，郑军屡攻海澄、泉州、同安、漳浦、云霄、诏安、潮州，纵横闽粤之地。清顺治五年（南明永历二年，1648），郑成功遣使赴广西，表示尊奉永历帝朱由榔。朱由榔封其为威远侯，次年七月晋爵广平公，郑军遂成为南明小朝廷在东南沿海地区的重要依靠力量。清顺治七年（南明永历四年，1650），郑成功袭取族人郑彩、郑联占据的金门、厦门，在此建立了稳固的抗清基地，拥兵四五万，声势大震，海上群雄皆来归附。同年冬，清军攻破广州，永历帝诏郑成功入援。次年，郑成功率部勤王，攻陷惠州，这是郑军对永历政权实际支持的开始。然而，清福建巡道黄澍、巡抚张学圣、总兵马得功却乘郑军远出，后方空虚，突袭厦门，尽掠郑氏父子两代积蓄的金银和数十万斛米粟而去。郑成功率军回救，重占厦门，斩杀留守官郑芝莞，复召集人马，部众增至6万余人。清顺治九年（南明永历六年，1652）春，鲁王朱以海失去了在浙东舟山的根据地，往投厦门避难，跟随鲁王的定西侯张名振、兵部侍郎张煌言遂率所部舟师并入郑军，如虎添翼，在日后的抗清斗争中发挥了重要作用。同年，永历政权在孙可望的谋划下用兵楚、粤、川，大举北伐，郑成功亦于同年三月连陷同安、漳浦、南安、平和、海澄、长泰等县，进围闽南重镇漳州，以期响应。郑军围困漳州达7个月之久，城中粮尽，人相食，死者枕藉。浙闽总督陈锦率军救援，失利，为家奴所杀，首级献于郑成功，一时间八闽震动。十月，清都统金砺率大军至，才击败郑成功，解漳州之围。郑军退守海澄，清兵围困，双方展开了一场鏖战。城坏十余丈，郑成

七、统一西南之战

功亲冒矢石,全力抵御。一日,他听到空中炮声不断,指出这是号炮,清军将发起攻城冲锋,他命士兵们操巨斧以待。清军果然渡过壕沟,四面登城,守御明军众斧齐举,砍杀清军,落下的尸体几乎将壕沟填平。清军损失惨重,撤围而去,海澄得以保全。

郑成功在东南沿海的发展,严重困扰着满洲统治者。由于当时清廷重点用兵西南,征剿永历政权,为了不至于两面受敌,清世祖采取了招抚手段,意在劝降郑成功。清顺治九年(南明永历六年,1652),清世祖谕浙闽总督刘清泰,命其招抚郑成功。次年五月,又命居住在北京的郑成功之父郑芝龙写信劝降其子,并提出郑芝龙封同安侯、郑成功封海澄公、郑鸿逵封奉化伯的承诺,令郑氏一门共登显爵,荣耀无比。此外,清世祖还表示倘若郑成功降清,将赐予漳、泉、惠、潮四府为屯兵之地,并授其剿防海上诸寇和管理洋船之权。面对如此优厚的条件,郑成功并没有心动,他坚定不移地继续抗清事业。在此后的岁月里,郑成功势力发展迅速,夺占城池,屡破清兵,并于永历七年(1653)、八年(1654)两度进军长江。清顺治十二年(南明永历九年,1655),郑成功改厦门为思明州,分所部为72镇,设六官理事。清顺治十五年(南明永历十二年,1658),永历帝遣使航海封郑成功为延平郡王,表彰其经营东南之功。此时,郑成功听闻清军大举入滇的消息,遂决定在东南发动攻势,以支援南明朝廷。他动员所属17万大军,以5万习水师、5万习骑射、5万习步击,万人为策应,又有万人为铁人。"铁人者,披铁甲,绘朱碧彪文,耸立阵前斫马足,最坚锐。"① 一切准备就绪,清顺治十五年(南明永历十二年,1657)五月十三日,郑成功以侍郎张煌言为监军,统领水陆大军,抵浙境,连克乐清、宁海等城邑,进至羊山,遇到强台风,百余艘兵船覆没,8000余名兵将死亡,郑成功的3个妃子和3个儿子也被淹死,可谓损失惨重。郑成功只能下令停止进军,于八月十四日回泊舟山,整顿军队,修理战舰,养精蓄锐,伺机再举。

清顺治十六年(南明永历十三年,1659),郑成功集合兵马,再度北伐。五月十八日,抵达崇明,清军坚守。郑成功遣使收降清苏松提督马逢知,经江阴,舟楫蔽江而上。六月,抵达瓜洲。此处历来为兵家必争之

---

① 〔清〕徐鼒:《小腆纪传》卷三八《朱成功》,第374页。

地，防守严密，清军在江之上流用巨木筑城，名"木浮营"，"结大木为筏，覆以土，上可驰马，旁有木栅，穴之而置炮焉"。木城从上流浮下，战船遇上，便会被撞得粉碎。此外，清将又在金山、焦山之间设置铁索，拦截郑军水师，号称"滚江龙"。清都司罗明升驻守附近的谭家洲，并布置火炮，严阵以待。郑成功与诸将商议，认为："瓜、镇为金陵门户，宜先破之。"① 六月十六日，发动总攻，郑军兵分三路：一路由右提督马信、前锋镇统领余新进率部夺谭家洲，一路由材官张亮督泗水者斩滚江龙，一路由郑成功统帅亲军，督中提督甘辉、左提督翁天祐建大将旗鼓，直捣瓜洲。经过一昼夜激战，郑成功大军突破重重防线，攻克瓜洲，斩清游击左云龙，擒操江巡抚朱衣助。此战之后，郑成功进围镇江。二十二、二十三日，他以铁人军为先锋，在银山击败清援军，战况十分激烈。清军兵分五路，全力攻击，郑成功命发大炮，将士下马殊死战，声势浩大，"江水沸腾，廊瓦皆震"②。经过一番厮杀，清军大败，"喋血填濠"，清军提督管效忠仓皇逃回南京。他带来的部众原有4000人，战后仅存140人。管效忠不禁感叹道："吾自满洲入中国十七载，未有此死战也。"③ 清镇江副将高谦、知府戴可进见郑军锐不可当，遂献城投降，属邑皆下。郑成功踌躇满志，于七月初九日统领数十万大军，号称百万，围困南京。

在郑成功破瓜洲之后，他命张煌言率领一支偏师，西上仪真，抵观音门，克江浦。七月，传来芜湖归顺的消息，郑成功认为"芜湖上游门户，留都（指南京）不能旦夕下，则江、楚之援师日至，控扼要害"④，战略位置十分重要。他命张煌言率师前往，经营芜湖地区。张煌言抵达芜湖后，相度形势，大军四处，取徽、宁诸路，然后传檄诸郡邑，广为招抚。一时之间，大江南北闻讯，相继来归。"太平、宁国、池州、徽州、广德、无为、和州等四府三州二十四县望风纳款。"⑤

当时的形势对清朝而言极为不利。首先，江宁（即南京）地区原先屯驻的重兵大多随征云贵，南京城防卫空虚，只有数千之众，对于郑军而言

---

① 以上所引，见〔清〕徐鼒《小腆纪年附考》卷一九，第747页。
② 〔清〕徐鼒：《小腆纪年附考》卷一九，第748页。
③ 以上所引，见〔清〕徐鼒《小腆纪年附考》卷一九，第749页。
④ 〔清〕徐鼒：《小腆纪年附考》卷一九，第750页。
⑤ 〔清〕魏源：《圣武记》卷八《海寇民变兵变》《国初东南靖海记》，第333页。

七、统一西南之战

可谓以寡敌众;其次,江南一带军心动摇,士气低落,如苏松提督马逢知"不赴援,阴通于寇,拥兵观望";最后,民心不稳,汉族官绅欲降。郑成功大举北伐,得到了许多汉族士民的响应。大军所经之地,纷纷归附,故明遗臣,四出联络,连在北京的部分降清汉官也判断南京必失,清军必败,有人写信传话南方子侄,先行降郑,为自己重新叛清投明铺路。总之,郑成功的军事行动致使"东南大震,军报阻绝"①,连清廷也一度陷入惊慌之中。

众所周知,南京既是原明故都,亦为财赋之区,具有重要的政治号召力和经济地位。倘若南京不保,则东南半壁岌岌可危,对于清朝而言,不仅统一事业无法完成,而且立国根基也将就此动摇。清世祖接到战报,深刻认识到南京的重要性,情急之下,竟然做出一系列荒唐的决定。当时的京城,弥漫着清军必败的论调,清世祖"完全失去了他镇静的态度,而颇欲作逃回满洲之思想",在孝庄皇太后的叱责之下,他才放弃了这一想法。不过,他又走向了另一个极端,"发起了狂暴的急怒"②,不顾战局瞬息万变,决定御驾亲征,而且一意孤行,不听上自母后、下自奶娘的任何人的规劝。最后是在清世祖所宠信的德国传教士、钦天监正汤若望的冒死劝谏下,才下诏停止亲征,镇静下来思考用兵方略。通过清世祖情绪的变化,可以窥知郑成功围攻南京之役在当时产生的巨大影响。

清世祖作为一个杰出的青年政治家,很快从暴躁的精神状态中调整过来,开始有条不紊地调兵遣将。清顺治十六年(南明永历十三年,1659)七月初八日,他命令内大臣达素为安南将军,与固山额真索洪、护军统领赖塔一道,统领八旗官兵,并会同当地驻军,征剿郑成功。十五日,又命江西提督杨捷充随征江南左路总兵官,宁夏总兵刘芳名充随征江南右路总兵官,率所部将官增援。十七日,复命精奇尼哈番董学礼为左都督,充随征浙江总兵官。二十日,派遣户部尚书车克往江南催集各省钱粮,制造战船,筹措后勤事宜。

在清世祖调兵遣将的同时,清朝江南地区的官员则利用郑成功的失

---

① 以上所引,见〔清〕魏源《圣武记》卷八《海寇民变兵变》,《国初东南靖海记》,第333页。

② [德]魏特著,杨丙辰译:《汤若望传》,第289-290页,台湾商务印书馆,1960。

误,部署作战。原来,连克瓜、镇之后,郑成功滋长了骄傲轻敌思想,在镇江耀武扬威,拖延时日,未能及时进军。镇江距离南京不过一日路程,他却蹉跎了近半月。七月初七日,大军抵达观音门,初九日,由仪凤门登岸,分兵戍守,将南京城团团包围。清江南总督郎廷佐采取缓兵之计,派人诱骗郑成功,表示愿意投降,但"我朝有例,守城过三十日,罪不及妻孥,乞宽三十日之限"。郑军将领甘辉等人看出了郎廷佐的用心,指出兵贵神速,敦促郑成功即刻攻城,张煌言听说这一消息,也从芜湖上书劝谏。郑成功已经完全被胜利冲昏了头脑,听不进任何忠告,扬言:"自舟山兴师至此,战必胜,攻必取,彼焉敢缓吾之兵邪!攻城为下,攻心为上,今既来降,骤攻之,何足以服其心哉!"① 他命军队结成83营,牵连困守,坐待其降。士兵们以为"功在旦夕"②,很快松懈下来,"释戈开宴,纵酒捕鱼为乐"③。郎廷佐利用郑军行动迟缓,围而不攻的宝贵时机,急调援兵,充实南京防务。适逢贵州凯旋的梅勒章京噶褚哈、马尔赛统领满洲官兵从荆州乘船回北京,听闻南京危急的消息,兼程赶到。江宁巡抚蒋国柱亦奉郎总督之命,调拨绿营兵近2000名,苏松总兵梁化凤则自崇明亲率马步兵3000名赴援。如此,在数日之内,南京守军增加近万名,城防大为巩固。

七月二十一日,苏松总兵梁化凤登高远眺,望见"敌营不整,樵苏四出,军士浮后湖而嬉"④,认为郑军不足惧,遂于当日夜间率劲骑500名,出神策门,连破余新、萧拱辰营,大挫郑军锐气,遂尽列骑兵于城外。面对清军的压力,有人劝郑成功退屯观音门,以图再举。郑成功断然拒绝,他对自己的军队很有信心,指出:"小挫岂便思退,明日正欲观诸君建功耳。"⑤ 郑成功重新部署兵力,依傍观音山结营:调姚国泰、杨祖、蓝衍、杨正屯山上,甘辉、张英伏谷内,林胜、陈魁列山下,陈鹏、蔡禄往来接应,各部候令而行,无令不得轻战。郑军连夜移防,令将士们疲惫不堪,精神状态堪忧。二十三日黎明,清军从仪凤、钟阜二门大开出动,衔枚疾

---

① 以上所引,见〔清〕徐鼒《小腆纪年附考》卷一九,第751页。
② 〔清〕计六奇:《明季南略》卷一六《郎廷佐大败郑成功》,第494页。
③ 〔清〕徐鼒:《小腆纪年附考》卷一九,第751页。
④ 〔清〕魏源:《圣武记》卷八《海寇民变兵变》,《国初东南靖海记》,第333页。
⑤ 〔清〕徐鼒:《小腆纪年附考》卷一九,第752页。

七、统一西南之战

进,直捣中坚。梁化凤率骁骑先败姚国泰、杨祖所部山上之军,再败陈鹏、蔡禄接应之众。驻防江宁昂邦章京喀喀木亦率部出战,良久,势有不支稍稍退却,在城上观战的总督郎廷佐大惊,急令一支精骑从小东门出,绕到郑成功大营之后,上山掩杀,"骤至如风雨",郑军主力猝不及防,阵线动摇,纷纷败落下来。郑成功眼见大军不支,亲往江中催水师助战,驾船至江心,望诸军披靡不堪,竟飞帆而去。岸上的郑军失去依靠,惨遭清军屠杀,精锐的铁人军亦被全歼,"溃兵走江边,不得船,悉赴水死"①。甘辉、张英伏兵谷中,未得号令,至此坐困,二人率众殊死搏斗,张英中箭而死,甘辉身中30余矢,且战且走,击杀清军甚众,马蹶被擒,不屈而死。观音山之役,郑军未能统一号令,导致诸部不相救援,各自为战,最终被清军各个击破,损失惨重,甘辉、潘庚钟、万礼、张英、林胜、蓝衍、陈魁、魏标、林世用、洪复等将领皆阵亡。清两江总督郎廷佐在朝廷大军到达之前解南京之围,取得胜利,奏捷京师,清世祖十分高兴,下谕嘉奖:"据奏满汉官兵奋勇,水陆并进,擒剿逆寇甚多,克奏大捷,深可嘉悦,著该部从优议叙具奏。"② 苏松总兵梁化凤功最著,擢苏松提督,加太子太保、左都督衔,授轻车都尉世职,后晋三等男,赐金甲、貂裘。同时,江南各府州县迎降郑成功将官及守御不力者,遭到严惩,株连甚广,提督管效忠、马逢知,巡抚朱衣助皆未能幸免,或被处死,或发落为奴。

郑成功撤围南京后,主动放弃镇江、瓜洲,欲攻崇明,不克,退入海中,九月返回厦门。南京之战的失败,郑成功负有重大责任,正是他的骄傲轻敌和刚愎自用、不纳谏言断送了大好的形势,折损了无数将士的生命。郑成功为此自责、悔恨不已,他告诉众将:"是我欺敌,非尔等之罪也!"③ 返回厦门后,他上表永历帝,自请贬谪,并立忠臣庙,祭祀南京之役死难诸臣,以甘辉为第一。他在甘辉的灵前痛哭:"早从将军之言,吾不至此夫。"④

郑成功退兵仓促,张煌言尚在芜湖主持招抚事宜,一时归路受阻。清

---

① 以上所引,见《小腆纪年附考》卷一九,第752页。
② 《清世祖实录》卷一二七,顺治十六年八月己丑。
③ 〔清〕徐鼒:《小腆纪年附考》卷一九,第753页。
④ 〔清〕徐鼒:《小腆纪年附考》卷一九,第755页。

两江总督郎廷佐采取剿抚并用的手段，意欲除掉陷于绝境的张军。张煌言拒不投降，坚决斗争，他率舟师入鄱阳湖，在铜陵与清军遭遇，失利，军心不稳，兵员多散。张煌言命令焚舟登陆，士卒从者尚数百人。经英山、霍山，度东溪岭，遭到追兵堵截，"众皆散，茫茫无所归"①。其后张煌言由皖南辗转至浙东天台，历尽艰险，身边只剩下两名随从。郑成功闻讯，派人接应，张煌言这才重新与郑军会合。

郑成功返回厦门后，清世祖积极筹划，意在发动反攻。次年，他命安南将军达素、福建总督李率泰率部分出漳州、同安，进袭厦门。郑成功亲自督阵，风驱涛涌，大败清军舟师，清军不习海战，"晕眩不能军"②，死者多陷于淖，只得引退。此战郑军虽然取胜，保住了厦门，但是其势毕竟已走向衰弱，辖地日蹙，无法再向清朝发动大规模的战争。因此，清顺治十八年（南明永历十五年，1661），郑成功挥师渡海，进攻台湾，图谋开辟新的抗清基地。清康熙元年（1662）二月，荷军向郑成功投降，荷兰在台湾长达38年的殖民统治就此终结。同年五月，郑成功在台湾病逝，年仅39岁。此时，南明小朝廷已经覆灭，永历帝朱由榔也被吴三桂绞杀，但郑成功及其继承者郑经、郑克塽在台湾依然奉行明朝正朔，用永历年号，直至清朝统一台湾。他们的存在，成为南明政权最后的象征。

5. 统一战争告终

从顺治元年（1644）至康熙元年（1662），计18年，这是清朝统一战争的第二阶段。在摄政王多尔衮、清世祖福临努力之下，通过长期的军事战争，削平大顺、大西、南明诸势力，清朝正式取代明朝确立了全国统治权，基本完成了统一大业。

清顺治元年（明崇祯十七年，1644）三月十九日，李自成率领大顺农

---

① 〔清〕徐鼒：《小腆纪年附考》卷一九，第753—754页。
② 〔清〕魏源：《圣武记》卷八《海寇民变兵变》，《国初东南靖海记》，第334页。

七、统一西南之战

民军攻入北京,明思宗朱由检自缢,历时276年的大明王朝灭亡。以摄政王多尔衮为代表的清统治集团抓住了这一时机,与明宁远总兵吴三桂联合,山海关一战大败农民军,遂挥师入关,定鼎北京,完成了清太宗皇太极的夙愿。清军入关后,面临更为严峻的形势:李自成大顺军败退西北,图谋卷土重来;张献忠大西军占领蜀地,割据一方;南方的明朝遗臣拥立福王朱由崧,筹建小朝廷,梦想中兴大明。一时之间,群雄并起,逐鹿混战,清朝起初并无太大优势,其能否在中原站稳脚要打一个大写的问号。

多尔衮审时度势,采取先西进,再南下,各个击破的战略方针。入主北京后,大顺政权的存在是清朝最大的威胁。因此,顺治元年(1644)十月,多尔衮命英亲王阿济格、豫亲王多铎统领两路大军,进取陕西。顺治二年(1645)初,大顺军在潼关之战中惨败,李自成被迫退出西安,奔往河南、湖北。多尔衮一面命令多铎率师转攻南明政权,一面命令阿济格穷追李自成残部。此时的大顺军,已不复当年之勇,进入北京后,他的统治集团迅速腐化,内部争权不断,军队屡战屡败,士气低落,众心离散。因此,阿济格一路凯歌,直到逼迫李自成潜入九宫山,不知所终,从此退出历史舞台。曾经横扫中原的大顺政权,从其进入北京,登上政治巅峰,不过一年,便急速滑坡,走向了灭亡。

与此同时,多铎统领的清军大举南下,攻克扬州,擒杀明督师史可法,突破长江防线,南京不战而降,弘光帝朱由崧逃往芜湖被俘,南明的第一个小朝廷,也是最有希望中兴的政权灭亡。清军入关以来,仅用一年时间就接连消灭大顺和弘光两个政权,取得了辉煌的成就。多尔衮以为统一战争即将告终,开始厉行剃发易服令,不想却激化了满汉矛盾,掀起一场抗清浪潮。江南一带出现了"江阴八十一日"、嘉定反剃发斗争、沈犹龙坚守松江、吴易起兵长白荡等以下层官绅和民众为主导的武装反清事件,均因寡不敌众,血战之后被清军镇压。明朝的遗臣则分别在浙江、福建拥立朱姓宗室鲁王朱以海、唐王朱聿键,建立鲁监国和隆武政权。然而,他们却不顾抗清大局,为了争正统而爆发内讧。清廷利用其矛盾,于顺治三年(1646)命贝勒博洛率军连取浙、闽,消灭了这两个小朝廷。在南下用兵的同时,多尔衮又派遣肃亲王豪格统师西进,擒杀张献忠,攻灭了盘踞四川的大西政权。

隆武政权覆灭后,明朝的大臣毫不吸取教训,于顺治三年(1646)十一月又分别在广州、肇庆拥立新封唐王朱聿𨮁、桂王朱由榔为帝,建立绍武和永历政权。他们同样内斗不已，甚而更为激烈，乃至于互相攻伐。清将李成栋乘机率军入粤，于十二月十五日攻破广州，朱聿鐭被俘后绝食自缢而死。绍武政权建立不过月余即亡。

经过3年的激战，只剩下了南明的永历政权。面对严峻的形势，为了图生存，谋发展，南明先后与大顺军、大西军的残部联合。在农民军势力的支持下，在何腾蛟、堵胤锡、瞿式耜、李定国等贤臣良将的辅弼下，永历政权在极其困难的境遇中，竟然坚持抗清达15年之久，与其在两广、湖广、江西、四川等省区展开了反复拉锯，令清军损兵折将，付出了重大代价。在这一过程中，永历政权还掀起了两次抗清高潮。一次是在顺治五年（1648），清朝的江西提督金声桓、广东提督李成栋先后反正，南明督师何腾蛟兵出湖南，永历政权的疆域一时大增。不料，清军很快部署反攻，命固山额真谭泰取赣，郑亲王济尔哈朗平湘，明军迅速溃败，中兴大业终成昙花一现。随之，多尔衮命孔、耿、尚"三王"整军南征，于顺治七年（1650）底占领两广地区，永历政权被迫迁往西南。同年，清摄政王多尔衮去世，清世祖福临亲政，统一大业的重担落到了这位年轻人的身上。

永历小朝廷西迁后，几经周折，进入大西军余部控制的云贵地区。在孙可望、李定国的筹划下，明军两路出师，攻四川，入湖南，略广西，取得了辉煌的战绩，尤其是李定国一路，"两蹶名王，天下震动"①，掀起了第二次抗清高潮。然而，好景不长，明军并未保持住进取的态势，再度败下阵来，所得失地全部丧失。值此关键时刻，南明内部的权力斗争却愈演愈烈，孙、李反目，直至兵戎相见，孙可望势穷降清。清世祖敏锐地认识到永历政权已经出现重大裂痕，千载难逢的战机就在眼前。顺治十四年（1657）底，他部署三路大军，会攻云贵。经过一年激战，顺治十六年（1659）正月，清军进入昆明，四月，"全滇开服"②，永历帝被迫流亡缅甸，清朝就此统一西南。

顺治十七年（1660），平西王吴三桂提议进兵缅甸，得到清世祖批准。次年九月，他统军从大理、腾越出边，十二月进抵缅都附近。缅甸国王畏

---

① 〔明〕黄宗羲：《行朝录》卷五《永历纪年》，见沈善洪主编《黄宗羲全集》第二册第168页。

② 〔清〕计六奇：《明季南略》卷一五《吴三桂率清兵取云贵》，第480页。

七、统一西南之战

于清朝兵势,主动献出永历帝及南明群臣。康熙元年(1662),吴三桂派人在昆明篦子坡勒死永历帝朱由榔和太子朱慈煊。同年,李定国死,其子嗣兴率散落在滇缅边境的残余明军降清。郑成功在围攻南京失败后,势力大衰,被迫往台湾发展。至此,大陆地区除了僻居川东的十三家外,不再存有任何残明的抗清势力①,统一大业基本完成。

---

① 清康熙三年(1664),以大顺军余部为主体的"川东十三家"彻底失败。

八、清朝再统一

八、清朝再统一

1. 国家统一与三藩

从清顺治元年（1644）至康熙元年（1662），清廷经过18年的浴血奋战，在消灭农民政权和南明小朝廷之后，基本统一了全国，社会开始逐渐由乱到治，进入承平时期。然而，在康熙初年，沿海及边疆地区依然存在着割据势力，即以平西王吴三桂、平南王尚可喜、靖南王耿继茂（耿仲明之子）为首的三藩和退守台湾的郑氏政权，对中央集权的格局构成严重威胁。为此，清圣祖继承父、祖之业，先后削平三藩、统一台湾，终于在明末的废墟上建立起新的统一，进而推动清朝向着"康乾盛世"的发展巅峰迈进。

前文述及，在清廷入主中原，削平群雄的过程中，吴三桂、孔有德、尚可喜以及耿仲明、耿继茂父子立下了汗马功劳，他们都被清廷封为异姓王，在军事重镇屯兵驻守。顺治六年（1649），孔、耿、尚"三王"南征，平定两广，其后孔有德驻兵桂林，尚可喜、耿继茂则驻兵广州。顺治九年（1652），南明大将李定国攻破桂林，孔有德走投无路，自焚身亡，只有一个女儿孔四贞逃脱。定南王无子承袭，爵除。顺治十五年（1658），清军大举进攻云、贵，平西王吴三桂为主帅之一，战后，朝廷命其留镇云南，驻于昆明。顺治十七年（1660），因虑及郑成功在金门、厦门及海上活动，清世祖特命耿继茂移镇福建，驻于福州。至此，三藩并立的格局最终形成：平西王吴三桂镇云南，平南王尚可喜镇广东，靖南王耿继茂镇福建。

按清制，三藩所领之地并非封地，只是政治和战争需要而形成的驻防地。早在关外，清太宗皇太极初封孔、耿、尚"三王"，就令他们驻兵于辽阳、海州（今辽宁海城市）之地。吴三桂降清，朝廷也拨锦州、宁远一带供吴军屯戍。清军接连消灭大顺、弘光政权之后，多尔衮以为大局已定，曾令四王还镇辽东。不久由于战事连绵，清廷才重新起用四王，以其为八旗前驱，南下征剿。众所周知，满洲及蒙古军队对南方生活与作战并不适应，因此，多尔衮和清世祖一贯实行"以汉制汉"政策，其具体表现之一便是派遣满洲统治者信赖的汉族藩王镇守南方及沿海多事之地，"纾朝廷南顾之忧"①。但这种情况与裂土分封并不相同。清圣祖即位后，晋封吴三桂为亲王，在金册中指出："朕登大宝，特仿古制，视诸臣功德差等，授以册印，俾荣及前人，福流后嗣。"② 明确了清朝封爵的特点，只是在形式上仿古制，但实际上却只赐号而不赐土，给予崇高的地位和优厚的待遇，更多体现的是一种荣誉。

不过，虽然制度如此，吴、耿、尚"三王"却在事实上将驻防地变成了封地，朝廷在这一问题上难辞其咎。由于滇、粤、闽等省区长期为南明政权控制，新近开辟，局势不稳，又兼云南位于少数民族聚居之地，土司林立，福建面临郑氏集团势力的直接威胁，情况复杂。因此朝廷倚重三位藩王，赋予他们凌驾于中央六部的权力，最后形成了尾大不掉的局面。

其一，三藩拥有庞大的军事实力。耿、尚二藩各有旗兵15佐领，绿营兵各六七千，丁口各2万。按"甲二百设一佐领"③ 计算，则15佐领为3000人，两藩各有军队万余人。三藩之中，吴三桂的兵力最盛。他领有旗兵53佐领，丁口数万。此外，他以云南新定，地方不宁为由，奏请朝廷设立"援剿四镇"，又改编明朝降卒，组成"忠勇营""义勇营"，共计24000人。如此，则吴藩辖下总兵力达34600人，比耿、尚两藩的总和还要多。这还只是朝廷额定的兵员，三藩还暗地征兵，蓄养私人武装。耿藩"王府额兵计有万余，而旗下所蓄养甚众，府中男子年十四岁悉给弓矢，习骑射，鸣剑之心已非一日"④。吴藩大将吴国贵"所将卒，正甲一名，副甲五、六人不等，皆以年二十以外，四十五以内者充之"⑤。三藩各领精兵猛将，是其实现地方割据的军事支柱。

---

① 《清世祖实录》卷四四，顺治六年五月丁丑。
② 参见《明清史料》丁编第八本第701页。
③ 〔清〕魏源：《圣武记》卷二《藩镇》《康熙勘定三藩记上》，第61页。
④ 〔清〕魏源：《圣武记》卷二《藩镇》《康熙勘定三藩记下》，第85页。
⑤ 〔清〕刘健：《庭闻录》卷六《杂录备遗》，第5页，台湾文海出版社，1987。

八、清朝再统一

其二，三藩拥有经济上的种种特权。他们在各自辖区随意收税，霸占关津，垄断工贸，不断增殖藩属财富。尚可喜在广东私设"总店"，征收苛捐杂税，甚至连日用鸡豚及蔬菜水果也一律收税，铜、铁、锡、木材等物则加倍征收，"凡米谷鱼盐，刍菱布帛之属，市侩侵渔，利归王府"①，如此盘剥，一年不下白银10余万两。耿继茂所在的福建，盛产鱼盐，百姓以为生计。耿藩不顾朝廷规定，横征盐课，垄断盐利，甚而逐户勒索银米，"以税敛暴于闽"②。闽、粤两省，均为沿海省份，尚、耿违背禁海令，大搞海上私贩，牟取暴利。在他们的经营下，"藩府之富，几甲天下"③。平西王吴三桂的经济活动最为广泛，他开关市，铸铜钱，贩私盐，放高利贷，大发横财。云南地产五金，吴藩便垄断矿产开发，或者征收高额税，或者由王府直接经营矿场，甚而违反禁令，向安南（今越南）出售铜钱，换取银两。此外，吴三桂还在滇、藏交界处的北胜州，与西藏和蒙古展开茶马贸易，"西番、蒙古之马由西藏入滇者岁千万匹"④。

云南、广东、福建三省聚集了藩王们及其属下数万官兵人口，为了解决生计问题，三藩大量圈占土地，巧取豪夺，闹得民不聊生。以吴藩为例，尽括故明黔国公沐氏庄田700顷，尚嫌不足，进而夺占民田，擅为己利，致使百姓被迫迁徙，流离失所。云南巡抚袁懋功奏称："滇服极薄，百姓极贫，今一旦驱往别境，穷困颠连，不可尽状，请令其佃种原田，照业主例纳租，免其迁移。"⑤ 这样，云南的大批自耕农变成了吴藩官兵的佃农。此外，吴藩还在明末已经过重的云南赋税基础上，按地加粮，使自耕农也深受其害。据平定吴三桂之乱后清廷的调查可知，吴藩在云南"播虐万状，民不胜苦。废田园转沟壑者，已过半矣"⑥。

三藩一方面垄断地方财政，横征暴敛，积聚藩属财富，另一方面又向中央申请巨额军费开支。由于云南、广东、福建三省经历了长期战乱，地

---

① 〔清〕刘嗣衍：《广州府志》卷二八《金光祖传》，转引自李治亭《清康乾盛世》第255页，江苏教育出版社，2005。
② 〔清〕魏源：《圣武记》卷二《藩镇》《康熙勘定三藩记上》，第62页。
③ 〔清〕钮琇：《觚賸》卷八《粤觚下》《跋金》，第153页，上海古籍出版社，1986。
④ 〔清〕魏源：《圣武记》卷二《藩镇》《康熙勘定三藩记上》，第62页。
⑤ 〔清〕刘健：《庭闻录》卷四《开藩专制》，第9页。
⑥ 〔清〕鄂尔泰等修：《八旗通志》（初集）卷一九七，第4608页。

方尚未安宁,屡有战事爆发,兼驻有数万大军,因此清廷在三藩的兵饷问题上持优容态度,命"户部不得稽迟",尽可能满足他们的要求。然而,朝廷的这一政策却助长了三藩的不断索取,"绌则连章入告,既赢不复请稽核"①,军费猛增,动以巨万,给中央财政造成了沉重负担。顺治十七年(1660),云南需军饷900余万两,而当年全国正赋才875余万两,"不足供一省之用"②,加上广东、福建两省,三藩共需用银2000余万两,这对于入关不过十余年的清廷而言无疑是一个庞大的数字。正赋不足,朝廷只得恢复征收业已废除的明末练饷,并命邻省及江南富庶之区协济,才勉强支撑。直到康熙五年(1666),云南的军费开支仍十分沉重,左都御史王熙奏称:"直省钱粮,半为云、贵、湖广兵饷所耗。就云贵言,藩下官兵岁需俸饷三百余万,本省赋税不足供十一,势难经久。"③时人有言"天下财赋半耗于三藩"④,绝非虚语。三藩聚敛所得及耗费的大量兵饷,是其实现地方割据的经济支柱。

其三,三藩能够操纵地方行政及人事任免。广东布政使胡章奏报朝廷,"臣闻靖南王耿继茂、平南王尚可喜所部将士,掠辱士绅妇女,占居布政使官廨,并擅置官吏"⑤。在这一方面,吴三桂的权力最重。康熙元年(1662),朝廷晋封吴三桂为亲王,并命吴藩兼辖云、贵两省,督抚大员悉听节制,"其一切文武官员兵民各项事务……著平西亲王管理"⑥。吴三桂在辖区内,可以自行选用官员。顺治十七年(1660)十二月,他上奏朝廷,从湖南、四川、陕西、山东、江南等省乃至中央调来9名官员到滇省任职。云贵两省的用人大权都掌握在吴三桂手里,他可以任意培植亲信,笼络人心,"吏、兵二部不得掣肘"。吴藩不仅可以将省外的官僚调来云贵任职,同样也能够将云贵地区的人员外调。时人称之为"西选",

---

① 以上所引,见〔清〕魏源《圣武记》卷二《藩镇》《康熙勘定三藩记上》,第62页。
② 《清世祖实录》卷一三六,顺治十七年六月乙未。
③ 赵尔巽等:《清史稿·王熙传》卷二五〇,第9694页。
④ 〔清〕魏源:《圣武记》卷二《藩镇》《康熙勘定三藩记上》,第62页。
⑤ 赵尔巽等:《清史稿·耿继茂传》卷二三四,第9407页。
⑥ 《清圣祖实录》卷七,康熙元年十二月辛酉。

八、清朝再统一

"西选之官遍天下"①，此言虽有夸张，却反映了吴藩势力之盛。后来吴三桂叛乱，各省亲吴将官群起响应，与"西选"有着密切关联。三藩操纵用人大权，广结私人势力，是其实现地方割据的政治支柱。

由此可见，三藩在多年经营之后，已经将驻防地变为事实上的封地，通过控制军权、财权、政权，逐渐形成地方割据势力，而这与清廷的过分倚任和放纵政策不无关系。多尔衮和清世祖彻底失算了，他们不仅没有培植出能够镇守南疆、屏藩王室的国家干臣，反而养成了朝廷的心腹大患。

三藩的割据一方，与国家统一的历史潮流是背道而驰的。因此，有不少有识之士看到了问题的严峻，向朝廷敲响了警钟。顺治十七年（1660），四川道御使杨素蕴就吴藩选用外省九人事，上疏批驳："夫用人，国家之大权，惟朝廷得主之，从古至今，未有易也……从未闻以别省不相干涉之处，及见任京官，公然坐缺定衔，如该藩今日者也……乃径行拟用，无异铨曹，不亦轻名器而亵国体乎？夫古来人臣忠邪之分，其初莫不起于一念之敬肆，在该藩扬历有年，应知大体，即从封疆起见，未必别有深心，然防微杜渐，当慎于机先，伏乞天语申饬，令该藩嗣后惟力图进取，加意绥辑，一切威福大权，俱宜禀命朝廷，则君恩臣谊，两得之矣。"②他在奏疏中含蓄地指出藩王掌握人事大权将造成的严重后果，恳请朝廷自操威福，这完全是从维护中央集权的角度考虑的。康熙七年（1668），甘肃庆阳府知府傅弘烈弹劾吴三桂，直言其必有异志，宜早为防备。但当时吴藩势大，朝廷不敢轻易触动，因此杨素蕴、傅弘烈二人成为政治牺牲品，分别被给予降职、充军的处分。

不过，朝廷与三藩貌似和谐，其实各怀心事。以吴三桂为首的藩王们希望能与明朝黔国公沐氏家族一样，世守边疆，长保富贵，因此他们维持着雄厚的军事力量，并且在边境制造事端，借战争自重，如吴三桂便在云南屡次挑起与土司的争斗。《庭闻录》的一段评述揭露了他的用心："云南自土酋平后，内地宁谧。诸番部落治兵构怨，不过自相仇杀，初无有犯中国心，边将生事挑衅，番人游骑间至边外，亦未尝大举深入也。赵某辈（指边镇将领）阿三桂意，妄报边警。三桂挟封疆以重，张皇边事，自负

---

① 以上所引，见〔清〕魏源《圣武记》卷二《藩镇》《康熙勘定三藩记上》，第62页。

② 《清世祖实录》卷一四二，顺治十七年十一月壬申。

万里长城。镇将欺督抚,三桂欺朝廷,怀藏弓烹狗之虑深,市权固位之念重,劳王师伤财所不顾矣!"① 朝廷同样对这些手握重权的汉族王爷放心不下,要求三藩留子弟于北京。吴三桂把长子吴应熊,尚可喜把三子尚之隆,耿继茂先后把二子耿昭忠、三子耿聚忠送到京师,入侍清世祖。朝廷表面上给予这些藩王子弟崇高的地位和优厚的待遇,招为额驸,极尽笼络,实际上是将他们作为人质,令三藩不敢生叛逆之心。而三藩反过来又利用子弟在京师,结交朝廷大臣,刺探中央情报。可见,朝廷与三藩相互猜忌,但彼此心照不宣。

然而,三藩问题,关乎国家统一的大局,是迟早需要解决的。清圣祖亲政后,充分认识到了吴、尚、耿"三王"割据所造成的严重危害,断然削藩,终于激化了朝廷与藩王之间业已存在的矛盾,酿成长达8年之久的吴三桂之乱。

2. 清圣祖决策撤藩

清圣祖即位后,目睹三藩已成尾大不掉之势,鉴于历代藩镇之祸,决定予以解决。据他后来回忆,"朕自少时,以三藩势焰日炽,不可不撤"②,又说,"朕听政以来,以三藩及河务、漕运为三大事,夙夜廑念,曾书而悬之宫中柱上"③。清圣祖确实将三藩作为一个关乎清朝国运的重要问题,认真对待。而当时朝中也有重臣提出削弱三藩势力的主张,康熙六年(1667),左都御史王熙认为"三藩拥兵逾制,吴三桂尤崛强,擅署官吏,寖骄蹇,萌异志。子应熊,以尚主居京师,多聚奸人,散金钱,交通四方",对清朝的统治极为不利。因此,他提出裁兵减饷,"则势分而饷

---

① 〔清〕刘健:《庭闻录》卷四《开藩专制》,第10-11页。
② 《清圣祖实录》卷九九,康熙二十年十二月癸巳。
③ 《清圣祖实录》卷一五四,康熙三十一年二月辛巳。

八、清朝再统一

亦裕"①。可见,解决三藩问题,逐渐成为清圣祖君臣的一项共识。

还在以索尼为首的四辅臣辅政期间,清廷就开始削弱"三藩"尤其是吴三桂的职权。康熙二年(1663),朝廷通过一个内大臣之口,告知吴应熊,授意吴三桂上缴了出征云贵时清世祖赐予的"大将军印"。康熙五年(1666),朝廷裁除三藩的用人题补之权,凡云南、贵州、广东、福建四省的文武官员选任,均由吏、兵二部管理。财政方面亦予限制,"转饷虽如故,额不得仍前之多"②。此外,朝廷还逐步调整云南的军事格局,将吴三桂的亲信调往省外,以分其势,并大幅度削减"忠勇""义勇"营的兵力。吴三桂感受到了来自中央的压力,他也做出了一些让步。康熙四年(1665),他自请裁汰云南额兵,经朝廷议定,最终裁去5000余名。当然,经过此次裁军,吴三桂的实力并未受到根本削弱。

图8.1 清圣祖玄烨像(选自《清史图典》第3册,第109页)

---

① 以上所引,见赵尔巽等《清史稿·王熙传》卷二五〇,第9694页。
② 〔清〕刘健:《庭闻录》卷四《开藩专制》第9页。

清圣祖亲政后，朝廷又委派值得信赖的大臣出任云南、贵州、广东、福建等省的督抚。康熙六年（1667），吴三桂为了解除朝廷的疑虑，自称"两目昏瞀，精力日减"①，请求辞去总管云贵职任。清圣祖借此表示同意，两省事务统归督、抚管理，官员选用由吏部题授。这就解除了吴藩所掌握的地方行政权和人事权。不料，时任云贵总督卞三元、云贵提督张国柱、贵州提督李本深皆为吴三桂党羽，他们竟然联名上疏要求朝廷收回成命，指出，"苗蛮叵测，非任三桂，恐边衅日滋"②，请吴三桂继续管理云贵事务。清圣祖拒绝了这一请求，鉴于吴藩势大，他并没有动怒，而是耐心地做出解释，依然允诺保留吴三桂的军权："该藩以精力日为销减奏请，故照所请允行。今地方已平，若令王复理事务，恐其过劳，以致精力大损，如边疆地方遇有军机，王自应料理。"③ 不久，清圣祖调整了云贵地区的封疆大吏。康熙七年（1668），朝廷委任甘文焜为云贵总督。甘文焜刚正不阿，威望素著，与吴三桂颇能抗衡。康熙十年（1671），又调原任江宁巡抚朱国治为云南巡抚。与此同时，清圣祖也撤换了尚、耿二藩辖境内的督抚。康熙九年（1670），任命金光祖为两广总督，康熙十一年（1672），授范承谟为福建总督。这些都是朝廷的亲信之臣，清圣祖对他们寄予了厚望。通过上述手段，中央在一定程度上削弱了三藩的势力，加强了朝廷对滇、粤、闽等省区的控制。

另一方面，清圣祖又通过种种手段安抚三藩，极力笼络。康熙七年（1668），朝廷封赏三藩子弟。吴应熊受封少傅兼太子太傅，尚之隆、耿聚忠、耿昭忠俱被封为太子少师。康熙九年（1670），吴三桂得病，清圣祖特允其子应熊赴云南探病，表达了朝廷对平西王的关怀以及对吴藩的信赖。康熙十二年（1673）二月，清圣祖派一等侍卫吴丹、二等侍卫塞扈立往云南，赏赐吴三桂御用貂帽、团龙貂裘、青蟒狐腋袍各一袭，束带一围。他又派一等侍卫古德、二等侍卫米哈纳往广东，赏赐尚可喜御用貂帽、团龙天马裘、蓝蟒狐腋袍各一袭，束带一围。④ 通过这种方式，联络君臣感情，给外人一种朝廷与三藩关系融洽的假象。

---

① 赵尔巽等：《清史稿·吴三桂传》卷四七四，第12842页。
② 王钟翰点校：《清史列传·吴三桂传》卷八〇，第6636页。
③ 《清圣祖实录》卷二四，康熙六年九月己巳。
④ 《清圣祖实录》卷四一，康熙十二年二月甲辰。

八、清朝再统一

前文述及,三藩问题,关乎国家统一大业。即使清圣祖已经采取措施削弱了三藩的部分权力,三藩在不触及自己核心利益的情况下也做出了许多让步,但是吴、尚、耿拥兵自重,割据一方的实质并未改变,对于清朝的中央集权仍是一个严重威胁。因此,朝廷与三藩的矛盾是不可调和的,撤藩之举,势在必行。康熙十二年(1673),平南王尚可喜上疏请求归老辽东,为清圣祖解决这一问题提供了契机。

在三藩之中,尚可喜资格最老,在关外就追随皇太极作战,为清朝的统一事业立下了汗马功劳。他清楚"兔死狗烹,鸟尽弓藏"的道理,知道自己表面上身居藩王高位,风光无限,实际上作为一个归降汉将,备受朝廷猜忌。因此,他为人较谦抑,在顺治年间就曾两次上疏,请求引退,由于当时南方尚未平定,因此清世祖未予批准。康熙十二年(1673),尚可喜年已70岁,老迈体衰,世子尚之信"以酗虐横于粤"①,肆无忌惮,与其父亲关系十分紧张。因此,尚可喜渐生归隐之念,于三月十二日上疏自请退返辽东:

> 臣自奉命镇粤以来,家口日蕃;顺治十二年,曾具疏请解兵柄,部臣以地方未宁,俟后议。方今四海升平,臣年已七十,精力就衰,正退耕陇亩之日;伏念太宗皇帝时曾赐臣以辽东海州及清阳堡等处地,今乞准臣仍归辽东,安插故土,以资养赡。计带两佐领甲兵及老稚闲丁,约二万四千有奇。沿途夫船口粮,请并议拨给。②

需要指出的是,尚可喜上疏归隐,并不是自请撤藩。他在疏中明确奏称"请以王爵,令臣子尚之信承袭"③,留镇广东。他本人只带领24000余人返回关外,其余官兵家口将继续留在粤省。

清圣祖接到尚可喜奏疏后,十分高兴,盛赞平南王自归顺以来为清廷立下的功勋,含蓄地指出其能够有功成身退的想法,"具见恭谨,能知大体"。他同意了尚可喜归隐的请求,至于"王下官兵家口作何迁移安

---

① 〔清〕魏源:《圣武记》卷二《藩镇》《康熙勘定三藩记上》,第62页。
② 〔清〕勒德洪:《平定三逆方略》卷一,第4页,台湾大通书局1987年版。
③ 《清圣祖实录》卷四一,康熙十二年三月辛卯。

插"①，由户、兵二部会同确议具奏。清圣祖当然不会放过此次解决尚藩的绝好机会，户、兵二部和议政王大臣在他的授意下，以"藩王见存，子无移袭"②的律例和"粤省已经底定，既议迁移，似应将该藩家属兵丁，均行议迁"③的理由，否决了尚可喜提出的尚之信承袭王爵，藩下部分兵力仍驻广东的请求，议定全撤尚藩，广东绿营官兵统归提督管辖。清圣祖批准实施这一办法。他下谕尚藩，命令尚可喜率诸子、家口及藩下15佐领官兵，迁移辽东海城。至于沿途所用钱粮，全由户部拨给。经营20余年的广东被朝廷完全收回，藩王的根基被连根拔除。但是面对这一切，尚可喜接受清圣祖的安排。

尚藩的裁撤，其实也是清圣祖向吴、耿二藩发出的强烈信号，希望他们也能够效法尚可喜，争取主动，和平圆满地解决这一问题。因此，吴三桂和新任靖南王耿精忠④虽并不情愿，却也只得上疏自请撤藩，意在消除清圣祖疑虑，同时也是借机试探中央，希望朝廷能够挽留自己，继续镇守边疆。尤其是吴三桂满以为国家依然倚重他，必然不会对云贵下手。他曾说："予疏即上，上必不敢调予，具疏所以释其疑也。"⑤抱着这种心态，吴、耿二王先后于七月初三日、七月初九日上疏朝廷。

吴三桂的奏疏写道：

> 臣驻镇滇省，臣下官兵家口于康熙元年迁移，至康熙三年迁完。虽家口到滇九载，而臣身在岩疆已十六年。念臣世受天恩，捐糜难报，惟期尽瘁藩篱，安敢遽请息肩！今闻平南王尚可喜有陈情之疏，已蒙恩鉴，准撤全藩。仰恃鸿慈，冒干天听，请撤安插。⑥

几天后，靖南王耿精忠亦上疏道：

---

① 以上所引，见《清圣祖实录》卷四一，康熙十二年三月壬午。
② 《清圣祖实录》卷四一，康熙十二年三月辛卯。
③ 《清圣祖实录》卷四一，康熙十二年三月丁酉。
④ 康熙十年（1671）靖南王耿继茂去世，其子耿精忠嗣位，是为耿藩的第三代。
⑤ 小横香室主人：《清朝野史大观》卷五《清人逸事》"刘玄初"，第32页，上海书店，1981。
⑥ 《清圣祖实录》卷四二，康熙十二年七月庚午。

八、清朝再统一

臣袭爵二载,心恋帝阙,祗以海氛叵测,未敢遽议罢兵。近见平南王尚可喜乞归一疏,已奉俞旨。伏念臣部下官兵,南征二十余年,仰恳皇仁,撤回安插。①

吴三桂说自己"惟期尽瘁藩篱,安敢遽请息肩",耿精忠则声称"祗以海氛叵测,未敢遽意罢兵",其实是委婉地表示撤藩非己所愿,希望能够继续为朝廷效劳,镇守边疆。但是,对于清圣祖而言,藩王们主动提出归闲,是他求之不得的。因此,他不能放过此次解决三藩问题的机会,毫不犹豫地做出批示,从原则上同意了吴、耿二王的请求。具体撤藩事宜,则命议政王大臣会同户、兵二部商议。

由于耿精忠已经是耿藩第三代,他是清朝的额驸,未历战阵,威望不著,因此臣工们很快达成共识,耿精忠及其藩下15佐领均行迁移。但是在裁撤吴藩问题上,朝廷内部却掀起了一场激烈的争论。只有户部尚书米思翰、兵部尚书明珠、刑部尚书莫洛等少数朝臣认为云南久已平定,土司宾服,应允准吴三桂所请,力主撤藩。而以大学士图海为代表的大多数人则持反对意见,指出:"滇、黔苗、蛮反侧,若徙藩必遣禁旅驻防,劳费,不如勿徙。"他们认为云贵地区民情复杂,土司林立,贸然裁撤吴藩,不利于地方稳定。与其调遣满洲官兵进驻,耗费大量人力物力,不如仍令身经百战的吴藩将士戍守此地。这只是表面的原因。实际上,众所周知,吴三桂可谓三藩之首,无论才能、战功、实力、威望,他都是最突出的,远远高于尚、耿二王,因此清廷官员普遍担心倘若撤去吴藩,将会引发震动,甚至激起叛乱,造成不可收拾的局面。他们主张稳住吴三桂,使其不敢轻举妄动。两种观点汇报到清圣祖御前,他为了慎重起见,命议政王大臣会同九卿科道官员再议,希望取得一致意见,然而会后诸臣工仍持二议。于是,乾纲宸衷独断,他认为:"藩镇久握重兵,势成尾大,非国家利",而"三桂子、精忠诸弟皆宿卫京师,谅无能为变",② 故决定同撤三藩。

康熙十二年(1673)八月九日至十八日,清圣祖连续下达诏谕,要求

---

① 《清圣祖实录》卷四二,康熙十二年七月丙子。
② 以上所引,见〔清〕魏源《圣武记》卷二《藩镇》《康熙勘定三藩记上》,第63页。

吏部拟定撤藩后云、贵、粤、闽四省官员的任命，兵部筹划地方兵力的部署，户部料理三藩迁徙所需房屋田地事项。八月十五日，清圣祖选派礼部右侍郎折尔肯、翰林院学士兼礼部侍郎傅达礼往云南，户部尚书梁清标往广东，吏部右侍郎陈一炳往福建，经办各藩撤兵起行事宜。朝廷调拨大量人力物力，协助三藩数十万人口迁徙，在关外妥善安排其居住生活之地，最大程度地满足他们的需求。如吴三桂提出顺治年间朝廷拨给的在锦州、宁远一带的土地过于狭小，清圣祖毫不犹豫地同意增廓，命令有司，务使王（指吴三桂）到日，"即有宁宇"①。一切在有条不紊地进行中，清圣祖以为通过一道道诏书就能够顺利削藩，解除朝廷的这一心腹大患。而历史的发展走向却表明，他想得确实太过简单了。

　　清圣祖毕竟年轻，在这件事的处理上缺乏深思熟虑。众所周知，三藩之中，吴藩最强，尚、耿二藩较弱。清圣祖不加区分，将他们全部裁撤，是将复杂的问题简单化。事实证明，他严重低估了吴三桂的危险性和能量，贸然触动其根本利益，终于导致吴藩与朝廷彻底决裂。平心而论，以大学士图海为首的群臣的意见值得参考。他们主张先撤尚、耿二藩，稳住吴藩，正是看到了三者的不同。倘若采取这一措施，不仅能够表现朝廷对吴三桂的信任，而且通过先行控制闽、粤之地，在战略上可以起到剪去吴藩羽翼的作用，并形成福建、广东两省对云南的包围态势，为日后时机成熟再削除吴藩打下坚实的基础。如此，则一场大动乱可以避免。不过，历史不能假设，正是清圣祖断然做出裁撤三藩的莽撞决定，直接导致了吴三桂之乱的爆发。

---

①《清圣祖实录》卷四三，康熙十二年八月辛酉。

八、清朝再统一

3. 吴三桂抗拒撤藩

清圣祖撤藩的诏谕传到云南,"全藩震动"①,吴三桂愕然,他以为清廷会温旨挽留,没想到清圣祖真的批准他"撤藩安插"的奏请。他想到自己30余年奋斗的结果即将化为乌有,感到悲愤不已。一旦撤藩,自己就成为朝廷的俎上之鱼,前途难测。他踌躇不定,是否接受诏书,放弃名利,这真是一个重大的抉择!吴藩属下将士同样愤愤不平,他们经过多年的浴血奋战,已经功成名就,并在云南建立了自己的家庭,拥有大量土地、房屋、奴仆。假如退回辽东,他们所获得的一切也将荡然无存。有人便策动吴三桂造反:"王威望兵势甲海内,戎衣一举,天下震动。"② 吴三桂经过一番思虑,比较吴藩和清廷两方面的形势:他本人"自负才武不世出"③,滇省"南扼黔粤,西控秦陇,财用富饶,兵甲坚利",王府下辖官兵皆百战之余,锐不可当,士马强盛,自己平时又"治军严整,号令肃然,屯守攻战之宜,无不毕具"。经过多年经营,他的党羽分布各地,贵州提督李本深、四川总兵吴之茂、陕西提督王辅臣皆为心腹,一旦举事,将群起响应;反观清廷,清圣祖刚满20岁,乳臭未干,朝中宿将先后去世,新一代的满洲亲贵大多未历战阵,不足为虑。国家承平多年,八旗官兵的战斗力亦有所下降。因此,吴三桂认为起兵反清,有着很大的胜算。唯一疑虑的,便是世子吴应熊尚在北京。但转念一想,他认为儿子身居驸马之位,娶了清圣祖的姑母建宁公主,朝廷必不会轻易处死,相反还会以儿子为筹码,招吴藩投降。反复考量之后,吴三桂决意起兵,为自己和子

---

① 佚名:《吴耿尚孔四王合传》,见〔清〕留云居士《明季稗史初编》第447页。

② 佚名:《平滇始末》,载《楚之桢杌》,转引自刘凤云《清代三藩研究》第187页,中国人民大学出版社,1994。

③ 〔清〕刘健:《庭闻录》卷四《开藩专制》,第14页。

孙的名利和荣耀而战。

吴三桂与亲信左都统吴应麒、右都统吴国贵、副都统高得捷、女婿夏国相，胡国柱等人昼夜谋划起兵事宜。有谋士提出迎立明朝后裔，奉命北伐，但考虑到三桂曾擒杀永历帝，是灭亡南明的直接责任人，无法释疑于天下。故决定借用复明的旗帜，但自立新的名号。又有人提出可假意遵奉朝廷诏谕，撤藩搬迁，行至中原举事，则"据腹心以至指臂，长驱北向，可以逞志"①。但唯恐撤离云南，失去根本，"日久谋泄"②，因此最后决定采取稳妥之策，在云南就地反清。

大计已定，吴三桂进行了三方面的准备：其一，命亲信将领扼守云南各关口，凡来往车马行人，只许进，不许出，断绝了滇省与外界的联系；其二，设宴激励藩下将士与其共同反清；其三，假意遵奉诏谕，派人迎接办理撤藩事务的钦差折尔肯、傅达礼，并命云南知府高显辰往交水筹办夫马、刍粮，暗地里却以种种借口拖延行期。最后，吴三桂向折尔肯等人表示定于十一月二十四日全藩启程北迁。这标志着吴三桂已经准备就绪，他加快了反清叛乱的步伐。

十一月二十一日，吴三桂召集四镇十营总兵马宝、高起隆、刘之复、张足法、王会、王屏藩等，宣布起兵反清。他派人请云南巡抚朱国治前来，劝其投降，朱国治不从，被胡国柱乱刀砍死。同时，吴三桂下令拘捕钦差折尔肯、傅达礼以及不肯屈服的按察使李兴元、知府高显辰、同知刘崑等人。提督张国柱、永北总兵杜辉、鹤庆总兵柯铎、布政使崔之瑛、提学道国昌等则相继从叛。吴三桂自称"天下都招讨兵马大元帅"，建国号"周"，称"周王"，以明年为"周王元年"，命官兵蓄发，穿汉服，旗帜皆用白色，步骑一律以白毡为帽，将朱国治的头颅祭旗纛誓师。他遣人往黔、蜀、楚、秦等省，联络党羽与旧部，又致信平南、靖南二藩和台湾郑经，共约起兵。吴三桂命人修葺永历帝陵墓，率众亲往哭祭，并发布了一道伐清复明的檄文，全文如下：

  原镇守山海关总兵官，今奉旨总统天下水陆大师兴明讨虏大将军

---

① 以上所引，见佚名《吴耿尚孔四王合传》，〔清〕留云居士《明季稗史初编》第447页。
② 〔清〕魏源：《圣武记》卷二《藩镇》《康熙勘定三藩记上》，第63页。

八、清朝再统一

吴,檄告天下文武官吏军民人等悉知:

本镇深叨明朝世爵,统镇山海关。一时李逆倡乱,聚贼百万,横行天下。旋寇京师。痛哉!毅皇烈后之崩摧,惨矣!东宫定藩之颠踣,文武瓦解,六宫恣乱,宗庙瞬息丘墟,生灵流离涂炭,臣民侧目,莫可谁何?普天之下,竟无仗义兴师,勤王讨贼,伤哉国运,夫曷可言!

本镇独居关外,矢尽兵穷,泪干有血,心痛无声,不得已歃血订盟,许虏藩封,暂借夷兵十万,身为前驱,斩将入关,李贼逃遁。痛心君父,重仇冤不共戴,誓必亲擒贼帅,斩首太庙,以谢先帝之灵。幸而贼遁兵消,渠魁授首,政(正)欲择立嗣君,更承宗社,封藩割地以谢夷人。不意狡虏遂再逆天背盟,乘我内虚,雄踞燕都,窃我先朝神器,变我中国冠裳。方知拒虎进狼之非,莫挽抱薪救火之误,本镇刺心呕血,追悔无及。将欲反戈北逐,扫荡腥气,适值周、田二皇亲,密会太监王奉,抱先皇三太子,年甫三岁,刺股为记,寄命托孤,宗社是赖。故饮泣隐忍,未敢轻举,以故避居穷壤,养晦待时,选将练兵,密图恢复,枕戈听漏,秣马瞻星,磨砺兢惕者,盖三十年矣!

兹彼夷君无道,奸邪高张,道义之儒,悉处下辽(僚),斗筲之辈,咸居显职。君昏臣暗,吏酷官贪,水惨山愁,妇号子泣。以至彗星流陨,天怨于上;山崩土震,地怨于下;鬻官卖爵,仕怨于朝;苛政横征,民怨于乡;关税重征,商怨于途;徭役频兴,工怨于肆。

本镇仰观俯察,正当伐暴救民,顺天应人之日也。爰率文武臣工,共勷义举,卜取甲寅年正月元旦寅刻,推奉三太子,郊天祭地,恭登大宝,建元周启,檄示布闻,告庙兴师,刻期并发,移会总统兵马上将军耿(精忠)、招讨大将军总统使世子郑(经)等,调集水陆官兵三百六十万员,直捣燕山。长驱潞水,出铜驼于荆棘,奠玉灼于金汤。义旗一举,响应万方,大快臣民之心,共雪天人之愤。振我神武,剪彼臊氛,宏启中兴之略,踊跃风雷,建画万全之策,啸歌雨露。倘能洞悉时宜,望风归顺,则草木不损,鸡犬无惊;敢有背顺从逆,恋目前之私恩,忘中原之故主,据险扼隘,抗我王师,即督铁骑,亲征捣巢覆穴,老稚不留,男女皆诛。若有生儒,精谙兵法,奋拔岩谷,不妨献策军前,以佐股肱,自当量才优擢,无靳高爵厚封。

其各省官员，果有洁己爱民、清廉素著者，仍留仕所，所催征粮谷，封贮仓库，印信册籍，赍解军前。其有未尽事宜，另颁条约，各宜凛遵告诫，毋致血染刀头，本镇幸甚！天下幸甚！①

吴三桂在檄文中极力辩解当年引清军入关，歼灭李自成，为明思宗复仇的不得已。只是满洲贵族"逆天背盟，乘我内虚雄踞燕都，窃我先朝神器，变我中国冠裳"，使自己犯下了"拒虎进狼""抱薪救火"的错误。他一再宣称自己对明朝忠心耿耿，甚至编造出奉养三太子的故事，说什么"饮泣隐忍，未敢轻举，以故避居穷壤，养晦待时，选将练兵，密图恢复，枕戈听漏，束马瞻星，磨砺戟惕者，盖三十年矣！"然而，30年来，吴三桂甘当八旗铁骑的"马前卒"，为清军南征西讨，平定滇黔，甚而入缅擒杀永历帝的事实却是不可磨灭的。因此，他的解释显得那么苍白无力！然而，毕竟南明覆灭不过十余年，满汉民族矛盾还在，广大汉人尤其是汉族士大夫思明的观念尚存。因此，吴三桂檄文一出，仍是一石惊起千层浪，"天下骚动，伪檄一传，四方响应"②。

吴三桂叛乱，首先发兵贵州。云贵总督甘文焜是清圣祖安插在吴藩境内的一颗楔子，他忠于清廷，在得知云南事变后，便急忙部署军队，筹划守御事宜。奈何总督标下官兵深受吴三桂卑辞厚币的拉拢，不听调遣，纷纷逃散，贵州提督李本深又早已归附吴三桂，甘文焜孤木难支，只得自缢殉国，吴军很快便攻占贵州全省。不过在甘文焜死前，他掩护了经管移藩的兵部郎中党务礼、户部员外郎萨姆哈等迅速赶赴北京，向朝廷及时告变。十二月二十一日，清圣祖获悉了吴三桂举兵反清的消息，举朝震动。在经过十余年短暂的承平时光后，一场波及几乎半个中国的战乱就此拉开了序幕。

---

① ［日］林春胜、林信笃：《华夷变态》卷2《吴三桂檄》，东京图书刊行会石印本，早稻田大学图书馆藏，见徐凯《吴三桂讨清〈檄文〉原文本考》，《清史研究》2017年第3期。

② 《清圣祖实录》卷九九，康熙二十年十二月癸巳。

八、清朝再统一

4. 八年平叛战争

吴三桂起兵后，举朝震惊，这场动乱令清廷君臣始料未及。以大学士索额图为首的部分臣工惧于吴藩势大，提出斩杀明珠等建议撤藩的官员，谋求与吴三桂妥协罢兵。清圣祖拒绝了这一主张，指出："此出自朕意，伊等何罪！"① 平定三藩后，清圣祖曾回忆此事："忆尔时惟有莫洛、米斯翰、明珠、苏拜、塞克德等言应迁移，其余并未言迁移吴三桂必致反叛也，议事之人至今尚多，试问当时曾有言吴三桂必反者否？及吴逆倡叛，四方扰乱，多有退而非毁，谓因迁移所致。若彼时朕诿过于人，将会议言应撤者，尽行诛戮，则彼等含冤泉壤矣。朕素不肯推诿过臣下……岂因吴三桂反叛，遂诿过于人耶！"② 清圣祖已经明白仓促削藩是一着错棋，他主动承担了责任，但毫不动摇铲除割据势力的决心。随着吴三桂势力的扩张，达赖喇嘛也向朝廷提出割地议和的建议，清圣祖怒斥这一放任国家分裂的荒唐言论："朕乃天下臣民之主，岂容裂土罢兵！"③ 清圣祖的平叛决心十分坚定，他统一了朝廷内外的思想，动用全国的人力物力，领导了一场长达 8 年的战争，充分展现了这位年轻皇帝的坚毅、果敢和胆略。

清圣祖采取了四方面的措施：其一，紧急布防。命顺承郡王勒尔锦为宁南大将军，统率八旗劲旅奔赴长江南北的咽喉要地荆州，"以遏贼势"④，并调动各方兵力，固守广西、四川、江南、江西等处，压缩吴军的发展空间。此外，清廷又在武昌、西安、汉中、安庆、兖州诸要地屯兵，作为应援的机动力量。其二，孤立吴氏集团。下令停撤平南、靖南二藩，稳住这两股雄踞一方的势力，避免他们与吴三桂联合。其三，分化吴

---

① 〔清〕昭梿：《啸亭杂录》卷一《论三逆》，第 5—6 页。
② 《清圣祖实录》卷九九，康熙二十年十二月癸巳。
③ 〔清〕勒德洪：《平定三逆方略》卷一四，第 124 页。
④ 王钟翰点校：《清史列传·吴三桂传》卷八〇，第 6638 页。

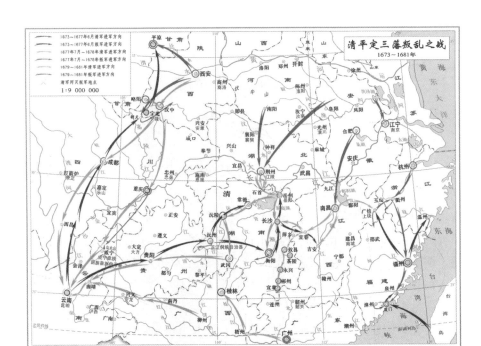

图8.2 清平定三藩叛乱之战（选自《中国战争史地图集》，第160页）

三桂的势力。拘禁在京的吴应熊及其家属，但赦免散处各地的原属吴三桂的官员，概不株连，使其"安心守职，无怀疑虑"①。此外，宣谕云贵文武军民人等，"各宜安分自保，无听诱胁，即或误从贼党，但能悔罪归诚，悉赦已往，不复究治"。其四，颁发讨吴诏谕，公布吴三桂罪行，削其亲王爵位，命天下共讨之，提出赏格，"其有能擒斩吴三桂头，献军前者，即以其爵爵之；有能诛缚其下渠魁，及以兵马城池，归命自效者，论功从优叙录"②。清廷和吴氏集团彻底站到了对立面，清圣祖将全力以赴，为清朝的命运而战。

起初，清圣祖君臣并没有做好持久作战的准备，他们对形势估计严重不足，以为满洲大军一出，便能迅速平定叛乱，勒尔锦等统兵将帅便认为，"进取云贵之期，不过八月"③。然而，事与愿违，吴三桂起兵之后，

---

① 《清圣祖实录》卷四四，康熙十二年十一月戊午。
② 以上所引，见《清圣祖实录》卷四四，康熙十二年十一月壬戌。
③ 《清圣祖实录》卷四六，康熙十三年三月壬申。

八、清朝再统一

势如破竹,群雄响应,大半个中国陷入烽火连天之中。吴军首先占领了云、贵、川三省,康熙十二年(1673)底入湖南,短短三个月内连克常德、澧州、衡州、岳州、长沙,并分兵攻略江西,很快便推进至长江沿岸的松滋,与屯驻荆州的八旗大营隔江相望。清军将官久疏战阵,畏敌如虎,丢城失地,屡战屡败。康熙十三年(1674)二月,广西将军孙延龄①响应吴三桂,举兵叛乱;三月,靖南王耿精忠据福建反清,攻略浙江、江西,并联络台湾郑经,给清廷造成了重大压力;十二月,陕西提督王辅臣谋杀经略大学士莫洛,发动兵变,夺占平凉,动乱几乎波及陕甘全境,西北局势岌岌可危。吴三桂起兵后,广东大部分地区均陷入叛军之手,唯平南王尚可喜拒绝吴三桂诱降,忠于清廷,坚守广州。然而其子尚之信却野心勃勃,千方百计谋求承袭父爵,永镇南疆。康熙十五年(1676)二月,尚可喜病重,尚之信乘机发动兵变,接管平南王职权,迫于广东的严峻局势,率众降吴。②不久,尚可喜死,尚之信接受吴三桂授予的辅德亲王爵位,表面上也走到了清廷的对立面。除了这些动乱外,尚有塞外蒙古察哈尔部布尔尼起兵反清③、京内杨起隆冒充朱三太子密谋起义④等风波。吴三桂檄文中高举的"反清复明"旗帜,亦引起了广大汉族士大夫和百姓的响应,致使"各省兵民,相率背叛"⑤。总之,在吴三桂之乱初期,形势对清廷而言极为不利,一时之间,"东西南北,在在鼎沸"⑥。

然而,在关键时刻,吴三桂的一个严重军事错误,致使战局出现了转

---

① 孙延龄为原定南王孔有德之婿,其孤女孔四贞之夫,康熙五年(1666)出任广西将军,统领孔藩旧部。
② 关于尚之信的叛清隐情,详见李治亭《吴三桂大传》第505-520页。
③ 康熙十四年(1675)三月,察哈尔亲王布尔尼乘清朝精锐尽数南下,北部防卫空虚之机,举兵叛乱,袭扰宣府、张家口等地。清圣祖命信郡王鄂扎为抚远大将军,图海为副将军,率京师的八旗家奴数万人,北征蒙古。经过一个多月的激战,四月下旬,清军平定叛乱,杀死布尔尼,也彻底清除了漠南草原上强大的察哈尔势力。
④ 据清朝官方史书记载,有一人名为杨起隆,他听闻吴三桂叛乱的消息,诈称朱三太子,约集部众,主要是城内百姓和满洲贵族各官的家奴,定于康熙十三年(1674)元旦在京内起事,夺取清朝的统治权。不料密谋却于康熙十二年(1673)十二月二十二日泄露,杨起隆及其同党均被捕获处死,这一变乱遂被镇压。
⑤ 《清圣祖实录》卷九九,康熙二十年十二月癸巳。
⑥ 〔清〕赵翼:《清朝武功纪盛》卷一《平定三逆述略》,第42页,台湾文海出版社,1967。

机。当吴军进抵松滋时,江北风声鹤唳,诸将"或言宜疾行渡江,全师北向;或言直下金陵,扼长、淮,绝南北运道;或言宜出巴蜀,据关中塞崤函自固"。但吴三桂却对进一步扩大战果持保守态度。其一,他一开始便抱着"事纵不成,可画长江而国"① 的目的,并不想彻底颠覆清朝统治;其二,吴三桂怀有挟兵威迫使清廷交出拘禁在京的儿子吴应熊及家属的意图;其三,他多年与满洲大军并肩作战,对八旗铁骑在北方平原驰骋的威力心存畏惧。因此到了长江南岸,吴三桂便顿兵不前,释放被扣留的原办理撤藩事务的礼部侍郎折尔肯、翰林学士傅达礼,令他们向清廷转达自己的议和提议。清圣祖严词拒绝了吴三桂的主张,为了进一步表现朝廷的平叛决心,他于康熙十三年(1674)四月在京城处死吴应熊及其长子吴世霖,"老贼闻之,必且魂迷意乱,气沮神昏;群贼闻之,内失所援,自然解体;即兵士百姓闻之,公义所激,勇气自倍"②。吴三桂接到这个消息时,正在吃饭,他始知低估了清圣祖的魄力,一时"惊悸发疾"③,"殊不意举军"④,恸哭不已。

战机瞬息即逝,随着清廷不断在湖广前线增兵派将,吴三桂再无法北渡长江了。而清圣祖则举全国之力,逐次解决各支叛乱势力。他先后任用顺承郡王勒尔锦为宁南靖寇大将军、贝勒尚善为安远靖寇大将军、安亲王岳乐为定远平寇大将军,率满汉官兵,以湖北荆州、江西袁州为立足点,攻打吴军占领的军事重镇岳州、长沙。由于清军的统帅多为长期过着优越生活的皇亲贵胄,久疏战阵,行动迟缓,畏缩惧敌,加之吴军防守严密,战斗力强劲,因此清军难以获胜,双方形成了在湖广主战场长期对峙的局面。扬威大将军简亲王喇布镇守江西,同样顿兵不进。然而,在其他分战场,清军却取得了重大进展。清圣祖的战略是将吴三桂视为首逆,必用军事手段消灭,而对其他反清势力,则区别对待,尽量争取,以最大限度地孤立吴军。因此,在分战场,清军基本都采取剿抚并用的方针,尽可能地招降纳叛。在西北战场,清圣祖先后任用贝勒董额为定西大将军,大学士

---

① 以上所引,见〔清〕魏源《圣武记》卷二《藩镇》《康熙勘定三藩记上》,第 68 页。
② 王钟翰点校:《清史列传·王熙传》卷八,第 515 页。
③ 〔清〕钱仪吉纂:《碑传集》卷一二,第 286 页。
④ 〔清〕钱仪吉纂:《碑传集》卷一二,第 279 - 280 页。

八、清朝再统一

图海为抚远大将军，经过异常艰难的战斗，与叛军反复拉锯，终于收复陕甘失地，围困平凉孤城。图海秉承清圣祖的旨意，派人入城招抚，晓之以理，动之以情，赦免叛乱罪行，促使王辅臣于康熙十五年（1676）六月率众投降，西线战事遂定。在东南战场，清圣祖任用康亲王杰书为奉命大将军，固山贝子傅喇塔为宁海将军，率师进攻耿藩。清军先收复浙江失地，再于康熙十五年（1676）八月长驱奔向仙霞关，打通入闽要隘。在大军压境的形势下，耿精忠于十月率众投降，清圣祖赦免其罪，令其仍留靖南王爵。前已述及，耿藩起兵前，与台湾郑氏集团达成联盟。郑军入闽后，却乘乱夺取福建沿海城池，导致双方关系恶化。康熙十六年（1677）春，清、耿组成联军，尽复兴化、漳、泉等府县，将郑军逐回厦门。至此，东线战事亦告结束。在广东，尚之信表面上响应叛乱，实则是假投降，他既不允许吴军进广东，也不听从吴三桂的调动，致力于保固地方。康熙十六年（1677），尚之信秘邀清军入粤，并于五月初正式归顺朝廷。清圣祖亦赦免了他，令其承袭平南王爵位。次年，又授尚之信为奋武大将军，率众参与克复广西的军事行动。由上可知，在康熙十七年（1678）之前，形势大变，清军已经解决东、西两顾之忧，可以集中全力与吴军展开决战，而吴三桂则外援尽失，处境日益孤危。

康熙十六年（1677），朝廷在主战场亦取得了突破，是年底，清军平定江西全境。同年，清圣祖命征南将军穆占率劲旅与岳乐合力用兵湖广，并命江苏、安徽等省官员组建水师，从各地调运战船，清军声势大震。次年，岳乐收复浏阳、平江，收降吴三桂亲军水师右翼将军林兴珠于湘潭，穆占则克复永兴、茶陵、攸县、酃县、安仁、兴宁（今湖南资兴市）、郴州、宜章、临武、蓝山、嘉禾、桂阳、桂东等13城。清军舟师还依据林兴珠的策略，截断岳州与长沙、衡州的通道，将其彻底围困，并在洞庭湖一带屡屡奏捷。吴军粮饷不济，士气低落，情竭势绌，陷入绝境。吴三桂为了凝聚人心，提高威望，以支撑危局，他于康熙十七年（1678）三月在衡州称帝，国号"大周"，改元昭武。然而，大周政权的建立并没有改变吴军溃败的颓势，吴三桂日夜惶惧，忧郁成疾，于八月去世，年67岁。留在云南的吴藩心腹郭壮图等拥立其孙吴世璠为帝，改元洪化，迁往贵州，以贵阳府贡院为行在。

吴三桂死后，清圣祖指出："渠魁既殒，贼必内变"，命诸将抓住战机,"各统大兵,分路进剿"①,发起总攻。朝廷进一步加强对岳州的围困,从江南、江西调用大量火器、舟船、兵员。康熙十八年(1679)正月,在内外交困中,吴军主帅、吴三桂之子吴应麒弃城而逃,安远靖寇大将军、贝勒察尼②督率清军进入岳州。岳州攻克后,吴军全线溃败,清军以秋风扫落叶之势平定湖南。安亲王岳乐统众破长沙,略容华、石首;简亲王喇布、贝勒察尼协同作战,克衡州、湘阴、湘潭、耒阳;顺承郡王勒尔锦率师从荆州渡江,分兵收复松滋、枝江、宜都、澧州等地,进据常德;征南将军穆占则遣官兵穷追吴军,取永州、道州、永明、江华、东安等州县。吴军将领吴应麒、胡国柱、吴国贵被迫率残兵退往湘、黔、桂边界,据守辰州、辰龙关、武冈。安亲王岳乐、贝勒察尼等在这些区域与吴军展开激战,吴国贵中炮身亡,吴应麒、胡国柱仓皇而逃,清军遂于康熙十九年(1680)初克复湖南全境,打通了进入滇、黔的通道。

与此同时,广西的战局也发生了逆转。广西将军孙延龄叛乱后,并未率众前往湖南助战,引起了吴三桂的强烈不满。孙延龄的妻子孔四贞在父亲死后曾被孝庄太后养于宫廷之中,感念清朝的恩德,极力劝说丈夫归顺。康熙十六年(1677),孙延龄决意降清,派人与清军接洽。正在此时,吴三桂接获消息,命从孙吴世琮率军进入广西,杀害孙延龄,迅速占据桂林,势甚猖獗。清广西巡抚抚蛮灭寇将军傅弘烈、镇南将军莽依图、总督金光祖等协同作战,分路扑剿,终于在康熙十八年(1679)击败吴军,克复桂林、太平府、柳州等地,广西遂告平定。

到了康熙十八年、十九年之交,吴氏集团龟缩至四川、云南、贵州西南之地。为了加速清军的胜利,清圣祖重新调整了军事部署:其一,临阵易帅。陆续解除安亲王岳乐、顺承郡王勒尔锦、贝勒察尼等的大将军、将军之职。此前,勒尔锦、察尼在战场上怀有畏战情绪,迟延逗留,在军中则恣意享乐,敛取地方财物,希图肥家,致使"老师糜饷,误国病民"③,平吴之战因此变得旷日持久。清圣祖严惩了两人,削爵,革去议政及宗人府之职。安亲王则因年高辛劳,被召回京师休养,清圣祖传谕盛赞其平叛

---

① 《清圣祖实录》卷七六,康熙十七年八月乙未。
② 康熙十七年(1679)八月,贝勒尚善去世,清圣祖命贝勒察尼接替,为安远靖寇大将军。
③ 〔清〕魏源:《圣武记》卷二《藩镇》《康熙勘定三藩记上》,第70页。

之功,并亲率在京宗室及文武大臣往卢沟桥迎接。朝廷任命贝子章泰接替岳乐为定远平寇大将军,统领湖广清军主力,负责进取云贵。其二,重用汉兵汉将。众所周知,西南地区山陵起伏,沟谷纵横,并不适合八旗铁骑纵横驰骋。因此,清圣祖认为"今贼既败遁负险,无容专恃马兵,若用绿旗步兵之力,于灭贼殊为有济"①。他从前线撤回了来自北方、东北的全部蒙古、宁古塔、乌拉兵和部分满洲骑兵,倚重汉兵汉将,命其为前驱,满洲兵为后劲,相继进剿,接运兵饷,不致匮乏。朝廷命湖广总督蔡毓荣为绥远将军,统率湖广全省绿营兵和驻守常德、武冈等处的所有各省调拨汉兵,协同大将军章泰作战。其三,分兵三路,会师云南,围攻昆明。

宁夏提督赵良栋、将军王进宝所统率的绿旗兵为西路军,他们由陕西攻四川。康熙十八年(1679)十二月,清军从大安驿入川,在锦屏山、青川石峡沟、旧州明月港等处连败吴军,收复保宁、顺庆、龙安等地。守蜀吴将王屏藩、陈君极自缢,吴之茂、张起龙、姜应熊、汪文元等或俘或降。康熙十九年(1680)正月,赵良栋率军攻取成都。与此同时,清圣祖又命湖广提督徐治都率舟师克夔州、重庆。四川全境得以收复。

贝子章泰、湖广总督蔡毓荣所统率的满汉大军为中路军,他们由湖广征贵州。康熙十九年(1680)十月,清军从沅州出发,取镇远、平越,兵临贵阳。吴世璠大惊,慌忙偕同叔父吴应麒乘夜逃奔昆明。章泰挥师奋进,连下遵义、安顺、石阡、都匀、思南、永宁州、平远等城,击破吴军象阵,横渡盘江,收复贵州全省,打开了入滇通道。在清军的步步紧逼之下,吴氏内部出现了分裂,吴应麒图谋称帝,被吴世璠处死,其二子也同时被杀。吴家骨肉相残,致使人心涣散,士气不振,力量进一步遭到严重削弱。

都统赖塔②授征南大将军,所统率的广西满汉大军、选取的广州精锐以及原平南王藩下部分官兵为东路军,他们由广西伐云南。康熙十九年(1680)十月,清军从南宁出发,在石门坎、黄草坝与吴军展开激战,先后获胜,攻克安龙所、曲靖、沾益、马龙、嵩明、寻甸(今寻甸回族彝族自治县)及杨林等城,进入云南腹地。

---

① 《清圣祖实录》卷八五,康熙十八年十月辛未。
② 康熙十九年(1680)八月,镇南将军莽依图去世,清圣祖命都统赖塔接替,为征南大将军。

此时，四川形势发生反复，吴军再叛，阻挠了西路军的入滇。不过，中路军和西路军仍在康熙二十年（1681）二月十五日于交水城会师，直趋昆明。二月十九日，清朝大军在距离昆明三四十里外的归化寺立营。吴将郭壮图用象阵抵御，被击败。于是清军"自归化寺列营亘碧鸡关，为长围数十里"①，四面包围昆明。吴世璠移诸将家口于五华山宫城，决意死守坚城。两军陷入僵持状态，达7个月之久。九月，赵良栋已经解决四川的变局，率师赶到昆明，清军声势大震，进一步加强了围困，彻底断绝了昆明与外界的联络渠道以及粮饷来源。延至十月，昆明粮尽，一斛米价格高达白银一两，城内饿殍遍地，军民惶恐不安。章泰一面命各路大军发起猛攻，用炮昼夜轰击，一面向城内不断射去招降书，并派人进城招抚，加速吴氏集团的内部瓦解。十月二十八日，吴将线缄、吴世吉、何进忠等便密谋擒拿吴世璠、郭壮图，献给清军。吴世璠得到这一消息，明白大势已去，自刎而死，郭壮图也和他的儿子一起自尽。十月二十九日，线缄等打开城门，率众出降，清军遂入昆明。吴军的大将马宝、巴养元、夏国相、胡国柱等陷于穷途末路，他们或自尽而亡，或投降清军，后被处死。总之，吴氏集团的成员被一网打尽。

清军找到了吴三桂已经焚化的尸骨和吴世璠的首级，送到京师。朝廷将吴世璠的首级交由刑部，悬挂通衢示众，吴三桂的尸骨则被锉断，分发各省，以示惩戒。

吴三桂之乱平定后，朝廷借机彻底清理了三藩势力。吴氏家族遭到了毁灭，大多处死，幸存者亦没入官府为奴，吴三桂积累下的庞大家产被朝廷收缴。吴藩属下将官士卒，或被斩杀，或被发配东北极边充当站丁，称"台尼堪"，世代遭受苦役；耿精忠叛而复降，尚之信阳叛阴顺，都曾得到过清圣祖既往不咎的承诺，但最终还是难逃清廷的惩治。朝廷以二人归顺后"尚蓄逆谋"② 为由，分别于康熙十九年（1680）闰八月赐死尚之信，康熙二十一年（1682）正月凌迟处死耿精忠，他们的部分亲属和协同其叛乱的骨干分子亦被处决，二藩积累的钱财，尽充国库，以佐军需。尚、耿藩下官兵，则被编入八旗。至此，烜赫一时、威震天下的三藩皆不复存在。

---

① 〔清〕魏源：《圣武记》卷二《藩镇》《康熙勘定三藩记上》，第72页。
② 赵尔巽等：《清史稿·耿精忠传》卷四七四，第12856页。

八、清朝再统一

从康熙十二年（1673）十一月至康熙二十年（1681）十月，经过 8 年的浴血奋战，清军终于平定了吴三桂叛乱，武力解决了三藩割据这个困扰朝廷 30 余年的难题，国家重新获得了统一。以往诸书，多将此事件称为"三藩之乱"，但考诸史实，耿藩叛而复降，尚藩严格论之并不构成叛逆，而吴氏集团却始终起着主导作用，故称"吴三桂之乱"① 较为允当。本质而言，吴三桂的叛乱纯粹是为了个人私利，不惜涂炭天下百姓，将饱经战乱的民众重新推入战火之中，因此，他和他的集团最后都为历史所抛弃，走向了灭亡的命运。

5. 降郑氏，收复台湾

（统一台湾，是本丛书《清代台湾战争》卷的重要内容之一，已做了详细记述。为保证本卷《清代统一战争》内容的完整性、系统性，有关康熙朝对台湾的统一也不可或缺。但两卷对同一内容的叙述，为避免过多重复，故本卷仅记其事之梗概。）

在武力解决三藩问题后，台湾郑氏集团成为清圣祖下一个要解决的割据势力。经过 20 余年的努力，清廷采取"因剿寓抚"② 的方针，实现了台湾的统一，使割据自立 60 年之久的宝岛重新回归祖国的怀抱。

郑成功入台后，意在建立一个稳固的抗清基地。然而，在平台战争后不到半年，即康熙元年（1662）郑成功因病逝世。其子郑经继承延平郡王爵位。

面对郑经势力，清廷采取了"困""抚""剿"并用的策略。

其一，实行海禁。下令寸板不得下海，孤立和瓦解海上抗清势力，使郑氏逐渐陷入困境。

---

① 关于"吴三桂之乱"的提法，参见李治亭《吴三桂大传》第 681 页。
② 即用武力迫使对方就抚。

其二，优诏招抚。顺治十八年（1661）闰七月，清廷颁布《招抚郑成功部下建功来归诏》，指出凡是郑军投降之人，不但赦免罪行，而且按功封赏。当时执政的四辅臣又命靖南王耿继茂、福建总督李率泰致书劝郑经归顺。郑经提出："如琉球、朝鲜例，不登岸，不剃发易衣冠"① 的条件，其本质是台湾脱离中国。这是关乎国家分裂与否的原则性问题，清廷当然不会同意，劝降郑经的行动搁浅。然而，清廷的招抚政策却在郑氏集团的官兵中产生了巨大效应。据统计，从康熙元年（1662）至三年（1664），郑氏降清的文武将吏共 3985 人、食粮饷兵 40962 人、归农者 64230 人、眷属人役计 63000 人，大小船只达 900 余艘。当时郑军总兵力约 40 万，其中四分之一已经投降了清朝。②

其三，军事进攻。清朝在大力推行招抚政策的同时，也尝试使用武力，攻打台湾。康熙三年（1664）十一月与四年三月，清军两次渡海失利，使平台大业未能得志。康熙五年（1666）以后，清廷调整对台方针，采取"循于招抚，不事轻剿"③ 的战略，积极与郑经谈判。

郑经却认为台湾"幅员数千里，粮食数十年，四夷效顺，百货流通，生聚教训，足以自强"④。他过高地估计了自己的实力，表示台湾"远在海外，非属版图之中"⑤，郑氏集团可以"另辟乾坤"，"又何羡于藩封？何羡于中土哉？"郑经的意思是在台湾另立国家，希望清廷"能以外国之礼见待，互市通好，息兵安民"⑥。清圣祖君臣当然不可能同意这一条件，和谈因此中断。

和谈不顺，福建水师提督施琅重提攻打台湾之议。清圣祖很重视他的

---

① 〔清〕魏源：《圣武记》卷八《海寇民变兵变》《康熙勘定台湾记》，第 337 页。

② 参见孔立《郑氏官兵降清事件述论》，见厦门大学台湾研究所历史研究室编《郑成功研究国际学术会议论文集》第 58－73 页，江西人民出版社，1989。

③ 〔清〕鄂尔泰等修：《八旗通志》（初集）卷一七四，第 4221 页。

④ 以上所引，见厦门大学台湾研究所、中国第一历史档案馆编《康熙朝统一台湾档案史料选辑》《郑经复董班舍书》，第 69 页，福建人民出版社，1983。

⑤ 厦门大学台湾研究所、中国第一历史档案馆编：《康熙朝统一台湾档案史料选辑》《郑经复孔元章节》，第 70 页。

⑥ 以上所引，见厦门大学台湾研究所、中国第一历史档案馆编《康熙朝统一台湾档案史料选辑》《郑经复董班舍书》，第 69 页。

八、清朝再统一

意见，令其进京面陈方略。施琅到了北京后，又于次年四月上《尽陈所见疏》，详细分析了郑氏集团长期孤悬海外对清朝的危害，力促朝廷攻台。①

施琅的奏疏很有见地，然而，清圣祖认为进取台湾仍有很多困难，条件尚不成熟，清军缺乏海战的经验，没有攻则必克的把握。清圣祖认识到施琅是办理台湾事务不可多得的人才，授其内大臣之职，以备将来之用。若干年后，施琅成为平台战役的主帅。

康熙初年，清圣祖还是采取招抚之策，积极与郑经方面交涉。郑经立场不变，拒绝接受清廷诏书，依然坚持自外于中国，"照朝鲜事例，不剃发，称臣纳贡，尊事大之意，则可矣"②。郑经仍固执己见，明确表示："若欲削发，至死不易。"③清圣祖闻讯大怒，他指出："朝鲜系从来所有之外国，郑经乃中国之人。若因居住台湾，不行薙发，则归顺悃诚，以何为据？"④剃发是归顺中央、拥护统一的象征。因此，清圣祖坚持要求郑经剃发。几经交涉，郑氏集团不改初衷，"恃波涛之险，未可招抚"⑤。谈判再次以失败告终。

康熙十二年（1673），吴三桂之乱爆发，靖南王耿精忠于次年三月从叛，联络台湾郑经，共同反清。郑氏集团乘机攻略闽粤沿海城池，占据金门、厦门、泉州、漳州、潮州、惠州、海澄等重镇，大肆杀掠，破坏备至，造成"东南亿万户渔盐耕织咸失业"⑥。直到康熙十九年（1680）才尽复失地，攻克金、厦，将郑军逐回台湾。在这一时期，清朝也曾试图与郑氏集团谈判。清、郑和议长达十余年，均无果而终。

郑氏集团在吴三桂之乱中的表现，印证了施琅的担忧，台湾虽孤悬海外，却为大陆心腹之患。因此，清圣祖重新审视台湾问题，鉴于招抚政策失效，他调整了战略，还是要武力进剿。

在积极准备武力攻台的同时，清廷并没有完全放弃招抚措施。康熙十八年（1679），福建总督姚启圣在漳州设"修来馆"，"文官投诚，即以原

---

① 〔清〕施琅：《靖海纪事》上卷《尽陈所见疏》，第53－54页。
② 〔清〕江日昇：《台湾外记》卷六，第205页。
③ 〔清〕江日昇：《台湾外记》卷六，第208页。
④ 厦门大学台湾研究所、中国第一历史档案馆编：《康熙朝统一台湾档案史料选辑》《敕谕明珠、蔡毓荣等》，第85页。
⑤ 〔清〕江日昇：《台湾外记》卷六，第209页。
⑥ 〔清〕施德馨：《襄壮公传》，〔清〕施琅：《靖海纪事》第38页。

衔题请，准照职推补。武官投诚，一面题请换扎，一面保题现任"。① 此时已经步入晚年的郑经，耽于享乐，不理政务，诸将则纵情声色，夜以继日。更严重的是，有一批重臣分别围绕在郑经的长子郑克𡒉、次子郑克塽周围，展开激烈的权力之争。因此，郑氏集团"人心解体，而无固志"②。在这种情况下，台湾的许多将官纷纷归附清廷，投诚者络绎不绝，仅半年就招降郑氏文武官员1200余名，士卒11000余人。通过招抚的手段，郑氏集团的力量渐趋衰弱，人心日益瓦解，其统治正走向崩溃。

康熙二十年（1681），吴三桂之乱接近尾声，"滇黔底定，逆贼削平，惟海外一隅，尚梗王化"③，清廷开始集中全力进取台湾。这一年的正月二十八日，郑经病逝，享年40岁，一时之间，祸起萧墙，郑氏集团的重臣冯锡范和掌握兵权的刘国轩联合，发动政变，杀死了郑经指定的继承人、长子郑克𡒉，拥立次子郑克塽嗣位。此时，郑克塽年仅12岁，大权皆为冯锡范把持。这一事件加剧了郑氏内部的矛盾，"彼此稽疑，各不相下，众皆离心"④。福建总督姚启圣得知台湾的变故，敏锐地认识到这是大兵进剿的良机。他在五月向朝廷详细汇报了台湾政局动荡的情况，提请"会合水陆官兵，审机乘便，直捣巢穴"⑤。清圣祖同意了他的主张，于六月初七日下谕："郑锦（经）既伏冥诛，贼中必乖离扰乱。宜乘机规定澎湖、台湾。"他要求福建督、抚、提、镇等官务必"同心合志，将绿旗舟师，分领前进。务期剿抚并用，底定海疆"⑥。

于是，他接受福建总督姚启圣和福建籍内阁学士李光地的建议，起用一向主剿、熟悉海战的施琅再度统领水师，加太子少保衔。清圣祖对施琅寄予厚望，在中秋节前一天于瀛台为他设宴践行，嘱咐道："尔至地方，当与文武各官同心协力，以靖海疆。寇氛一日不靖，则民生一日不宁，尔当相机进取，以副朕委任至意。"⑦

---

① 〔清〕江日昇：《台湾外记》卷八，第287页。
② 〔清〕施琅：《靖海纪事》下卷《移动不如安静疏》，第126页。
③ 《清圣祖实录》卷一一二，康熙二十二年九月戊寅。
④ 《清圣祖实录》卷一〇五，康熙二十一年十月己卯。
⑤ 厦门大学台湾研究所、中国第一历史档案馆编：《康熙朝统一台湾档案史料选辑》《姚启圣题为报明郑经病故克𡒉被杀等事本》，第232-233页。
⑥ 以上所引，见《清圣祖实录》卷九六，康熙二十年六月戊子。
⑦ 《清圣祖实录》卷九七，康熙二十年八月甲午。

八、清朝再统一

征台在即,清圣祖仍没有放弃和平统一的努力。康熙二十二年(1683)五月,清、郑又进行了一次谈判,郑氏集团冥顽不化,依然坚持郑经生前的论调:"照琉球、高丽等外国例,称臣进贡,不剃发登岸"。清圣祖大怒,指出:"台湾贼,皆闽人,不得与琉球、高丽比。"①

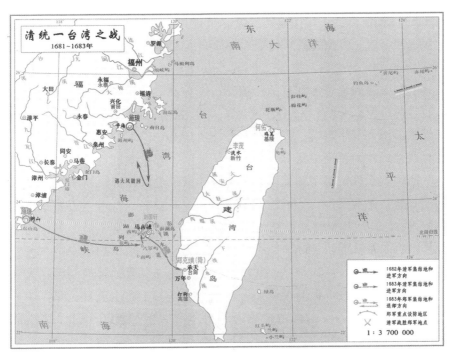

图8.3 清统一台湾之战(选自《中国战争史地图集》第162页)

经过两年的准备,康熙二十二年(1683)六月十四日,施琅率水师2万余人、大小战船300余艘,从铜山出发,扬帆直驶澎湖。次日,清军抵达澎湖洋面,占领花屿、猫屿,进泊八罩屿,定于第二天发起总攻。郑氏集团明白澎湖列岛是台湾的门户,其战略地位不言而喻,因此早已在此地严密布防。刘国轩统领水师2万余人,战船200余艘,筑垒20里,安设火炮,封锁港口,固守澎湖。十六日,清军与郑军展开激战,施琅身先士卒,率舟师突入敌阵,不料却为流矢射中右眼,众人力战解围。二十二日,施琅率全军再度发起强攻。他将水师分为三路:以50艘船从东面攻

---

① 《清圣祖实录》卷一〇九,康熙二十二年五月甲子。

打鸡笼屿；以 50 艘船从西面攻打牛心湾；施琅亲率 56 艘居中指挥，攻打郑军主力，另有 80 艘船继后。战斗自辰至申，达七八个小时，异常激烈，"炮火矢石交攻，有如雨点。烟焰蔽天，咫尺莫辨"①。最终，郑军惨败，其被焚毁、击沉、缴获的战船达 190 余艘，焚杀、自焚、跳水溺死的士卒有 12000 余人，各级将领有 300 余员。此外，还有 165 名各级军官，率郑军 4853 人倒戈降清。郑氏集团的这支精锐几乎全军覆没，刘国轩驾快船狼狈逃回台湾。而此战清军仅死亡 300 余人，受伤者 1800 余人，堪称大获全胜。②

澎湖大捷的消息传到京师，清圣祖十分高兴。他考虑到倘若进一步攻打台湾，"则将士劳瘁，人民伤残"③，且唯恐郑氏在大兵压境的形势下流窜外国，又生事端。因此，清圣祖决定利用清军的胜利，急派侍郎苏拜赶往福建，再度招抚郑克塽投降。此时，郑氏集团已惊慌失措，乱作一团，刘国轩说服了郑克塽、冯锡范，遣使赴闽议降。清圣祖接到郑氏愿意就抚的奏报，为了消除其疑虑，敦促其投降，特下一道恩威并重的敕谕："尔等果能悔过投诚，倾心向化，率所属伪官军民人等，悉行登岸。将尔等从前抗违之罪，尽行赦免，仍从优叙录，加恩安插，务令得所。煌煌谕旨，炳如日月，朕不食言。倘仍怀疑畏，犹豫迁延，大兵一至，难免锋镝之危，倾灭身家，噬脐莫及。"④ 七月十五日，郑克塽差刘国轩之弟刘国昌、冯锡范之弟冯锡韩等人，前往施琅军前，请缴册印，奉表归降。

八月十一日，施琅统率清水师从澎湖出发，十三日入鹿耳门抵达台湾。清军登岸后，张贴安民告示，秋毫无犯，施琅宣布减免当年应缴纳谷租的 4/10，受到了岛上兵民的衷心拥护，"百姓壶浆相继于路，海兵皆预制清朝旗号，以迎王师"⑤。十八日，郑克塽率冯锡范、刘国轩等全体文武大臣剃发易服。这年秋天，台湾军民尽皆剃发，脱离大陆 60 年之久的宝岛终于得到统一。作为平台战役的功臣，施琅受到了极大的褒奖，他被

---

① 〔清〕施琅：《靖海纪事》上卷《飞报大捷疏》，第 83 页。
② 〔清〕施琅：《靖海纪事》上卷《飞报大捷疏》，第 85—91 页。
③ 《清圣祖实录》卷一一一，康熙二十二年七月丁酉。
④ 《清圣祖实录》卷一一一，康熙二十二年七月乙未。
⑤ 〔清〕彭孙贻：《靖海志》卷四，第 97 页，台湾银行，1958。

八、清朝再统一

朝廷复授靖海将军,封靖海侯,世袭罔替。

台湾既定,其善后事宜被提上了议事日程。不少大臣认为台湾"孤悬海外,易薮贼"①,建议"迁其人,弃其地"②,设兵专守澎湖即可,甚至有人提出将台湾拱手送给荷兰人的荒唐主张。在关键时刻,施琅上奏,力陈弃台之弊。施琅明确指出台湾的重要战略地位:"台湾地方,北连吴会,南接粤峤,延袤数千里,山川峻峭,港道纡回,乃江、浙、闽、粤四省之左护";此地"野沃土膏,物产利溥","实肥饶之区,险阻之域"。③ 自郑成功收复台湾后,荷兰殖民者"无时不在垂涎",倘若清廷主动放弃该岛,荷人将"乘隙复踞,必窃窥内地,鼓惑人心,重以夹板船之精坚,海外无敌,沿海诸省断难晏然无虞"。④ 因此,他认为:"台湾一地,虽属外岛,实关四省之要害。勿谓彼中耕种,尤能少资兵食,固当议留,即为不毛荒壤,必籍内地挽运,亦断断乎其不可弃。"⑤"弃之必酿成大祸,留之诚永固边隅"⑥。针对朝臣提出的专守澎湖的意见,施琅批驳道:"如仅守澎湖,而弃台湾,则澎湖孤悬汪洋之中,土地单薄,界于台湾,远隔金厦,岂不受制于彼而能一朝居哉?是守台湾则所以固澎湖。台湾、澎湖,一守兼之。"⑦ 大学士李霨、福建总督姚启圣等人支持此议。清圣祖最终肯定了施琅的远见卓识,明确指出:"台湾弃取,所关甚大……弃而不守,尤为不可!"⑧

康熙二十三年(1684)四月,清廷正式在台湾设置1府3县,即台湾府与台湾、凤山、诸罗县,隶属福建省。台湾岛上设有总兵1员,副将2员,统兵8000人,分为水陆八营。澎湖则设有副将1员,统领水师2000人,分为二营。从此,台湾与大陆一样,完全处于清朝的统一管辖之下。

自康熙元年(1662)至二十二年(1683),郑氏统治台湾达22年。

---

① 〔清〕魏源:《圣武记》卷八《海寇民变兵变》《康熙勘定台湾记》,第342页。
② 王钟翰点校:《清史列传·施琅传》卷九,第611页。
③ 〔清〕施琅:《靖海纪事》下卷《恭陈台湾弃留疏》,第120-121页。
④ 王钟翰点校:《清史列传·施琅传》卷九,第612页。
⑤ 〔清〕施琅:《靖海纪事》下卷《恭陈台湾弃留疏》,第123页。
⑥ 王钟翰点校:《清史列传·施琅传》卷九,第613页。
⑦ 〔清〕施琅:《靖海纪事》下卷《恭陈台湾弃留疏》,第122页。
⑧ 《清圣祖实录》卷一一四,康熙二十三年正月丁亥。

郑成功驱逐荷兰殖民者，收复台湾，维护了中华民族的尊严，其功绩彪炳史册。然而，其子郑经即位时，清朝统一局面已经形成，郑氏集团沦为割据势力，他们自外于中国，妄图将台湾分离出去，建立类似于朝鲜、琉球的新国家。在圣祖的正确领导下，清廷断然拒绝了郑氏的要求，剿抚兼施，用兵海疆，积20年之功，最终完成了统一台湾的大业。至此，天下归于大清，没有走向分裂割据，这既是清朝的盛事，同时无疑也是中华民族的盛事。

6. 百年创业大一统

　　从康熙元年（1662）至康熙二十二年（1683），计22年，这是清朝统一战争的第三阶段。在清圣祖玄烨的领导下，通过军事战争，削平三藩，逼降台湾郑氏集团，维护、巩固了清朝的全国统治权，圆满完成了百年创业的历史使命。

　　康熙初年，天下久经纷乱之后，难得进入一段承平时光。然而，国家表面安宁，实则暗流涌动，吴、尚、耿三藩拥兵南疆，势力强盛，渐成尾大不掉之势，严重威胁清朝的中央集权。鉴于这种局面，康熙十二年（1673），清圣祖断然下令裁撤三藩，不想一石激起千层浪，平西王吴三桂以复明为口号，起兵反清，各地群起响应，靖南王耿精忠、平南王尚之信、陕西提督王辅臣等人先后卷入叛乱，战祸波及大半个中国，清圣祖为其轻率的举动付出了沉重代价！不过，值此关键时刻，他并没有自乱阵脚，清廷采取剿抚并用的方针，分化瓦解各支叛乱势力：对耿、尚、王等除了军事进攻之外，更多的是施以招抚。这一策略奏效，他们先后降清，东南、西北战事渐次平定。针对吴三桂势力，清圣祖则视其为首逆，坚决要将其消灭。他调遣重兵，与吴军在湖广一带长期对峙。康熙十七年（1678），吴三桂称帝不久即病死，清军利用这一时机，发起反攻，吴军全线溃败，一退再退。康熙二十年（1681），清军攻破昆明，吴氏集团最终覆灭。挟胜利之威，清圣祖采取政治打击的手段，将烜赫一时的三藩势力

八、清朝再统一

彻底清洗。

"吴三桂之乱"平定后,清廷开始全力解决台湾问题。在此以前,清圣祖曾屡次派人招抚郑氏集团,希望他们主动降清。然而郑经坚持自外于中国,只愿意做清朝的藩属。在这种情况下,清圣祖决定发兵进剿,用武力统一台湾。康熙二十二年(1683),清廷以福建水师提督施琅为帅,统领大军,败刘国轩水师于澎湖,震慑台湾。清圣祖采用"因剿寓抚"、恩威并施的策略,迫使郑经之子郑克塽献土归降。次年,清廷在台湾设立1府3县,纳入福建省的管理。至此,清朝完全统一了原明全境,这也标志着自明万历十一年(1583)努尔哈赤起兵以来,历时百年的清朝统一战争徐徐落下了帷幕。

在接下来的行文中,笔者想谈一谈清统一战争三个阶段所体现的特征及内涵所在。

清朝关外创业史,值得注意的是,随着统一东北战争的推进,其在政治军事上取得了一系列成就,它的统治者的观念和抱负也逐渐发生了变化。概括而言,即由努尔哈赤时期满足于占领辽东转变为皇太极时期的立志入主中原。

天命七年(1622),后金军占领广宁,明朝在辽西地区的统治全面崩溃,广宁周围的闾阳驿、小凌河、松山、杏山、盘山驿等40余城堡的明军守城将官均降附后金,山海关即在眼前。然而,努尔哈赤却没有乘胜进取,只是加以抢掠焚毁,便下令撤兵。皇太极执政后曾谈及此事:"我师既克广宁,诸贝勒将帅咸请进山海关。我皇考以昔日辽、金、元不居其国,入处汉地,易世以后皆成汉俗,因欲听汉人居山海关以西,我仍居辽河以东,满汉各自为国,故未入关,引军而返。"① 可见,努尔哈赤只是想据有辽东之地,并无更大的进取之心。正因为如此,天命年间的后金政权在取得辽沈后,没有形成一套系统性的伐明战略。

皇太极即位后,胸怀大志,逐步确立了取代明朝、入主中原的军事目标。随着时间的推移,明、清(后金)强弱态势逆转,他的信心愈发强烈。天聪九年(1635),皇太极询问大臣:"朕反复思维,将来我国既定之后,大兵一举,彼明主若弃燕京而走,其追之乎?抑不追而竟攻京城,

---

① 〔清〕阿桂:《清朝开国方略》卷一〇,第240页。

或攻之不克，即围而守之乎？彼明主若欲请和，其许之乎？抑拒之乎？若我不许，而彼逼迫求和，更当何以处之？倘蒙天佑，克取燕京，其民人应作何安辑？我国贝勒等皆以贪得为心，应作何禁止？此朕之时为廑念者也。"① 可见他已经在考虑入主中原后如何治理国家的问题了。崇德元年（1636），皇太极正式称帝，改国号为大清。按照传统观念，天无二日，民无二主。这一举动实际上发出了一个明确的政治信号，即清朝终将取代明朝而一统天下。崇德七年（1642），清军取得松锦大战的胜利，俘获明朝蓟辽总督洪承畴。皇太极将其劝降，优加款待。八旗将领不理解皇帝的做法，心生不满："上何待承畴之重也！"皇太极问道："吾曹栉风沐雨数十年，将欲何为？"诸将表示："欲得中原耳。"皇太极笑着说："譬诸行道，吾等皆瞽，今获一导者，吾安得不乐？"② 由此可见，迟至崇德末年，"得中原"已经成为皇太极君臣及八旗诸将的共同目标。

清朝入关统一史，其焦点是清与南明诸政权这两方势力的博弈。南明所领导的中兴事业最终失败，其原因是多方面的，除了军事上的总体衰弱外，还在于数个政权无一不是政治腐败，武将跋扈，内讧不断，党争激烈，斗志不扬。而且小朝廷权威薄弱，号令不通，无法整合各地的抗清势力。这些因素，在前文中均多次体现，此不赘述。反观清朝，从多尔衮摄政时期至清世祖亲政时期，满洲统治集团始终坚定统一天下的目标，并为之而不懈奋斗。值得一提的是，在战争陷入僵持阶段时，清廷大量起用汉人，采取"以汉制汉"的策略，为其占领并统治广大汉地起到了不可替代的作用。

不过，我们在欣赏清朝统一伟业的同时，却也要认识到战争带来的血腥和暴力。清廷厉行剃发易服令，极大地伤害了汉人的民族自尊心，而清军在南下途中，又杀害了成千上万的汉人，留下了扬州、江阴、嘉定、广州等地的屠城记录，使社会经济遭到了严重破坏。这些罪行，将在广大汉族士民的心中留下深刻的烙印，甚至会威胁清朝刚刚实现的来之不易的统一。

清圣祖领导的定三藩、平台湾这两项军事行动，从某种程度来说是清朝的再统一，亦为明清战争的余绪。客观而言，顺治朝打下的统一基础并

---

① 《清太宗实录》卷二二，天聪九年二月戊子。
② 赵尔巽等：《清史稿·洪承畴传》卷二三七，第9467页。

八、清朝再统一

不稳固：三藩割据和郑氏退守台湾均为这场战争的遗留问题。三藩是在明清对峙中成长起来的势力，他们的前身无一不是明朝的骄兵悍将。郑氏则一直坚持奉明正朔，沿用永历年号，是南明政权最后的象征；更为重要的是，清朝在统一期间推行剃发易服令，大肆屠城，杀害了无数汉人，致使民心未服。前事不远，广大汉族尤其是南方士民记忆犹新。再加上"华夷之辨"传统观念的影响，清廷派遣的地方大员又贪赃枉法，鱼肉百姓，这使他们对这个新王朝充满了仇恨。吴三桂起兵，虽然是为了个人和集团的私利，但他利用了满汉矛盾，打出复明的旗号，一时之间，"天下骚动，伪檄一传，四方响应"，可以说他的叛乱有着广泛甚至深厚的社会基础。清圣祖对这一点认识得十分清楚，他指出："吴三桂初叛时，散布伪札，煽惑人心，各省兵民，相率背叛，此皆德泽素未孚洽，吏治不能剔厘所致。"①

面对上述问题，清圣祖除了采取战争的手段，也进行了政治上的努力：一方面，清廷动用武力，摧毁了三藩和郑氏集团，铲除了明末形成的武将跋扈格局，并使清军入关以来的复明运动招致完全失败；另一方面，清圣祖注意施德政、文治，收揽汉族士民的人心。

康熙十七年（1678），清圣祖开"博学鸿词科"，吸纳汉族大儒入仕；康熙十八年（1679），他又下谕纂修《明史》，表示戎马倥偬之际，不忘文事；康熙二十三年（1684），清圣祖南巡，路过曲阜孔庙，亲行三跪九叩首礼，此后又不断颁布谕旨，大力推崇儒家文化。在他的倡导下，清朝成为"历代最崇儒的王朝"②，满洲人的统治逐渐获得汉族士大夫的认同。

天下大定，清圣祖又采取了许多措施革除弊端，医治战争创伤。举例而言，平定吴三桂之乱后，清廷废除三藩时期的各项虐政，在兵燹之区蠲免钱粮、招抚流亡、奖励垦荒、兴修水利，促进了当地的社会经济发展。统一台湾后，清圣祖于康熙二十三年（1684）宣布开放海禁，使沿海地区的居民生计有赖。在他执政期间，又相继废除圈地令、逃人法等弊政，极大地缓和了社会矛盾。对于吏治建设，清圣祖亦十分重视，他坚决打击贪官，力图纠正明末以来的官场恶习，凡发现贪赃虐民者，必严惩不贷。与此同时，他又大力表彰于成龙、张伯行等清官廉吏，作为楷模，令百官修

---

① 以上所引，见《清圣祖实录》卷九九，康熙二十年十二月癸巳。
② 孙隆基：《清季民族主义与黄帝崇拜之发明》，《历史研究》2000年第3期。

身自洁。尤为值得一提的是，康熙十六年（1677），平叛战事犹酣，清圣祖就着手治理因战乱而年久失修的黄河，此后他六次南巡，一个重要目的就是为了视察河工。经过他与靳辅等河臣的努力，黄河安澜20年，这无疑是清圣祖对中华民族发展做出的一项重要历史功绩。

通过种种作为，清朝获得了广大汉族人民的由衷拥护，武力和人心的统一才最终得以实现。这个政权由此进入一个快速发展的时期，迈向"康乾盛世"的辉煌！

全书的最后，笔者需要强调的是，百年创业的历程，只是标志着清取代明而获得全国统治权。康乾盛世期间，清的统一取得了更为深入的发展。清圣祖、世宗、高宗三帝经过长期奋斗：西北地区与以准噶尔部为代表的厄鲁特蒙古开展百年战争，统一新疆、青海；西藏地区坚决阻止准部渗透，抵御廓尔喀入侵；西南地区厉行改土归流，推动一体化进程。尤为难得的是，用兵之后，朝廷一改历代"羁縻统治"的传统做法，在边疆少数民族地区因地制宜，均建立起了行之有效的统治。可见，在清的鼎盛时期，中原王朝突破了长城的界限，摒弃了"华夷之辨"的传统观念，形成了"中外一家"①的大一统。至乾隆年间，清朝疆域空前辽阔，西起葱岭，东到东海，北抵外兴安岭，南至南海，西北到巴尔喀什湖，东北到库页岛（今俄罗斯萨哈林岛），西南到喜马拉雅山，面积达1300多万平方公里，将秦始皇以来的中国统一事业推向了一个新高峰！

---

① 《清世宗实录》卷八三，雍正七年七月丙午，中华书局影印本，1985。

参考文献

[1] 阿桂, 等. 清朝开国方略 [M]. 台北: 台湾文海出版社, 1967.
[2] 白洪希. 皇太极绥服漠南蒙古及其作用 [J]. 社会科学辑刊, 1997 (4): 97-101.
[3] 陈具庆. 多尔衮摄政日记 [M]. 民国铅印本, 1933.
[4] 陈生玺. 明清易代史独见 [M]. 上海: 上海古籍出版社, 2006.
[5] 陈子龙, 等. 明经世文编 [M]. 北京: 中华书局, 1962.
[6] 崇祯长编 [M]. 校勘影印本. 台北: 台湾"中央研究院"历史语言研究所, 1962.
[7] 达力扎布. 察哈尔林丹汗病逝之"大草滩"考 [J]. 民族研究, 2018 (5): 99-108.
[8] 达力扎布. 清初内扎萨克旗的建立问题 [J]. 历史研究, 1998 (1): 21-31.
[9] 达力扎布. 清代内扎萨克元盟和蒙古衙门的设立时间蠡测 [J]. 黑龙江民族丛刊, 1996 (2): 53-56.
[10] 邓之诚. 清诗纪事初编 [M]. 上海: 上海古籍出版社, 1984.
[11] 鄂尔泰, 等. 八旗通志 [M]: 初集. 长春: 东北师范大学出版社, 1985.
[12] 高锡畴, 等. 临榆县志 [M]. 台北: 台湾成文出版社, 1968.
[13] 谷应泰. 明史纪事本末补遗 [M]. 北京: 中华书局, 1977.
[14] 顾诚. 明末农民战争史 [M]. 北京: 中国社会科学出版社, 1984.
[15] 顾炎武. 圣安本纪 [M]. 台北: 台湾大通书局, 1984.
[16] 顾祖禹. 读史方舆纪要 [M]. 北京: 中华书局, 2005.
[17] 关嘉录, 佟永功, 关照宏. 天聪九年档 [M]. 天津: 天津古籍出版社, 1987.
[18] 韩菼. 江阴城守纪 [M]. 上海: 上海书店, 1982.

[19] 何锐,等.张献忠剿四川实录[M].成都:巴蜀书社,2002.
[20] 黄宗羲.黄宗羲全集[M].杭州:浙江古籍出版社,1986.
[21] 嵇璜,刘墉等.清朝通典[M].万有文库本.上海:商务印书馆,1935.
[22] 计六奇.明季北略[M].北京:中华书局,1984.
[23] 计六奇.明季南略[M].北京:中华书局,1984.
[24] 江日昇.台湾外记[M].福州:福建人民出版社,1983.
[25] 蒋良骐.东华录[M].北京:中华书局,1980.
[26] 蒋一葵.长安客话[M].北京:北京古籍出版社,1982.
[27] 金毓黻.辽海丛书[M].沈阳:辽沈书社,1985.
[28] 孔立.郑氏官兵降清事件述论[C]//厦门大学台湾研究所历史研究室.郑成功研究国际学术会议论文集.南昌:江西人民出版社,1989:58-73.
[29] 昆岗,等.钦定大清会典[M].石印本.上海:商务印书馆,1908.
[30] 勒德洪.平定三逆方略[M].台北:台湾大通书局,1987.
[31] 李光涛.洪承畴背明始末[M]//国立中央研究院历史语言研究所集刊:第十七册.上海:商务印书馆,1948:227-301.
[32] 李光涛.明季流寇始末[M].台北:台湾"中央研究院"历史语言研究所,1965.
[33] 李民寏.建州闻见录[M].徐恒晋,校释.沈阳:辽宁大学历史系,1978.
[34] 李天根.爝火录[M].杭州:浙江古籍出版社,1986.
[35] 李文海.清史编年[M].北京:中国人民大学出版社,2000.
[36] 李治亭.论清(后金)五次入关及其战略思想[J].松辽学刊(社会科学版),1983(Z1):33-43.
[37] 李治亭.清康乾盛世[M].南京:江苏教育出版社,2005.
[38] 李治亭.清史[M].上海:上海人民出版社,2002.
[39] 李治亭.吴三桂大传[M].长春:吉林文史出版社,1990.
[40] 林春胜,林信笃.华夷变态[M].石印本.东京:图书刊行会,早稻田大学图书馆藏.
[41] 刘茝.狩缅纪事[M].杭州:浙江古籍出版社,1986.
[42] 刘凤云.清代三藩研究[M].北京:中国人民大学出版社,1994.

[43] 刘建新，刘景宪，郭成康. 一六三七年明清皮岛之战 [J]. 历史档案，1982（3）：84-89.
[44] 刘健. 庭闻录 [M]. 台北：台湾文海出版社，1987.
[45] 刘镇伟. 中国古地图精选 [M]. 北京：中国世界语出版社，1995.
[46] 留云居士. 明季稗史初编 [M]. 上海：上海书店，1988.
[47] 罗哲文. 长城 [M]. 北京：北京出版社，1982.
[48] 明清史料 [M]. 南京：国立中央研究院历史语言研究所，1930.
[49] 明神宗实录 [M]. 校勘影印本. 台北：台湾"中央研究院"历史语言研究所，1962.
[50] 明熹宗实录 [M]. 校勘影印本. 台北：台湾"中央研究院"历史语言研究所，1962.
[51] 南炳文. 南明史 [M]. 北京：故宫出版社，2012.
[52] 钮琇. 觚賸 [M]. 上海：上海古籍出版社，1986.
[53] 欧阳修，宋祁. 新唐书 [M]. 北京：中华书局，1975.
[54] 潘喆，孙方明，李鸿彬. 清入关前史料选辑 [M]. 北京：中国人民大学出版社，1984，1989，1991.
[55] 彭孙贻. 靖海志 [M]. 台湾银行，1959.
[56] 彭孙贻. 流寇志 [M]. 杭州：浙江人民出版社，1983.
[57] 彭孙贻. 平寇志 [M]. 上海：上海古籍出版社，1984.
[58] 祁韵士. 清朝藩部要略稿本 [M]. 哈尔滨：黑龙江教育出版社，1997.
[59] 钱仪吉. 碑传集 [M]. 北京：中华书局，1993.
[60] 清高宗实录 [M]. 影印本. 北京：中华书局，1986.
[61] 清仁宗. 太宗大破明师于松山之战书事 [M]. 清武英殿刻本.
[62] 清圣祖实录 [M]. 影印本. 北京：中华书局，1985.
[63] 清史列传 [M]. 王钟翰，点校. 北京：中华书局，1987.
[64] 清世宗. 惠远庙碑文.
[65] 清世宗实录 [M]. 影印本. 北京：中华书局，1985.
[66] 清世祖实录 [M]. 影印本. 北京：中华书局，1985.
[67] 清太宗实录 [M]. 影印本. 北京：中华书局，1985.
[68] 清太祖高皇帝实录 [M]. 影印本. 北京：中华书局，1986.
[69] 邵廷采. 东南纪事 [M]. 上海：上海书店，1982.

[70] 沈涛. 江上遗闻 [M]. 上海：上海书店，1982.
[71] 施琅. 靖海纪事 [M]. 福州：福建人民出版社，1983.
[72] 施伟青. 施琅评传 [M]. 厦门：厦门大学出版社，1987.
[73] 宋濂. 元史 [M]. 北京：中华书局，1976.
[74] 孙隆基. 清季民族主义与黄帝崇拜之发明 [J]. 历史研究，2000 (3)：68-79.
[75] 孙文良，李治亭. 明清战争史略 [M]. 北京：中国人民大学出版社，2012.
[76] 谈迁. 国榷 [M]. 北京：中华书局，1958.
[77] 童恩翼. 李自成通山之死实地考察记 [J]. 武汉师范学院学报（哲学社会科学版），1983 (3)：66-71.
[78] 王先谦. 正续东华录 [M]. 撷华书局，光绪丁亥（1887）.
[79] 王在晋. 三朝辽事实录 [M]. 影印本. 江苏省立国学图书馆，1931.
[80] 卫匡国. 鞑靼战纪 [M]. 何高济，译. 北京：中华书局，2008.
[81] 魏特. 汤若望传 [M]. 杨丙辰，译. 台北：台湾商务印书馆，1960.
[82] 魏源. 圣武记 [M]. 北京：中华书局，1984.
[83] 温睿临. 南疆逸史 [M]. 北京：中华书局，1959.
[84] 吴乘权，等. 纲鉴易知录 [M]. 北京：中华书局，1960.
[85] 吴晗. 朝鲜李朝实录中的中国史料 [M]. 北京：中华书局，1980.
[86] 吴伟业. 绥寇纪略补遗 [M]. 上海：上海古籍出版社，1992.
[87] 厦门大学台湾研究所，中国第一历史档案馆. 康熙朝统一台湾档案史料选辑 [G]. 福州：福建人民出版社，1983.
[88] 小横香室主人. 清朝野史大观 [M]. 上海：上海书店，1981.
[89] 徐芳烈. 浙东纪略 [M]. 台北：台湾大通书局，1987.
[90] 徐凯. 吴三桂讨清《檄文》原文本考 [J]. 清史研究，2017 (3)：140-145.
[91] 徐世溥. 江变纪略 [M]. 上海：上海书店，1982.
[92] 徐鼒. 小腆纪传 [M]. 北京：中华书局，1958.
[93] 徐鼒. 小腆纪年附考 [M]. 北京：中华书局，1957.
[94] 阎崇年，俞三乐. 袁崇焕资料集录 [M]. 南宁：广西民族出版社，1984.
[95] 杨士聪. 甲申核真略 [M]. 杭州：浙江古籍出版社，1985.

[96] 佚名. 思文大纪 [M]. 台北：台湾大通书局, 1987.
[97] 永历实录. 所知录 [M]. 上海：上海古籍出版社, 1987.
[98] 袁伟, 盖生福. 中国军事史图集 [M]. 长沙：湖南人民出版社, 1998.
[99] 张伯英. 黑龙江志稿 [M]. 哈尔滨：黑龙江人民出版社, 1992.
[100] 张岱. 石匮书后集 [M]. 台北：台湾大通书局, 1987.
[101] 张廷玉, 等. 明史 [M]. 北京：中华书局, 1974.
[102] 张玉书. 京江张文贞公（玉书）文集 [M]. 张护, 校勘. 台北：台湾文海出版社, 1968.
[103] 昭梿. 啸亭杂录 [M]. 北京：中华书局, 1980.
[104] 昭显世子李㳭. 沈阳狀启 [M]. 沈阳：辽宁大学历史系, 1983.
[105] 赵尔巽, 等. 清史稿 [M]. 北京：中华书局, 1977.
[106] 赵翼. 廿二史札记 [M]. 北京：中国书店, 1987.
[107] 赵翼. 清朝武功纪盛 [M]. 台北：台湾文海出版社, 1967.
[108] 赵展, 吴梦龄. 巴尔达奇墓碑的发现和碑文略释 [J]. 中央民族学院学报, 1977 (3): 47-51.
[109] 郑廉. 豫变纪略 [M]. 杭州：浙江古籍出版社, 1984.
[100] 中国第一历史档案馆, 中国社会科学院历史研究所. 满文老档 [M]. 北京：中华书局, 1990.
[111] 中国第一历史档案馆. 清初内国史院满文档案译编 [M]. 北京：光明日报出版社, 1989.
[112] 中国人民革命军事博物馆. 中国战争史地图集 [M]. 北京：星球地图出版社, 2007.
[113] 朱诚如. 清史图典 [M]. 北京：紫禁城出版社, 2002.
[114] 邹漪, 郑达, 锁绿山人. 明季遗闻、野史无文、明亡述略（合订本）. 台北：台湾大通书局, 1987.

附录 本卷涉及的战役战斗名录

1. 图伦城之战（1583）
2. 古勒山之战（1593）
3. 灭哈达之战（1599）
4. 乌碣岩之战（1607）
5. 灭辉发之战（1607）
6. 灭乌拉之战（1613）
7. 抚顺清河之战（1618）
8. 萨尔浒决战（1619）
9. 开原铁岭之战（1619）
10. 灭叶赫之战（1619）
11. 辽沈大战（1621）
12. 广宁之战（1622）
13. 宁远之战（1626）
14. 宁锦之战（1627）
15. 首征林丹汗（1628）
16. 第一次入关袭扰（己巳之役）（1629）
17. 大凌河之战（1631）
18. 再征林丹汗（1632）
19. 旅顺之战（1633）
20. 第二次入关袭扰（1634）
21. 首征黑龙江（1634）
22. 三征林丹汗（1635）
23. 第三次入关袭扰（1636）

附录　本卷涉及的战役战斗名录

24. 皮岛之战（1637）
25. 第四次入关袭扰（1638）
26. 松锦大战（1640）
27. 第五次入关袭扰（1642）
28. 四征黑龙江（1643）
29. 宁远地区攻掠战（1643）
30. 山海关大战（1644）
31. 京畿追袭大顺军（1644）
32. 潼关之战（1644—1645）
33. 追袭大顺军余部（1645）
34. 扬州之战（1645）
35. 渡江之战（1645）
36. 江南抗清（1645）
37. 钱塘江之战（1645）
38. 赣州之战（1646）
39. 福建之战（1646）
40. 广州之战（1646）
41. 西充之战（1646）
42. 第一、二次桂林之战（1647）
43. 湖北、湖南争夺战（1645）
44. 全州之战（1647）
45. 第三次桂林之战（1648）
46. 福建争夺战（与鲁监国政权）（1647）
47. 江西争夺战（1648）
48. 湖南争夺战（1648）
49. 两广攻防战（1649）
50. 舟山之战（与鲁监国政权）（1651）
51. 南明两路反攻之战（1652）
52. 漳州海澄之战（1652）
53. 云贵攻防战（1658）

54. 磨盘山之战（1659）
55. 南京争夺战（1659）
56. 厦门之战（1660）
57. 缅甸之战（1661）
58. 吴三桂之乱（1673）
59. 澎湖海战（1683）

后　记

　　2015年，受李治亭先生之邀，有幸加入"清代战争全史"撰写团队。这套丛书由李治亭、杨东梁二位先生主编，共分9册，我负责第1册《清朝统一战争》的撰写工作。与李治亭老师相识于2005年，当时我正在南开大学读博。李老师学术渊博，待人热情。读书期间，李老师时常与我促膝谈心，从学问到人生，每次都聊到深夜。就职河北大学后，李老师也时常关心和指导我的教学与科研工作。十几年来，做人、做事、做学问多有受益。在此谨向李老师致敬，感谢您多年对我的帮助与教诲！

　　接受任务后，我选定黄韶海一起撰写书稿。黄韶海当时是一名历史学专业大二学生，对清史兴趣浓厚，有志于清史研究。在一起工作的过程中，韶海学业进步很快，毕业成绩优秀，2017年保送至中央民族大学攻读专门史方向硕士学位，2020年通过审核制进入南开大学攻读古代史方向博士学位，研究方向为清史。可以说，这本书稿见证了一个青年学者的成长过程。作为一名教师，每想到这些心里就会特别高兴。

　　值此书稿付梓之际，感谢李治亭、杨东梁先生对书稿撰写的指导！感谢中山大学出版社王延红、李文二位老师的帮助与指导！

衣长春

2020年冬至日